"十四五"职业教育国家规划教材

高等职业教育"三教"改革试用教材

精品在线开放课"物流信息管理"MOOC 配套教材

智慧职教 MOOC 学院—物流信息管理

物流信息管理

（第 2 版）

主　编　赵智锋　代承霞

中国财富出版社有限公司

图书在版编目（CIP）数据

物流信息管理／赵智锋，代承霞主编．—2版．—北京：中国财富出版社有限公司，2023.1

（“十四五”物流专业职业教育改革系列规划教材）

ISBN 978－7－5047－7276－3

Ⅰ．①物…　Ⅱ．①赵…②代…　Ⅲ．①物流－信息管理－高等职业教育－教材
Ⅳ．①F253.9

中国版本图书馆CIP数据核字（2020）第197319号

策划编辑	张　茜	**责任编辑**	白　昕　于名珏	**版权编辑**	李　洋
责任印制	尚立业	**责任校对**	杨小静	**责任发行**	敬　东

出版发行	中国财富出版社有限公司		
社　　址	北京市丰台区南四环西路188号5区20楼	**邮政编码**	100070
电　　话	010－52227588转2098（发行部）		010－52227588转321（总编室）
	010－52227566（24小时读者服务）		010－52227588转305（质检部）
网　　址	http：//www.cfpress.com.cn	**排　　版**	宝蕾元
经　　销	新华书店	**印　　刷**	宝蕾元仁浩（天津）印刷有限公司
书　　号	ISBN 978－7－5047－7276－3/F·3513		
开　　本	787mm×1092mm　1/16	**版　　次**	2023年1月第2版
印　　张	20.75	**印　　次**	2023年1月第1次印刷
字　　数	479千字	**定　　价**	68.00元

内容提要

本书系高等职业教育“三教”改革试用教材、精品在线开放课“物流信息管理”慕课（MOOC）配套教材。全书基于工作过程，用典型工作任务驱动，以物流信息的生命周期为主线，从采集，到分析，再到利用技术和软件进行管理，精选“够用的理论”以强化技术和系统应用操作。全书分为物流信息采集与管理、物流信息技术应用与管理、数字化智能化系统及其应用三个项目来进行一体化的教、学、做、考、评。

本书可供高等职业教育现代物流管理、物流工程技术、铁路物流管理、铁道交通运营管理、电子商务、邮政快递运营管理等专业学生使用，也可作为高等院校相关专业教材，还可用于物流行业企业货物运输、仓储、配送、管理或信息工作等相关人员的培训，同时对于有志在物流领域从业、创业人员和对信息技术与系统感兴趣的爱好者来说，也不失为一本较好的自学读物。

内容提要

前　言

随着经济社会的全面发展，中国特色物流发展道路越来越宽广，2006 年国家“十一五”规划确立物流业产业地位，2009 年物流业被列入调整和振兴的十大产业，2014 年《物流业发展中长期规划（2014—2020 年）》出台，2017 年党的十九大以来物流基础设施网络建设逐步优化，现代物流业与国家战略、经济运行、市场流通、民生福祉密切相关，为第一制造大国、第一贸易大国和全球第二大经济体发挥着“生命线”“后勤兵”作用。2022 年党的二十大报告提出要着力提升产业链供应链韧性和安全水平的新的发展要求，当下物流业正处于立足新发展阶段、贯彻新发展理念、构建新发展格局、推动高质量发展的阶段，应将数字化贯穿于物流服务的核心环节，积极探索质量、效率和动能的创新转换，在国家重大战略中更高质量地发挥基础性、战略性、先导性作用。

物流信息管理是为了有效地开发和利用物流信息资源，以现代信息技术为手段，对物流信息资源进行计划、组织、领导和控制的社会活动。伴随着物流新技术、新模式、新业态的深入运用，物流信息管理的理论和实践将得以丰富和充实。

本书是在 2015 年出版的《物流信息管理（修订版）》基础上，根据物流业快速发展形势，结合职业教育教师、教材、教法改革实践和本课程慕课（MOOC）资源建设与运用实际，校企双元合作开发的新型数字化、工作手册式教材。

本书是高等职业教育现代物流管理、物流工程技术、铁路物流管理专业通用的理论教学与实践技能训练一体化、数字化系列教材之一，也可作为物流、电商、快递、铁路货运等专业人员的参考书。在修订过程中，编者考虑了目前专业群建设与优化的需求，充分吸收近几年来该领域最新的研究成果和丰富的实践经验，对教材内容进行了整体性修订。

本书继承了第一版“坚持就业导向、源于物流企业、基于工作过程、表述图文并茂”的特点，还凸显了如下优势。

1. 充实课程思政。落实立德树人根本任务，秉承“课程承载思政”“思政寓于课程”理念，充分挖掘专业教育与社会主义核心价值观、家国情怀、工匠精神、创新思维、国际视野、价值观引领等德育元素的“触点”和“融点”，在每个项目任务中明确思政教学目标，并在教材适当位置根据专业课程教学内容合理创设思政案例，将思政内容有机融入专业教学中。

2. 配套在线资源。依据本书建设的在线资源课程已于 2019 年通过智慧职教 MOOC 学院审核并在线运行，还作为全国物流职业教育教学指导委员会第一批职业院校抗击疫情、“停课不停学”优质慕课被推介，目前已开设3期，国内120多所学校和企业的4000余名学员在线学习，30多所院校引入SPOC（小规模限制性在线课程）供3500余名学生课堂学习。课程资源包括电子教材、PPT、微课、视频、动画、音频、作业测验、行业动态、物流竞赛、1+X专栏、货运员考证专栏等400多个资源。在线课程资源网址为 https://icve - mooc.icve.com.cn/cms/courseDetails/index.htm? classId = 0e9a39876a404dcbf8a876233bcb7002，读者可自行登录查看。

3. 调整部分内容。本次修订吸纳行业发展的新技术、新成果，吸收行业企业对人才培养的需求建议，结合1+X证书制度试点要求，增加了数据库技术与设计、智能拣选系统与应用等内容。另外，每个任务都修订了教学目标，增加了课程思政，部分任务完善了同步测试或技能训练等。

4. 创新工作手册。教材基于“工作过程”理念，以典型工作任务为载体，将任务学习与实操过程中记录、撰写、考核、小结等必要环节内容整理为校本教材工作手册，更适合于教、学、练、考、评一体化教学组织。

本书由国家高级物流师、物流职业技能鉴定高级考评员、物流1+X证书考评员、武汉铁路职业技术学院赵智锋教授和物流国赛裁判、长江职业学院代承霞教授担任主编，中国铁路武汉局集团有限公司货运部高级工程师李莉、武汉铁路职业技术学院王爽副教授和郑科老师担任副主编。人员分工如下：赵智锋负责项目三任务一、二、三；代承霞负责项目一，项目二任务一、二、三，项目三任务四；李莉负责项目二任务四；王爽负责项目二任务五；郑科负责项目二任务六。在本书编写过程中，我们得到了武汉理工大学物流学院博士生导师赵章焰教授、武汉武铁物流发展有限公司熊建副总经理、北京物联华通信息技术研究院周凯总经理的鼎力支持，还参考了国内外的相关文献和物流专业方面的教材以及大量研究成果，在此，对涉及的专家、学者表示衷心的感谢！

由于编者水平有限，教材中错误与不足难免存在，敬请同行及读者予以批评指正。

编　者

2022年2月

注：每一项目导学中的内容以教学内容为依据，不以本书中层级为依据。

第一版前言

我们依据国家高职高专教材规划的要求，结合2005年开始实施的我国国家标准《物流企业分类与评估指标》（GB/T 19680—2013）和2006年修订的国家标准《物流术语》（GB/T 18354—2006）、国务院于2014年印发的《物流业发展中长期规划（2014—2020年）》等精神，参照人力资源和社会保障部修订颁发的2011年《物流师国家职业标准》，在高职物流专业教学改革的基础上，根据教学需要组织编写了本书。

本书是高等职业教育物流管理、物流工程专业通用的理论教学与实践技能训练一体化系列教材之一，是按工作任务的设计进行编写的。它贯彻了以能力为本位、基于工作过程的教学理念。

本书具有如下特点。

1. 坚持就业导向。编者先后赴诸多物流企业与科研院所进行了大量调研，从而瞄准物流管理相关就业群，准确定位高职物流管理专业办学方向，真正引导学生在实践中找岗位、在岗位上练技能、以技能谋就业、以思维求发展。

2. 源于物流企业。结合“千人计划”编者赴中国武汉外轮代理有限公司实践，针对武汉铁路职业技术学院物流管理专业生产性实训基地建设中新购的物流管理应用软件，坚持理论与实践一体化原则，邀请企业实践专家与学院专业教师共同来编写。

3. 基于工作过程。本书以基于工作过程的课程理念为指导，分单元项目编写，每一项目分若干任务实施，每一任务按照“任务导入—任务资讯—任务实施—任务考核”① 的任务驱动式的结构来撰写。

4. 表述图文并茂。本书以物流信息的生命周期为主线，从采集到分析，再到利用技术和软件，精选了“够用的理论”，强化技术和系统应用操作方面的内容。而且在行文中，基本做到了教材结构“模块化”、理论实践“一体化”、图文表述“形象化”。

本书由国家高级物流师、物流职业技能鉴定高级考评员、武汉铁路职业技术学院赵智锋副教授和上海东洲罗顿通信股份公司事业部经理、高级物流师施华担任主编，武汉铁路职业技术学院郑科与张仕平、中国武汉外轮代理有限公司（武汉中远物流有限公司）王芳、江苏省南通中等专业学校袁乾担任副主编，由教育部高等学校高职高专工商管理类专业教学指导委员会委员、武汉铁路职业技术学院陈克勤教授担任主审。在本书编写过程中，我们得到了武汉理工大学物流学院博士生导师赵章焰院长、武汉

① 部分任务由于内容原因未按此结构撰写。

商贸职业学院物流学院代承霞副院长和北京物联华通信息技术研究院周凯总经理的鼎力支持，还参考了国内外的相关文献和物流专业方面的教材以及大量研究成果，在此，对涉及的专家、学者表示衷心的感谢！

由于编者水平有限，书中难免存在错误与不足，敬请同行及读者予以批评指正。

编　者

2015 年 5 月

目　录

项目一　物流信息采集与管理

随着社会的发展，物流活动变得日益复杂，人们在物流活动中不得不将大量的精力用于记录、查找和加工物流信息，信息处理已成为物流管理的主要活动，物流信息采集与管理也日益被重视。随着物流信息量爆炸式增长，原来靠手工管理信息的方式已远远不能满足物流活动的需要，计算机的发展及广泛应用为处理物流信息提供了有力工具。将计算机技术、通信技术、网络技术应用于现代物流管理活动中，改变了信息的存在环境和处理方式，同时也带来了物流管理模式的变化。也正是由于这些变化，使得物流信息的使用价值得到极大的提高，从而使得物流信息成为一项重要资源。

项目描述

学习目标	器材工具	教学建议	课时计划
①了解物流系统的构成要素； ②认识并掌握物流信息和物流信息管理的概念、分类、作用，以及物流信息管理系统的主要功能和运行管理； ③掌握物流信息采集的方法及途径； ④培养信息安全意识、遵守法律道德底线	①物流信息单据； ②物流企业或企业物流信息系统视频或案例	①条件允许时，尽量在理论实践一体化教室中实施教学； ②如果条件不允许，可采用视频或案例代替实践教学	计划6学时，其中，理论教学2学时，实践与考核4学时

项目导学

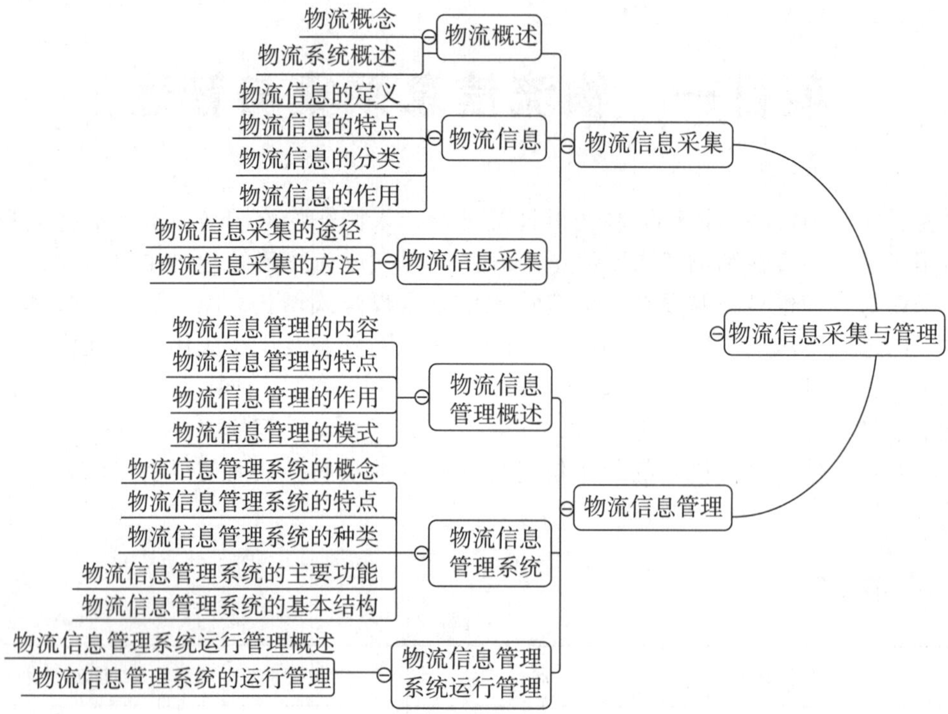

任务一　物流信息采集

教学目标

【知识目标】

◆ 了解物流、物流系统的概念；

◆ 掌握物流信息的概念及分类；

◆ 掌握物流信息采集的方法。

【技能目标】

◆ 能够进行物流信息的采集；

◆ 能够运用所学的信息技术综合处理信息。

【素质及思政目标】

◆ 具有保护信息安全的意识；

◆ 开展调研及采集信息要遵守法律、道德底线。

开篇语　信息的采集是企业和组织的信息系统依据一定目的，将系统内外各种形态的信息采出并汇集起来，供自身系统或其他系统使用的过程。有效的物流信息对科学管理整个物流系统具有重要的作用。

【任务导入】

工作任务单

张明是一名现代物流管理专业的学生，为了提高竞争力，为以后就业打好基础，张明在网上搜寻了物流信息员的招聘启事。招聘内容如下。

宏远物流公司招聘物流信息员若干，具体要求如下。

1. 具备数据处理能力、沟通协调能力、团队合作意识。
2. 会熟练操作 Office 办公软件。
3. 能够进行信息的归类，会统计处理信息。
4. 准确掌握物流信息技术并会使用与物流相关的信息系统。
5. 学历要求：专科及以上。

分析：

1. 作为一名现代物流管理专业的学生，你觉得你和物流信息员的差距有多大？
2. 你觉得应该如何运用信息采集技术和信息处理软件开展信息处理服务？

任务资讯

一、物流概述

（一）物流概念

物流是一个发展中的概念，在经济发展的过程中，物流概念也经历了一个逐渐发展的过程。自物流概念产生以来，随着物流管理理论和物流实践活动的飞速发展，人们对物流作用的认识不断加深，物流概念的内涵和外延也在不断地变化，各种物流定义层出不穷。具体见表 1. 1. 1。

按照不同的标准，可对物流进行不同的分类。按照物流的层次分类，物流可分为社会物流和企业物流；按照物流的不同作用分类，物流可分为供应物流、生产物流、销售物流、回收物流和废弃物物流；按照物流活动的空间范围分类，物流可分为国际物流和区域物流；按照从事物流活动的主体分类，物流可分为第一方物流、第二方物流、第三方物流和第四方物流。

表 1.1.1　物流概念的发展

序号	时间	定义
1	1935 年	美国是世界上最早出现物流概念的国家。美国销售协会首先对物流做了定义：物流是包含于销售之中的物质资料和服务，以及从生产地到消费地流动过程中伴随的种种经济活动
2	1976 年	美国物流管理委员会将物流重新定义如下。物流活动包括但不局限于：为用户服务、需求预测、销售情报、库存控制、物料搬运、订货销售、零配件供应、工厂及仓库的选址、物资采购、包装、退换货、废物利用及处置、运输及仓储等活动
3	1986 年	美国物流管理协会（Council of Logistics Management，CLM）对物流所做的定义是：物流是对货物、服务及相关信息从起源地到消费地的有效率、有效益的流动和储存进行计划、执行和控制，以满足客户要求的过程
4	1988 年	美国物流管理协会又对物流定义做了修订：物流是以满足客户需求为目的，为提高原材料、在制品、制成品以及相关信息从供应到消费的流动和存储的效率和效益，对其进行的计划、执行（实现）和控制的过程
5	1998 年	美国物流管理协会对物流的概念做了进一步调整：物流是供应链管理的一部分，其专注于物品、服务及相关信息从起始点到消费点的有效流通和存储的计划、执行（实现）和控制，以满足客户需求
6	2000 年	美国物流管理协会对物流定义进行了符合时代发展要求的更新，新的定义为：物流是供应链流程的一部分，是为了满足客户需求而对商品、服务及相关信息从起源地到消费地的高效率、高效益的正向和反向流动及储存进行的计划、实施与控制过程。该过程包括物品进向、去向、内部和外部的移动以及以环境保护为目的的物料回收。这个定义将物流的范围扩大到经济的各个领域。同时，物流的内容不仅包括货物，还包括服务、信息，反映了现代经济以客户为中心的理念。该定义强调了信息在物流中的地位和作用，因为信息管理是高效率运作现代物流、提高物流效益的关键因素。此外，该定义还提出了“逆向物流”的观点
7	2001 年	我国 2001 年 8 月 1 日起正式实施的国家标准《物流术语》（GB/T 18354—2001）中定义：物流是“物品从供应地向接收地的实体流动过程。根据实际需要，将运输、储存、装卸、搬运、包装、流通加工、配送、信息处理等基本功能实施有机结合”
8	2006 年	2007 年 5 月 1 日起正式实施的国家标准《物流术语》（GB/T 18354—2006）中定义：物流是“物品从供应地向接收地的实体流动过程。根据实际需要，将运输、储存、装卸、搬运、包装、流通加工、配送、信息处理等基本功能实施有机结合”
9	2021 年	我国 2021 年 12 月 1 日实施的最新版《物流术语》（GB/T 18354—2021）中定义：物流是“根据实际需要，将运输、储存、装卸、搬运、包装、流通加工、配送、信息处理等基本功能实施有机结合，使物品从供应地向接收地进行实体流动的过程”

（二）物流系统概述

1. 物流系统的定义

物流系统是指在一定的时间和空间里，由物资、包装设备、装卸搬运机械、运输工具、仓储设施、人员和通信联系等若干相互制约的动态要素所构成的具有特定功能的有机整体。物流系统的目的是实现物资的空间效益和时间效益，在保证社会再生产顺利进行的前提条件下，实现各种物流环节的合理衔接，并取得最佳的经济效益。物流系统是社会经济大系统的一个子系统或组成部分。

2. 物流系统基本模式

物流系统和一般系统一样，具有输入、转换处理及输出三大功能，通过输入和输出使系统与环境进行交换，并相互依存。如图 1. 1. 1 所示。

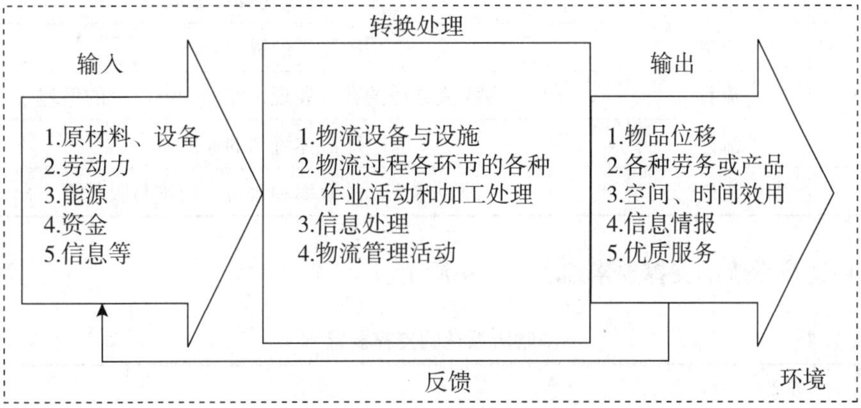

图 1. 1. 1　物流系统基本模式

在流通领域里，物流过程可以看成是一个由生产经流通到消费的各物流要素相互作用和相互依存的过程。在生产领域里，物流过程是一个不断投入原材料、机器设备、劳动力，经过加工处理，产出满足社会需要的过程。就物流过程的每一个环节来讲，也同样是一个投入与产出的过程。每一环节都要从外界环境吸收一定的能量、资源（人、财、物），并以输入形式投入，经过转换处理，直接或间接地产出一定的产品或劳务，再以输出的形式向外界提供，来满足社会的某种需求。

3. 物流系统的要素

（1）物流系统的一般要素。物流系统的一般要素如表 1. 1. 2 所示。

表 1. 1. 2　物流系统的一般要素

序号	要素	说明
1	人	人是所有系统的核心要素，也是系统的第一要素
2	资金	资金是所有企业系统的动力
3	物	包括物流系统的劳动对象，即各种实物
4	信息	包括物流系统需要处理的信息，即物流信息

（2）物流系统的功能要素。物流系统的功能要素是指物流系统所具有的基本能力，这些基本能力有效地组合、连接在一起，变成了物流系统的总功能。总功能能合理、有效地实现物流系统的总目的。

物流系统的功能要素主要包括运输、储存（仓储）、包装、装卸搬运、流通加工、配送以及物流信息。

（3）物流系统的流动要素。物流系统的流动要素如表 1.1.3 所示。

表 1.1.3　　物流系统的流动要素

序号	要素	说明
1	流体	即“物”
2	载体	即承载“物”的设备和这些设备据以运作的设施，如汽车和道路
3	流向	即“物”转移的方向
4	流量	即物流的数量表现
5	流程	即物流路径的数量表现，亦即物流经过的里程
6	流速	即流体流动的速度
7	流效	即流体流动的效率和效益、成本与服务等

（4）物流系统的支撑要素如表 1.1.4 所示。

表 1.1.4　　物流系统的支撑要素

序号	要素	说明
1	法律制度	法律制度决定物流系统的结构、组织、领导、管理方式，国家对其进行控制、指挥、管理以及定位这个系统的地位、范畴，是物流系统的重要保障
2	行政命令	行政命令是决定物流系统正常运转的重要支撑要素
3	标准化	标准化是保证物流环节协调运行，保证物流系统与其他系统在技术上实现联结的重要支撑要素
4	商业习惯	商业习惯是整个物流系统为了使客户满意所提供的服务的基本要求，了解商业习惯，将使物流系统始终围绕客户需求进行运营，达到企业的目的

（5）物流系统的物质基础要素。物流系统的物质基础要素如表 1.1.5 所示。

表 1.1.5　　物流系统的物质基础要素

序号	要素	说明
1	基础设施	基础设施是组织物流系统运行的基础物质条件，包括物流场站、物流中心、仓库，物流线路，公路、铁路、港口的建筑等

续　表

序号	要素	说明
2	物流装备	物流装备是保证物流系统开动的条件，包括仓库货架、进出库设备、加工设备、运输设备、装卸机械等
3	物流工具	物流工具是物流系统运行的物质条件，包括包装工具、维修保养工具、办公设备等
4	信息技术及网络	信息技术及网络是掌握和传递物流信息的手段，根据所需信息水平不同，包括通信设备及线路、传真设备、计算机及网络设备等
5	组织及管理	组织及管理是物流系统的“软件”，起着连接、调运、运筹、协调、指挥其他各要素以保障实现物流系统目的的作用

4. 物流系统的特点

物流系统具有一般系统所共有的特点，即整体性、相关性、目的性、环境适应性，同时还具有规模庞大、结构复杂、目标众多等大系统所具有的特征。其特点如表 1.1.6 所示。

表 1.1.6　　**物流系统的特点**

序号	特点	说明
1	互动性	物流系统是一个“人—机”系统。物流系统由人和形成劳动手段的设备、工具所组成。其表现为物流劳动者运用运输设备、装卸搬运机械、仓库、港口、车站等，作用于物品的一系列生产活动。在这一系列的物流活动中，人是系统的主体。因此，在研究物流系统的各个方面问题时，必须把人和物有机地结合起来，作为不可分割的整体，加以考察和分析，而且始终把如何发挥人的主观能动作用放在首位
2	巨大性	物流系统是一个跨地域、跨时域的大系统。这反映在两个方面：一是地域跨度大，二是时间跨度大。由于世界经济的全球化和信息化，物流活动早已突破了地域限制，形成了物流跨地区、跨国界的趋势。跨地域性正是物流创造的空间价值（场所价值）的体现。另外，通过仓储可以解决产需之间的时间矛盾，跨时域性正是物流创造的时间价值的体现
3	可分性	物流是一个可分系统。作为物流系统，无论其规模多么庞大，都可以分解成若干个相互联系的子系统。这些子系统的数量和层次的阶数，是随着人们对物流的认识和研究的深入而不断扩充的。系统与子系统之间，子系统与子系统之间，存在着时间和空间上及资源利用方面的联系；也存在总的目标、总的费用以及总的运行结果等方面的相互联系

续 表

序号	特点	说明
4	动态性	物流系统是一个动态系统。一般的物流系统总是联结多个生产企业和用户，随着需求、供应、渠道、价格的变化，系统内的要素及系统的运行经常发生变化。这就是说，物流受到社会生产和社会需求的广泛制约，物流系统是一个具有满足社会需求、适应环境能力的动态系统。为适应经常变化的社会环境，人们必须不断地修改、完善物流系统的各组成部分，这就要求物流系统具有足够的灵活性与可改变性。在发生较大的社会变化的情况下，物流系统甚至需要重新进行系统的设计
5	复杂性	物流系统的复杂性。物流系统的运行对象——“物”，遍及全部社会物质资源，资源的大量化和多样化带来了物流的复杂化。在物流活动的全过程中，始终贯穿着大量的物流信息。物流系统要通过这些信息把各个子系统有机地联系起来。如何全面收集和处理好信息，并使之指导物流活动，是非常复杂的事。物流系统的范围横跨生产、流通、消费三大领域，给物流系统组织带来了很大的困难。而且随着科学技术的进步、生产的发展、物流技术的提高，物流系统的边界范围还将不断地向内深化、向外扩张
6	多目标性	物流系统是一个多目标系统。物流系统的总目标是实现宏观和微观的经济效益。但是，系统要素间有着非常强的“背反”现象，常称为“交替损益”或“效益背反”现象。所谓“效益背反”是指物流系统的若干功能要素之间存在着损益的矛盾，即某一功能要素的优化和利益发生的同时，必然会存在另一个或另几个功能要素的利益损失，反之亦然。这种此长彼消、此盈彼亏的现象，在物流系统中尤为突出。例如，减少库存量，能减少库存持有成本，但必然会增加运输次数，从而增加运输费用

5. 物流系统的功能

物流系统的功能如表1.1.7所示。

表1.1.7　　物流系统的功能

序号	功能	说明
1	运输功能	运输是物流的核心业务之一，也是物流系统的一个重要功能。选择何种运输手段对于物流效率具有十分重要的意义，在决定运输手段时，必须权衡物流系统要求的运输服务和运输成本
2	仓储功能	在物流系统中，仓储同样是重要的构成因素。仓储功能包括了对进入物流系统的货物进行堆存、管理、保管、保养、维护等一系列活动
3	包装功能	为使物流过程中的货物完好地运送到用户手中，并满足用户和服务对象的要求，需要对大多数货物进行不同方式、不同程度的包装

续 表

序号	功能	说明
4	装卸搬运功能	装卸搬运是随着运输和保管而产生的必要物流活动，是对运输、保管、包装、流通加工等物流活动进行衔接的中间环节，以及在保管等活动中为进行检验、维护、保养所进行的装卸活动
5	流通加工功能	在物品从生产领域向消费领域流动的过程中，为了促进产品销售、维护产品质量和实现物流效率化，对物品进行加工处理，使物品发生物理或化学性变化。流通加工可以弥补企业、物资部门、商业部门生产过程中加工程度的不足，更有效地满足用户的需求，是物流活动中的一项重要增值服务
6	配送功能	配送可采取物流中心集中库存、共同配货的形式，使用户或服务对象实现零库存，依靠物流中心的准时配送，而无须保持自己的库存或只需保持少量的保险储备，减少物流成本的投入
7	信息服务功能	信息服务功能包括进行与上述各项功能有关的计划、预测、动态（动量、收、发、存数）的情报活动及有关的费用情报、生产情报、市场情报活动。其作用表现在缩短从接受订货到发货的时间，库存适量化，提高搬运作业效率，提高运输效率等

二、物流信息

（一）物流信息的定义

物流信息是物流活动中各个环节生成的信息，一般随着从生产到消费的物流活动的产生而产生，与物流过程中的运输、储存、装卸、包装等各种职能有机结合在一起，是整个物流活动顺利进行不可缺少的。

物流信息（Logistics Information）是反映物流各种活动内容的知识、资料、图像、数据的总称。物流信息包括的内容可以从狭义和广义两个方面来理解。

从狭义方面来看，物流信息指直接产生于物流活动（如运输、储存、包装、装卸搬运、流通加工、配送等）的信息。物流活动的管理与决策，如运输工具的选择、运输路线的确定、每次运送批量的确定、在途货物的跟踪、仓库的有效利用、最低库存数量的确定、订单管理、如何提高顾客服务水平等，都需要详尽和准确的信息。

从广义方面来看，物流信息还包括与其他流通活动有关的信息，如商品交易信息和市场信息等。商品交易信息是指买卖双方交易过程中的相关信息，如商品销售和购买信息、订货和接受订货信息、发出货款和收到货款信息等；市场信息是指与市场活动有关的信息，如消费者的需求信息、竞争者或竞争产品信息、销售促进活动的有关信息、交通通信等基础设施信息。

在现代经营管理活动中，物流信息与商品交易信息、市场信息相互交叉、融合，而且有着密切的联系。例如，零售商根据对消费者消费信息的分析、需求的预测以及库存状况的掌握制订订货计划，向批发商或直接向生产商发出订货信息。批发商在接到零售商的订货信息后，在确认现有库存水平的基础上，或指示物流部门发货，或组织货源。广义的物流信息不仅仅能连接和整合包括生产厂家、批发商、零售商乃至消费者在内的整个供应链，而且能在应用现代信息技术（如数据库、互联网、电子商务等）的基础上实现整个供应链活动的高效化。

（二）物流信息的特点

物流信息具有表1.1.8所示的四个特点。

表1.1.8 物流信息的特点

序号	特点	说明
1	数据量大、涉及面广	由于现代物流具有多品种、小批量、多层次、个性化服务等特点，使得货物在运输、储存、包装、装卸搬运、流通加工、配送等环节会产生大量的物流信息，且分布在不同的厂商、仓库、货场、配送中心、运输线路、运输商、中间商、客户等处。随着物流产业的发展，这种量大、面广的特征将更趋明显，会产生越来越多的物流信息
2	动态性强、实时性强	由于各种物流作业活动频繁发生，再加之市场竞争状况和客户需求的变化，使得物流信息瞬息万变，呈现动态性；物流信息的价值随着时间的变化而不断贬值，表现出一种实时性。物流信息的这种动态性和实时性，要求我们必须及时掌握变化多端的物流信息，为物流管理决策提供依据
3	种类繁多、来源复杂	物流信息不仅包括企业内部产生的各种物流信息，而且还包括企业间的物流信息以及与物流活动有关的法律、法规、市场、消费者等诸多方面的信息。随着物流产业的发展，物流信息的种类将更多，来源也更复杂多样，这给物流信息的分类、处理和管理带来了困难
4	需求共享、统一标准	物流信息涉及国民经济各个部门，在物流活动中，各部门之间需要进行大量的信息交流。为了实现不同系统间物流信息的共享，必须采用国际和国家信息标准，如不同系统的不同物品必须采用统一的物品编码规则和条码规则等

（三）物流信息的分类

在处理物流信息和建立物流信息管理系统时，对物流信息进行分类是一项基础工作。物流信息可以按不同的分类标准进行分类。

1. 按信息的作用不同分类

物流信息按信息的作用不同分类如表1.1.9所示。

表 1.1.9　物流信息按信息的作用不同分类

序号	分类	说明
1	计划信息	计划信息指的是尚未实现但已当作目标确认的一类信息，如物流量计划、仓库进出量计划、与物流活动有关的国民经济计划、工农业产品产量计划等。许多具体工作的预计、计划安排，甚至是带有作业性质的，如协议、合同、投资等信息，只要尚未进入具体业务操作，都可以归入计划信息之中，这种信息往往相对稳定，信息更新速度比较慢。 计划信息对物流活动具有非常重要的战略意义，因为有了这个信息，便可对物流活动本身进行战略思考。例如，如何在计划前提下规划企业战略性的、长远的发展等。因此，计划信息是战略决策或大的业务决策不可缺少的依据
2	控制及作业信息	这是物流活动过程中产生的信息，也是掌握物流状况不可缺少的信息。例如，库存种类、库存量、运量、运输工具状况、物价、运费、投资在建情况、港口船舶的货物到发情况等。这类信息具有非常强的动态性，更新速度快，时效性强。 控制及作业信息的主要作用是控制、调整正在发生的物流活动和指导下一次即将发生的物流活动，以实现全过程的控制和对业务活动的微调
3	统计信息	统计信息是物流活动结束后，关于整个物流活动的一种归纳性的信息。这种信息具有很强的资料性。虽然新的统计结果不断出现，使其总体上看具有动态性，但是已产生的统计信息都是历史的结论，是恒定不变的。诸如上一年度与月度发生的物流量、物流种类、运输方式、运输工具使用量、装卸量以及与物流有关的工农业产品产量、内外贸数量等都属于这类信息。 统计信息有很强的战略价值，它的作用是正确掌握过去的物流活动的规律，以指导物流发展战略的制定。物流统计信息也是国民经济中非常重要的一类信息
4	支持信息	支持信息是指能对物流计划、业务、操作产生影响或与之有关的文化、科技、产品、法律、教育、风俗等方面的信息，如物流技术的革新、物流人才需求等。这些信息不仅对物流战略发展具有价值，也对控制、操作起到指导和启发的作用，是属于从整体上提高物流水平的一类信息

2. 按信息的环节不同分类

物流信息按信息的环节不同分类如表 1.1.10 所示。

表 1. 1. 10　　物流信息按信息的环节不同分类

序号	分类	说明
1	运输信息	运输信息是产生于货物运输环节的物流信息，这是物流信息的主要信息之一，包括公路货物运输信息、水路货物运输信息、航空货物运输信息、管道货物运输信息、邮政特快专递货物运输信息以及各种货物代理运输信息
2	仓储信息	仓储信息又叫库存信息，是产生于仓储环节的物流信息，是重要的物流信息，包括各种仓库、货场的货物储存信息和代储信息
3	配送信息	配送信息是产生于货物配送环节的物流信息，包括货物配送方式、配送线路、配送时间、配送货物的种类和数量等
4	装卸搬运信息	装卸搬运信息是产生于装卸搬运环节的物流信息，包括各种港口、码头、机场、车站、仓库、货场的货物装卸、移送、分类、堆垛、入库、出库等信息
5	包装信息	包装信息是产生于物品包装环节的物流信息，包括各种仓库适用的包装、货物的包装，以及包装物生产的信息
6	加工信息	加工信息是产生于流通加工环节的物流信息，包括为商业配送进行的计量、组装、分类、保鲜、贴商标等活动的信息以及商务快送、住宅急送等信息

3. 按信息的管理层次不同分类

物流信息按信息的管理层次不同分类如表 1. 1. 11 所示。

表 1. 1. 11　　物流信息按信息的管理层次不同分类

序号	分类	说明
1	作业信息	作业信息是产生于物流作业层的信息，是物流管理最基础的信息，具有量大、面广、发生频率高等特点，如库存种类、库存量、运量、运费、运输工具状况、收发货情况等
2	战术信息	战术信息是产生于物流管理的局部或中层决策的信息，如各种财务信息、物流统计信息、客户管理信息等
3	战略信息	战略信息是产生于物流管理的全局或高层决策的信息，如物流企业的高层决策信息等

4. 按信息的领域不同分类

物流信息按信息的领域不同分类如表 1. 1. 12 所示。

表 1.1.12　　物流信息按信息的领域不同分类

序号	分类	说明
1	物流活动所产生的信息	一般而言，在物流信息管理工作中，该类信息是发布的物流信息的主要信息，其既可以指导下一个物流循环，也可以作为经济领域的信息提供给社会。如运输信息、仓储信息、配送信息、货运代理信息等
2	其他相关信息源产生的信息	该类信息则是提供给物流活动使用但由其他信息源产生的信息，是信息工作收集的对象，是其他经济领域产生的对物流活动有作用的信息。如各级政府的各种经济管理政策、交通运输的基础设施状况信息等

5. 按信息的加工程度不同分类

物流活动实施空间广阔、时间跨度大，这就决定了它的信息发生源多、信息量大。信息量过大导致的难以吸纳、收集，以及无法从中洞察和区分有用信息和无用信息的情况，就是所谓的“信息爆炸”，它将严重地影响信息系统的有效性。为此，需要对信息进行加工。物流信息按信息的加工程度不同分类如表 1.1.13 所示。

表 1.1.13　　物流信息按信息的加工程度不同分类

序号	分类	说明
1	原始信息	原始信息指未加工的物流信息，是物流信息管理工作的基础，也是最具权威性的凭证信息。一旦有需要，可以从原始信息中找到真正的依据。原始信息是加工信息可靠性的保证
2	加工信息	加工信息指对原始信息进行各种方式和各个层次处理后得到的物流信息。这种信息是原始信息的提炼、简化和综合，它可以大大减少信息存量，并将信息整理成有使用价值的数据和资料。加工信息需要各种加工手段，如分类、汇总、精选、制档、制表、制成音像资料、制成文献资料、编制数据库等。加工信息需要制成各种具有指导性的可用资料

（四）物流信息的作用

物流信息在物流活动中起着中枢神经的作用，具有计划、协调、控制等功能，“牵一发而动全身”。物流信息的作用主要表现在表 1.1.14 所示的四个方面。

表 1.1.14　　物流信息的作用

序号	作用	说明
1	有助于物流活动各环节的相互衔接	物流信息有助于物流活动各环节之间的相互衔接。物流是一个包含运输、储存、配送、流通加工、包装、装卸搬运等多个作业环节的系统，要求各个环节有计划地精确衔接。物流信息是衔接各个作业环节的“链条”，是物流系统高效率的保证

续 表

序号	作用	说明
2	有助于控制物流活动的流程	物流信息有助于控制物流活动的流程。物流信息的流程控制作用就是记录、控制物流活动的基本内容。例如，当收到订单，就记录了这一笔交易的信息，意味着流程开始，随后按记录的信息安排存货，指导材料管理人员选择作业程序，指挥搬运、装货及按订单交货，这些都在物流信息的控制下完成。流程性物流信息的主要特征是程序化、规范化，作用上强调效率
3	有助于物流活动的协调与管理	物流信息有助于不同企业、不同部门间物流活动的协调与管理。要合理组织物流活动，必须依赖物流信息的沟通，只有高效的信息传递和反馈才能实现不同企业、不同部门间物流活动的合理有效运行。比如，第三方物流企业如果给生产制造企业提供物流服务，其物流配送作业计划必须与生产制造企业的生产计划对接，以便协调双方的相应计划，从而提高物流服务的效率
4	有助于物流决策水平的提高	物流信息有助于物流决策水平的提高。企业在进行物流活动决策时，需要依据各种物流信息。比如，采购部门要根据物流信息确定采购批次、间隔、批量等，以确保在不间断供给的情况下使成本最小化；生产计划部门要根据物流的流动路径，合理安排生产车间的物流分配，使各个车间的负荷均衡，商品流通协调合理；专业物流企业要根据商品的种类、流向、流量等物流信息来选择和决定物流仓库的位置

从物流信息的作用上不难看出对物流信息进行有效管理的重要性。物流信息的有效管理就是强调物流信息的准确性、有效性、及时性、集成性、共享性。在物流信息的收集、整理中要避免信息的缺损、失真和失效，要强化物流信息活动过程的组织和控制，建立有效的管理机制。同时，要加强交流，物流信息只有通过传递和交流，才会产生价值。所以，要有物流信息交流和共享机制，以利于物流信息的积累和优势转化。

任务实施：物流信息采集

一、物流信息采集的途径

（一）内部途径

1. 管理的各职能部门

从物流管理的各职能部门的资料、文档中获取物流信息是物流信息采集的一个重要途径。这类信息包括对企业各项生产经营活动及效益进行记载的原始记录；具有保存价值、完成了某种特定任务、经过整理后归档的技术文件材料及技术档案；物流从业人员生产操作实践中积累的有关生产计划的制订、执行情况以及规章制度、人员管理等方面的经验性信息。

2. “葡萄藤”渠道，即“小道消息”

这是指企业内部传播小道消息的非正规组织信息流。总体来说，通过“葡萄藤”渠道获取信息弊大于利。但高明的管理者也利用这个渠道来收集信息，了解群众的意见和愿望，以利于决策，也可提高工作效率。

3. 内部信息网络

物流发展到今天，通过企业内部的信息系统，获取物资在流通过程中各个环节的信息比以往任何时候都更加重要，包括每种物资到达每个地点的时间和数量、离开每个地点的时间和数量、在途时间和数量、生产量和需求量等各种信息。这些信息对整个生产过程的控制和管理起着至关重要的作用。比如，根据顾客订单的信息，可以进行订单准备，在确定的时间发货，合理配备物流成本费用、仓库、车辆等，制订相应生产计划。当货物库存不足时，还需要将订货信息与现有货物库存信息相比较，结合生产情况安排生产。同时通过订单管理系统，可以了解许多有关的物流信息，包括市场需求信息、市场占有信息、市场产品与价格信息、销量渠道和销售技术信息等。

巧传家书

有个商人在外做生意，他的同乡要回家，于是他就托同乡带了100两银子和一封家书给妻子。同乡在路上打开家书一看，原来只是一幅画，上面画着一棵大树，树上有8只八哥，4只斑鸠。同乡大喜：家书里没写多少银子，我留下50两，商人的妻子也不知道。回到家乡，同乡将书信和银子交给商人妻子以后，说：“你丈夫捎给你50两银子和一封家书，你收下吧！”商人妻子拆信看过后说：“我丈夫让你捎带100两银子，怎么成了50两呢？”同乡见被识破，忙道：“我只是想试试弟媳聪明不聪明。”于是，忙把余下的50两银子还给了商人的妻子。

商人妻子怎么知道是100两银子的呢？原来那幅画的意思是8只八哥是八八六十四，4只斑鸠是四九三十六，合起来就是100，所以商人妻子知道是100两银子。

（二）外部途径

1. 大众传媒

通过广播、电视、互联网等大众信息传播与交流媒体，企业管理者可以收集国家政策、法律、技术、产品、市场等多方面的信息。信息的载体几乎涉及所有媒体，如文档、表格、图形、影像、声音以及它们的合成。通过这种途径收集信息的广度是其他途径所不及的。

2. 政府机关

通过行政手段从政府机关，尤其是企业主管部门等获取有关信息。通过这一途径收集的信息主要是有关国民经济的各种统计数据，国家宏观经济动向，经济管理方针、政策，各种计划指标等。

3. 社团组织

企业还可以通过一些学术团体和经营组织，收集企业所需的科技、经济、经营等方面的信息。这些信息可以用于企业的多层次管理和经营活动。

4. 各种会议

企业参加的会议繁多，如计划会、交易会、产品展销会、展览会、看样订货会、信息发布会、技术（产品）鉴定会、研讨会等。通过这些会议，企业管理人员可以获取大量的第一手资料，这些资料往往是通过其他途径难以得到的。

5. 个人关系

这是企业利用其工作人员，通过非组织、非正式的个人接触和个人通信方式获取企业管理信息的一种非正式途径。这种途径的优点是简单易行，有利于多方面的信息收集。

6. 协作伙伴

通过与同行或相关行业的协作伙伴交往可以收集对方生产、经营方面的各种信息，借鉴其他企业的经营管理经验，同时根据行业情况制定本企业的经营管理决策。

7. 消费者

通过与消费者沟通，可以获取关于企业产品与生产经营方面的各种反馈信息，这些信息将直接用于企业管理。

8. 外部信息网络

通过企业信息网、协作网等外部信息网络，企业可以收集网内企业的各种经营信息，同时也可以与协作企业交流商品调控计划、市场价格等方面的信息。

课程思政

2012 年 10 月，为减轻家庭经济压力，哈尔滨某大学航天领域硕士研究生唐某某在网上找兼职家教工作，并留下联系方式。几天后，有人主动与唐某某联系，要他帮忙收集一些半公开的资料。几次交往后，对方开始要求他利用学习期间的便利条件收集情报及内部资料。唐某某明知是犯罪行为，却没有抵挡住金钱的诱惑。这一期间，对方曾一次给唐某某 20 万元。后来，唐某某利用到海南旅行的机会，拍摄敏感军事图片，并传到境外。

经查，2012 年 10 月至 2014 年 6 月，唐某某向境外人员发送情报资料 54 次，共计 60 余份，接受境外人员提供的“经费”20 余万元，给国家安全带来严重威胁。案发时，唐某某已考上博士研究生。虽然他对自己的行为追悔莫及，但为时已晚。2014 年 8 月 5 日，黑龙江省人民检察院农垦分院依法批准逮捕唐某某。

该案反映出境外情报机构通过网络腐蚀境内人员的“黑手”已经伸向了高校学生。有的大学生安全防范意识薄弱，不能抵挡金钱的诱惑，为境外组织窃取高校科研成果和国家安全信息，严重威胁国家安全。

这个案例也提醒我们要注意个人信息安全，不要轻易向陌生人或非法网站提供个人信息，网上购物、聊天或做兼职时应保持警惕。不触碰法律和道德底线，不能有侥幸心理、铤而走险心理或从众心理。

二、物流信息采集的方法

（一）基于人工的信息采集方法

基于人工的信息采集方法一般有三种：直接观察、社会调查和查阅资料。

1. 直接观察

直接观察是指在信息源现场，信息采集者对客观现象不加任何干预，只凭视觉、听觉和基于上述感知的思维，借助录音机、摄像机等设备记录客观信息源产生的信息的行为过程。

如何辨别信息

很久以前，有一个国王，他用古怪的方式惩罚罪犯。把罪犯送进竞技场，在竞技场的一端有两扇一模一样的门，门后分别关着一只凶猛的老虎和一位美女。让犯人自己挑一扇门，如果他选中老虎，那么后果可想而知；如果选中美女，他不但可以马上获释，还可以抱得美人归。一天，国王发现有位英俊潇洒的臣子与公主交往甚密，一怒之下，他把这个臣子送到了竞技场，处以传统的惩罚。事前，公主已经知道门背后藏的是什么，于是她很苦恼，不知该把爱人送入虎口，还是送入另一个美人的怀抱。命运攸关的这一天如期来临，在别无选择的情况下，站在竞技场上的这位臣子望了公主一眼，公主示意他选择右边那扇门，他打开门……

思考：公主给这位大臣的信息有用吗？如何采集、辨别信息？

2. 社会调查

社会调查的方式主要有普遍调查法、典型调查法和抽样调查法。以下只阐述适用于个体的社会调查方式。

适用于个体的社会调查，若涉及人，则主要采用两种调查方式：问卷调查法和访问调查法。

（1）问卷调查法。问卷调查法是以书面的形式让被调查者回答问题，从而获得资料的方法。问卷调查法是一种包含统计调查和定量分析的信息收集方法。这种方法主要考虑的问题是：所收集的信息的内容范围和数量，所选定的调查对象的代表性和数量，问卷的内容设计，问卷的回收率等。问卷调查法具有调查面广、费用低的特点，但调查对象无法控制，问卷回收率一般不高，回答的质量也较差，被调查者的态度会对结果产生决定性影响。

问卷调查法的优点是：可根据调查者的实际需要灵活地设计问题，从而在短时间内获得大量资料；针对调查的结果既可进行定性分析，也可进行定量分析。问卷调查法的缺点是：调查结果依据的是被调查者的主观问答，与实际情况难免出现一定偏差，为弥补这一缺陷，需要大量样本调查。

（2）访问调查法。访问调查法又叫访谈法，是通过访问信息找到访谈对象，与之直接交谈而获得有关信息的方法。它又分为座谈访谈、电话访谈、会议访谈和信函访谈等方式。

访谈需要做好充分准备，认真选择访谈对象，了解访谈对象，收集有关业务资料和相关的背景资料。其主要的优点是：可以就问题进行深入的讨论，获得高质量的信息；缺点是：费用高，访谈对象不可能很多，因此访谈对象要具有代表性。它对访谈者的语言交际能力要求较高。

3. 查阅资料

查阅资料是指利用图书、报纸、期刊、文献、论文等对信息进行查阅，目前利用网络，尤其是搜索引擎查阅资料较为广泛。使用搜索引擎查阅是指根据一定的策略，运用特定的计算机程序从互联网上收集信息，在对信息进行组织和处理后，为用户提供检索服务，将与用户检索相关的信息展示给用户。

（二）网络调查法

网络调查法，是指利用互联网进行问卷调查收集一手资料，主要采用站点法辅以电子邮件法通过互联网直接进行。与传统的市场调查相同，进行网络调查首先要确定调查目标、方法、步骤，在实施调查后要分析调查的数据和结果，并进行相关的定量分析和定性分析，最后形成调研结论。

网络调查法的方式主要有电子邮件问卷、网上焦点团体座谈、在网站上设置调查专项。

1. 电子邮件问卷

电子邮件问卷是以较为完整的电子邮件（E－mail）地址清单作为样本框，使用随机抽样的方法通过电子邮件发放问卷，调查对象以电子邮件反馈答卷。这种调查方式较具定量价值。在样本框较为全面的情况下，可以将调查结果用于推论研究总体，一般用于针对特定群体网民的多方面行为模式、网络消费规模、网络广告效果、网上消费者消费心理特征的研究。

2. 网上焦点团体座谈

直接征集网上与会者，并约定时间利用网上视频会议系统召开网上座谈会。该方法适合于需要进行深度探索性研究的主题，通过座谈获得目标群众描述某类问题的通常语言、思维模式以及理解目标问题的心理脉络。该方法也可与定量电子邮件问卷调查配合使用。

3. 在网站上设置调查专项

在访问率较高的网站或企业的网站上设置调查专项网页，访问者按个人兴趣选择是否访问有关主题，并以在线方式直接在调查问卷上进行填写和选择，完成后提交调查表，调查即可完成。为获取足够多的样本数量，一般调查问卷网页要与热门站点进行直接链接，如中国互联网络信息中心（CNNIC）的网上调查就与国内著名的站点进行链接。由于网上调查的数据可以保存到数据库中，调查对象在填写完调查表后，一般就能看到初步的调查结果。目前，许多网站都通过设置调查专项征询用户意见，了解受众需求。

【同步测试】

一、判断题

1. 有效的物流信息传递和管理可以降低物流费用，提高物流服务水平。(　　)

2. 物流信息能够有效地减少库存和人力资源的需要。(　　)

3. 物流信息仅指与物流活动有直接关系的信息，而不包括与物流活动间接相关的信息。(　　)

4. 物流信息是与企业的物流活动同时发生的，是实现物流功能必不可少的条件。(　　)

二、单项选择题

1. 信息对物流活动效率的影响是（　　）。

A. 间接改善　　B. 直接改善　　C. 不能改善　　D. 没有影响

2. 下列(　　)属于广义的物流信息。

A. 供应商信息　　B. 社会信息　　C. 商品交易信息　　D. 政治信息

3. 以下不属于物流信息的特征的是(　　)。

A. 限制物流活动的灵活性　　B. 信息量大

C. 更新快　　D. 来源多样化

三、多项选择题

1. 物流按其在社会再生产中的作用不同可分为(　　)。

A. 回收物流　　B. 供应物流　　C. 生产物流　　D. 销售物流

E. 废弃物物流

2. 从广义的范围看，物流信息不仅指与物流活动有关的信息，而且包括与其他流通活动有关的信息，如(　　)。

A. 供应商信息　　B. 销售商信息

C. 商品交易信息　　D. 动态分析信息

E. 市场信息

四、简答题

1. 简述现代物流信息的含义。

2. 物流信息有哪些分类?

【技能训练】物流信息统计实训

实训目标：熟练运用所学过的网络工具和 Office 工具处理物流数据，能用合适的形式组织所掌握的信息。

环境要求：计算机机房。

实训内容：某物流企业计划在某市建立一个物流分公司，请根据表 1.1.15（某市某交通要道某时间段内各类机动车流量）提供的数据完成表 1. 1. 16 的统计任务。

表 1. 1. 15　　某市某交通要道某时间段内各类机动车流量

种类	通过时间	行驶情况（驶入或驶出）	载重量（或载客量）	备注
客车	10：10	大驶入 3，驶出 5	40 人	
客车	10：10	中驶入 10，驶出 12	20 人	
货车	10：10	大驶入 4，驶出 5	20t	
货车	10：10	中驶入 12，驶出 12	15t	
冷藏车	10：10	大驶入 2，驶出 5	15t	
冷藏车	10：10	中驶入 4，驶出 2	10t	
摩托车	10：10	驶入 10，驶出 20	2 人	
其他	10：10	驶入 1，驶出 1		军警车辆等
摩托车	10：12	驶入 15，驶出 12	3 人	
其他	10：12	驶入 2，驶出 1		军警车辆等
其他	10：15	驶入 3，驶出 1		军警车辆等
客车	10：15	小驶入 10，驶出 8	4 人	
客车	10：17	大驶入 9，驶出 6	10 人	
货车	10：15	大驶入 15，驶出 7	15t	
货车	10：17	小驶入 8，驶出 9	8t	
冷藏车	10：15	小驶入 1，驶出 2	2t	
冷藏车	10：16	小驶入 4，驶出 1	10t	
摩托车	10：15	驶入 6，驶出 8	2 人	
其他	10：18	驶入 1，驶出 1		军警车辆等
客车	10：20	大驶入 5，驶出 5	40 人	
客车	10：20	中驶入 8，驶出 12	20 人	
货车	10：20	大驶入 3，驶出 7	20t	
货车	10：20	中驶入 8，驶出 12	8t	
冷藏车	10：20	大驶入 3，驶出 2	15t	
冷藏车	10：20	中驶入 2，驶出 3	2t	
摩托车	10：20	驶入 3，驶出 7	2 人	

注：驶入是指通往市区，驶出是指通往其他工业区等。大是指大型车辆，中是指中型车辆，小是指小型车辆。

实训任务：请根据以上原始数据，完成表 1. 1. 16 的统计。

表 1. 1. 16　　时间段内车流量统计

种类	行驶情况（驶入或驶出）	载重量（或载客量）	备注
客车			
大	驶入		
	驶出		
中	驶入		
	驶出		
小	驶入		
	驶出		
货车			
大	驶入		
	驶出		
中	驶入		
	驶出		
小	驶入		
	驶出		
冷藏车			
大	驶入		
	驶出		
中	驶入		
	驶出		
小	驶入		
	驶出		
摩托车			
	驶入		
	驶出		

任务二　物流信息管理

教学目标

【知识目标】

- ◆ 了解物流信息管理的特点、作用；
- ◆ 掌握物流信息管理的模式；
- ◆ 了解物流信息管理系统的概念、特点、种类及功能；
- ◆ 熟悉物流信息管理系统的结构。

【技能目标】

- ◆ 掌握物流信息管理系统的运行管理。

【素质及思政目标】

- ◆ 树立终身学习、开放学习、与时俱进的学习意识。

开篇语　随着信息化手段的介入，原有手工管理低效率、数据孤立的局面被打破，不管是在加速企业运营方面，还是在降低企业成本方面，都给物流企业管理带来了质的飞跃。物流信息管理系统是整个物流系统的心脏，是现代物流企业的灵魂，对于物流企业来说，拥有物流信息管理系统在某种意义上比拥有车队、仓库更为重要。

【任务导入】

工作任务单
以项目组为单位，分组调研和采集物流信息，并分析相应的物流信息管理系统的运行情况。 1. 调研物流信息运用情况及作用； 2. 采集至少2种不同类型的物流信息单据，并填写，讨论分析哪些信息必不可少； 3. 讨论分析该单据涉及的物流信息管理系统的运行情况。

任务资讯

一、物流信息管理概述

（一）物流信息管理的内容

物流信息管理就是对物流全过程的相关信息进行收集、整理、传输、存储和利用的活动过程。也就是物流信息从分散到集中，从无序到有序，从产生、传播到利用的过程。同时，对涉及物流信息活动的各种要素，包括人员、技术、工具等进行管理，实现资源的合理配置。

物流信息管理不仅包括采购、销售、存储、运输等物流活动的信息管理和信息传送，还包括为物流过程中的各种决策活动如采购计划、销售计划、供应商的选择、顾客分析等提供决策支持，并充分利用计算机的强大功能，汇总和分析物流数据，进而做出更好的进、销、存决策建议。物流信息管理也会充分利用企业资源，加强对企业资源的内部挖掘和外部利用，大大降低生产成本，提高生产效率，增强企业竞争优势。

物流信息管理是为了有效地开发和利用物流信息资源，以现代信息技术为手段，对物流信息资源进行计划、组织、领导和控制的社会活动。具体可以从表 1. 2. 1 所示的四个方面来理解。

表 1. 2. 1　　物流信息管理概念的理解

序号	理解	说明
1	物流信息管理的主体	物流信息管理的主体一般是与物流信息管理系统相关的管理人员，也可能是一般的物流信息操作人员。这些人员要从事物流业务操作、管理，物流信息技术的应用和物流信息管理系统的开发、建设、维护、管理，以及物流信息资源开发利用等工作。与物流信息管理系统相关的管理、操作人员必须具备物流信息管理系统的操作、管理以及规划和设计等能力
2	物流信息管理的对象	物流信息管理的对象包括物流信息资源和物流信息活动。物流信息资源主要指直接产生于物流活动（如运输、配送、储存、包装、装卸搬运、流通加工等）的信息和与其他流通活动有关的信息（如商品交易信息、市场信息等）。而物流信息活动是指物流信息管理主体进行物流信息收集、传递、储存、加工、维护和使用的过程
3	物流信息管理的手段	信息管理不仅需要现代信息技术，同时还需要利用管理科学、运筹学、统计学、模型论和各种最优化技术来实现对信息的管理以辅助决策。物流信息管理除具有一般信息管理的要求外，还要通过物流信息管理系统的查询、统计、数据的实时跟踪和控制来管理、协调物流活动
4	物流信息管理的目的	物流信息管理的目的是开发和利用物流信息资源，最终为物流相关管理提供计划、控制、评估等辅助决策服务

（二）物流信息管理的特点

物流信息管理是通过对与物流活动相关的信息的收集、处理、分析来达到对物流活动的有效管理和控制的过程，并为企业提供各种物流信息分析和决策支持。物流信息管理具有表 1. 2. 2 所示的四个特点。

表 1.2.2　　物流信息管理的特点

序号	特点	说明
1	物流信息管理的系统化	物流是大范围内的活动，物流信息来源广、信息量大、动态性强、信息价值衰减速度快，所以物流信息管理要求能够迅速进行物流信息的收集、加工、处理。物流信息管理系统可以利用计算机的强大功能汇总和分析物流数据，并对各种信息进行加工、处理，从而提高物流活动的效率和质量；而网络化的物流信息管理系统可以实现各企业间以及企业各部门间的数据共享，从而提高物流活动的整体效率。因此，物流信息管理强调建立以数据获取、分析为中心的物流信息管理系统，从庞大的物流数据中挖掘潜在的信息价值，以提高企业的物流运作效率
2	物流信息管理各基本环节的整合和协调	物流信息管理的基本环节包括物流信息的获取、传输、存储、处理与分析，在管理过程中强调物流信息管理各基本环节的整合和协调。通过对仓储、运输、配送、货代、通关、包装等活动的信息管理各基本环节进行整合和协调，可以提高物流信息传递的及时性和顺畅程度，提高物流活动的效率。物流信息管理各基本环节的信息处理一旦间断，就会影响物流活动的整体连贯性和高效性
3	物流信息管理过程的专业性和灵活性	物流信息管理是专门收集、处理、储存和利用物流全过程相关信息，为物流管理和物流业务活动提供信息服务的专业管理活动。物流信息管理过程涉及仓储、运输、配送、货代等物流环节，涉及的信息对象则包括货物信息、作业人员信息、所使用的设施设备信息、操作技术和方法信息、物流的时间和空间信息等。物流信息管理的规模、内容、模式和范围，应根据物流管理的需要有不同的侧重面，以提高物流信息管理的专业性和灵活性
4	建立有效的物流信息管理机制	物流信息管理强调信息的有效管理，即强调信息的准确性、有效性、及时性、集成性、共享性。在物流信息的收集和整理中，要避免信息的缺损、失真和失效，强化物流信息活动过程的组织和控制，建立有效的管理机制。同时通过制订企业内部、企业之间的物流信息交流和共享机制来加强物流信息的传递和交流，以便增加企业自身的信息积累，并进行相应的优势转化

跑通救援生命线，物流行业第一阵营扛起抗疫保供担当

2019 年年底，新冠感染疫情席卷全国，作为抗疫保供的中坚力量，以中国邮政速递物流、顺丰速运、苏宁物流等为代表的物流企业，为了跑通救援生命线，极速响应应急需求，推出了各种针对性举措，克服一切难题，展开与时间的赛跑，保证抗疫物资和生活用品在第一时间抵达最需要的地方。

疫情发生后，各大物流企业积极响应，全力驰援湖北。而这种特殊时期下的极速响应与精准应对体现的是这些企业的深厚积累与过硬实力。这次高压之下的大考，也试炼出了各企业的成色，沉淀出了日趋明朗的行业头部格局。

依托全国物流体系，苏宁物流一方面第一时间开通绿色通道为湖北地区免费运输捐赠救助物资，另一方面加强司机安全防护培训，保障全国大后方的物资供给。与此同时，苏宁物流同步在全国100多个城市中调配运力，以满足物资运输需求。至2020年2月15日，苏宁物流的绿色通道累计服务超过100个机构和组织，行驶里程数超过12万km，向湖北地区输送550t救助物资。超过12000名物流仓储快递人员、5800多辆运输车辆坚持工作，同时全国超过10000名服务工程师在岗保障家庭家电使用，总计超过30000名一线物流和服务人员坚守岗位。

作为国内民企物流的领军者，顺丰速运在抗疫保供中的作用也十分明显。由于湖北各地实施交通管制，陆路运输存在着诸多不便，这时航空运输就体现出了较大的优势。顺丰速运早在2009年就组建了航空公司，有接近60架飞机用于运输。疫情防控期间顺丰速运先后临时增开多个流向的货运航班，着力保障防疫物资的运输，并将飞机由载量较小的B757－200替换为B767－300，航线运载能力提升1倍。数据显示，1月24日—2月13日，顺丰速运累计执行航班76架次，运输防疫物资1638t，合计运输5520万件包裹至湖北，彰显了民企物流在战“疫”中的保障作用。

而中国邮政速递物流作为行业“国家队”，在开通绿色通道义务为武汉地区提供防疫物资寄递服务之后，为进一步缓解武汉地区的物资紧缺问题，开通了防疫物资邮航专机。自绿色通道开通至2020年1月31日，中国邮政速递物流防疫物资邮航专机已累计飞行五架次，将共计50多吨的防疫医疗救援物资在第一时间从广州、上海、北京运抵武汉，全力保障以最短时间、最快速度将防疫物资安全运抵武汉前线。

在速度和责任的感召下，物流行业已经成为抗疫保供的中坚力量，而众企业在新冠感染疫情防控期间紧急备战下极速做出的响应、精准推出的举措及承担起的社会责任，也从侧面凸显出了企业“战时”状态下的能力水准。

（三）物流信息管理的作用

物流信息管理的主要目标是减少物流活动的不确定性，存货可得性（指物流企业库存能力保证满足顾客的需求）、递送及时性（指物流过程中物品流动的实际时间与要求时间之间的符合程度）和交付一致性（包括质量一致性和服务一致性）是外部环境对物流企业的要求。从企业的物流管理要求和发展来看，物流信息管理的作用主要体现在表1.2.3所示的三个方面。

表1.2.3 物流信息管理的作用

序号	作用	说明
1	改善企业内部物流业务流程和物流信息的交流方式	使用物流信息管理系统是物流信息管理的主要手段，通过物流信息管理系统可以为客户提供实时的货物跟踪，提供个性化服务，提高服务水平；还可以提高企业的办公自动化水平，提高工作效率，降低管理成本，提高企业在市场上的竞争能力。因此，通过物流信息管理可以改善企业内部物流业务流程和物流信息的交流方式，满足业务部门对物流信息处理和信息共享的需求，使企业的物流信息更有效地发挥效力

续 表

序号	作用	说明
2	提高物流服务的质量，提升企业的整体效益	在物流信息管理的过程中，通过对货物的跟踪与监控，企业的各级管理层可以及时掌握业务进展情况及经营业务数据，增强对业务的控制，为决策提供数据支持。通过物流信息管理可以有效地把各种零散数据变为商业智慧，大大提高企业的业务预测和管理能力，从而帮助企业提高物流服务的质量，提升企业的整体效益
3	保证企业物流信息处理的规范化	物流信息管理依据的是现代化的管理思想和理念，要求企业的物流信息管理具备一套完善的管理制度和流程。因此，通过物流信息管理既可以保证企业物流信息处理的规范化，也可以为企业提供可靠的信息处理支持环境

（四）物流信息管理的模式

根据管理体制、管理技术、所采用的管理方法和手段的不同，物流信息管理有着不同的模式，基本上可以归纳为表1.2.4所示的四种模式。

表1.2.4　物流信息管理的模式

序号	模式	说明
1	手工管理	利用纸作为介质，通过人工记录、计算、整理等活动进行管理，这是早期的传统物流信息管理模式。此时，计算机技术还不太成熟，在物流领域还未得到广泛应用，各项物流信息活动主要依赖手工操作来完成，物流信息管理主要包括制作出入库凭证、制作财务和会计凭证、制作结算单、计算人事薪金和制作相应单据、制作会计账目、填写库存账册等
2	计算机辅助管理	计算机辅助管理模式是指物流企业使用计算机来辅助管理企业的各项物流活动。同手工管理模式相比，在此种管理模式下，计算机参与了部分业务的处理，但计算机的应用领域还很有限。计算机辅助管理模式的特点是物流企业开始利用计算机处理部分物流业务，进行相应的物流信息管理，但基本上属于单机系统管理模式，还没有引入网络化处理，也没有实现集成化的信息管理。计算机承担的辅助管理功能包括订单信息处理、出入库处理、库存管理、采购管理、会计总账管理、人事考核和薪金管理、应收款和应付款管理、票据管理等

续　表

序号	模式	说明
3	物流信息管理系统管理	随着现代信息技术的发展和计算机应用的普及，许多企业开始建设自己专用的物流信息管理系统，如大中型商业企业的进销存管理信息系统、铁路运营控制和调度管理信息系统等。此时，物流信息管理系统的特点是计算机软硬件集成化、建立了数据库管理系统、可以进行统计分析以及辅助决策、基于互联网系统对外联网等。该种管理模式充分利用计算机网络技术、通信技术，将多种物流信息管理子系统进行集成，实现物流信息共享，减少信息冗余和不一致，以利于提高物流信息管理的效率和效果。物流信息管理系统承担的主要功能包括网络化的订单信息处理、销售预测、物资管理、车辆调派、运输线路选择和规划、供应商管理、财务成本核算、银行转账和结算、与客户信息系统的集成等
4	智能化和社会化的物流信息管理系统管理	智能化是物流信息管理系统的发展趋势，也是未来物流信息管理的主要特点。智能化的物流信息管理系统管理模式在物流信息管理系统中引入了人工智能、计算机辅助经营决策系统等，并在管理系统中大量采用智能化、自动化、网络化的物流工具，它具有后勤支持、物流动态分析、安全库存自动控制、仓库规划布局、车辆运输自动调度、仓库软硬件设备控制等功能。此外，今后的物流信息管理系统还将向社会化方向发展，企业的物流信息管理系统与供应商、批发商、零售商以及顾客紧密相连，并在计算机网络中进行实时的信息传递和共享，企业物流建立在社会整体物流的基础上，逐步形成社会化的物流信息管理系统管理模式

总之，物流信息管理的任务就是要根据企业当前的物流过程和发展，按照物流信息采集、处理、存储和流通的要求，选购和构筑由信息设备、通信网络、数据库和支持软件等组成的物流信息管理系统，充分利用物流系统内部、外部的物流数据资源，促进物流信息的数字化、网络化、市场化，提高物流管理水平，选取有效信息、分析市场前景和发现新的机会，做出更好的物流决策。

课程思政

进入“大智移云”（即大数据、智能化/物联网、移动互联网和云计算）时代，信息产业正从产品驱动转向服务带动。从芯片消耗量来看，信息产业驱动力至少经历了三次变迁。第一次是20世纪70年代，收音机、电视机等消费类电子产品是消耗芯片最多的产品；第二次是20世纪90年代，计算机成为芯片的最大单一出货产品；第三次是2012年前后，手机芯片出货量超过了计算机。当前，信息技术已从计算机和互联网这两个平台发展到以移动宽带、云服务、社交应用和大数据为标志的第三平台，未来信息产业收入的增长将主要由第三平台的技术驱动。从这个角度看，当前信息技术已经发展到“大智移云”时代，即以大数据、智能化/物联网、移动互联网、云计算共同驱动的时代。

信息技术的快速发展，决定了产业的变化和升级，也使得社会职业岗位的变化速度加快。人们不可能终身在某一岗位工作，即使在同一岗位工作，也必须与时俱进地学习才能适应岗位变化，我们只有不断地学习，及时更新知识，才能永远立于不败之地。

二、物流信息管理系统

（一）物流信息管理系统的概念

物流信息管理系统是通过对物流相关信息的加工处理实现对物流、资金流的有效控制和管理，并为企业提供信息分析和决策支持的人机系统。物流信息管理系统内部的相关衔接是通过信息沟通实现的，资源的调度也是通过信息共享来实现的，组织物流活动必须以信息为基础。

物流信息管理系统是企业信息管理系统中的一类，是企业按照现代管理的思想、理念，以信息技术为支撑所开发的信息系统。物流信息管理系统充分利用数据、信息、知识等资源，实施、控制并支持物流业务，实现物流信息共享，以提高物流业务的效率，提高决策的科学性，其最终目的是提高企业的核心竞争力。

（二）物流信息管理系统的特点

随着社会经济的发展、科技的进步，物流信息管理系统正在向业务活动的集成化、系统功能的模块化、信息采集的实时化、信息传输的网络化、信息处理的智能化等方向发展。物流信息管理系统的特点主要表现在表 1.2.5 所示的五个方面。

表 1.2.5　物流信息管理系统的特点

序号	特点	说明
1	集成化	集成化是指物流信息管理系统将业务逻辑上相互关联的部分连接在一起，为企业物流活动中的集成化信息处理工作提供基础。在系统开发过程中，数据库的设计、系统结构以及功能的设计等都应该遵循统一的标准、规范和规程，以避免出现“信息孤岛”现象
2	模块化	模块化是指将物流信息管理系统划分为多个对应功能模块的子系统，各子系统通过统一的标准进行功能模块的开发，然后实现集成并组合起来使用，这样既能满足企业不同管理部门的需要，也可以保证各个子系统的合理使用及设定相关的访问权限
3	实时化	实时化是指借助条码技术、自动识别技术、全球定位系统、地理信息系统等现代物流技术，对物流活动进行准确实时的信息采集，并采用先进的计算机与通信技术，实时地处理数据和传送物流信息，通过网络的应用将供应商、分销商和客户按业务关系连接起来，使整个物流信息管理系统能够及时地掌握和分享属于供应商、分销商和客户的信息

续　表

序号	特点	说明
4	网络化	网络化是指通过互联网等技术将分布在不同地理位置上的物流分支机构、供应商、客户等连接起来，形成一个复杂但有密切联系的信息网络，从而通过物流信息管理系统实时地了解各地业务的运作情况。物流信息中心将各节点传来的物流信息进行汇总、分类、综合分析，然后通过网络把结果反馈传达下去，从而起到指导、协调、控制物流业务的作用
5	智能化	物流信息管理系统正在向智能化方向发展，比如，企业物流信息管理系统的决策支持分系统中的知识子系统，它就负责对决策过程中所需的物流领域知识、专家的决策知识和经验知识进行收集、储存和智能化处理

（三）物流信息管理系统的种类

物流信息管理系统根据分类方法的不同，可以分成不同类型的系统。

1. 按系统的结构分类

物流信息管理系统按系统的结构分类如表 1.2.6 所示。

表 1.2.6　　物流信息管理系统按系统的结构分类

序号	分类	说明
1	单功能系统	单功能系统指只能完成一种职能的系统，如物流财务系统、合同管理系统、物资分配系统等
2	多功能系统	多功能系统能够完成一个部门或一个企业所包括的物流管理的职能，如仓库管理系统、公司的物流管理决策系统等

2. 按系统功能的性质分类

物流信息管理系统按系统功能的性质分类如表 1.2.7 所示。

表 1.2.7　　物流信息管理系统按系统功能的性质分类

序号	分类	说明
1	操作型系统	操作型系统指为管理者处理日常业务的系统。它的工作主要是进行数据处理，如记账、汇总、统计、打印报表等
2	决策型系统	在处理日常业务的基础上，运用现代化管理方法，进一步加工计算相关信息，为管理人员或领导者提供决策方案或决策定量依据。通常，将这类系统称为辅助决策支持系统或决策支持系统

3. 按系统作用的对象分类

物流信息管理系统按系统作用的对象分类如表 1.2.8 所示。

表 1.2.8　物流信息管理系统按系统作用的对象分类

序号	分类	说明
1	面向制造企业的物流信息管理系统	制造企业的物流信息管理系统主要对企业内外部的物流活动进行管理。其中一类是为了保证制造企业顺利进行生产，对原材料、物料、日常耗用品等的采购时间、储存和对产成品的销售时间、储存以及送至用户的路线等进行计划、管理、控制的外部物流活动；另一类是对制造企业采购来的物资在生产过程中的储存、搬运、包装等进行设计、计划、管理等的内部物流活动
2	面向商业企业的物流信息管理系统	商业企业本身不生产商品，但它为客户提供商品、为制造企业提供销售渠道，是客户和制造企业的中介。专业零售商为客户提供统一类型的商品，综合零售商（如超市、百货商店）为客户提供不同种类的商品，这类商业企业的经营特点是商品种类多、生产地点分散、消费者群体分散等。面向商业企业的物流信息管理系统主要是对不同商品的进、销、存等进行管理
3	面向第三方物流企业的物流信息管理系统	第三方物流企业是本身不拥有货物，而为其外部客户的物流活动提供管理、控制和专业化作业服务的企业。面向第三方物流企业的物流信息管理系统是一个综合的系统，对第三方物流企业的仓储、运输、配送等所有物流活动进行管理。利用物流信息管理系统，第三方物流企业可以准确、及时、高效地捕捉各种信息，并进行处理，从而科学地指导物流活动高效运转

（四）物流信息管理系统的主要功能

物流信息管理系统所要达到的目标是：缩短从接收订货到发货的时间、库存适量化、提高装卸和搬运作业效率、提高运输效率、使接收订单和发出订单更为省力、提高订单处理的精度、防止发货及配送出现差错、调整需求和供给、查询和分析物流信息等。因此物流信息管理系统的主要功能如表 1.2.9 所示。物流信息管理系统信息处理的基本功能如表 1.2.10 所示。

表 1.2.9　物流信息管理系统的主要功能

序号	功能	说明
1	信息处理功能	物流信息管理系统能对各种形式的信息进行收集、存储、传输、处理，以便向管理者及时、准确、全面地提供各种信息服务
2	事务处理功能	物流信息管理系统能够执行部分日常性事务管理工作，如账务处理、统计报表处理等，它能将部分员工和领导从烦琐、单调的事务中解脱出来，既节省了人力资源，又提高了管理效率

续　表

序号	功能	说明
3	预测功能	物流信息管理系统不仅能记录物流活动的现状，而且能利用历史数据，运用适当的数学方法和科学的预测模型来预测物流的发展速度、发展规模、物流服务与区域经济状况（包括经济规模、经济结构、市场运作状况）。通过这些相关因素，可以对物流发展作出宏观和微观的预测，既可以是对整个物流规模的预测，也可以是对库存量、运输量的预测
4	计划功能	针对不同管理层提出的不同要求，物流信息管理系统能为各部门提供不同的信息并对其工作进行合理的计划与安排，如库存补充计划、运输计划、配送计划等，从而提高管理工作的效能
5	控制功能	物流信息管理系统能对物流系统各个环节的运行状况进行检测、检查，比较物流过程实际执行情况与其计划的差异，从而及时地发现问题。然后，再根据偏差分析原因，采用适当的方法加以纠正，保证系统预期目标的实现。控制过程也是协调过程
6	辅助决策和决策优化功能	物流信息管理系统不但能为管理者提供相关的决策信息，达到辅助决策的目的，而且可以利用各种半结构化或者非结构化的决策模型及相关技术进行决策优化，为各级管理层提供各种最优解、次优解或满意解，以提高物流管理决策的科学性，并合理利用企业的各项资源，提高企业的经济效益。与管理决策密切相关的数学方法和技术有：运筹学、系统模拟、专家系统技术等

表 1.2.10　　物流信息管理系统信息处理的基本功能

序号	功能	说明
1	信息的收集	信息收集方式包括手工方式和各种信息采集技术。采集好的信息经初步处理，按系统数据组织结构和形式输入系统中
2	信息的存储	信息进入系统之后，经过整理和加工，成为支持物流信息管理系统运行的物流信息，通过各种存储介质进行存储，并可随时输出到其他各个子系统中
3	信息的传输	物流信息管理系统最基本的功能之一就是信息传输。信息传输需要具备相应的传输设备和传输技术，保证信息传输的安全、及时、完整，特别是物流过程中的动态信息，应保证对动态信息的实时传输，以利于物流过程的有效控制
4	信息的处理	物流信息管理系统最基本的目标就是将原始信息加工成有用的物流信息。信息处理可以是简单的计算、汇总、查询和排序，也可以是复杂的模型求解和预测

（五）物流信息管理系统的基本结构

1. 物流信息管理系统的概念结构

物流信息管理系统有四个基本组成部分，即信息源、信息处理器、信息使用者和信息管理者，如图 1. 2. 1 所示。

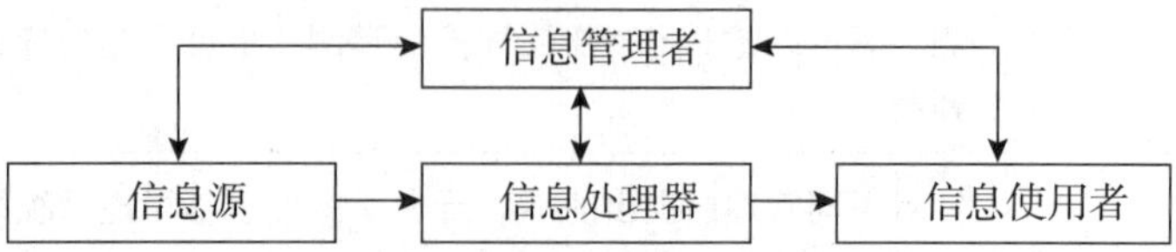

图 1. 2. 1　物流信息管理系统的概念结构

信息源是原始数据的产生地。信息处理器利用计算机软硬件对原始数据进行收集、加工、整理和存储，把它转化为有用的信息，再将信息传输给信息使用者。信息使用者是信息的用户，不同的信息使用者依据收到的信息进行决策。信息管理者负责物流信息管理系统的设计和维护工作，协调物流信息管理系统的各个组成部分，保证系统的正常运行和使用。物流信息管理系统越复杂，信息管理者的作用就越重要。

2. 物流信息管理系统的层次结构

物流信息管理系统的重要作用就是把物流的各个环节和过程连接起来，进行综合化、集成化信息管理。处于不同管理层次上的物流部门及相关人员，需要不同类型的物流信息，因此，功能完善的物流信息管理系统从使用层次上可划分为自下而上的三层结构，如图 1. 2. 2 所示。

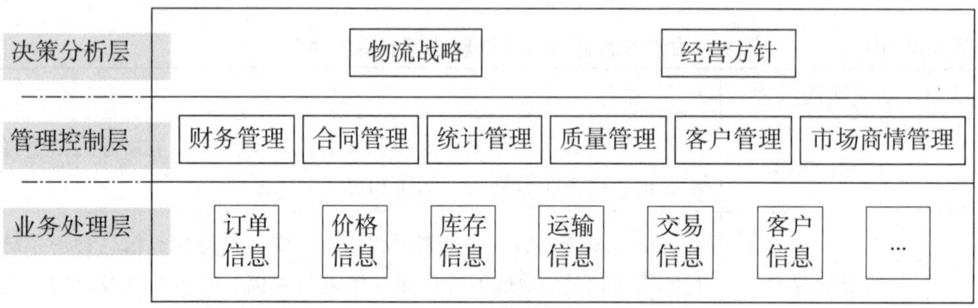

图 1. 2. 2　物流信息管理系统的层次结构

物流信息管理系统层次结构的内容如表 1. 2. 11 所示。

低层各职能岗位的作业信息传递到上一层的输入端，如订单、价格等信息作为财务管理的输入；库存、运输、交易等信息作为统计管理的输入；客户的信息作为客户管理的输入。中层管理者根据实时运行信息来协调、管理、监测和考评各岗位的工作，并控制服务质量；财务管理、统计管理、客户管理和合同管理、质量管理、市场商情管理作为决策分析层的输入，经过专家系统以及决策模型处理后，支持决策者分析、制订物流战略和经营方针。

表 1.2.11　　物流信息管理系统层次结构的内容

序号	内容	说明
1	业务处理层	业务处理层即信息源，处于物流信息管理系统的最底层，业务处理层要求能及时地处理订单、价格、库存、运输、交易、客户等各种物流信息，其内容涉及与企业基层的物流活动及生产经营工作相关的所有信息
2	管理控制层	物流信息管理系统能对物流活动各个环节的运行情况进行监测、检查，比较物流过程的实际执行情况与其计划的差异，从而及时发现问题。管理控制层所涉及的管理部门或相关人员会对企业自身的信息进行收集、分类、存储和查询，并进行统计分析，一般包括客户管理、财务管理、统计管理、合同管理、质量管理及市场商情管理等信息，此类信息一般分布于企业的各个部门、各个层次
3	决策分析层	物流信息管理系统能利用历史数据，运用适当的数学方法和科学的预测模型来预测物流的发展。决策分析层建立各种物流系统分析模型，协助管理人员鉴别、评估和比较物流战略和策略上的可选择方案，辅助企业高层管理人员制订物流战略和经营方针

3. 物流信息管理系统的体系架构

目前，物流信息管理系统一般采用基于 Internet 技术的 B/S（Browser/Server，浏览器/服务器）结构，基于这种结构的物流信息管理系统的体系架构如图 1.2.3 所示。

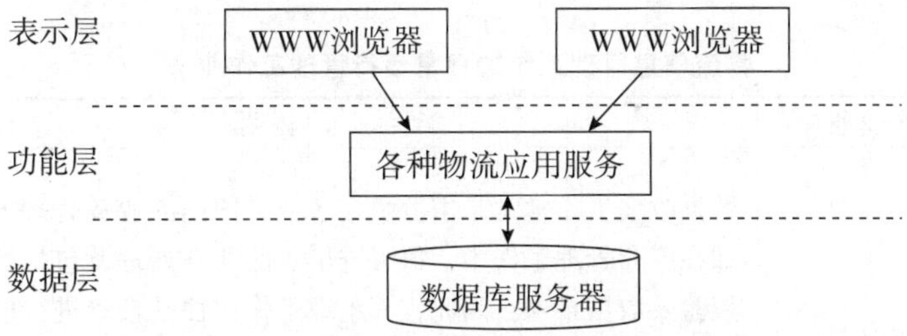

图 1.2.3　物流信息管理系统的体系架构

物流信息管理系统的体系架构各层次内容如表 1.2.12 所示。

表 1.2.12　　物流信息管理系统的体系架构各层次内容

序号	层次	说明
1	第一层——表示层	用于客户端，通过 IE 浏览器（微软公司的一款网页浏览器）等 WWW（万维网）浏览器实现物流信息的浏览和各种物流指令的下达
2	第二层——功能层	建立在具有 CGI（公共网关接口）的 Web（万维网）服务器上，接收来自客户端的指令申请，并与数据库连接，进行申请处理，将处理结果返回给客户端

续 表

序号	层次	说明
3	第三层——数据层	对各种物流数据信息进行分布式集中管理，以便进行物流数据信息的查询、更新等操作

任务实施：物流信息管理系统运行管理

一、物流信息管理系统运行管理概述

物流信息管理系统运行管理就是在系统的运行过程中，对其进行管理和维护，记录其运行状态，并对其进行必要的系统运行情况检查，降低系统的故障率，提高系统的工作效率和工作质量，从而使物流信息管理系统充分发挥其功能。物流信息管理系统运行管理的内容主要包括日常运行管理、系统运行情况记录和系统运行情况检查三个方面。

二、物流信息管理系统的运行管理

（一）日常运行管理

物流信息管理系统的日常运行管理工作业务如表 1. 2. 13 所示。

表 1. 2. 13　　物流信息管理系统的日常运行管理工作业务

序号	工作业务	说明
1	数据收集工作	数据收集工作常常是由分散在各业务部门的业务管理人员进行的，例如在库存管理工作中，每天进出货的业务处理就包括数据收集、数据校验及数据录入。因此，其组织工作往往是较难进行的。系统主管人员应该努力利用各种方法，提高这些人员的技术水平和工作责任感，对他们的工作进行评价、指导和帮助，以便提高所收集数据的质量，为物流信息管理系统有效地工作打下坚实的基础
2	信息处理及信息服务工作	常见的工作包括例行的数据更新、统计分析、报表生成、数据的复制及保存、与外界的定期数据交流等。这些工作一般来说都是按照一定的规程，定期或不定期地运行某些事先编制好的程序，由软件操作人员来完成。这些工作的规程，应该在系统设计中已做了详细规定，操作人员也应经过严格的培训，清楚地了解各项操作规程，了解各种情况的处理方法。在系统已有各种资源的基础上，才能向领导、管理人员及其他使用者提供信息服务。当然，这里只包括例行的服务。组织软件操作人员完成这些例行的信息处理及信息服务工作，是系统主管人员的又一经常性任务

续 表

序号	工作业务	说明
3	系统硬件的运行与维护工作	物流信息管理系统应在任何情况下都能正常运行，为此，需要有一些工作人员负责系统硬件的运行与维护。系统硬件的运行与维护工作包括：设备的使用管理、备用品和配件的准备及使用、各种消耗性材料（如U盘、打印纸等）的使用及管理、电源及工作环境的管理等。此外，系统硬件维护工作还包括专职的工作人员对系统设备日常的保养性维护和突发性故障维护。工作人员应加强设备的保养以及定期检修，并做好检验记录和故障登记工作，为适应软件的要求更换一定的设备，做好应对突发性故障的有关准备
4	系统软件的维护工作	系统软件维护就是在软件已经交付使用之后，为了改正错误或满足新的需求而完善软件的过程。其目的是保证系统软件能持续地与用户环境、数据处理操作、政府或其他有关部门的需求保持协调一致。系统软件的维护包括正确性维护、适应性维护、完善性维护和预防性维护。此外，还应进行系统数据维护，数据维护工作一般是由数据库管理员来负责，管理员主要负责数据库的安全和完整以及对其进行并发控制等

（二）系统运行情况记录

物流信息管理系统的运行情况对于系统的管理、评价来说，是十分重要且宝贵的资料。如果缺乏系统运行情况的基本数据，只停留在一般的印象上，无法对系统运行情况进行科学的分析和合理的判断，就难以进一步提高物流信息管理系统的工作水平。

物流信息管理系统的系统运行情况记录工作业务如表1.2.14所示。

表1.2.14　物流信息管理系统的系统运行情况记录工作业务

序号	工作业务	说明
1	工作数量的信息记录	例如开机时间，每天、每周、每月提供的报表数量，每天、每周、每月录入数据的数量，系统中积累的数据量，修改程序的数量，数据使用的频率，满足用户临时要求的数量等。这些数据反映了物流信息管理系统的工作负担及所提供的信息服务的规模，这是反映计算机应用系统功能的最基本的数据
2	系统工作的效率记录	这是指物流信息管理系统为了完成规定工作所占用的人力、物力及时间。例如完成一次年度报表的编制，用了多长时间和多少人力；使用者提出一个临时的查询要求，系统花费了多长时间才给出所要的数据；系统在日常运行中所花费的人力是多少，消耗性材料的使用情况如何等

续 表

序号	工作业务	说明
3	信息服务的质量记录	信息服务和其他服务一样，不能只看数量不看质量。如果一个物流信息管理系统生成的报表，并不是管理工作所需要的，管理人员使用起来并不方便，那么这样的报表生成得再多再快也没有意义。同样，使用者对于提供的方式是否满意、提供的信息的精确程度是否符合要求、信息提供是否及时、临时提出的信息需求能否得到满足等，也都属于信息服务的质量范围内容
4	系统的维护情况记录	物流信息管理系统中的数据、软件和硬件都有更新、维护和检修的工作规程。这些工作都要有详细、及时的记载，包括维护工作的内容、情况、时间、执行人员等。这不仅是为了保证系统的安全和正常运行，而且有利于系统的评价及进一步扩充
5	系统的故障情况记录	无论大小故障，都应该及时记录以下这些信息：故障发生的时间、故障的现象、故障发生时的工作环境、处理的方法、处理的结果、处理人员、善后措施、原因分析。需要注意的是，这里所说的故障不仅指计算机本身的故障，还包括整个物流信息管理系统的故障。例如由于数据收集不及时，使年度报表的生成未能按期完成，这是整个物流信息管理系统的故障，而不是计算机的故障。同样，收集来的原始数据有错，也不是计算机的故障。这些故障的类型、数量等统计数据都是非常有用的资料

在运行管理工作中，那些在正常情况下的运行数据很容易被忽视。因为发生故障时，人们往往比较重视对故障情况进行及时记录，而在系统正常运行时，则不注意记录。事实上，要全面地掌握物流信息管理系统的情况，必须十分重视正常运行时的情况记录。例如，设备发生了故障，需要考察它是累计工作了多长时间之后发生的故障。平均无故障时间这一重要指标的计算，也需要日常的工作记录。

（三）系统运行情况检查

1. 系统安全检查

物流信息管理系统是物流企业的“神经网络”，物流信息管理系统安全出现问题将会对物流企业的运营产生巨大影响。物流信息管理系统安全是指为了防范意外，或人为破坏，或非法使用信息资源，而对物流信息管理系统运行所采取的保护措施。物流信息管理系统借助互联网来传递物流信息，从而连接不同场所的物流业务活动。因此，系统安全检查是系统运行情况检查的重要内容，其不安全因素主要来自表 1.2.15 所示的几个方面。

表 1.2.15　　　　系统运行不安全因素主要来源

序号	不安全因素主要来源	说明
1	物理部分	如机房不达标、设备缺乏保护措施、存在管理漏洞
2	软件部分	如操作系统安全性、数据库系统安全性、应用系统安全性
3	网络部分	如内部网安全性和内、外部网连接安全性

物流信息管理系统安全检查的目标是保证系统在有充分保护的安全环境中运行，由可靠的操作人员按规范使用计算机系统、网络系统、数据库系统和应用系统，使系统符合安全标准。

为了保障物流信息管理系统的网络信息安全，可以采用各种现代化的网络信息安全技术。当前用于网络信息安全的技术主要包括身份识别技术、密钥技术、安全控制技术和安全防范技术。例如，通过对网络实施实时监控行为，可以有效地帮助识别攻击行为以及其他可疑行为（包括病毒、探测行为和未授权修改系统存取控制机制等），并以反击手段对这些可疑行为作出响应。

2. 系统运行状况的审核和评价

物流信息管理系统在运行过程中除了进行大量的管理和维护工作外，还应定期对系统的运行状况进行审核和评价。这项工作主要在高层管理者的直接领导下，由系统分析员或专门的审计人员会同各类开发人员和业务部门经理共同参与进行。其目的是估计系统的技术能力、工作性能和系统的利用率。它不仅对系统当前的性能进行总结和评价，而且还为系统的改进和扩展提供依据。

【同步测试】

一、判断题

1. 物流系统的功能要素主要包括运输、储存、包装、装卸搬运、流通加工、配送以及物流信息等。(　　)

2. 物流信息管理系统内部的相关衔接是通过信息沟通实现的，资源的调度也是通过信息共享来实现的，组织物流活动必须以信息为基础。(　　)

二、单项选择题

1. 物流信息管理是为了有效地开发和利用物流信息资源，以现代信息技术为手段，对(　　)进行计划、组织、领导和控制的社会活动。

A. 物流信息资源　B. 仓储资源　C. 运输资源　D. 配送资源

2. 计算机承担的辅助管理功能包括订单信息处理、出入库处理、(　　)、采购管理、会计总账管理、人事考核和薪金管理、应收款和应付款管理、票据管理等。

A. 运输管理　B. 库存管理　C. 配送管理　D. 车辆管理

3. 智能化的物流信息管理系统管理模式在物流信息管理系统中引入了人工智能、计算机辅助经营决策系统，并在管理系统中大量采用智能化、自动化、网络化的物流工具，它具有后勤支持、物流动态分析、安全库存自动控制、(　　)、车辆运输自动调度、仓库软硬件设备控制等功能。

A. 采购与供应链管理　　B. 客户管理

C. 仓库规划布局　　D. 物流信息处理

4. 物流信息管理系统是通过对物流相关信息的加工处理实现对(　　)、资金流的有效控制和管理，并为企业提供信息分析和决策支持的人机系统。

A. 商流　　B. 信息流　　C. 物流　　D. 以上三种都是

5. 物流信息管理系统安全检查的目标是保证系统在有充分保护的安全环境中运行，由可靠的操作人员按规范使用(　　)、网络系统、数据库系统和应用系统，使系统符合安全标准。

A. 作业系统　　B. 仓储管理系统

C. 物流信息管理系统　　D. 计算机系统

三、多项选择题

1. 物流信息管理就是对物流全过程的相关信息进行(　　)、存储和利用的活动过程。

A. 处理　　B. 收集　　C. 整理　　D. 传输

2. 物流信息管理系统的特点有集成化、(　　)、网络化、智能化。

A. 专业化　　B. 模块化　　C. 实时化　　D. 社会化

3. 物流信息管理系统有四个基本组成部分，即(　　)、信息处理器、(　　)和信息管理者。

A. 信息源　　B. 信息网络　　C. 信息筛选　　D. 信息使用者

4. 物流信息管理系统运行管理的内容主要包括(　　)三个方面。

A. 日常运行情况记录　　B. 日常运行管理

C. 系统运行情况记录　　D. 系统运行情况检查

四、简答题

1. 物流信息管理系统的特点有哪些？

2. 物流信息管理系统的主要功能有哪些？

3. 物流信息管理的模式有哪些？

【任务考核】信息采集与调研

一、分组

根据教学实际，将学生分成若干项目组，每组 4 ~ 6 人为宜，任命项目组长，项目组内明确岗位角色，明确任务分工。

以项目组为单位，组织学生调研和采集物流信息，明确其作用，并分析相应的物流信息管理系统的运行情况。

二、调研

采取适当的市场调研方法，如深入企业或利用文献、网络等进行调研，重点调研如下问题：

1. 物流企业运用物流信息的情况及作用；
2. 采集至少 2 种不同类型的物流信息单据；
3. 物流企业运用物流信息管理系统的情况。

三、讨论

围绕如下主题开始讨论：

1. 交流调研获取的信息；
2. 分析采集到的物流信息单据中哪些信息在填写时必不可少。

四、填写

正确填写采集的至少 2 种不同类型的物流信息单据。

五、汇报

以项目组为单位，调研成果以 PPT 形式在班上进行汇报交流。

任务考核评价

以学生个人为单位实行考核。

	讨论			汇报			得分（分）
	自评分	同学评分	教师评分	自评分	同学评分	教师评分	
学生 1							
学生 2							
学生 3							
学生 4							
学生 5							

说明：

1. 每个人的总分为 100 分。
2. 每项为 50 分制，每项可根据实施情况按照优、良、中、差各占 1/4 分值来评价。
3. 采用分层打分制，建议权重为：自评分占 0.2，同学评分占 0.3，教师评分占 0.5，然后加权算出每位同学在本项目中的综合成绩。

项目二　物流信息技术应用与管理

物流信息技术（Logistics Information Technology）是以计算机和现代通信技术为主要手段实现对物流各环节中信息的获取、处理、传递和利用等功能的技术总称。物流信息技术既包括通用技术，如计算机技术、网络技术、数据库技术、通信技术、信息分类编码技术，也包括专用技术，如条码技术、无线射频识别（RFID）技术、电子数据交换技术（EDI）、地理信息系统（GIS）、全球定位系统（GPS）等。

物流信息技术是物流现代化的重要标志，也是物流技术中发展最快的领域，从数据采集的条码系统，到办公自动化系统中的微型计算机、互联网、各种终端设备等硬件以及计算机软件都在日新月异地发展。同时，随着物流信息技术的不断发展，产生了一系列新的物流理念和新的物流经营方式，推进了物流的变革。在供应链管理方面，物流信息技术的发展也改变了企业应用供应链管理获得竞争优势的方式，成功的企业通过应用信息技术来支持它的经营战略并选择其经营业务，利用信息技术来提高供应链活动的效率，增强整个供应链的经营决策能力。

项目描述

学习目标	器材工具	教学建议	课时计划
①了解专用物流信息技术的种类及作用； ②认识并掌握条码、RFID、EDI、GPS 技术的功能和构成要素； ③掌握数据库技术、条码制作、RFID 读写、EDI 作业、GPS 接收机的操作； ④在学习中培养学生诚信的商务意识、遵纪守法的职业道德、求知问学和追求真理的精神等	①条码、RFID、EDI、GIS、数据库、GPS 系统软件； ②条码、RFID、EDI、GIS、GPS 相关硬件； ③其他相关的物流设备	①条件允许时，尽量在理论实践一体化教室或实训室和多媒体教室中实施教学； ②信息技术应用和信息设备操作注意事项应参照相关说明书	计划 36 学时，其中理论教学 14 学时，实践操作 14 学时，项目考核 8 学时

项目导学

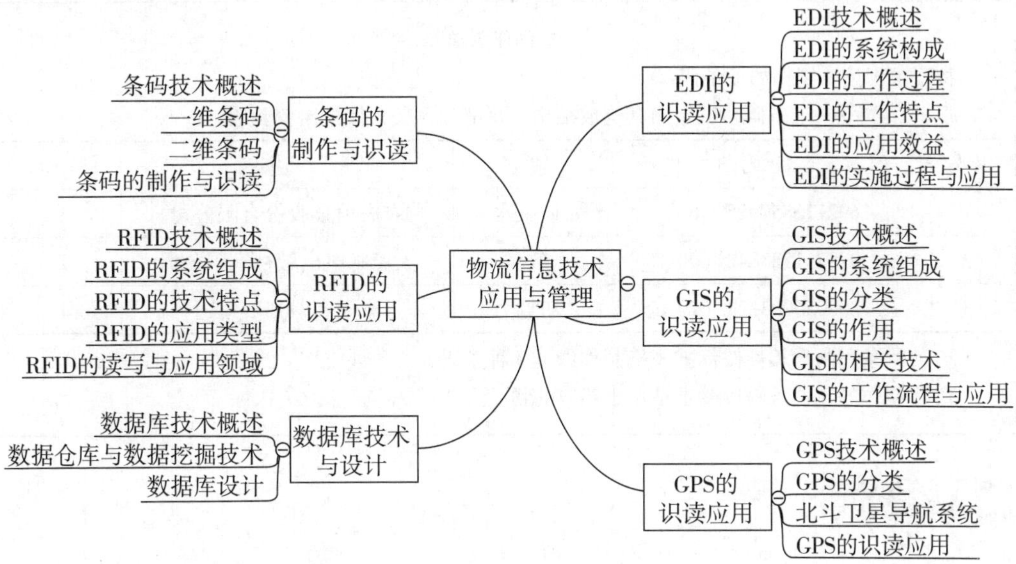

任务一　条码的制作与识读

教学目标

【知识目标】

◆ 了解条码技术的产生和发展过程；

◆ 掌握条码的基本概念及组成；

◆ 熟悉常用码制及常用的商品和物流条码。

【技能目标】

◆ 能够设计条码编制方案；

◆ 能够使用条码软件编制条码；

◆ 掌握条码扫描仪、条码打印机的使用。

【素质及思政目标】

◆ 具有诚信的商务意识；

◆ 具有遵纪守法的职业道德、求知问学和追求真理的精神。

开篇语　条码是由一组规则排列的条、空及其对应字符组成的标记，用以表示特定的信息。条码通常用来对物品进行标识，商品及其物流的信息都留在了条码里。

【任务导入】

工作任务单

按要求识读并制作如下条码。

1. 识读如下一维条码，试指出其构成结构、每部分含义，计算出校验码。

序号	条 码	品 名	厂 家	数 量
1	692116850925（6）	矿泉水	农夫山泉股份有限公司	1
2	978711523842（9）	教材	人民邮电出版社有限公司	2
3	800050003223（7）	巧克力	意大利费列罗集团	1

2. 使用条码制作软件按标准规格制作以上3种条码。

3. 将制作的3种条码按要求粘贴于相应的物品上。

任务资讯

一、条码技术概述

条码（Bar Code）是由一组规则的条、空组成的符号，可供机器识读，用以表示一定的信息，包括一维条码和二维条码。条码广泛应用于商业、邮政、图书管理、仓储、工业生产过程控制、交通等领域。

（一）条码的发展历史

条码最早出现在20世纪40年代，但得到实际应用和发展还是在20世纪70年代。现在世界上的各个国家和地区都已普遍使用条码技术，其应用领域越来越广泛，并逐步渗透到许多技术领域。早在20世纪40年代，美国乔·伍德兰德（Joe Wood Land）和伯尼·西尔沃（Berny Silver）两位工程师就开始研究用代码表示食品项目及相应的自动识别设备，于1949年获得了美国专利。

20世纪70年代，美国超级市场Ad Hoc委员会制定出通用商品代码（Universal Product Code，UPC）（通常简称为UPC码），许多团体也提出了各种条码符号方案。UPC码首先在杂货零售业中试用，这为以后条码的统一和广泛采用奠定了基础。1971年，布莱西公司研制出布莱西码及相应的自动识别系统，用于库存验算。这是条码技术第一次在仓库管理系统中的实际应用。1972年蒙那奇·马金（Monarch Marking）等人研制出库德巴（Codabar）条码（简称库德巴码），到此美国的条码技术进入新的发展阶段。

1973年，美国统一代码委员会（UCC）建立了UPC码系统，实现了该码制标准化。同年，食品杂货业把UPC码作为该行业的通用标准码制，为条码技术在商业流通销售领域里的广泛应用，起到了积极的推动作用。1974年，Intermec（易腾迈）公司的戴维·阿利尔（Davide Allair）博士研制出三九条码（简称39码），很快被美国国防部所采纳，作为军用条码码制。39码是第一个字母、数字式相结合的条码，后来广泛应用于工业领域。

1976年，UPC码在美国和加拿大超级市场上的成功应用给人们很大的鼓舞，尤其是欧洲人对此产生了极大兴趣。次年，欧洲共同体在UPC码基础上制定出欧洲物品编码（European Article Number，EAN）EAN-13码和EAN-8码，签署了"欧洲物品编码"协议备忘录，并正式成立了欧洲物品编码协会（EAN）。到了1981年由于EAN已经发展成为一个国际性组织，故改名为"国际物品编码协会"，简称IAN。但由于历史原因和习惯，至今仍称为EAN（后改为EAN-international）。

条码的诞生

我们在超市买东西结账时的方便快捷得益于一种简单的方式——扫描条码。如今，全球每天约有50亿件商品接受条码扫描。想象一下没有条码的百货超市是什么样的：经营者需要花大量时间和成本记录下每种商品的名称与售价，并定期对存量进行清点和记录，顾客需要长时间排队等待售货员一个一个记录选购的商品、计算金额。当然，由于大量人工操作，还不可避免地会出错……

条码是将宽度不等的多个黑条和空白，按照一定的编码规则排列，用以表达一组信息的图形标识符。它可以标出物品的生产国、制造厂家、商品名称、生产日期、图书分类号、邮件起止地点、类别、日期等信息，因而在商品流通、图书管理、邮政管理、银行系统等许多领域都得到了广泛应用。

20世纪40年代，乔·伍德兰德与大学同学联手创立了如今普及全球的条码系统，并于1949年获得专利权。条码的发明灵感源于一个有意无意的小动作。一天，乔·伍德兰德坐在沙滩椅上，用手指在沙滩上划道，模拟莫斯密码。灵光一闪中，他惊叹：上帝啊！现在我有四条线。它们可以变宽，可以变窄，用以取代莫斯密码的点和长线条。条码就这样诞生了！

日本从1974年开始着手建立销售时点（Point Of Sale，POS）信息系统，研究标准化以及信息输入方式、印制技术等，并在EAN基础上，于1978年制定出日本通用商品编码（Japanese Article Number Code，JANCODE）。同年加入了国际物品编码协会，开始进行厂家登记注册，并全面转入条码技术及其系列产品的开发工作，10年之后成为EAN最大的用户。

20世纪80年代初，人们围绕提高条码符号的信息密度，开展了多项研究。128条码（简称128码）和九三条码（简称93码）就是其中的研究成果。128码于1981年被推荐使用，而93码于1982年使用。这两种条码的优点是条码符号密度比39码高出近30%。随着条码技术的发展，条码码制种类不断增加，因而标准化问题显得很突出。为此先后制定了军用标准1189、《材料装卸用成件货物和运输包装件的条码符号》（ANSI①MH 10.8M—1993）等。同时一些行业也开始建立行业标准，以适应发展需要。此后，戴维·阿利尔又研制出四九条码（简称49码，Code 49），这是一种非传统的条码符号，它比以往的条码符号具有更高的密度（即二维条码的雏形）。接着特德·威廉

① ANSI：美国国家标准学会的英文名称缩写。

斯（Ted Williams）推出16K条码（Code 16K），这是一种适用于激光扫描的码制。截至1990年年底，共有40多种条码码制出现，相应的自动识别设备和印刷技术也得到了长足的发展。

从20世纪80年代中期开始，我国一些高等院校、科研部门及一些出口企业，开始研究和推广应用条码技术，一些行业如图书、邮电、物资管理部门和外贸部门逐渐使用条码技术。1988年12月，经国务院批准，我国成立了“中国物品编码中心”。该中心的任务是研究、推广条码技术；统一组织、开发、协调、管理我国的条码工作。

在经济全球化、信息网络化、生活国际化、文化国土化的资讯社会到来之时，起源于20世纪40年代、研究于60年代、应用于70年代、普及于80年代的条码与条码技术及各种应用系统，引起世界流通领域里的大变革。条码作为一种可印制的计算机语言被未来学家称之为“计算机文化”。20世纪90年代的国际流通领域将条码誉为商品进入国际计算机市场的“身份证”，使全世界对它刮目相看。印刷在商品外包装上的条码，如一条条经济信息纽带将世界各地的生产制造商、出口商、批发商、零售商和顾客有机地联系在一起。这一条条纽带，一经与电子数据交换系统相连，便形成多项、多元的信息网，各种商品的相关信息犹如投入了一个无形的、永不停息的自动导向传送装置，流向世界各地，活跃在世界商品流通领域。

为了使条码工作面向市场，适应加入WTO（世界贸易组织）的需要，满足我国经济发展的需求，中国物品编码中心于2003年4月启动了“中国条码推进工程”。

中国条码推进工程的总体目标是：根据我国条码发展战略，加速推进条码在各个领域的应用。中国条码推进工程的实施步骤分为表2.1.1所示的几个阶段。

表2.1.1　中国条码推进工程的实施步骤

阶段	时间	实施内容
第一阶段 启动期	2003年	系统成员保持10%的增长率，发展系统成员2.2万家，建立2个应用示范系统，开辟2个新的应用领域
第二阶段 起飞期	2004—2006年	系统成员以每年16%的速率增长，发展系统成员8.8万家，商品条码质量合格率提高到80%，开辟3个新的应用领域，建立8个应用示范系统
第三阶段 成熟期	2007年及以后	系统成员以18%的速率增长，发展系统成员4万家，系统成员数量翻一番，系统成员保有量居世界第二；使用条码的产品总数达到200万种；商品条码质量合格率达到85%，条码技术在零售、物流配送、连锁经营和电子商务等国民经济和社会发展的各个领域得到广泛应用；形成以条码技术为主体的自动识别技术产业

课程思政

冬季来临，葡萄酒进入了饮用的旺季。每天来杯葡萄酒，既可以美容养生，也能调节情绪，为自己带来一个好心情。然而世界葡萄酒生产国众多，尽管一再打击假冒伪劣产品，仍有一些不法商人为了谋取不正当利益，在国内销售假冒进口葡萄酒。如何鉴别是否为假冒进口葡萄酒？一个非常简便的方法，就是仔细查看进口酒瓶标上的条码。从每种产品的条码上都可以看出产品的生产国、生产厂家、商品名称等。

议一议：如何从社会主义核心价值观的角度加强对制假售假者的教育？

（二）条码技术的特点

条码技术是电子与信息科学领域的高新技术，所涉及的技术领域较广，是多项技术结合的产物，经过多年的长期研究和实践应用，现已发展成为较成熟的实用技术。

在信息输入技术中，采用的自动识别技术种类很多，条码技术作为一种图形识别技术与其他技术相比，具有表2.1.2所示的特点。

表2.1.2 条码技术的特点

序号	特点	说明
1	简单	条码符号制作容易，扫描操作简单易行
2	信息采集速度快	普通计算机键盘录入速度是200字符/分钟，而利用条码扫描录入信息的速度是键盘录入的20倍
3	采集信息量大	利用条码扫描，一次可以采集几十位字符的信息，而且可以通过选择不同码制的条码增加字符密度，使采集的信息量成倍增加
4	可靠性强	键盘录入数据，误码率为1/300，利用光学字符识别技术，误码率约为1/10000。而采用条码扫描录入方式，误码率仅为1/1000000，首读率可达98%以上
5	使用灵活	条码符号作为一种识别手段可以单独使用，也可以和有关设备组成识别系统实现自动化识别，还可以和其他控制设备联系起来实现整个系统的自动化管理。同时，在没有自动识别设备时，也可以使用手工键盘输入
6	自由度大	识别装置与条码标签相对位置的自由度要比光学字符识别（OCR）大得多
7	设备结构简单成本低	条码符号识别设备的结构简单，容易操作，无须专门训练。与其他自动化技术相比，推广应用条码技术所需费用较低

（三）条码的分类

条码按照不同的分类方法、不同的编码规则可以分成许多种，现在已知的世界上正在使用的条码有两百多种。条码的分类主要依据条码的编码结构和条码的性质来决定。例如，按条码的长度来分，可分为定长和非定长条码；按排列方式分，可分为连续型和非连续型条码；按校验方式分，可分为自校验型和非自校验型条码等。

条码可分为一维条码和二维条码。一维条码（以下简称一维码或条码）是通常我们所说的传统条码。一维条码按照应用可分为商品条码和物流条码。二维条码（以下简称二维码）根据构成原理、结构形状的差异，可分为两大类型：一类是行排式二维条码；另一类是矩阵式二维条码。

条码按码制不同分类如表2.1.3所示。

表2.1.3　　条码按码制不同分类

种类	长度	连续型	支持符号	标准字符集	其他
EAN－13 EAN－8	13位 8位	连续	数字式	0～9	EAN－13为标准版 EAN－8为缩短版
UPC－A UPC－E	12位 8位	连续	数字式	0～9	UPC－A为标准版 UPC－E为消零压缩版
39码	非定长	非连续	自校验 字母数字式	0～9、A～Z、－、$、/、+、%、*、.、空格	用于运输、仓储、工业生产、图书情报、医疗卫生等领域
93码	非定长	连续	字母数字式	0～9、A～Z、－、$、/、+、%、.、空格	密度较高，可替代39码
ITF－14码	14位	连续	自校验 数字式	0～9	用于标识非零售商品，其结构中包含保护框
交插二五条码（交插25码）	非定长	连续	自校验 数字式	0～9	EAN、UPC的物流条码采用该码制
库德巴码	非定长	非连续	自校验 数字式	0～9、A～D、$、+、－、/	用于仓库、图书馆、血库和航空快递包裹等的跟踪
128码	非定长	连续	自校验 数字式	ASCII（美国信息交换标准代码）字符集及其扩展字符集	有功能码、对数字码的密度最高

条码按维数不同分类如表2.1.4所示。

表2.1.4　　条码按维数不同分类

序号	分类	说明
1	一维条码	一维条码自问世以来，很快得到了普及和广泛应用。按照应用，一维条码又可分为商品条码和物流条码。商品条码包括EAN码和UPC码，物流条码包括128码、39码、库德巴码等
2	二维条码	二维条码是在一维条码的基础上发展而来的信息储存和解读技术。除具有一维条码的优点外，二维条码还具有信息容量大、可靠性高、保密防伪性强、易于制作、成本低等优点，被称为“便携式数据文件”

二、一维条码

(一) 一维条码的发展

一维条码是指仅在一个维度方向上表示信息的条码符号。在进行辨识的时候，是用条码阅读机扫描，得到一组反射光信号，此信号经光电转换后变为一组与线条、空白相对应的电子信号，经解码后还原为相应的数字，再传入电脑。条码辨识技术已相当成熟，其读取的错误率约为1/1000000，首读率大于98%，是一种可靠性高、输入快速、准确性高、成本低、应用面广的资料自动收集技术。

世界上约有两百种以上的一维条码，每种一维条码都有自己的一套编码规范，规定每个字母（也可能是文字或数字或拉丁文数字）是由几个线条及几个空白组成，以及字母的顺序。一般较流行的一维条码有 39 码、EAN 码、UPC 码、128 码，以及专门用于书刊管理的 ISBN（国际标准书号）、ISSN（国际标准连续出版物编号）等。

各种一维条码的发明年代归纳于表 2. 1. 5，标准制定年代则归纳于表 2. 1. 6。

表 2. 1. 5　　一维条码发明年代

年份	条码名称	发明人或公司	特殊意义
1949	Bull's Eye Code（公牛眼码）	Joe Wood Land（乔 · 伍德兰德），Berny Silver（伯尼 · 西尔沃）	第一个条码
1973	UPC（Universal Product Code）码	George J. Laurer（乔治 · J. 劳雷尔）	首次大规模应用的条码
1972	Codabar（库德巴码）	Monarch Marking（蒙那奇 · 马金）	条码进入新的发展阶段
1974	Code 39（39 码）	Davide Allair（戴维 · 阿利尔）	作为美国军用条码码制
1976	EAN 码	EAN（国际物品编码协会）	是国际通用的商品代码
1981	Code 128（128 码）	—	高密度条码
1983	Code 93（93 码）	—	提高了信息密度

表 2. 1. 6　　一维条码标准制定年代

年份	条码名称	纳入标准
1982	Code 39	Military Standard（美国军用标准）1189
1983	Code 39，Interleaved 2 of 5 Bar Code（交插 25 码）	ANSI（美国国家标准学会）MH10. 8M
1984	UPC 码	ANSI MH10. 8M
1984	Code 39	AIAG（美国汽车工业行动集团）标准
1984	Code 39	HIBC（健康工业条码）标准

从UPC码产生以后，为满足不同的应用需求，陆续发展出各种不同的条码标准和规格，时至今日，条码已成为商业自动化不可缺少的基本条件。条码可分为一维条码和二维条码两大类，目前商品的应用仍以一维条码为主，故一维条码又被称为商品条码，二维条码则是另一种渐受重视的条码，其功能较一维条码强，应用范围更加广泛。

目前全世界一维条码的种类达二百种以上，本书仅介绍最常用的条码，如UPC码、EAN码、39码、128码等。

（二）一维条码系统的运作流程

一维条码系统的运作流程如图2.1.1所示。

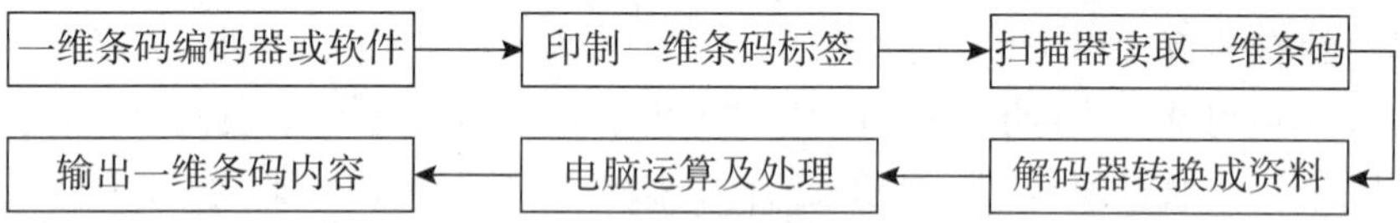

图2.1.1　一维条码系统的运作流程

根据上述流程，一维条码系统主要构成元素如表2.1.7所示。

表2.1.7　一维条码系统主要构成元素

<table>
<tr><th>序号</th><th>元素</th><th colspan="2">说明</th></tr>
<tr><td>1</td><td>编码方式</td><td colspan="2">依不同需求选择适当的条码编码标准，如使用最普遍的EAN码、UPC码，或地域性的JANCODE等，一般以最容易与交易伙伴流通的编码方式为最佳</td></tr>
<tr><td rowspan="2">2</td><td rowspan="2">条码机（Barcode Printer）</td><td rowspan="2">顾名思义是专门用来列印条码标签的条码机，这些条码机大部分应用在工作环境较恶劣的工厂中，而且必须能负荷长时间的工作时数，所以在设计时，特别重视耐用性及稳定性。有些公司也提供各式特殊设计的纸张，可供一般的激光条码机及点阵条码机印制条码。大多数条码机属于热感式条码机或热转式条码机两种</td><td>热感式条码机（Thermal Printer）
热感式条码机的原理是将打印字头加热，再运用热度与停留时间来促使感应纸显示出不同深浅的颜色。其优点是条码品质佳、价格较低廉，且一般热感式条码机的体积可以制造得很小，不过其缺点是必须采用感光纸，感光纸不耐光线照射，易造成纸上条码褪色，影响辨识率</td></tr>
<tr><td>热转式条码机（Thermal Transfer Printer）
热转式条码机的列印原理，是将碳粉带加热后转印至纸上，故像激光条码机般可采用普通纸，条码也较不容易因为光线照射而褪色，列印的品质比热感式更好，不过价格较高，且体积较大</td></tr>
</table>

续　表

<table>
<tr><th>序号</th><th>元素</th><th colspan="2">说明</th></tr>
<tr><td rowspan="3">3</td><td rowspan="3">条码扫描器（Barcode Reader，或称 Barcode Scanner）</td><td rowspan="3">用以扫描条码，读取条码所代表字元、数值及符号的周边设备被称为条码扫描器。其原理是由电源激发发光二极体使其射出一束红外线扫描条码，由于空白会比线条反射回来更多的光度，由这些明暗关系，让光感应接收器接收的反射光有着不同的类比信号，然后再经由解码器译成资料。
条码扫描器的类型大致可分固定式条码扫描器、CCD 扫描器、激光扫描器等几种</td><td>固定式条码扫描器（Fixed Barcode Scanner）
一种体积较大，价格较高的扫描系统，使用时以物就机，即机器固定，以物品的移动来扫描解码，适用于输送带或一般大型超市</td></tr>
<tr><td>CCD（Charge Coupled Device，光耦合装置）扫描器
采用发光二极体的泛光源照明整个条码，再透过平面镜与光栅将条码符号映射到由光电二极体组成的探测器阵列上，经探测器完成光电转换，再由电路系统对探测器阵列中的每一光电二极体依次采集信号，辨识出条码符号，完成扫描。CCD 扫描器的优点是操作方便，不直接接触条码也可辨读，性能较可靠，寿命较长，且价格较激光扫描器便宜</td></tr>
<tr><td>激光扫描器（Laser Barcode Scanner）
用激光光束扫描来读取条码资料的机器。由于它和光笔条码扫描器（简称光笔）一样，可自由移动到物体处扫描，因此条码的长度在容许的范围下并不会受到限制，不过光笔一定要接触到条码的表面才能辨读，激光扫描器的扫描距离较光笔、CCD 扫描器来得远，故在扫描时可隔空划过条码</td></tr>
<tr><td>4</td><td>编码器及解码器</td><td colspan="2">编码器（Encoder）及解码器（Decoder）
介于资料与条码间的转换工具，编码器可将资料编成条码。而解码器的原理是由传入的类比信号分析出黑、白线条的宽度，根据编码原则，将条码资料解读出来，再经过电子元件的转换后，转成电脑能接收的数位信号</td></tr>
<tr><td>5</td><td>应用程序接口（API）</td><td colspan="2">负责处理应用程序与条码化的程序接口，用应用程序处理条码，达到商业自动化的目的</td></tr>
</table>

（三）一维条码的规格

简单来说，条码是用来方便人们输入资料的一种方法，这种方法是以宽度不一的线条及空白组合来表示将要输入电脑的每一字元相对应的码。其中空白亦可视为一种白色线条，不同的一维条码规格有不同的线条组合方式。

在一个条码的起头及结束的地方，都会放入起始码及结束码，用以辨识条码的起始及结束，不过不同一维条码规格的起始码及结束码的图样并不完全相同。具体而言，每一种一维条码规格明确了表2.1.8所示的七个要项。

表2.1.8　　一维条码规格的七个要项

序号	要项	说明
1	字元组合	每一种一维条码规格所能表示的字元组合有不同的范围及数目，有一些一维条码规格只能表示数字，如UPC码、EAN码；有一些则能表示大写英文字及数字，甚至能表示出全部ASCII字元表上的128个字元，如39码、128码
2	符号种类	依据一维条码被解读时的特性可将一维条码规格分成两大类。 分散式条码：每一个字元可以独自地解码，列印时每个字元与旁边的字元间有字间距进行区分，而且每个字元固定以线条作为结束。然而，并不一定是每一个字间距的宽度大小都必须相同，可以容许某些程度的误差，只要彼此差距不大即可，如此，对条码机的机械规格要求可以比较宽松。例如39码与128码。 连续式条码：字元之间没有字间距，每个字元都是线条开始，空白结束，且每一个字元的结尾后，紧跟下一个字元的起头。由于无字间距的存在，所以在同样的空间内，可列印出较多的字元数，但相对地，因为连续式条码的密度比较高，其对条码机的列印精密度的要求也较高。例如UPC码和EAN码
3	粗细线条的数目	一维条码的编码方式，是由许多粗细不一的线条及空白的组合方式来表示不同的字元码。大多数的一维条码规格都是只有粗和细两种线条，但也有些一维条码规格使用到两种以上不同粗细的线条
4	固定或可变长度	在一维条码中包含的资料长度是固定或可变的，有些一维条码规格因限于本身结构的关系，只能使用固定长度的资料，如UPC码、EAN码
5	细线条的宽度	一维条码中细线条及空白的宽度，通常是某个条码中所有细的线条及空白的平均值，而且它使用的单位通常是mil（千分之一英寸）
6	密度	可在一固定长度内表示字元数目，例如一维条码规格A的密度高于一维条码规格B的密度，则表示当两者密度值相同时，在同一长度内，一维条码规格A可容纳得下较多的字元
7	自我检查	有自我检查能力的一维条码规格，大多没有硬性规定要使用检查符，例如39码。没有自我检查能力的一维条码规格，在使用上大多有检查符（也叫校验符、校正符）的设定，如EAN码、UPC码等

（四）一维条码的技术

条码技术是在计算机应用和实践中产生并发展起来的广泛应用于商业、邮政、图书管理、仓储、工业生产过程控制、交通等领域的一种自动识别技术，具有输入速度快、准确度高、成本低、可靠性强等优点，在当今的自动识别技术中占有重要的地位。

一维条码是由一组规则排列的条、空以及对应的字符组成的标记，“条”指对光线反射率较低的部分，“空”指对光线反射率较高的部分，这些条和空组成的数据表达一定的信息，并能够用特定的设备识读，可转换成与计算机兼容的二进制和十进制信息。通常对于每一种物品，它的编码是唯一的，对于普通的一维条码来说，还要通过数据库建立条码与商品信息的对应关系，当条码的数据传到计算机上时，由计算机上的应用程序对数据进行操作和处理。因此，普通的一维条码在使用过程中仅作为识别信息，它的意义是通过在计算机系统的数据库中提取相应的信息而实现的。

条码的码制指条码条和空的排列规则，常用的一维条码的码制包括：EAN 码、39 码、交插 25 码、UPC 码、128 码、93 码及库德巴码等。

不同的一维条码有它们各自的应用领域，具体如表 2. 1. 9 所示。

表 2. 1. 9　　一维条码的应用领域

序号	一维条码	应用领域
1	EAN 码	是国际通用的符号体系，是一种长度固定、无含义的条码，所表达的信息全部为数字，主要应用于商品标识
2	39 码和 128 码	为目前国内企业内部自定义码制，可以根据需要确定条码的长度和信息，它编码的信息可以是数字，也可以是字母，主要应用于工业生产线、图书管理等
3	93 码	是一种类似于 39 码的条码，它的密度较高，能够替代 39 码
4	交插 25 码	主要应用于包装、运输以及国际航空系统的机票顺序编号等
5	库德巴码	应用于血库、图书馆、包裹等的跟踪管理

一个完整的一维条码的结构为：静区（前）、起始符、数据符（对于 EAN 码，则含有中间分隔符）、校验符（可选）、终止符、静区（后），如图 2. 1. 2 所示。

图 2. 1. 2　一维条码的结构

一维条码的结构要素如表 2. 1. 10 所示。

表 2. 1. 10　　一维条码的结构要素

序号	结构要素	说明
1	静区	指一维条码左右两端外侧与空的反射率相同的限定区域，它能使条码扫描器进入准备扫描的状态，当两个一维条码相距较近时，静区则有助于对它们加以区分，静区的宽度通常应不小于 6mm（或 10 倍模块宽度）
2	起始/终止符	指位于一维条码开始位置和结束位置的若干条与空，标志一维条码的开始和结束，同时提供了码制识别信息和扫描方向的信息
3	数据符	位于一维条码中间的条、空结构，它包含一维条码所表达的特定信息
4	模块	构成一维条码的基本单位是模块，模块是指一维条码中最窄的条或空，模块的宽度通常以 mm 或 mil（千分之一英寸）为单位。构成一维条码的一个条或空称为一个单元，一个单元包含的模块数是由编码方式决定的，有些码制中，如 EAN 码，所有单元由一个或多个模块组成；而另一些码制，如 39 码中，所有单元只有两种宽度，即宽单元和窄单元，其中的窄单元即为一个模块

一维条码参数如表 2. 1. 11 所示。

表 2. 1. 11　　一维条码参数

序号	参数	说明
1	密度	一维条码的密度指单位长度的一维条码所表示的字符个数。对于一种码制而言，密度主要由模块的尺寸决定，模块尺寸越小，密度越大，所以密度值通常以模块尺寸的值来表示（如 5mil 或 0. 125mm）。通常 7. 5mil（0. 1875mm）以下的一维条码称为高密度条码，15mil（0. 375mm）以上的一维条码称为低密度条码，条码密度越高，要求条码识读设备的性能（如分辨率）也越高。高密度条码通常用于标识小的物体，如精密电子元件，低密度条码一般应用于远距离阅读的场合，如仓库管理
2	宽窄比	对于只有两种宽度单元的码制，宽单元与窄单元的比值称为宽窄比，一般为 2～3（常用的有 2∶1，3∶1）。宽窄比较大时，条码识读设备更容易分辨宽单元和窄单元，因此比较容易阅读
3	对比度	对比度（PCS）是一维条码符号的光学指标，对比度值越大则一维条码的光学特性越好 $PCS = (RL - RD) / RL \times 100\%$ （RL：条的反射率，RD：空的反射率）

三、二维条码

（一）二维条码的概述

一维条码虽然提高了资料收集与资料处理的速度，但由于受到资料容量的限制，一维条码仅能标识商品，而不能描述商品，因此相当依赖电脑网络和资料库。在没有资料库或不便连接网络的地方，一维条码很难派上用场。也因此，开始有人开发一些储存量较高的二维条码。由于二维条码具有高密度、大容量、抗磨损等特点，所以更拓宽了条码的应用领域。

二维条码也称二维码，是指在二个维度方向上都表示信息的条码符号。它是一种在水平和垂直方向都表示信息的高密度、高信息含量的数据文件。

近年来，随着资料自动收集技术的发展，用条码符号表示更多资讯的要求与日俱增，而一维条码最大资料长度通常不超过 15 个字元，故多用以存放关键索引值，仅可作为一种资料标识，不能对产品进行描述，因此需透过网络到资料库抓取更多的资料项目。此外，一维条码有一个明显的缺点，即垂直方向不携带资料，故资料密度偏低。当初这样设计有两个目的：一是保证局部损坏的条码仍可正确辨识，二是使扫描容易完成。

要提高资料密度，又要在一个固定面积上印出所需资料，可用两种方法来解决：①在一维条码的基础上向二维条码方向扩展；②利用图像识别原理，采用新的几何形体和结构设计出二维条码。前者发展出堆叠式二维条码，后者则有矩阵式二维条码之发展，两者分别形成现今二维条码的两大类型。

堆叠式二维条码的编码原理建立在一维条码的基础上，将一维条码的高度变低，再依需要堆成多行，其在编码设计、检查原理、识读方式等方面都继承了一维条码的特点，但由于行数增加，对行的辨别、解码算法及软件则与一维条码有所不同。较具代表性的堆叠式二维条码有 PDF417（四一七条码），Code 16K，Code 49 等。PDF417 二维条码如图 2. 1. 3 所示。

矩阵式二维条码（又称矩阵码）以矩阵的形式组成，在矩阵相应元素位置上，用点的出现表示二进制的“1”，不出现表示二进制的“0”，点的排列组合确定了矩阵码所代表的意义。其中点可以是方点、圆点或其他形状的点。矩阵码是建立在电脑图像处理技术、组合编码原理等基础上的图形符号自动辨识的码制。具有代表性的矩阵式二维条码有 Data Matrix Code（数据矩阵码），Maxicode，Vericode，QR Code（快速响应矩阵码），Philips Dot Code（飞利浦点码）等。QR Code 二维条码如图 2. 1. 4 所示。

二维条码的新技术在 20 世纪 80 年代晚期逐渐被重视，由于资料储存量大、资讯随着产品走、可以传真影印、错误纠正能力高等特性，二维条码在 20 世纪 90 年代初期已逐渐被使用。

图 2. 1. 3　PDF417 二维条码

图 2. 1. 4　QR Code 二维条码

（二）二维条码与一维条码的比较

虽然一维条码和二维条码的原理都是用符号来携带资料，实现资料的自动辨识。但是从应用的观点来看，一维条码偏重于“标识”商品，而二维条码则偏重于“描述”商品。因此相较于一维条码，二维条码不仅可以存储关键值，还可将商品的基本资料编入二维条码中，达到资料库随着商品走的效果，进一步提供许多一维条码无法实现的应用。例如，一维条码必须搭配电脑资料库才能读取商品的详细资料，若为新商品则必须录入新的商品资料，对商品特性为多样少量的行业构成应用上的困扰。此外，一维条码稍有磨损就会影响扫描效果，故较不适用于工厂型行业。除了这些新商品资料输入与条码磨损等问题外，二维条码还可有效解决许多一维条码所不能解决的问题，让企业充分享受资料自动输入、无键输入的好处，为企业与整体产业带来相当的利益，也拓宽了条码的应用领域。

一维条码与二维条码的差异可以从资料容量与密度、错误侦测能力及自我纠正能力、垂直方向的资料储存性、主要用途、资料库与网络依赖性、识读设备等项目看出，二者的比较如表 2. 1. 12 所示。

表 2. 1. 12　一维条码与二维条码的比较

项目	一维条码	二维条码
资料容量与密度	密度低，容量小	密度高，容量大
错误侦测及自我纠正能力	可以检查并进行错误侦测，但没有错误纠正能力	有错误侦测及错误纠正能力，并可根据实际应用设置不同的安全等级
垂直方向的资料储存性	不储存资料，垂直方向的高度是为了识读方便，并弥补印刷缺陷或局部损坏	可以储存资料，可以纠正印刷缺陷或局部损坏等错误，及时恢复资料
主要用途	主要用于对物品的标识	主要用于对物品的描述
资料库与网络依赖性	多数场合须依赖资料库及网络的存在	可不依赖资料库及网络的存在而单独应用

续　表

项目	一维条码	二维条码
识读设备	可用线型扫描器识读，如光笔、线型 CCD 扫描器、激光扫描器	堆叠式可用线型扫描器多次扫描，或可用图像扫描仪识读。矩阵式则仅能用图像扫描仪识读

与一维条码相比，二维条码有着明显的优势，其数据容量更大，超越了字母数字的限制，条码相对尺寸小，具有抗损毁能力。具体来讲，有如表 2. 1. 13 所示的优点。

表 2. 1. 13　　二维条码的优点

序号	优点	说明
1	高密度编码，信息容量大	可容纳多达 1850 个大写字母或 2710 个数字或 1108 个字节，或 500 多个汉字，比一维条码信息容量约高几十倍
2	编码范围广	可以对图片、声音、文字、签字、指纹等数字化的信息进行编码表示；可以表示多种语言文字和图像数据
3	容错能力强，具有纠错功能	因穿孔、污损等引起局部损坏时，仍可正确识读，损毁面积达 50% 仍可恢复信息
4	译码可靠性高	它比一维条码译码错误率 2/1000000 要低得多，误码率不超过 1/10000000
5	可引入加密措施	保密性、防伪性好
6	制作便捷经济	成本低，易制作，持久耐用

（三）二维条码的应用范围

如前所述，二维条码具有储存量大、保密性高、追踪性高、抗损性强、备援性大、成本便宜等特性，这些特性使得其特别适用于表单、安全保密、追踪、证照、存货盘点、资料备援等方面，如表 2. 1. 14 所示。

表 2. 1. 14　　二维条码的应用范围

序号	应用范围	说明
1	表单应用	公文表单、商业表单、进出口报单、舱单等资料的传送交换，减少人工重复输入表单资料，避免人为错误，降低人力成本
2	安全保密应用	商业情报、经济情报、政治情报、军事情报、私人情报等机密资料的加密及传递

续 表

序号	应用范围	说明
3	追踪应用	公文自动追踪、生产线零件自动追踪、客户服务自动追踪、邮购运送自动追踪、维修记录自动追踪、危险物品自动追踪、后勤补给自动追踪、医疗体检自动追踪、生态研究（动物）自动追踪等
4	证照应用	护照、身份证、挂号证、驾照、会员证、识别证、连锁店会员证等证照之资料登记及自动输入，发挥“随到随读”“立即取用”的资讯管理效果
5	存货盘点应用	物流中心、仓储中心、联勤中心的货品及固定资产自动盘点，发挥“立即盘点、立即决策”的效果
6	资料备援应用	文件表单的资料若不愿或不能以磁碟、光碟等电子媒体储存备援时，可利用二维条码来储存备援，携带方便，不怕折叠，保存时间长，又可影印传真，做更多备份

任务实施：条码的制作与识读

一、条码的制作

（一）条码的条空颜色选择

条码的条空颜色选择如表2.1.15所示。

表2.1.15　　条码的条空颜色选择

序号	条色	空色	能否采用	序号	条色	空色	能否采用	序号	条色	空色	能否采用
1	黑色	白色	能	11	蓝色	黄色	能	21	深棕色	红色	能
2	蓝色	白色	能	12	绿色	黄色	能	22	黑色	金色	不能
3	绿色	白色	能	13	深棕色	黄色	能	23	橙色	金色	不能
4	深棕色	白色	能	14	黑色	橙色	能	24	红色	金色	不能
5	黄色	白色	不能	15	蓝色	橙色	能	25	红色	亮绿色	不能
6	橙色	白色	不能	16	绿色	橙色	能	26	黑色	亮绿色	不能
7	红色	白色	不能	17	深棕色	橙色	能	27	黑色	暗绿色	不能
8	金色	白色	能	18	黑色	红色	能	28	蓝色	暗绿色	不能
9	浅棕色	白色	不能	19	蓝色	红色	能	29	红色	蓝色	不能
10	黑色	黄色	能	20	绿色	红色	能	30	黑色	蓝色	不能

（二）条码的校验码计算

条码 690123456789X_1 校验码的计算如表 2. 1. 16 所示。

表 2. 1. 16　　校验码的计算

<table>
<tr><th>步骤</th><th colspan="14">说明</th></tr>
<tr><td rowspan="2">由右至左编排代码位置序号</td><td>位置序号</td><td>13</td><td>12</td><td>11</td><td>10</td><td>9</td><td>8</td><td>7</td><td>6</td><td>5</td><td>4</td><td>3</td><td>2</td><td>1</td></tr>
<tr><td>代码</td><td>6</td><td>9</td><td>0</td><td>1</td><td>2</td><td>3</td><td>4</td><td>5</td><td>6</td><td>7</td><td>8</td><td>9</td><td>X_1</td></tr>
<tr><td>偶数位的数字代码求和 S_1</td><td colspan="14">9 + 7 + 5 + 3 + 1 + 9 = 34</td></tr>
<tr><td>$S_1 \times 3 = S_2$</td><td colspan="14">34 × 3 = 102</td></tr>
<tr><td>奇数位的数字求和，得出 S_3</td><td colspan="14">8 + 6 + 4 + 2 + 0 + 6 = 26</td></tr>
<tr><td>$S_3 + S_2 = S_4$；取 S_4 的个位数为 S_5</td><td colspan="14">26 + 102 = 128</td></tr>
<tr><td>若 S_5 为 0，校验码为 0；若 S_5 不为 0，校验码 $X_1 = 10 - S_5$</td><td colspan="14">10 − 8 = 2</td></tr>
</table>

（三）条码的制作过程

打开计算机，找到如图 2. 1. 5 所示的图标。

双击该图标，进入系统，界面如图 2. 1. 6 所示。

图 2. 1. 5　条码制作软件图标

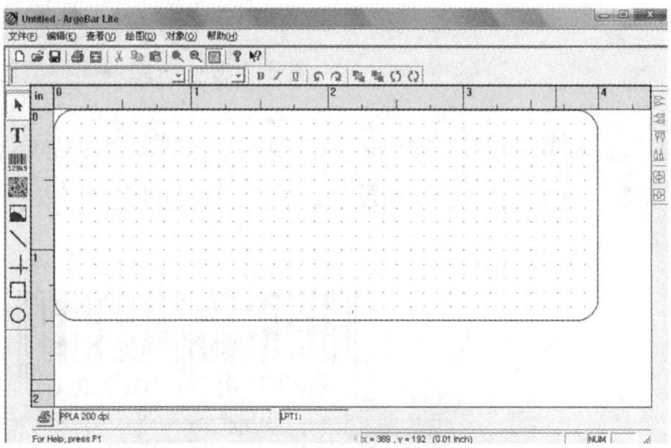

图 2. 1. 6　条码制作系统界面

在系统界面的左侧找到一维条码图标，如图 2. 1. 7 所示。

图2.1.7　一维条码图标

单击一维条码图标，进入如图2.1.8所示的界面。

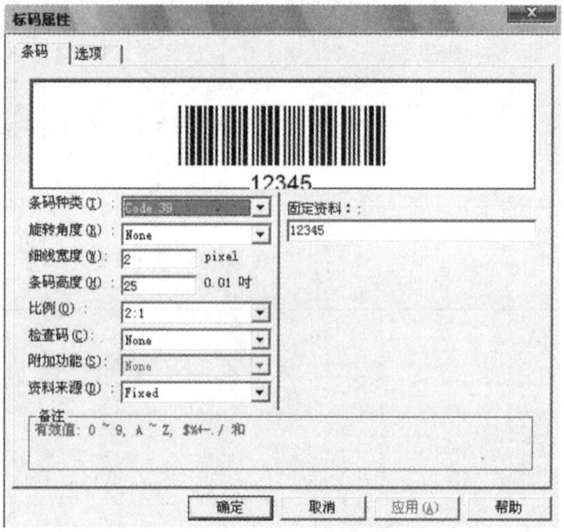

图2.1.8　条码制作界面

在“条码种类”中选择“EAN/JAN－13”，出现如图2.1.9所示的界面。

图2.1.9　一维条码种类选择界面

在其他项目中选择相应的规格，根据实际需要或参数修改相应的栏目，再在“固定资料”中输入或扫入需要制作的条码的左侧12位字符，出现如图2.1.10所示界面。

图2.1.10　一维条码固定资料输入界面

第13位字符是校验码，由系统自动计算生成。这时，在一维条码图形界面中出现如图2.1.11所示的图形。

图2.1.11　一维条码图形界面

根据打印纸规格，调整条码图形为适合的规格大小。如图2.1.12所示。

图2.1.12　一维条码图形调整界面

再进行打印机的设置，如图2.1.13所示。

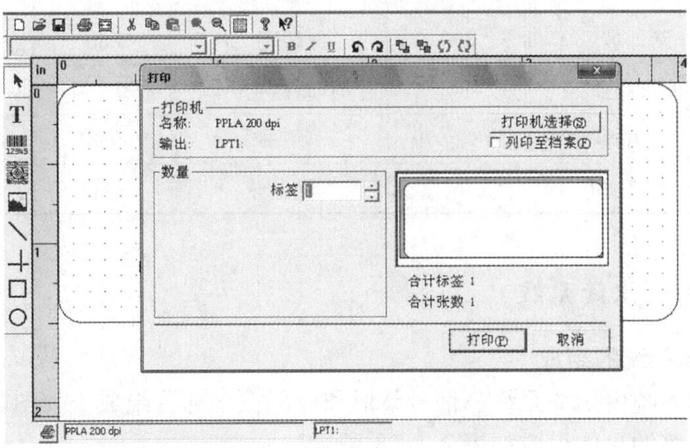

图2.1.13　打印机设置界面

点击“打印”，就可以打印出需要的条码。如图2.1.14所示。

最后根据需要选择是否保存该条码。如图2.1.15所示。

图2.1.14　打印出来的条码

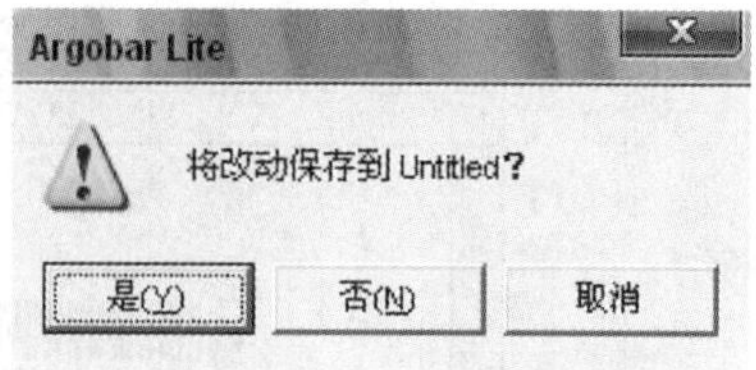

图2.1.15　保存条码的界面

至此，完成条码的制作。

二、条码的识读

（一）条码的前缀码识读

EAN－13的前缀码如表2.1.17所示。

表2.1.17　EAN－13的前缀码

代码	国家（或地区）/应用领域	代码	国家（或地区）/应用领域	代码	国家（或地区）/应用领域
00～13	美国、加拿大	20～29	店内码	30～37	法国
40～44	德国	471	中国台湾	489	中国香港
45、49	日本	460～469	俄罗斯	50	英国
54	比利时、卢森堡	560	葡萄牙	57	丹麦
64	芬兰	690～695	中国	76	瑞士
80～83	意大利	84	西班牙	87	荷兰
888	新加坡	890	印度	880	韩国
93	澳大利亚	94	新西兰	90、91	奥地利
977	连续出版物	978、979	图书	958	中国澳门
981、982	普通流通券	99	优惠券	980	应收票据

（二）条码的识读系统

1. 条码识读系统的组成

条码的识读系统由扫描系统、信号整形和译码三个部分组成。如图2.1.16所示。

条码识读系统的具体组成如表2.1.18所示。

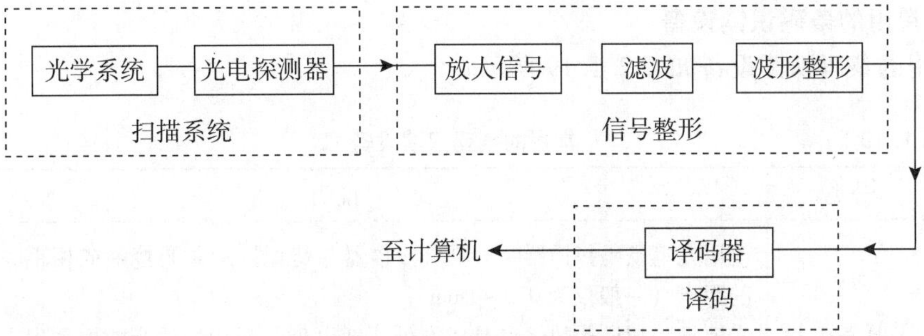

图 2.1.16　条码识读系统的组成

表 2.1.18　条码识读系统的具体组成

序号	组成	说明
1	扫描系统	扫描系统由光学系统及光电探测器即光电转换器件组成。它完成对条码符号的光学扫描，并通过光电探测器，将条码的条、空图案的光信号转换成为电信号。 具有一个扫描光路，能够产生一个光点，该光点在人工或自动控制下能沿某一轨迹做直线运动且通过条码符号的静区（前）、起始符、数据符、校验符、终止符及静区（后）。 具有一个条码符号反射光的接收系统，它能够并擅长接收扫描光点从条码符号上反射回来的漫反射光
2	信号整形	信号整形部分由放大信号、滤波、波形整形组成。它的功能在于将条码的光电扫描信号处理成为标准电位的矩形波信号，其高低电平的宽度和条码符号的条空尺寸相对应
3	译码	译码部分一般由嵌入式微处理器组成。它的功能就是对条码的矩形波信号进行译码，其结果通过接口电路输出到条码应用系统中的数据终端

光电转换、放大信号及整形过程如图 2.1.17 所示。

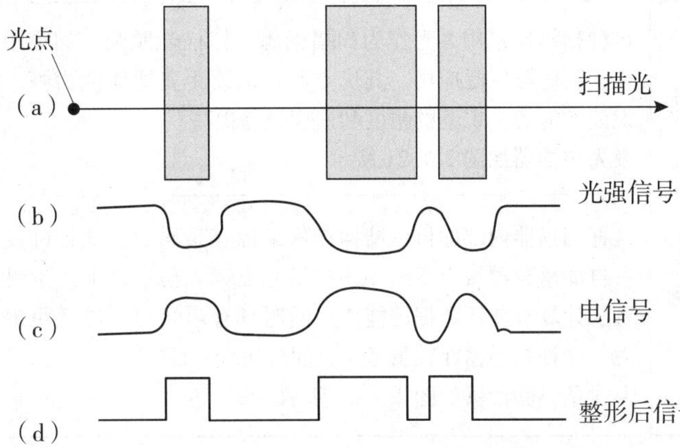

图 2.1.17　光电转换、放大信号及整形过程

2. 常用的条码识读设备

常用的条码识读设备如表2.1.19所示。

表2.1.19　　常用的条码识读设备

序号	分类	说明
1	光笔条码扫描器	使用光笔条码扫描器时，要求扫描器与待识读的条码接触或相距一个极短的距离（一般仅为0.2~1mm）。 光笔条码扫描器的优点是成本低、耗电低、耐用，适合数据采集，可读较长的条码符号；其缺点是光笔对条码有一定的破坏性，对于有弯曲面的商品条码的读取有困难，当光笔通过斑点或缺损位置时也无法读取。随着条码应用的推广，目前已逐渐被CCD扫描器取代。 光笔条码扫描器如图2.1.18所示
2	台式条码自动扫描器	该种扫描器常安装在某一固定位置，等待附有条码标签的待测物体以平稳、缓慢的速度进入扫描范围，对其进行扫描和识别。其优点是稳定、扫描速度快，广泛应用于超市的POS（销售时点系统）。这种扫描器对条码的方向没有要求，又称全方位的扫描器，读取距离为几厘米至几十厘米。 台式条码自动扫描器如图2.1.19所示
3	手持式条码扫描器	扫描器一般都装有控制扫描光束的自动扫描装置。阅读条码时不需与条码符号接触，扫描头与条码标签的距离一般在0~20mm范围内，而长的可达到500mm左右。 手持式条码扫描器具有小型、方便使用的特点，阅读时只需将读取头（光源）接近或轻触条码，无须移动即可进行自动扫描，读取条码信息；条码符号缺损对扫描器识读影响小；弯曲面（30°以内）商品条码也能读取；扫描速度快（30~100次/s）。 手持式条码扫描器所使用的光源有激光和LED（发光二极管），LED类手持式条码扫描器又称为CCD扫描器，激光手持式条码扫描器又称为激光枪。 手持式条码扫描器如图2.1.20所示
4	激光扫描器	该种扫描器采用激光作为扫描光源。扫描光照强、扫描距离远、扫描速度快，因此被广泛应用。其优点有：识读距离适应能力强，具有穿透保护膜识读的能力，识读的精度和速度较易提高。 激光扫描器如图2.1.21所示
5	卡式条码阅读器	这种扫描器内部的机械结构能保证标有条码的卡式证件或文件在插入滑槽后自动沿轨道做直线运动，扫描光点读入信息，卡式条码阅读器一般都具有与计算机传输数据的能力，同时具有声光提示以证明识别正确与否的能力。这种扫描器在人员考勤方面应用较广泛。 卡式条码阅读器如图2.1.22所示

续　表

序号	分类	说明
6	便携式条码阅读器	便携式条码阅读器一般配接轻便的枪型条码扫描器，本身带有显示屏、键盘等装置。使用时将收集到的数据暂时存储在自身的存储器中，然后定时送到主机内存储，特别适用于盘点等流动性数据采集作业，广泛应用于仓库管理、商品盘存等作业中。 便携式条码阅读器如图 2. 1. 23 所示

图 2. 1. 18　光笔条码扫描器

图 2. 1. 19　台式条码自动扫描器

图 2. 1. 20　手持式条码扫描器

图 2. 1. 21　激光扫描器

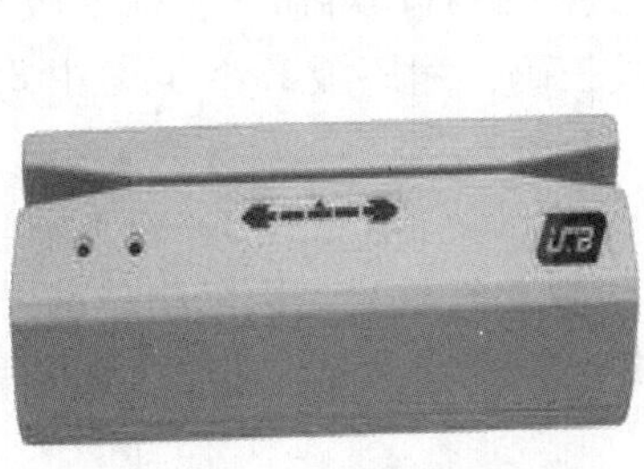

图 2. 1. 22　卡式条码阅读器

图 2. 1. 23　便携式条码阅读器

三、条码的应用

（一）通用商品条码

关于商品条码的各种国家标准规定了通用商品条码的编码、结构、尺寸、颜色、技术要求及质量判定规则，适用于商品消费单元的条码标识。我国于 2008 年修订的《商品条码　零售商品编码与条码表示》（GB 12904—2008）标准在技术内容上符合国际标准和国际规范的技术要求。

1. 商品条码的编码原则

商品条码的编码原则如表 2. 1. 20 所示。

表 2. 1. 20　　商品条码的编码原则

序号	原则	说明
1	唯一性	唯一性是指商品与其代码一一对应，即一个商品只有一个代码，一个代码只标识同一个项目。代码一旦确定，永不改变，即使该商品停止生产和供应，在一段时间内（有些国家规定为 3 年）也不得将该代码分配给其他商品
2	无含义性	无含义性是指代码数字本身及其位置不表示商品的任何特定信息。在 EAN 及 UCC 系统中，商品代码仅仅是一种识别商品的手段，而不是商品分类的手段。无含义性使商品代码具有简单、灵活、可靠、充分利用代码容量、生命力强等优点，这种编码方法尤其适合于较大的商品系统
3	永久性	永久性是指商品代码一经分配，就不再改变，并且是终身的。当此商品不再生产时，其对应的商品代码只能搁置起来，不重复使用或再分配给其他商品

2. EAN 码

EAN 码是国际物品编码协会在全球推广应用的商品条码，是定长的纯数字型条码，它表示的字符集为数字 0 ~ 9。在实际应用中，EAN 码有两种版本：标准版和缩短版。标准版是由 13 位数字组成，称为 EAN - 13 码或长码；缩短版 EAN 码是由 8 位数字组成，称为 EAN - 8 码或者短码。

3. EAN - 13 码

EAN - 13 的代码是标准版 EAN 码，由 13 位数字组成，是国际物品编码协会在全球广泛应用的商品条码。它是定长、无含义的条码，没有自校验功能，使用字符为 0 ~ 9 共 10 个数字。其示意图如图 2. 1. 24 所示。

EAN - 13 的代码结构有三种，每种结构由三部分组成，如表 2. 1. 21 所示。

4. EAN - 8 码

EAN - 8 码是 EAN - 13 码的压缩版，是由 8 位数字组成，其示意图如图 2. 1. 25 所示，用于包装面积较小的商品上。与 EAN - 13 码相比，它没有企业代码，仅有前缀码、

表 2.1.21　　EAN－13 码的代码结构

结构种类	企业代码	商品代码	校验码
结构一	$X_{13}X_{12}X_{11}X_{10}X_9X_8X_7$	$X_6X_5X_4X_3X_2$	X_1
结构二	$X_{13}X_{12}X_{11}X_{10}X_9X_8X_7X_6$	$X_5X_4X_3X_2$	X_1
结构三	$X_{13}X_{12}X_{11}X_{10}X_9X_8X_7X_6X_5$	$X_4X_3X_2$	X_1

图 2.1.24　EAN－13 码示意

图 2.1.25　EAN－8 码示意

商品代码和校验码。一般只有当标准尺寸超过总印刷面积的 25% 时，才允许申报使用短码。短码尺寸为 26.73mm × 21.64mm，放大系数的取值范围是 0.80 ~ 2.00，间隔为 0.05。

课程思政

随着我国零售业的发展以及进口商品类型的不断增加，我国与国际物品编码协会的关系日益密切，在国际物品编码协会组织的相关会议上也开始拥有发言权。

请以小组议一议：我国在国际物品编码协会地位的提升和我国经济发展之间有何关联？

（二）储运包装商品条码

对储运包装商品进行正确合理的编码，关系到物流活动的有序和高效进行。中国物品编码中心早在 1997 年就为储运包装商品的条码表示制定了专门的国家标准，即《储运单元条码》（GB/T 16830—1997），并在 2008 年进行了修订，最新的国家标准命名为《商品条码　储运包装商品编码与条码表示》（GB/T 16830—2008），至今仍在施行。

储运包装商品可以分为定量储运包装商品和变量储运包装商品，定量储运包装商品是指由定量零售商品组成的稳定的储运包装商品；按相同类型、大小、重量、容量等规格生产和销售的零售商品为定量零售商品。变量储运包装商品是指由变量零售商品组成的储运包装商品；变量零售商品是指在零售过程中无法预先确定销售单元，按基本计量单位计价销售的零售商品，比如散装大米、猪肉等。变量储运包装商品和定量储运包装商品所采用的条码和编码规则有很大的不同。

1. 定量储运包装商品条码

定量储运包装商品又称定量储运单元指由按商品件数计价销售的商品组成的储运单元，如成箱的牙膏、瓶装酒、药品、服装、饮料等。定量储运单元条码采用13位或14位数字编码，通常有如表2.1.22所示的三种类型。

表2.1.22　　定量储运单元条码的类型

序号	类型	说明
1	定量储运单元同时又是定量消费单元	当定量储运单元同时又是定量消费单元时，应按定量消费单元进行编码，如电冰箱、洗衣机等大件家用电器，其定量消费单元的编码等同于通用商品条码（如EAN－13码）
2	含相同种类的定量消费单元组成定量储运单元	当含相同种类的定量消费单元组成定量储运单元时，可给每一定量储运单元分配一个区别于它所包含的消费单元代码的13位数字代码，也可用14位数字进行编码，如图2.1.26所示
3	含有不同种类的定量消费单元组成定量储运单元	当含有不同种类的定量消费单元组成定量储运单元时，可给储运单元分配一个与包装内所含消费单元13位数字代码有区别的标识代码，如可用EAN－13码，也可用ITF－14码。当用ITF－14码标识定量储运单元的13位数字代码时，须在13位代码前加一位“0”变成14位数字代码，然后用ITF－14码标识

EAN-13表示的6901234000054

ITF-14表示的6901234000054

EAN/UCC-128表示的6901234000054

图2.1.26　含相同种类的定量消费单元组成定量储运单元条码表示方式

定量储运包装商品14位代码结构如表2.1.23所示。

表2.1.23　　定量储运包装商品14位代码结构

包装指示符	厂商识别代码与商品代码12位	校验码
V	$X_{12}X_{11}X_{10}X_9X_8X_7X_6X_5X_4X_3X_2X_1$	C

储运包装商品的 14 位代码中的包装指示符用于指示储运包装商品的不同包装级别，取值范围为 1 ~9，其中 1 ~8 用于定量储运包装商品，9 用于变量储运包装商品。内部所含零售商品代码前 12 位，是指包含在储运包装商品内的零售商品代码去掉校验码后的 12 位数字，C 为校验码。如图 2. 1. 27 所示。

EAN/UCC-13：6901234000016

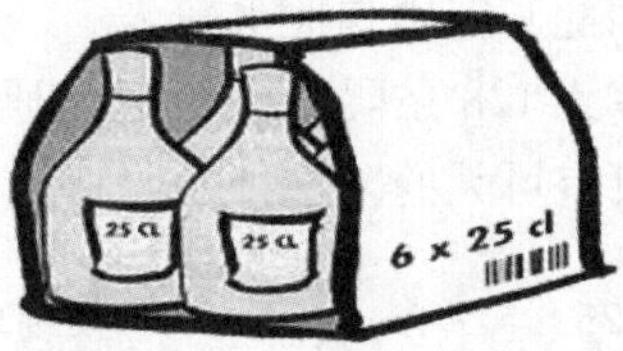

EAN/UCC-14：16901234000013或
EAN/UCC-13：6901234000085

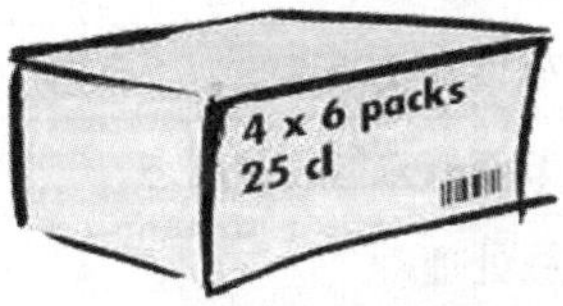

EAN/UCC-14：26901234000010或
EAN/UCC-13：6901234000122

EAN/UCC-14：36901234000017或
EAN/UCC-13：6901234000160

图 2. 1. 27　储运包装商品

2. 变量储运包装商品条码

变量储运包装商品又称变量储运单元是按基本计量单位计价，以随机数量销售的变量零售单元组成的储运单元，例如，水果、蔬菜、肉类、乳酪、绳索、布料、地毯等。变量储运单元条码由 14 位数字的主代码和 6 位数字的附加代码组成。

散装储运单元，如水果。

按件数订购、交货的储运单元，并按重量开具发票，如一条鱼。

预先包装好，按重量销售的部分储运单元，如干酪。

按尺寸选择的标准化储运单元，如木制板材。

储运单元数量固定，但由 2 种或 3 种项目组成的标准储运单元组合，如包含 10 只鸡的储运单元（鸡的种类为 2 种或 3 种）。

变量储运单元代码结构如表 2. 1. 24 所示。

表 2. 1. 24　变量储运单元代码结构

主代码			附加代码	
变量储运单元包装指示符	厂商识别代码与商品代码 12 位	校验字符	商品数量	校验字符
V	$X_{12}X_{11}X_{10}X_9X_8X_7X_6X_5X_4X_3X_2X_1$	C_1	$Q_1Q_2Q_3Q_4Q_5$	C_2

（三）贸易单元128条码

贸易单元128条码（EAN/UCC－128码）于1981年推出，简称128码，是一种长度可变、连续性的字母数字条码。与其他一维条码比较起来，128码是较为复杂的条码系统，而其所能支援的字符也相对地比其他一维条码多，又有不同的编码方式可供交互运用，因此其应用弹性也较大。

贸易单元128条码大致由起始码、资料码、终止码、检查码等四部分构成，其中检查码是可有可无的。这种条码特点如表2.1.25所示。

表2.1.25　贸易单元128条码的特点

序号	特点
1	自动输入信息，节省信息传递及输入的成本
2	保证信息传输的正确性和及时性
3	生产、配送、零售等各环节都能掌握商品动态
4	允许双向扫描处理

目前我国推行的128码是EAN－128码，EAN－128码根据EAN/UCC－128码的定义标准将资料转变成条码符号，具有完整性、紧密性、连接性及可靠度都高的特性。辨识范围涵盖生产过程中一些带有补充性质且易变动的信息，如生产日期、批号、计量数量等。可应用于托盘标签、携带式资料库、连续性资料段、流通配送标签等。应用该条码，能够促使变动性产品信息的条码化，普及国际流通的共通协议标准，加强产品运送品质管理，更有效地控制生产及配销，提供更安全可靠的供给。

贸易单元128条码的结构含义如表2.1.26所示。

表2.1.26　贸易单元128条码的结构含义

代号	条码内容	码长度	说明
A	应用识别码	—	00后的18位固定数字为运送容器序号
B	包装性能指示码	1	0：厂商自行分配；1：纸箱；2：托盘；3：没有规定；4：内部使用；5：供应商与顾客双方定义
C	前缀码与企业代码	7	代表EAN码的前缀码与企业代码
D	自行编定序号	9	由企业指定的，表示货品连续的顺序编码
E	校验码	1	校验码
F	应用识别码	—	420代表其后的资料内容为配送邮政码
G	配送邮政码	—	代表配送邮政码

比如，在图2.1.28所示的贸易单元128条码中，（00）为应用识别码，代表运送容器序号；0为包装性能指示码，由厂商自行分配；6901234为前缀码与企业代码，由

中国物品编码中心分配；000000000 为自行编定序号，由厂商自行分配；9 为校验码。

(00)069012340000000009

图 2.1.28　贸易单元 128 条码图例

为识别所携带信息的意义，需要用不同的应用标识码进行识别，如图 2.1.29 所示。

图 2.1.29　系列货运包装箱代码结构

四、条码的粘贴

（一）条码符号尺寸与等级要求

储运包装商品选择 EAN/UPC 条码标识，需要遵循《商品条码　零售商品编码与条码表示》（GB 12904—2008）对条码符号尺寸的要求，模块尺寸范围为 0.495 ~ 0.66mm，对应总长为55.94～75.48mm；符号高度为31.97～46.62mm。

储运包装商品选择ITF－14条码符号标识，模块宽度范围为0.495～1.016mm；条高大于或等于32mm；当符号尺寸小于0.635mm时，符号等级大于或等于1.5/10/670；当模块尺寸大于或等于0.635mm时，符号等级大于或等于0.5/20/670。

储运包装商品选择EAN/UCC－128条码符号标识，模块宽度范围为0.495～1.016mm，条高大于或等于32mm。符号等级大于或等于1.5/10/679。

（二）条码符号的粘贴位置

储运包装商品条码符号的粘贴位置要求参见《商品条码　条码符号放置指南》（GB/T 14257—2009）。储运包装商品在粘贴条码时可以把表示同一商品代码的条码符号放置在储运包装商品箱式外包装的所有四个直立面上；也可以放置在相邻两个直立面上，如果仅仅能放置一个条码符号，则应根据配送、批发、存储等的约束条件和需求选择放置面，以保证在存储、配送及批发中条码符号便于识读。具体要求如表2.1.27所示。

中华人民共和国国家标准《商品条码　条码符号放置指南》（GB/T 14257—2009）规定，条码符号位置的选择应以符号位置相对统一、符号不变形且便于识读、便于扫描操作为准则。首选包装背面的右侧下半区域内，也可选择包装另一个适合面的右侧下半区域。

表2.1.27　　储运包装商品条码的放置说明

序号	分类	说明
1	高度在50mm以上的包装盒或包装箱	对于高度在50mm以上的包装盒或包装箱，条码符号应横向放置，使条码符号的条垂直于所在直立面的下边缘。条码符号下边缘到所在直立面下边缘的距离不小于32mm，推荐值为32mm；条码符号到包装垂直边的距离不小于19mm。 如果商品包装上已经放置了表示商品代码的条码符号，还需要放置表示商品附加信息（如贸易量、批号、保质期等）的附加条码符号时，放置的附加条码符号不应遮挡已有的条码符号；附加条码符号的首选位置在已有条码符号的右侧，并与已有的条码符号保持一致的水平位置。应保证已有的条码符号和附加条码符号都有足够的空白区。 如果标识商品代码的条码符号和附加条码符号的数据内容都能用EAN/UCC－128码来标识，则宜把两部分数据内容连接起来，做成一个条码符号

续 表

序号	分类	说明
2	高度小于50mm、大于或等于32mm的包装盒或包装箱	当包装盒或包装箱的高度小于50mm，但大于或等于32mm时，供人识别字符可以放置在条码符号的左侧，并保证符号有足够宽的空白区。条码符号（包括空白区）到包装单元直立边的间距应不小于19mm。有时在包装单元上使用主符号和附加符号两个条码符号。如果必须把条码符号下面的供人识别字符移动位置，则主符号的供人识别字符应放在主符号的左侧；附加符号的供人识别字符应放在附加符号的右侧
3	高度小于32mm的包装盒或包装箱	当包装盒或包装箱的高度小于32mm时，可以把条码符号放在包装的顶部，并使符号的条垂直于包装顶部面的短边。条码符号到邻近边的间距应不小于19mm

条码符号位置具体有如下几种情况。

（1）有曲面的商品。在有曲面的商品上，条码符号的条应与曲面的母线垂直，如图2.1.30所示。

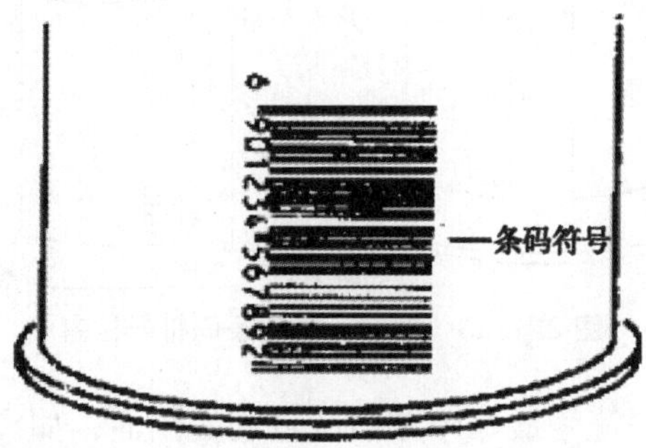

图2.1.30 条码符号的条与曲面的母线垂直

条码印刷方向平行，且平行于母线时，条码符号表面曲度θ不可超过30°，如图2.1.31所示。若包装直径太小，条码符号应转90°，如图2.1.30所示。

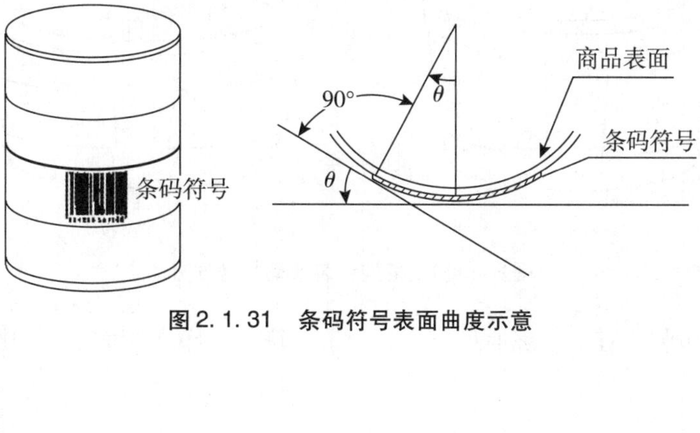

图2.1.31 条码符号表面曲度示意

曲面上条码符号的放大系数与曲面直径有关。

（2）箱型包装。条码符号最好印在箱底，尽量避免印在正中央，如图2.1.32所示。长方形包装，条码符号最好印在右侧下半区域。

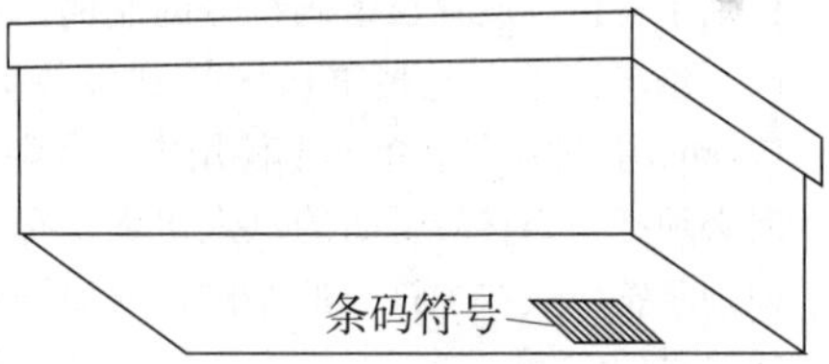

图2.1.32 箱型包装条码符号位置

（3）罐装、瓶装。条码符号最好印在标纸上的一侧下方，如图2.1.33所示。

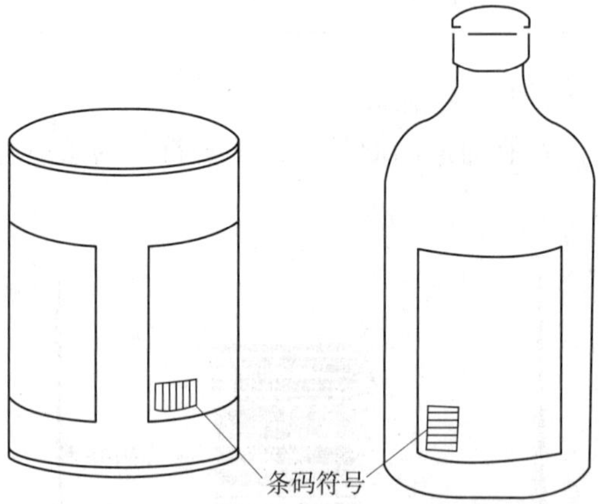

图2.1.33 罐装、瓶装条码符号位置

（4）桶型包装。条码符号最好印在桶型包装的侧面，如图2.1.34（a）所示。侧面无法印刷时，条码符号可印在桶型包装的盖子上，但盖子深度不可超过12mm，如图2.1.34（b）所示。如果内装易泄漏的液体，条码符号不可印在盖子上。

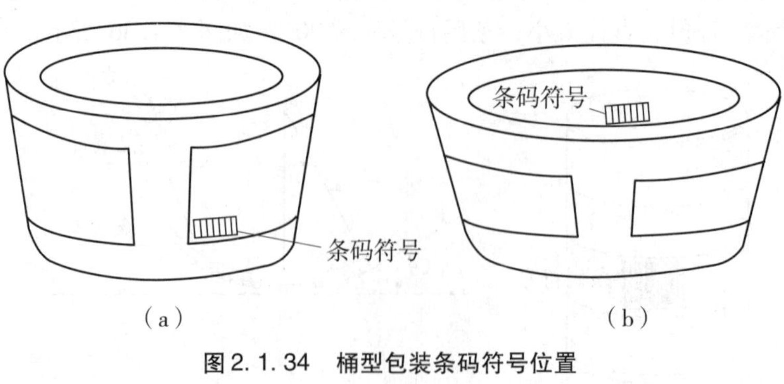

图2.1.34 桶型包装条码符号位置

（5）袋型包装。有底且底面足够大时，条码符号应印在底面上，如图2.1.35（a）

所示，否则可印在背面下方的中央。

体积大的袋型包装，条码符号印在背面右侧下方，但应避免印在过底的位置，以防条码符号扭曲，如图 2. 1. 35（b）所示。

没有底的小塑料袋或纸袋，条码符号印在背面下方的中央。如背面中央有接缝，则应印在右下方，或印在填充后不起皱折、不变形处，如图 2. 1. 35（c）所示。

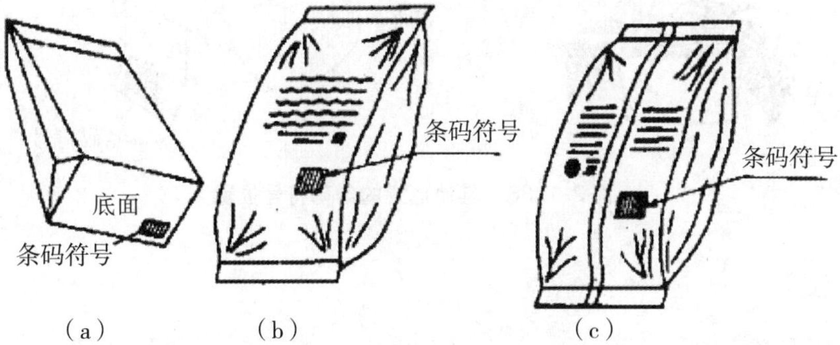

图 2. 1. 35　袋型包装条码符号位置

（6）吸塑包装。条码符号最好印在纸板正面，且凸出的包装距纸板的高度不得超过 12mm，如图 2. 1. 36 所示。

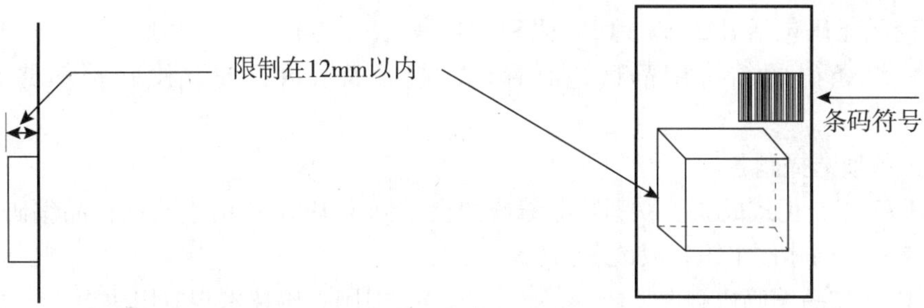

图 2. 1. 36　吸塑包装条码符号位置（1）

凸出的包装距纸板的高度大于 12mm 时，条码符号应放在离凸出的包装尽量远处，如图 2. 1. 37 所示。

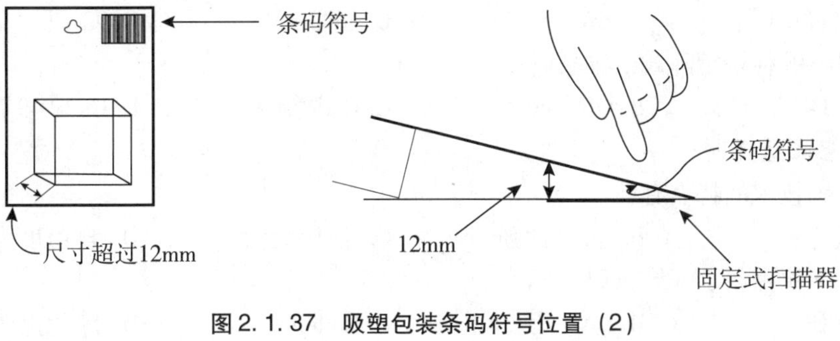

图 2. 1. 37　吸塑包装条码符号位置（2）

（7）其他形式。有些商品的条码符号可印在挂牌上，如图 2. 1. 38 所示。

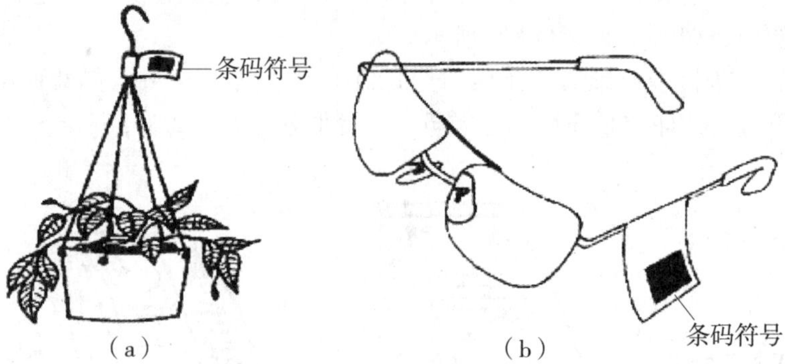

图 2. 1. 38　其他形式的条码符号位置

【同步测试】

一、判断题

1. 条码是由一组规则排列的条、空及其对应字符组成的标记，用以表示一定的信息。（　　）

2. 物流条码包括 128 码、ITF 码、39 码、库德巴码等。（　　）

3. 一维条码按照应用可分为商品条码和物流条码。（　　）

4. 商品条码包括 EAN 码、UPC 码和 ITF 码。（　　）

5. 一维条码的结构由静区、前置码、起始符、数据符、校验符和终止符组成。（　　）

二、单项选择题

1. 1977 年，正式成立了欧洲物品编码协会，到了 1981 年由于欧洲物品编码协会已经发展成一个国际性组织，故改名为（　　）

A. 国际物品编码协会　　B. 中国条码技术与应用协会

C. 国际自动识别协会　　D. 中国物品编码中心

2. 中国物品编码中心于（　　）年 4 月启动了“中国条码推进工程”。

A. 2000　　B. 2002　　C. 2003　　D. 2005

3. 以下具有自校验功能的条码是（　　）。

A. 交插 25 码　　B. EAN 码　　C. UPC 码　　D. 93 码

4. 以下哪种是矩阵式二维条码？（　　）

A. PDF417　　B. QR Code　　C. Code 16K　　D. Code 49

三、多项选择题

1. 条码技术的特点有（　　）。

A. 简单　　B. 可靠性强　　C. 使用灵活　　D. 自由度大

2. 以下哪种属于一维条码？（　　）

A. 39 码　　B. EAN 码　　C. Code 49　　D. 库德巴码

3. 以下哪种属于二维条码？（　　）

A. PDF417　　B. QR Code　　C. Code 49　　D. 库德巴码

4. 条码印刷的条、空颜色搭配中，以下哪种可采用？（　　）

A. 绿色/白色　　B. 红色/白色　　C. 蓝色/黄色　　D. 红色/蓝色

5. 常用条码识读设备有（　　）。

A. 台式条码自动扫描器　　B. 手持式条码扫描器

C. 卡式条码阅读器　　D. 便携式条码阅读器

四、简答题

1. 什么是条码？
2. 二维条码的应用范围有哪些？
3. 列表说明一维条码与二维条码的区别。

【技能训练】 商品条码的编制

实训目标：

1. 掌握一维条码、二维条码的类型及制作方法。
2. 能根据企业情况设计条码。
3. 能编制一维条码、二维条码。

环境要求：计算机、条码制作软件、无线局域网。

情境描述一：某企业生产男装，为了能快速进入市场，决定向有关部门申请商品条码，请查阅资料绘制商品条码的申请流程图。该男装生产企业向中国物品编码中心申请获得的企业代码为69586172，表 2.1.28 是该企业的服装信息，请为涉及的商品编制条码。

表 2.1.28　　服装信息

商品条码	名称	面料	规格
6958617200006	品牌男西服	B2163A	58B
6958617200013	品牌男西服	B2163C	56B
	品牌男西裤	W2158A	33/44
	品牌男西裤	W2155A	33/46
	品牌男西裤	W2146A	33/45

情境描述二：按照要求制作如下二维条码。

（1）制作 QR Code，内容含以下寄件人和收件人信息。

寄件人：张华，上海飞云科技有限公司，上海市淞虹路××号，电话 1362545××××。

收件人：李明，武汉市光明数码科技有限公司，湖北省武汉市洪山区珞喻路××号，电话 1897115××××。

（2）制作 PDF 417，内容为个人名片。

（3）制作 QR Code，内容为本校网址。

（4）制作 Code 39，要求打印内容为 HGL7ZI03016－3A1，最后一位 1 为系统自动生成的校验码。

（5）利用网络资源选一件你喜欢的商品制作其二维码网址进行宣传。

【任务考核】小型企业电器产品条码设计和使用

情境描述：武汉某笔记本电脑企业经过 20 年的发展，其产品类型已经达到 70 多种，可满足不同年龄段、不同职业、不同收入水平以及不同性别人群的需求。随着公司规模的不断扩大以及客户个性化需求的不断挑战，公司领导意识到其产品类型在不断研发、升级换代和个性定制过程中还会大幅增加，因此，为其产品家族系统性地设计一套编码方案，对于提升产品管理水平和减少管理混乱具有重要意义。其产品类型如下所述。

按照价格分，有满足主流消费者需求的、价格为 3000～5000 元的产品，称为灵悦系列；有价格为 5000～8000 元的、满足对电脑性能有一定要求的消费者需求的中高端产品，称为灵动系列；有价格为 8000～15000 元的、满足对电脑性能有特殊要求的消费者需求的超高配置产品，称为灵锐系列。灵悦系列和灵动系列又分为游戏本和上网本两种不同型号，灵锐系列又分为商业版和专业版两种不同型号。不同型号在外形和功能侧重点上有很大差异，根据外形尺寸不同，上网本分为 13 寸和 14 寸两种，其他型号分为 15 寸、16 寸和 17 寸三种类型。灵悦系列和灵动系列每种尺寸根据颜色的不同又分为红色和白色两种类型；灵锐系列统一为黑色，但每种尺寸根据配置组合不同又分为 Latitude（自由）、Precision（精确）和 Vostro（成就）三种机型。

任务描述：

1. 提炼上述情境中的关键词并标出不理解的词语。

2. 如果该企业申请的企业代码为 6903423，请为其公司的所有新产品设计并制作条码。

任务考核评价

以学生个人为单位实行考核。

	计算校验码			设计条码			制作条码			得分（分）
	自评分	同学评分	教师评分	自评分	同学评分	教师评分	自评分	同学评分	教师评分	
学生 1										
学生 2										
学生 3										
学生 4										
学生 5										

说明：

1. 每个人的总分为 100 分。

2. 计算校验码 20 分，设计条码 40 分，制作条码 40 分，每项可根据实施情况按照优、良、中、差各占 1/4 分值来评价。

3. 采用分层打分制，建议权重为：自评分占 0.2，同学评分占 0.3，教师评分占 0.5，然后加权算出每位同学在本任务的综合成绩。

任务二　RFID 的识读应用

教学目标

【知识目标】

◆ 了解 RFID（射频识别）的概念和特点；

◆ 掌握 RFID 系统的组成及其工作流程。

【技能目标】

◆ 掌握 RFID 标签的识读；

◆ 掌握 RFID 技术在物流领域的应用。

【素质及思政目标】

◆ 具有诚信的商务意识；

◆ 树立终身学习、开放学习、与时俱进的学习意识；

◆ 能正确处理科技发展与道德的关系。

开篇语　RFID 技术是一种非接触式的自动识别技术，它通过射频信号自动识别目标对象并获取相关数据，识别过程无须人工干预，可在各种恶劣环境下工作，因此，RFID 技术已经在各个领域得到广泛应用。在物流领域，RFID 技术的应用可大大降低流通成本与管理费用，为现代物流业的发展带来革命性的变化。

【任务导入】

工作任务单

对 RFID 标签（又称射频标签、电子标签、射频卡，也简称 RFID 卡）进行数据读写保存，操作应包括如下工作环节。

1. 应用普通 RFID 应用软件在指定 RFID 标签的“读写块”中写入、识读、更改或保存信息“0001”。

2. 运用学生食堂 RFID 应用软件对食堂卡进行识读、增值、减值。

任务资讯

一、RFID技术概述

（一）RFID的概念

射频识别（Radio Frequency Identification，RFID）是指在频谱的射频部分，利用电磁耦合或感应耦合，通过各种调式和编码方案，与射频标签交互通信唯一读取射频标签身份的技术，于20世纪90年代开始兴起。与其他自动识别系统一样，射频识别系统也是由信息载体和信息获取装置组成的。

射频（Radio Frequency，RF）技术的基本原理是电磁感应，利用无线电波对记录媒体进行读写。射频系统的优点是不局限于视线，识别距离比光学系统远，RFID标签具有可读写、可携带大量数据、难以伪造和有智能等特点。获取信息的装置称为射频读写器（简称读写器，在部分系统中也称为问询器、收发器等）。射频标签与射频读写器之间利用电磁感应、无线电波或微波能量进行非接触双向通信，实现数据交换，从而达到识别的目的。

射频识别系统的工作过程是这样的：读写器在一个区域发射能量形成电磁场，射频标签经过这个区域时检测到读写器的信号后发送储存的数据，读写器接收射频标签发送的信号，解码并校验数据的准确性以达到识别的目的。

射频识别系统的传送距离由许多因素决定，如传送频率、天线设计等，射频识别的距离可达几十厘米至几米，且可以输入数千字节的信息，同时，还具有极高的保密性。

射频识别技术是以无线通信技术和存储器技术为核心，伴随着半导体、大规模集成电路技术的发展而逐步形成的，其应用过程涉及无线通信协议、发射功率、占用频率等多方因素，目前尚未形成在开放系统中应用的统一标准，因此射频识别技术主要应用在一些闭环应用系统中。

课程思政

随着阿里巴巴创始人马云“新零售”概念的提出，“无人超市”成为“无人驾驶”“共享单车”之后的又一个热议浪潮。罗森、阿里巴巴等诸多企业也宣布将开启“无人超市”项目，这种新业态悄然落地。

“无人超市”即买即走的极致体验背后，引入的是以RFID技术为基础的设备。使用方法是将电子标签贴在商品上，商品只要进入装有读写器的区域时就能被感应识别，可以瞬间同步完成所有的商品累计计算，电子标签结合自动收银台中的读写系统，帮助消费者完成支付。

随着“无人超市”的落地，超市收银员的岗位需求量将急剧减少。现实告诉我们，社会不断进步，我们的职业人生会经历多次的角色转变，因此，想要让自己不被社会所淘汰，就要树立终身学习意识，提高职业生涯规划能力。

（二）RFID 的发展（按 10 年期划分）

1941—1950 年，雷达的改进和应用催生了射频识别技术，1948 年哈里·斯托克曼发表的“利用反射功率的通信”奠定了射频识别技术的理论基础。

1951—1960 年，早期射频识别技术的探索阶段，主要在实验室实验研究。

1961—1970 年，射频识别技术的理论得到了发展，开始了一些应用尝试。

1971—1980 年，射频识别技术与产品研发处于大发展时期，各种射频识别技术测试得到加速。出现了一些最早的射频识别应用。

1981—1990 年，射频识别技术及产品进入商业应用阶段，各种规模应用开始出现。

1991—2000 年，射频识别技术标准化问题日趋得到重视，射频识别产品得到广泛采用，射频识别产品逐渐成为人们生活中的一部分。

2001 年后，射频识别产品种类更加丰富，有源电子标签、无源电子标签及半无源电子标签均得到发展，电子标签成本不断降低。

2004 年 1 月，中国成立电子标签国家标准工作组，负责起草、制定中国有关电子标签的多项国家标准。

2004 年 4 月底，全球产品电子代码中国管理中心成立，标志着中国开始正式步入产品电子代码（Electronic Product Code，EPC）领域。

同时，日本的 RFID 标准化组织与北京实华开电子商务有限公司合作成立了泛在识别中国中心，国际两大 RFID 标准化组织在中国的战略布局都已经完成。

国际标准化组织（International Organization for Standardization，ISO）也在制定有关 RFID 技术的相关标准，如 ISO/IEC 14443、ISO/IEC 15693 等标准正在受到越来越多的关注和认可。

随着技术的不断进步，RFID 产品的种类将越来越丰富，应用也将越来越广泛。

二、RFID 的系统组成

射频识别系统在具体的应用过程中，根据不同的应用目的和应用环境，系统的组成会有所不同，但从射频识别系统的工作原理来看，系统一般都由信号发射机（即电子标签）、信号接收机（读写器）、天线等三部分组成。如图 2. 2. 1 所示。（计算机主机作为各类系统均有的组成部分此处不再赘述）

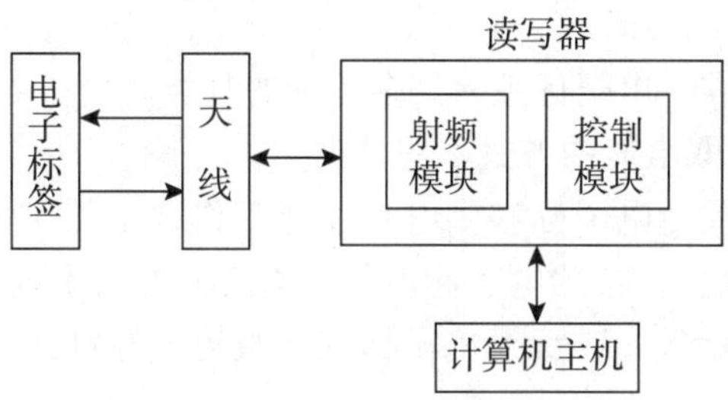

图 2. 2. 1 射频识别系统的组成部分

以上三个主要组成部分中，电子标签主要存储产品编码或其他信息，附着在目标对象上；读写器是能够读取信息或向电子标签写入信息的设备，可设计为手持式或固定式；天线能够在电子标签和读写器间传递射频信号。其工作过程如图 2. 2. 2 所示。

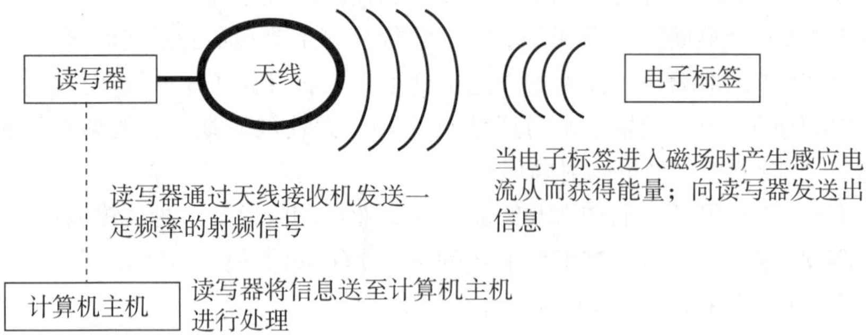

图 2. 2. 2　射频识别系统的工作过程

（一）信号发射机

在射频识别系统中，信号发射机为了不同的应用目的，会以不同的形式存在，典型的形式是电子标签。电子标签相当于条码技术中的条码符号，用来存储需要识别传输的信息。另外，与条码不同的是，电子标签必须能够自动或在外力的作用下，把存储的信息主动发射出去。电子标签一般由微型芯片、标签天线、连接部分及标签基板四部分构成。如图 2. 2. 3 所示。

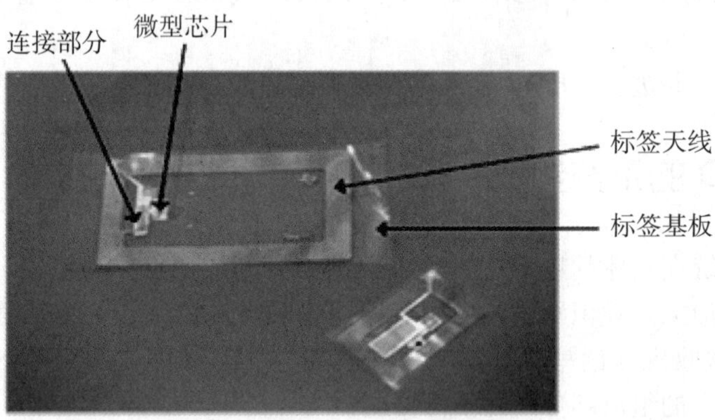

图 2. 2. 3　电子标签的组成

按照不同的分类标准，电子标签有许多不同的分类。

1. 按照电子标签获取电能的方式不同分类

在实际应用中，必须给电子标签供电它才能工作，虽然它的电能消耗非常低（一般是百万分之一毫瓦级别）。按照电子标签获取电能的方式不同，可以把电子标签分成有源电子标签（主动式标签）与无源电子标签（被动式标签）。如表 2. 2. 1 所示。

表 2.2.1　　按照电子标签获取电能的方式不同分类

类别	性能	特点
有源电子标签（主动式标签）	有源电子标签内部自带电池进行供电，它的电能充足，工作可靠性高，信号传送的距离远	有源电子标签可以通过设计电池的不同寿命对标签的使用时间或使用次数进行限制，它可以用在需要限制数据传输量或者使用数据有限制的地方，比如，一年内标签只允许读写有限次。有源电子标签的缺点主要是标签的使用寿命受到限制，而且随着标签内电池电力的消耗，数据传输的距离会越来越小，影响系统的正常工作
无源电子标签（被动式标签）	无源电子标签内部不带电池，要靠外界提供能量才能正常工作。无源电子标签典型的产生电能的装置是天线与线圈，当标签进入系统的工作区域时，天线接收到特定的电磁波，线圈就会产生感应电流，再经过整流电路给标签供电	无源电子标签具有永久的使用期，常常用在标签信息需要每天读写或频繁读写多次的地方，而且无源电子标签支持长时间的数据传输和永久性的数据存储。无源电子标签的缺点主要是数据传输的距离要比有源电子标签短。因为无源电子标签依靠外部的电磁感应供电，它的电能比较弱，数据传输的距离和信号强度受到限制，需要敏感性比较高的信号接收机（读写器）才能可靠识读

2. 按照内部使用存储器类型的不同分类

按照内部使用存储器类型的不同，电子标签可以分成只读标签与可读可写标签。

只读标签内部只有只读存储器（Read - Only Memory，ROM）和随机存储器（Random Access Memory，RAM）。ROM 用于存储操作系统说明和安全性要求较高的数据，它与内部的处理器或逻辑处理单元完成内部的操作控制功能，如响应延迟时间控制，数据流控制，电源开关控制等。另外，只读标签的 ROM 中还存储有标签的标识信息。这些信息可以在标签制造过程中由制造商写入 ROM 中，也可以在标签开始使用时由使用者根据特定的应用目的写入。这种信息可以只简单地代表二进制中的“0”或者“1”，也可以像二维条码那样，包含复杂和相当丰富的信息。但这种信息只能是一次写入，多次读出。只读标签中的 RAM 用于存储标签反应和数据传输过程中临时产生的数据。另外，只读标签中除了 ROM 和 RAM 外，一般还有缓冲存储器，用于暂时存储调制后等待天线发送的信息。

可读可写标签内部的存储器除了 ROM、RAM 和缓冲存储器之外，还有非活动可编程记忆存储器。这种存储器除了具有存储数据功能外，还具有在适当的条件下多次写入数据的功能。非活动可编程记忆存储器有许多种，电可擦除可编程只读存储器（Electrically Erasable Programmable Read - Only Memory，EEPROM）是比较常见的一种，这种存储器在加电的情况下，可以实现对原有数据的擦除或数据的重新写入。

3. **按照标签中存储器数据存储能力的不同分类**

按照标签中存储器数据存储能力的不同，可以把标签分成仅用于标识目的的标识标签与便携式数据文件两种。

对于标识标签来说，一个数字或者多个数字、字母组成的字符串存储在标签中，目的是识别或者是成为进入信息管理系统中数据库的钥匙。条码技术中标准码制的号码，如EAN码、UPC码，或者混合编码，或者标签使用者按照特别的方法编制的号码，都可以存储在标识标签中。标识标签中存储的只是标识号码，用于对特定的标识项目，如人、物、地点进行标识，关于被标识项目的详细的特定的信息，只能在与系统相连接的数据库中进行查找。

顾名思义，便携式数据文件就是说标签中存储的数据非常大，足可以看作一个数据文件。这种标签一般都是用户可编程的，标签中除了存储标识码外，还存储有大量的被标识项目的其他相关信息，如包装说明、工艺过程说明等。在实际应用中，关于被标识项目的所有信息都是存储在标签中的，读标签就可以得到关于被标识项目的所有信息，而不用再连接到数据库进行信息读取。另外，随着标签存储能力的提高，可以提高组织数据的能力，在读标签的过程中，可以根据特定的应用目的控制数据的读出，实现在不同的情况下读出的数据不同。

不同射频标签的外形如图2.2.4所示。

图2.2.4　不同射频标签的外形

射频标签内存组织形式如图2.2.5所示。

（二）信号接收机

在射频识别系统中，信号接收机一般叫作读写器、阅读器。根据支持的标签类型不同与完成的功能不同，阅读器的复杂程度是显著不同的。阅读器基本的功能就是提供与标签进行数据传输的途径。另外，阅读器还提供相当复杂的信号状态控制、奇偶

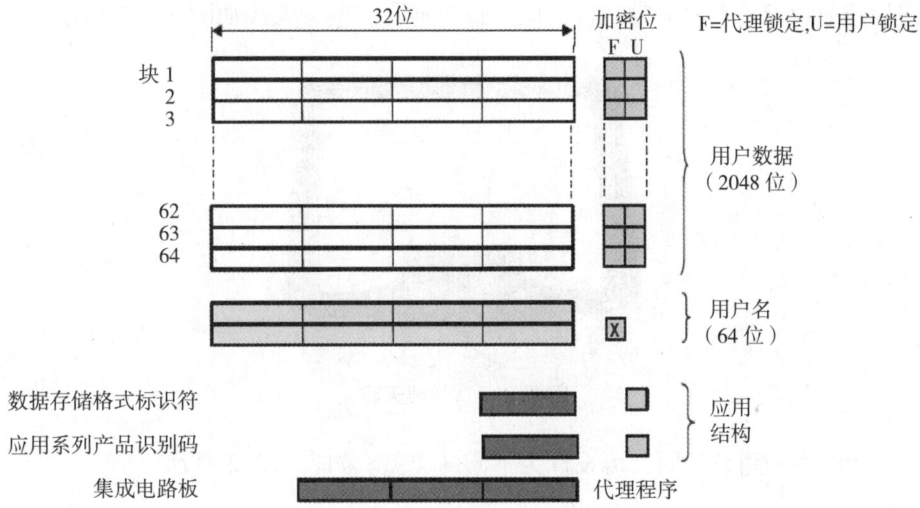

图 2.2.5　射频标签内存组织形式

错误校验与更正功能等。标签中除了存储需要传输的信息外，还必须含有一定的附加信息，如错误校验信息等。识别数据信息和附加信息按照一定的结构编制在一起，并按照特定的顺序被向外发送。阅读器通过接收到的附加信息来控制数据流的发送。一旦到达阅读器的信息被正确接收和译解后，阅读器通过特定的算法决定是否需要信息发射机重发一次信号，或者指导信号发射机停止发信号，这就是“命令响应协议”。使用这种协议，即便在很短的时间、很小的空间阅读多个标签，也可以有效地防止“欺骗问题”的产生。

信号接收机如图 2.2.6 所示。

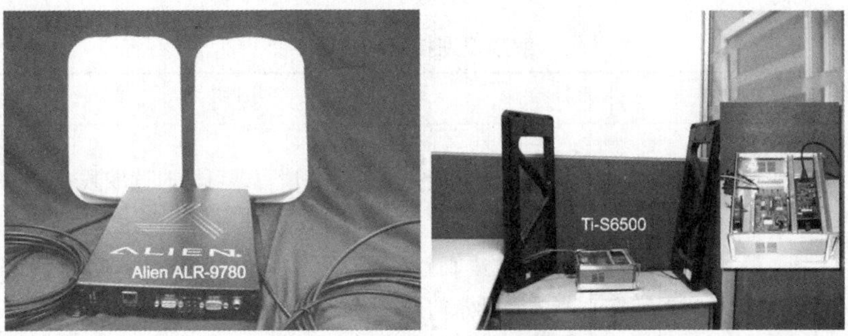

图 2.2.6　信号接收机

（三）天线

天线（射频天线）是电子标签与阅读器之间传输数据的发射、接收装置。在实际应用中，除了系统功率，天线的形状和相对位置也会影响数据的发射和接收，需要专业人员对系统的天线进行设计、安装。

读写器通过天线发射射频脉冲与电子标签通信。射频天线如图 2. 2. 7 所示。

图 2. 2. 7　射频天线

射频天线由于用途不同，可设计为不同的类型。如表 2. 2. 2 所示。

表 2. 2. 2　射频天线的类型

序号	用途类型	感应特点
1	人行通道式	卡片面与天线成 90°切割经过，感应距离为 120cm
2	物流通道式	卡片面与天线成 180°平行通过，感应距离最远为 180cm
3	单个天线	单个天线的感应距离最远为 80cm

三、RFID 的技术特点

射频识别技术与条码技术相比，有如表 2. 2. 3 所示的几方面的优势。

表 2. 2. 3　射频识别技术的优势

序号	优势	说明
1	快速扫描	条码一次只能扫描一个；读写器可同时读取数个电子标签
2	体积小型化、形状多样化	RFID 在读取上不受尺寸大小与形状限制，不需为了读取精确度而配合纸张的固定尺寸和印刷品质。此外，电子标签还可往小型化与多样形态发展，以应用于不同产品
3	抗污染能力和耐久性强	传统条码的载体是纸张，因此容易受到污染，但电子标签对水、油和化学药品等物质具有很强的抵抗性。此外，由于条码附于塑料袋或外包装纸箱上，所以特别容易受到折损；电子标签是将数据存在芯片中的，因此可以免受污损

续 表

序号	优势	说明
4	可重复使用	条码印刷之后就无法更改，电子标签则可以重复地新增、修改、删除储存的数据，方便信息的更新
5	穿透性好	在被覆盖的情况下，RFID 能够穿透纸张、木材和塑料等非金属材质，并能够进行穿透性通信。而条码扫描机必须在近距离而且没有物体阻挡的情况下，才可以辨读条码
6	数据的容量大	一维条码的容量是 50 字符，二维条码最大的容量是 3000 字符，电子标签最大的容量则有数兆字节。随着记忆载体的发展，数据容量也有不断扩大的趋势。未来物品所需携带的资料量会越来越大，对扩充电子标签容量的需求也相应增加
7	安全性高	由于 RFID 承载的是电子式信息，其数据内容可由密码保护，使其内容不易被伪造及变造

近年来，RFID 因其所具备的远距离读取、高储存量等特性而备受瞩目。它不仅可以帮助一个企业大幅提高货物、信息管理的效率，还可以让销售企业和制造企业互联，从而更加准确地接收反馈信息，控制需求信息，优化整个供应链。

课程思政

RFID 防伪系统是酒业用得最多的防伪手段，许多名酒生产企业都采用了 RFID 防伪系统作为其品牌的保护伞。为何 RFID 防伪系统在酒业如此受欢迎，它是怎么防伪打假的？咱们一起了解剑南春酒的防伪原理：四川剑南春集团有限责任公司在每一个酒盒上都贴上了一张电子标签，这个新式而细巧的电子标签，与盒外的条码相对应，生成了具有唯一性的标识，让每瓶酒都有了“身份证”。只需把剑南春酒放在查询机前感应一下，酒的标准、出厂日期、生产线、物流途径等信息在几秒钟内就会显现出来，消费者能马上获取剑南春酒的真伪与质量信息。RFID 防伪系统充分利用了 RFID 编码仅有性、芯片不可复制性、电子数据加密性、辨认工具简单性、全流程监控性等技术，全程记录下每一瓶剑南春酒的生产、存储、流通、出售的每一个环节，实现“从生产线到餐桌”的全过程追溯，是现在为止最完善的酒类防伪系统。

在社会经济活动中，如果道德缺失、信用遭到破坏，就会导致市场秩序混乱，交易链条中断。因此，我们一定要在将来的职场中，将诚信视为最重要的职业道德操守。

条码技术与 RFID 技术的对比，如表 2.2.4 所示。

表2.2.4　条码技术与RFID技术的对比

比较内容	条码技术	RFID技术
输入12位数据速度	快，输入速度为0.3～2s，是键盘录入的20倍，每次能读取一个条码	很快，输入速度0.3～0.5s，每次能读取多个电子标签
准确性	较高	很高
抗污染性	弱	强
穿透性	弱	强
容量	相对较小	很大
安全性	较低	高，可加密
成本	低	较高

常见的自动识别技术性能对比如表2.2.5所示。

表2.2.5　常见的自动识别技术性能对比

类别	信息载体	信息量	读/写性	读取方式	保密性	抗干扰能力	寿命	成本
条码	纸、塑料薄膜	小	只读	CCD或激光束扫描	差	差	较短	最低
磁卡	磁性物质	一般	读/写	电磁转换	一般	较差	短	低
IC卡	EEPROM	大	读/写	电写入	很好	好	长	较高
RFID	EEPROM	大	读/写	无线通信	最好	很好	最长	较高

四、RFID的应用类型

根据RFID技术完成的功能不同，可以粗略地把RFID系统分成4种类型：电子商品防盗系统、便携式数据采集系统、物流控制系统和定位系统。

（一）EAS

电子商品防盗系统（Electronic Article Surveillance，EAS）是一种设置在需要控制物品出入门口的RFID技术。这种技术的典型应用场合是商店、图书馆、数据中心等地方，当未被授权的人从这些地方非法取走物品时，EAS会发出警告。

在应用EAS时，首先在物品上粘贴EAS标签，当物品被正常购买或者合法移出时，在结算处通过一定的装置使EAS标签失活，物品就可以取走。物品经过装有EAS的门口时，EAS装置能自动检测EAS标签的活动性，发现活动EAS标签就会发出警告。EAS技术的应用可以有效防止物品被盗。

应用EAS技术，物品不用再被锁在玻璃橱柜里，可以让顾客自由地观看、检查，这在自选日益流行的今天有着非常重要的现实意义。典型的EAS一般由3部分组成。如表2.2.6所示。

表 2.2.6　　典型的 EAS 一般组成部分

序号	组成部分
1	附着在物品上的 EAS 标签，即电子标签
2	EAS 标签失活装置，即阅读器
3	监视器由发射器和接发器组成

EAS 的工作原理是：在监视区，发射器以一定的频率向接收器发射信号。发射器与接收器一般安装在零售店、图书馆等的出入口，形成一定的监视空间。当具有特殊特征的标签进入该区域时，会对发射器发出的信号产生干扰，这种干扰信号也会被接收器接收，经过微处理器的分析判断，就会控制警报器的鸣响。根据发射器所发出的信号不同及标签对信号干扰原理不同，EAS 可以分成许多种类型。

（二）便携式数据采集系统

便携式数据采集系统使用带有 RFID 阅读器的手持式数据采集器采集 RFID 标签上的数据。这种系统具有比较大的灵活性，适用于不宜安装固定式 RFID 系统的应用环境。手持式数据采集器（数据输入终端）可以在读取数据的同时，通过无线数据通信实时地向主计算机系统传输数据，也可以暂时将数据存储在阅读器中，成批地向主计算机系统传输数据。

（三）物流控制系统

在物流控制系统中，RFID 阅读器分散布置在给定的区域，并且 RFID 阅读器直接与数据管理信息系统相连，信号发射器是移动的，一般安装在移动的物体上或配备在人身上。当物体、人流经过 RFID 阅读器时，阅读器会自动扫描 RFID 标签上的信息并把数据信息输入数据管理信息系统存储、分析、处理，达到控制物流的目的。

（四）定位系统

定位系统用于自动化加工系统中的定位，以及对车辆、轮船等进行定位支持。RFID 阅读器放置在移动的车辆、轮船上或者自动化流水线中移动的物料、半成品、成品上，信号发射器嵌入操作环境的地表下面。信号发射器上存储有位置识别信息，RFID 阅读器一般通过无线的方式（有的采用有线的方式）连接到主信息管理系统。

任务实施：RFID的读写与应用领域

一、RFID 的读写

（一）普通 RFID 应用软件运作

打开计算机，在桌面上找到 RFID 读写快捷键。如图 2.2.8 所示。

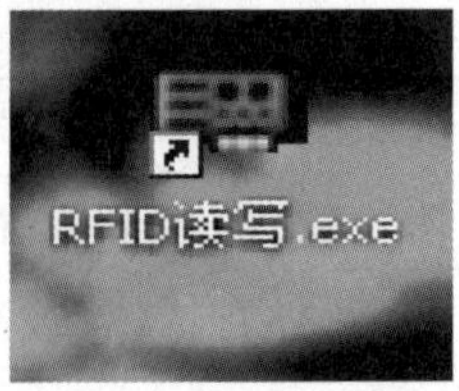

图2.2.8　RFID 读写快捷键

点击 RFID 读写快捷键，进入 RFID 读写文件夹。如图 2.2.9 所示。

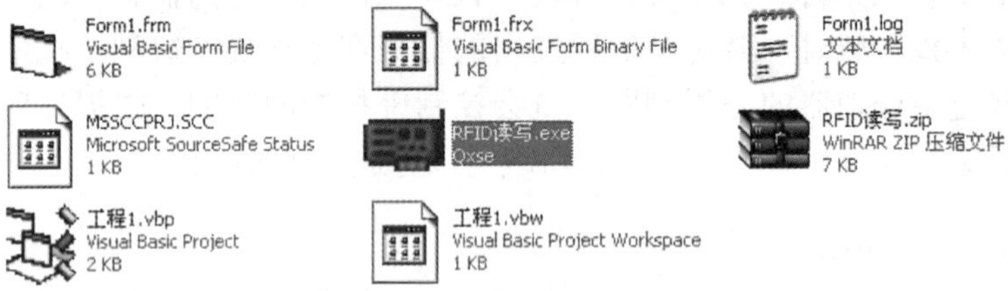

图2.2.9　RFID 读写文件夹

在文件夹中点击“RFID 读写 . exe”，进入界面如图 2.2.10 所示。

图2.2.10　RFID 读写操作界面（1）

将 RFID 标签置于读写器上，在计算机中的读写块“2”中写入信息“0001”。如图 2.2.11 所示。点击“写卡”。

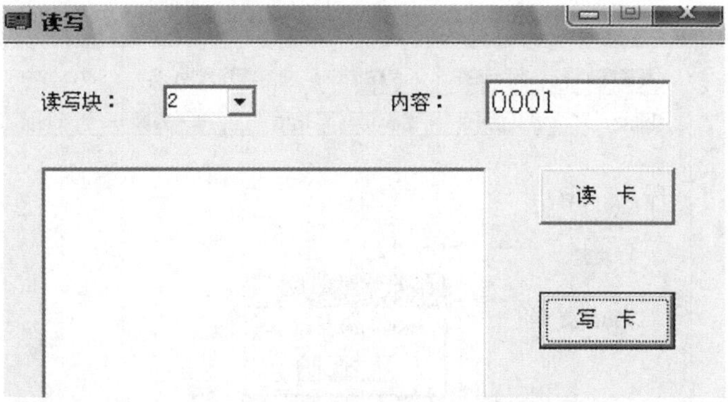

图 2. 2. 11　RFID 读写操作界面（2）

将 RFID 标签取出，再次置于读写器上，点击“读卡”，就会读出刚刚写入的信息。如图 2. 2. 12 所示。

图 2. 2. 12　RFID 读写操作界面（3）

再点击“清空”，读写块“2”中的信息已消失。如图 2. 2. 13 所示。

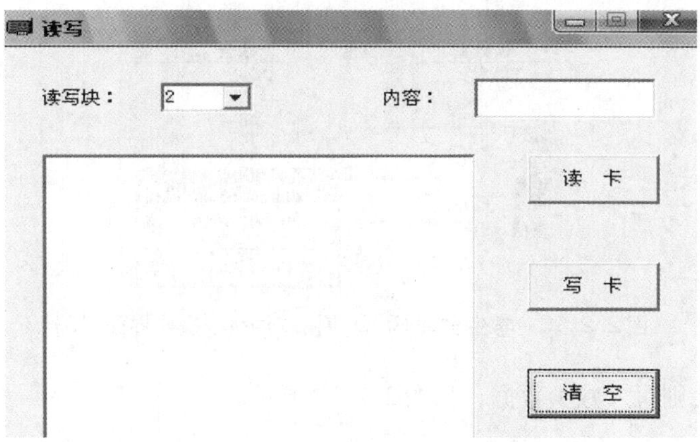

图 2. 2. 13　RFID 读写操作界面（4）

（二）学生食堂 RFID 应用软件运作

将食堂卡置于读写器（也称读卡器）上即会出现如图 2. 2. 14 所示的界面。

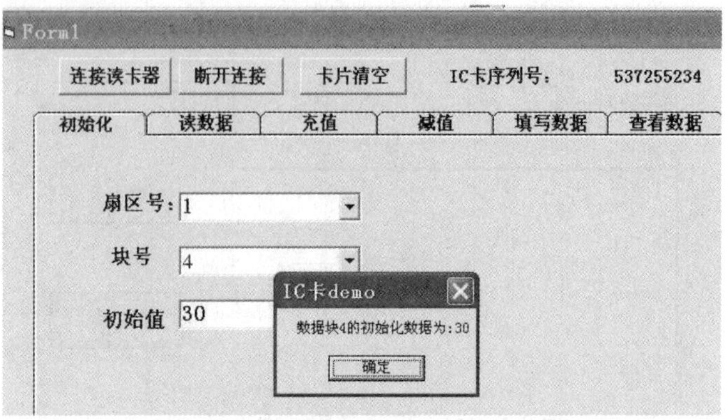

图 2. 2. 14　学生食堂 RFID 应用软件系统操作界面（1）

读写器自动读卡，界面如图 2. 2. 15 所示。

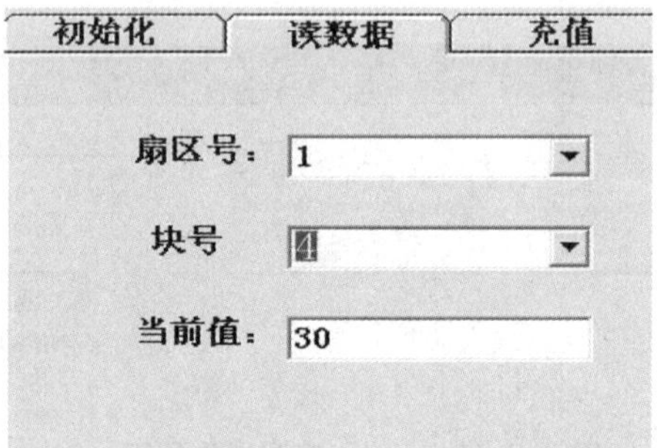

图 2. 2. 15　学生食堂 RFID 应用软件系统操作界面（2）

若要充值，则写入增加数据，如图 2. 2. 16 所示。

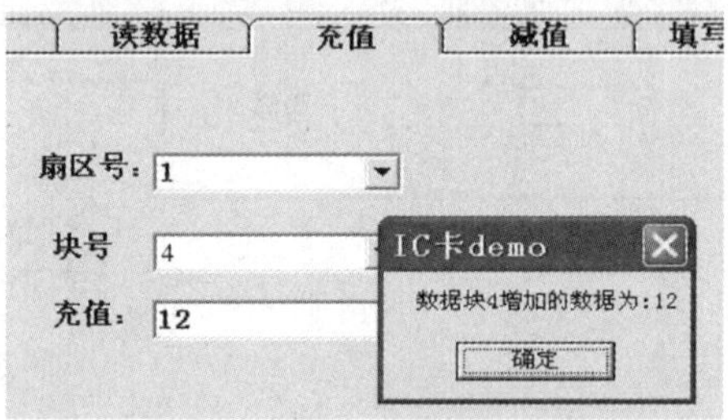

图 2. 2. 16　学生食堂 RFID 应用软件系统操作界面（3）

若要减值，则写入减少数据，如图 2. 2. 17 所示。

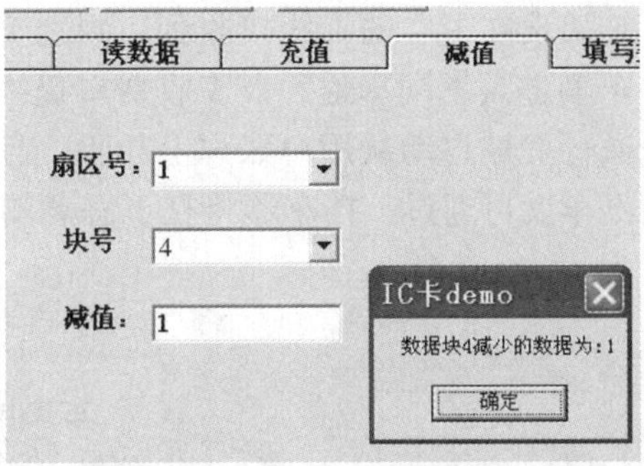

图2.2.17 学生食堂 RFID 应用软件系统操作界面（4）

二、RFID 技术的应用领域

RFID 技术在国外发展得很快，RFID 产品种类很多，如德州仪器、摩托罗拉、飞利浦等世界著名厂家都生产 RFID 产品，并且它们的产品各有特点，自成系列。RFID 技术被广泛应用于汽车、火车等交通监控；高速公路自动收费；RFID 卡收费；生产流水线自动化；安全出入检查；仓储管理；畜牧管理；车辆防盗；防伪；电子商品防盗系统；火车和货运集装箱的识别；运动计时。RFID 的应用仍在层出不穷，如澳大利亚将 RFID 产品用于其机场旅客行李管理中并发挥了出色的作用，欧盟宣布 1997 年开始生产的新车型必须具有基于 RFID 技术的防盗系统；瑞士国家铁路局在瑞士的全部旅客列车上安装 RFID 自动识别系统，调度员可以实时掌握火车运行情况，不仅利于管理，还大大减少发生事故的可能性；1996 年 1 月韩国在首尔的 600 辆公共汽车上安装 RFID 系统用于电子月票；德国汉莎航空公司试用非接触的电子标签作为飞机票，改变了传统的机票购销方式，简化了机场入关的手续；德国宝马公司将 RFID 系统应用在汽车生产流水线的生产过程控制中；摩托罗拉公司在超净车间里利用 RFID 系统来控制流水线的零件流向等。

（一）高速公路自动收费和汽车交通监控

高速公路自动收费是 RFID 技术最成功的应用之一。目前中国的高速公路发展非常快，地区经济发展的先决条件就是有便利的交通条件，而高速公路收费却存在一些，一是交通堵塞，收费站口许多车辆要停车排队，成为交通瓶颈；二是少数不法的收费员贪污路费，使国家损失了一定的财政收入。RFID 技术应用在高速公路自动收费上能够充分体现它非接触识别的优势，让车辆高速通过收费站的同时自动完成收费，又可以解决收费员贪污路费及交通拥堵的问题。

一般来说，由于公路收费系统不同、车辆的大小和形状不同，需要大约 4m 的读写距离和较快的读写速度，也就是要求系统的频率应该为 900MHz 和 2500MHz。电子标签一般在车的挡风玻璃后面。目前，较常用的方案是将多车道的收费口分成两类：自动收费口、人工收费口，天线架设在距收费口 50～100m 处道路的上方，当车辆经过天线时，车上的电子标签信息被架设在上空的天线接收到，判别车辆是否带有有效的电子标签，读写器指示灯指示车辆进入不同车道。人工收费口仍维持现有的操作方式，而进入自动收费口的车辆，通行费被自动从用户账户上扣除，且用指示灯及蜂鸣器告诉司机收费是否完成，不用停车就可通过，挡车器将拦下恶意闯入的车辆。如图 2.2.18 所示。

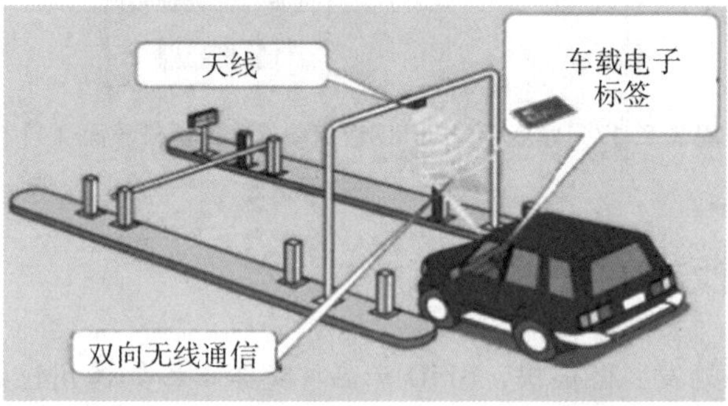

图 2.2.18　RFID 应用于高速公路自动收费

在城市交通方面，交通日趋拥挤，解决交通问题不能只依赖于修路、加强交通的指挥、控制、疏导，提高道路的利用率和深挖现有交通潜能也是非常重要的。而基于 RFID 技术的实时交通督导和最佳路线电子地图很快将成为现实。用 RFID 技术实时跟踪车辆，通过交通控制中心的网络在各个路段向司机报告交通状况，指挥车辆绕开堵塞路段，并用电子地图实时显示交通状况，能够使交通流向均匀，大大提高道路利用率。RFID 技术还可用于车辆特权控制，在信号灯处给警车、应急车辆、公共汽车等行驶特权；自动查处违章车辆，记录违章情况。另外，公共汽车站实时跟踪指示公共汽车到站时间及自动显示乘客信息，将带给乘客很大的方便。用 RFID 技术能使交通的指挥自动化、法制化，有助于改善交通状况。

（二）安全出入检查

门禁、安保系统均可应用 RFID 卡，一卡可以多用，比如用作工作证、出入证、停车卡、饭店住宿卡甚至旅游护照等，目的都是识别人员身份、安全管理、收费等。好处是简化出入手续、提高工作效率、安全保护。人员佩戴了 RFID 卡，并且出入口有一台读写器，人员出入时可实现自动识别身份，非法闯入会有报警。安全级别要求高的地方还可以结合其他的识别方式，如将指纹、掌纹或人脸特征存入 RFID 卡。1996 年夏季奥林匹克运动会的安全机构采用 RFID 卡结合生物测定学技术作为保安系统中的一种识别手段，运动员和官方人员随身携带含有自己手掌信息的 RFID 卡，当他们要进入某一安全区时，必须将其右手搁在扫描器上，只有该人手部的扫描信息与安全库中存有的某一三维图像匹配一致，并且同其本人所携带的卡片上信息一致方可进入该区域，由于卡和携卡人是唯一匹配的，所以只有卡主人才可使用自己的卡。而卡丢失、偷卡和借卡使用都构不成对安全的威胁。此外，还可以用 RFID 卡保护和跟踪财产。将

RFID 卡贴在物品上面如：计算机、传真机、文件、复印机或其他实验室用品上，该RFID 卡可以自动跟踪管理这些有价值的财产，可以跟踪一个物品从某一建筑离开，或是用报警的方式限制物品离开某地。结合 GPS（全球定位系统）利用 RFID 卡，还可以对货柜车、货舱等进行有效跟踪。

（三）RFID 卡收费

现金交易不方便也不安全，还容易出现税收的漏洞，国内外的交易大多利用各种卡来完成。目前的收费卡多为磁卡、IC 卡，而 RFID 卡也开始抢占市场，原因是在一些恶劣的环境中磁卡、IC 卡容易损坏，而 RFID 卡则不易磨损，也不易受静电及其他因素影响。同时 RFID 卡用起来很方便、快捷，甚至不用打开包，只需要在读写器前摇晃一下，就可完成收费。收费系统还可以同时识别几张卡，并行收费。比如会员制收费卡、职工就餐卡、商店收费卡、电话卡、储蓄卡等均可使用 RFID 卡。RFID 卡上有内存分区，不同区域有不同的安全级别，可以在各种应用中使用，互不干扰。未来的发展必然是将各种卡的应用统一到一张卡上，个人手持一张卡就可以各处使用。RFID 卡的应用如图 2. 2. 19、图 2. 2. 20 所示。

图 2. 2. 19　RFID 电子票证收费

图 2. 2. 20　RFID 超市会员卡智能导购

（四）生产流水线自动化

RFID技术可用在生产流水线上以实现自动控制、监视，提高生产率，改进生产方式、节约成本，下面通过两个例子说明在生产流水线上应用RFID技术的情况。

德国宝马汽车公司（以下简称宝马公司）在汽车装配流水线上应用RFID卡，以尽可能大量地生产用户定制的汽车。宝马公司的生产是基于用户提出的要求式样而进行的：用户可以从上万种内部和外部选项中选定自己所需车的颜色、引擎型号还有轮胎式样等，这样一来，汽车装配流水线上就得装配上百种式样的宝马汽车，如果没有一个高度组织的、精密的控制系统是很难完成这样复杂的任务的。宝马公司就在其汽车装配流水线上配备RFID系统，使用可重复利用的RFID卡，该RFID卡上带有详细的汽车生产的所有要求，在每个工作点都有读写器，这样可以保证汽车在各个流水线位置处都能毫不出错地完成装配任务。如图2.2.21所示。

图2.2.21　汽车装配流水线

摩托罗拉、意法半导体等集成电路制造商在竞争激烈的半导体工业中采用加入了射频识别技术的自动识别工序控制系统。半导体生产对于超净的特殊需要，使得RFID应用在此非常理想，而其他自动识别系统，如条码在如此苛刻的化学条件和超净要求下就不适用了。

晶片是集成电路生产的关键。一片8in（约20.3cm）的晶片可以制造出100～1000个芯片。假如每片芯片零售价为100美元，那么一片晶片上所包含的芯片价值至少就是10000美元。一个晶片容器可装25个晶片，4个晶片容器可同时被处理，那么一次误操作造成的损失就达1000000美元。显然，跟踪每个晶片容器并消除误操作是非常必要的。在一个超净车间里，通常有800处位点的晶片容器要从一处位点移动到下一处位点。有时，会因晶片进入了错误的晶片堆而造成损失。射频识别系统将核查晶片堆、设备、工序和操作人员，其中任何一项身份不符，设备将不能开始工作，同时向操作人员做出提示。

（五）仓储管理

将RFID系统用于智能仓库货物管理，可以有效解决仓库里与货物流动有关的信息管理问题，它不但可以增加一天内处理货物的件数还可以监看这些货物的一切信息，读写器和天线安装在货物所通过的仓库大门两侧，RFID 卡贴于每个货物上，所有信息都被存储在仓库的中心计算机里，每个货物的有关信息都能在计算机里查到。当货物被装走运往别地时，由另一读写器识别并告知中心计算机它被放在哪个拖车上。这样管理中心可以实时地了解到已经生产了多少货物和发送了多少货物，并可自动识别货物，确定货物的位置。应用 RFID 的智能仓库如图 2. 2. 22 所示，基于 RFID 的智能货架与智能超市如图 2. 2. 23 所示。

图 2. 2. 22　应用 RFID 的智能仓库

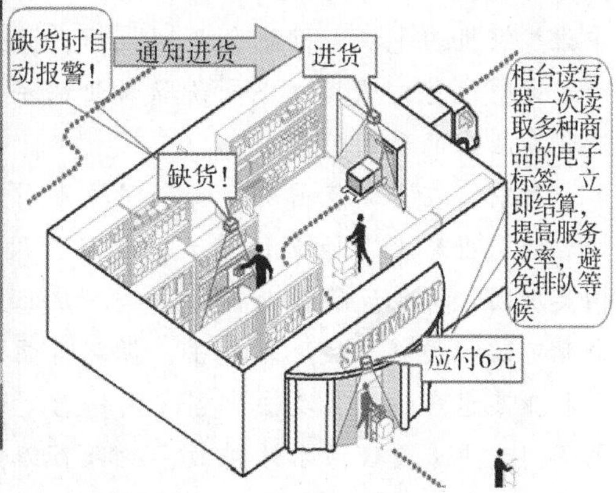

图 2. 2. 23　基于 RFID 的智能货架与智能超市

（六）车辆防盗

这是 RFID 较新的应用。由于已经开发了足够小的能够封装到汽车钥匙当中含有特定信息的 RFID 卡，当钥匙插入到点火器中时，装在汽车上的读写器能够辨别钥匙的身份。如果读写器接收不到 RFID 卡发送来的特定信息，汽车的引擎将不会发动。用这种电子验证的方法，汽车的中央计算机也能容易地防止短路点火。目前日本的丰田汽车与三菱汽车、美国的福特汽车和韩国的现代汽车等都在它们的欧洲车型中应用 RFID 卡防止在欧洲出售的汽车被盗。目前全世界已经有数百万辆汽车装有该防盗系统。另一种汽车防盗系统是司机自己带有 RFID 卡，其发射范围为 45 ~ 55cm。读写器安装在座椅的背部。当读写器读取到有效的 ID 号时，系统发出鸣叫，汽车引擎才能启动。该防盗系统还有另一强大功能，倘若司机离开汽车并且车门敞开、引擎也没有关闭的话，这时读写器就需要读取另一有效 ID 号，假如司机将该 RFID 卡带离汽车，读写器不能读到有效 ID 号，引擎会自动关闭同时会触发报警装置。同样这种 RFID 卡也可用于家庭和办公室的防盗。RFID 卡可应用于寻找丢失的汽车。在城市的各主要街道路线处埋设 RFID 的天线系统，只要车辆带有 RFID 卡，则在路过任何天线时，该汽车的 ID 号和当时时间都将会被自动记录，并被返回到城市交通管理中心的计算机中，除了城市街道埋设天线外，警察还可开动若干辆带有读写器的流动巡逻车，以更加方便地监测车辆的行踪。如果车辆被盗，可以很方便快捷地被找回，在巴西的圣保罗市已经开始使用这样的系统。

课程思政

物联网，是通过射频识别（RFID）、红外线感应、全球定位系统、扫描等信息传感设备，按约定的协议，把任何物品与互联网连接起来，进行信息交换和通信，以实现智能化识别、定位、跟踪、监控和管理的一种网络。

由于物联网可以提高效率，显著节约成本，因此，美国、欧盟、日本等国家与地区把发展物联网作为振兴经济、抢占国际制高点的“法宝”。商业竞争是残酷的，企业中谁能够抢占先机，谁就会笑到最后，公平竞争有时只是一种理想的状态，一些企业为了赢得优势，从其他公司窃取商业秘密；一些企业缺乏信息保密等方面的经验，商业秘密泄露的现象时有发生。

目前，在全球范围内，物联网技术引发的伦理问题层出不穷。美国的丹佛国际机场曾经是世界上占地面积最大的机场，设施十分先进，自动行李系统由计算机控制，但某次因计算机故障自动行李系统无法正常工作，最终致使整个机场瘫痪。伊朗某核电站可编程控制器被黑客攻击，循环水泵出现操作失败，造成了严重的安全问题。澳大利亚某水厂被黑客攻击，黑客用一台笔记本电脑和一个无线电发射器，通过遥控开关阀门变更未处理污水的排放，把数百万升的未处理污水排放到公园和河流中。而由于系统大量使用无线部件，使得黑客的攻击更为容易。

因此，我们需要正确处理科技发展与伦理的关系，要避免不顾伦理的技术创新，在使用各种新技术时要考虑伦理问题。

（七）防伪

伪造问题在世界各地都是令人头疼的问题，大量伪造产品充斥市场将会沉重打击民族工业。现在广泛应用的防伪技术如全息防伪技术同样也可以被不法分子伪造。将射频识别技术应用在防伪领域有它自身的技术优势。防伪技术本身要求成本低，同时又很难伪造。RFID卡的成本相对便宜，而芯片的制造需要有昂贵的芯片工厂，使伪造者望而却步。RFID卡本身具有内存，可以储存、修改与产品有关的数据，利于销售商使用；体积十分小巧、便于产品封装。电脑、激光打印机、电视等产品上都可使用。建立严格的产品销售渠道是解决防伪问题的关键。利用射频识别技术，厂家、批发商、零售商可以使用唯一的产品号来标识产品的身份。生产过程中在每样产品中封装入RFID卡，卡上记载了唯一的产品号。批发商、零售商用厂家提供的读写器就可以严格检验产品的合法性。利用这种技术不需要改变现行的数据管理体制，唯一的产品号完全可以做到与已用数据管理体制兼容。

（八）电子商品防盗系统

电子商品防盗系统（Electronic Article Surveillance，EAS）的目的是防止商品被盗窃。系统基本配置的RFID卡的内存容量仅为1bit。EAS是基于磁性物质的特性，有四种主要技术：微波、磁场、声磁、射频。系统包括贴在商品上的RFID卡、商店出口处的扫描器。RFID卡在安装时被激活，它在激活状态时接近扫描器将会被探测到，这样就会报警。商品被购买之后，RFID卡由销售人员用专用工具拆除，或者使用磁场来使RFID卡失效或破坏RFID卡本身的电特性。EAS已被广泛使用。据估计每年消耗60亿套。

（九）畜牧管理

这个领域的发展起步于赛马的识别，是将小型的玻璃封装的RFID卡植于动物皮下，提供赛马的识别。RFID卡大约10mm长，内有一个线圈，约1000圈的细线绕在铁氧体上，读写距离为10～20cm。从赛马识别发展到了牲畜识别，RFID为牲畜的识别提供了现代化管理牧场的方法。

（十）火车和货运集装箱的识别

在火车运营中使用RFID系统的优势在于火车是按既定路线运行的，所以肯定要通过设定的读写器的地点，通过读到的数据，能够得到火车的身份、监控火车的完整性，以防止遗漏在铁轨上的车厢发生撞车事故，同时在车站能将车厢重新编组。起初是用超音波和雷达测距系统读取车厢侧的条码，现在条码被RFID系统取代，RFID卡一般安在车厢顶边，读写器安在铁路沿线。

（十一）运动计时

在马拉松比赛中，由于比赛人员多，有时第一个出发的人同最后一个出发的人离开起跑线的时间能相隔40min，如果没有一个精确的计时装置会造成不公平的竞争。RFID卡可应用于马拉松比赛的精确计时。运动员在自己的鞋带上很方便地系上RFID卡，在比赛的起跑线和终点线处放置带有微型天线的小垫片，当运动员越过此垫片时，计时系统接收运动员所带的RFID卡发出的ID号，并记录当时的时间。这样每个运动员都有自己的起始和结束时间，在比赛路线中如果每隔5千米就设置一个这样的垫片，也可以很方便地记录运动员的阶段跑所用时间。RFID还可应用于汽车大奖赛的精确计时。当赛车越过起跑线时，赛车的ID号和时间被记录，并存储到中心计算机内，这样到比赛结束时，每个参赛选手将会有一个公平的结果。

【同步测试】

一、判断题

1. 射频识别技术是一种通过射频信号识别目标对象并获取相关数据信息的接触式的自动识别技术。（ ）

2. 射频识别技术以无线通信技术和存储器技术为核心，伴随半导体、大规模集成电路的发展而逐步形成。（ ）

3. 射频识别系统在具体应用过程中，根据不同的应用目的和应用环境，系统的组成会有所不同。（ ）

4. 按照电子标签获取电能的方式不同，可以把电子标签分成有源电子标签和无源电子标签。（ ）

5. 根据内部使用存储器类型不同，电子标签可以分成只读标签与可读可写标签。（ ）

二、单项选择题

1. 无源电子标签具有（ ）的使用期，常常用在标签信息需要每天读写或频繁读写多次的地方。

A. 一年　B. 两年　C. 十年　D. 永久

2. （ ）就是说电子标签中的存储数据非常大，足可以看作一个数据文件。

A. 便携式数据文件　B. 标识标签　C. 只读标签　D. 可读可写标签

3. 天线是（ ）与阅读器之间传输数据的发射接收装置。

A. 信号接收机　B. 电子标签　C. 主机　D. 处理器

4. EAS 的工作原理是：在监控区，发射器以一定的频率向接收器发射信号。发射器与接收器一般安装在零售店、图书馆等的（ ），形成一定的监视空间。

A. 出口　B. 出口和入口　C. 入口　D. 人群密集区

5. 当物体、人流经过阅读器时，阅读器会自动扫描电子标签上的信息并把数据信息输入数据信息管理系统，从而达到（ ）的目的。

A. 储存　B. 分析　C. 控制　D. 处理

三、多项选择题

1. 射频标签的优点有难以伪造和（ ）。

A. 不局限于视线　B. 识别距离比光学系统远

C. 具有读写能力　D. 可携带大量数据

2. 电子标签一般由（ ）四部分构成。

A. 标签基板　B. 微型芯片　C. 标签天线　D. 连接部分

3. RFID 技术与条码技术相比，具有的优势有可重复使用和（ ）。

A. 快速扫描　B. 体积小，形状多样

C. 抗污染能力强　D. 耐久性强

四、简答题

1. 请简述 RFID 的概念。

2. RFID 系统一般由哪几部分构成？

3. RFID 的技术特点有哪些？

【技能训练】电子标签的读、写及设计

实训目标：掌握 RFID 读写器的使用方法；学会运用软件通过读写器向电子标签写入及读出数据，并设计简单的信息系统模型。

实训环境：RFID 实训室，读写器、电子标签、读写器软件。

实训内容：

1. 设计合适的编码方案，并为电子标签划分区段。
2. 利用读写器将预先设计好的编码写入电子标签。
3. 结合所学过的知识，绘制校园一卡通系统的框图。

【任务考核】RFID 技术应用调查

观察日常生活中的 RFID 技术应用，填写表 2.2.7，撰写 RFID 技术应用观察实践分析报告。

表 2.2.7　RFID 技术应用

序号	RFID 应用	应用领域	频率	系统组成	成本构成
1					
2					
3					
4					
5					

任务考核评价

以学生个人为单位实行考核。

	RFID 的构成			RFID 读写器的使用			RFID 应用情况			得分（分）
	自评分	同学评分	教师评分	自评分	同学评分	教师评分	自评分	同学评分	教师评分	
学生 1										
学生 2										
学生 3										
学生 4										
学生 5										

说明：

1. 每个人的总分为 100 分。
2. RFID 的构成 30 分，RFID 读写器的使用 30 分，RFID 应用情况 40 分，每项可根据实施情况按照优、良、中、差各占 1/4 分值来评价。
3. 采用分层打分制，建议权重为：自评分占 0.2，同学评分占 0.3，教师评分占 0.5，然后加权算出每位同学在本任务的综合成绩 。

任务三　数据库技术与设计

教学目标

【知识目标】

◆ 了解数据库的概念及其发展；

◆ 掌握数据库系统的组成；
◆ 理解数据仓库及数据挖掘技术。

【技能目标】

◆ 能够根据物流企业的实际情况，进行数据库项目的需求分析；
◆ 能使用 E－R（实体－联系）图等手段，进行数据库的概念模型设计；
◆ 能将 E－R 模型转换为关系模型。

【素质及思政目标】

◆ 具有遵纪守法的职业道德素养；
◆ 能够使用多维视角分析问题。

开篇语 每一件事物在计算机里都是以数据的形式存放的，在计算机的世界里只有数据，数据库管理就是对数据进行处理的过程。随着计算机与网络通信技术的发展，数据库技术已成为信息社会中对大量数据进行组织与管理的重要技术手段，是网络信息化管理系统的技术。

【任务导入】

工作任务单

某百货商店要设计一个数据库管理系统来管理这家商店的业务信息，通过调研分析可知：该商店需要同供应商打交道，商店出售的商品由他们提供，每个供应商可提供多种商品。但是，每种商品可以从多个供应商处获得，各供应商提供的商品价格不同；该商店有若干个部门，每个部门由一个经理和若干雇员组成，每个雇员只能属于一个部门；每个部门销售多种商品，每种商品规定只能由一部门来销售；商店的顾客下订单买商品，由商店送货上门；每个顾客的订单数量可以是多张，一个订单由若干商品和购买的数量构成。且同一类商品可以出现在多个订单中。

请根据以上情况，做出综合 E－R 模型。

将 E－R 模型转换成关系数据库支持的数据模型。

任务资讯

一、数据库技术概述

（一）数据库技术的定义

数据库技术是通过研究数据库的结构、存储、设计、管理以及应用的基本理论和实现方法，对数据库中的数据进行处理、分析和理解的技术。即：数据库技术是研究、管理和应用数据库的一门软件科学。数据库技术是现代信息科学与技术的重要组成部分，是计算机数据处理与信息管理系统的核心。

数据库技术研究和管理的对象是数据，所以数据库技术所涉及的具体内容主要包括：通过对数据的统一组织和管理，按照指定的结构建立相应的数据库和数据仓库；利用数据库管理系统和数据挖掘系统，设计出能够实现数据库数据添加、修改、删除、处理、分析、理解、制作报表和打印等多种功能的数据管理和数据挖掘应用系统；并利用应用管理系统最终实现对数据的处理、分析。

（二）数据库技术的发展

数据库技术的发展经历了人工管理阶段、文件系统阶段、数据库系统阶段三个阶段。

1. 人工管理阶段（20 世纪 50 年代中期以前）

20 世纪 50 年代中期之前，计算机的软硬件均不完善。硬件存储设备只有磁带、卡片和纸带，软件方面还没有操作系统，当时的计算机主要用于科学计算。在这个阶段，程序员在应用程序中不仅要规定数据的逻辑组织，还要设计其物理组织，包括存储结构、存取方法、输入输出方式等。当数据的物理组织或存储设备改变时，用户就必须重新编制应用程序。由于数据的组织面向应用程序，不同的计算机应用程序之间不能共享数据，这就使得不同的应用程序之间存在大量的重复数据，很难维护应用程序之间数据的一致性。人工管理阶段数据集合与应用程序之间的对应关系如图 2. 3. 1 所示。

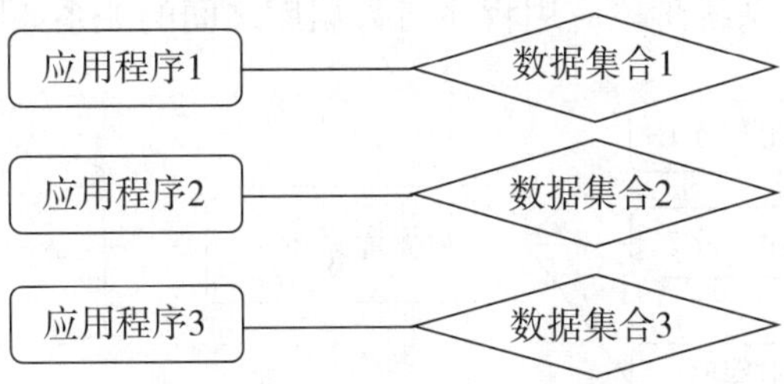

图 2. 3. 1　人工管理阶段数据集合与应用程序之间的对应关系

这一阶段的主要特征可归纳为：数据不能保存，没有专用的软件对数据进行管理，数据不能共享，数据不具有独立性。

2. 文件系统阶段（20 世纪 50 年代后期至 60 年代中期）

计算机大容量存储设备（如硬盘）的出现，推动了软件技术的发展，而操作系统的出现标志着数据管理步入一个新的阶段。在文件系统阶段，数据以文件的形式存储在外部存储设备上（如磁盘），且由操作系统统一管理，并可多次进行存储操作。文件的逻辑结构与物理结构脱钩，应用程序与数据分离，即应用程序一般不直接操作数据，而是通过文件系统提供的存取方法对数据进行处理，使数据与应用程序各具一定的独立性。由于应用程序与数据可分别存放在不同存储器上，且各个应用程序可以共享一组数据，实现了以文件为单位的数据共享。文件系统阶段数据集合与应用程序之间的对应关系如图 2. 3. 2 所示。

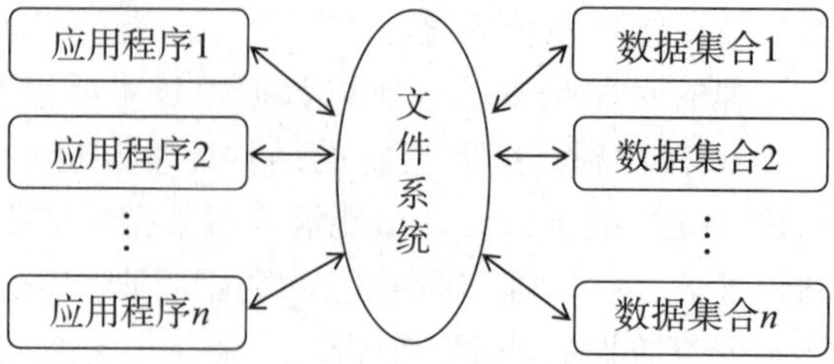

图 2.3.2　文件系统阶段数据集合与应用程序之间的对应关系

由于数据的组织仍然是面向应用程序，所以还是存在大量的数据冗余。又由于文件之间互相独立，因而它们不能反映现实世界中事物之间的联系，操作系统不负责维护文件之间的联系信息。文件系统数据共享性差，数据冗余度大，浪费存储空间。再者，由于相同的数据面向不同的应用程序，并由应用程序各自管理，给数据的修改和维护带来了困难，容易造成数据的不一致性。

这一阶段的主要特征可归纳为：数据冗余度大，数据独立性低，数据一致性差。

3. 数据库系统阶段（20 世纪 60 年代后期之后）

20 世纪 60 年代后期计算机性能得到提高，更重要的是出现了大容量磁盘，存储容量大大增加，软件方面出现了数据库系统，以实现大量数据的集中储存和数据资源共享。

这一阶段的主要特征可归纳为：数据共享性高、冗余少、数据结构化，有统一的数据控制功能。数据库系统阶段应用程序与数据库之间的关系如图 2.3.3 所示。

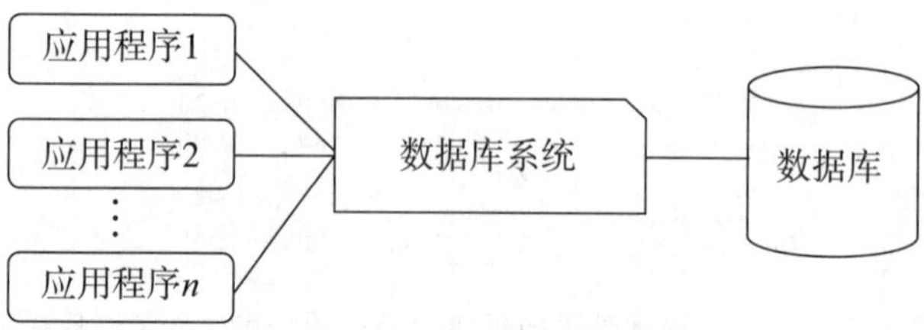

图 2.3.3　数据库系统阶段应用程序与数据库之间的关系

（三）数据库系统的组成

数据库系统（Database System，DBS）是指能够为存储、维护和应用系统提供数据的软件系统，是存储介质、处理对象和管理系统的集合体。数据库系统通常由硬件、软件、数据库和相关人员组成。

1. 硬件

数据库系统中的硬件主要是指计算机，包括中央处理器、内存、外存、输入输出设备等硬件设备。数据库系统要求计算机有足够的内存、数据库管理系统核心模块、数据缓冲区和应用程序，还要有足够大的磁盘等直接存取设备来存放数据库，有足够的磁盘或软盘等外部存储设备存放数据备份。

2. 软件

数据库系统软件主要指支持数据库运行的操作系统、数据库应用系统和数据库管理系统。数据库应用系统指由程序员开发出来具有一定功能的信息系统，例如仓储管理系统。数据库管理系统是负责数据库存取、维护和管理的软件系统。

3. 数据库

数据库是指长期存储在计算机内、有组织的、可共享的数据集合。数据库中的数据按一定的数据模型组织、描述和储存，具有较小的冗余度、较高的数据独立性和易扩展性，并可为各种用户共享。

4. 相关人员

数据库系统中的人员主要包括开发人员、使用人员和数据库管理员等。

开发人员：负责为终端用户设计和编制应用程序，以便终端用户对数据库进行存取操作的人员。

使用人员：主要是使用数据库的各级管理人员、工程技术人员、科研人员等，一般为非计算机专业人员。

数据库管理员：是指全面负责数据库系统的管理、维护和正常使用的人员，他们参与数据库设计，负责监督数据库的使用和运行状况，并帮助终端用户使用数据库。

综上所述，数据库系统是以硬件为基础，配以各种软件的应用系统。可以用如图 2.3.4 所示的模型来表示数据库系统中各部分之间的关系。

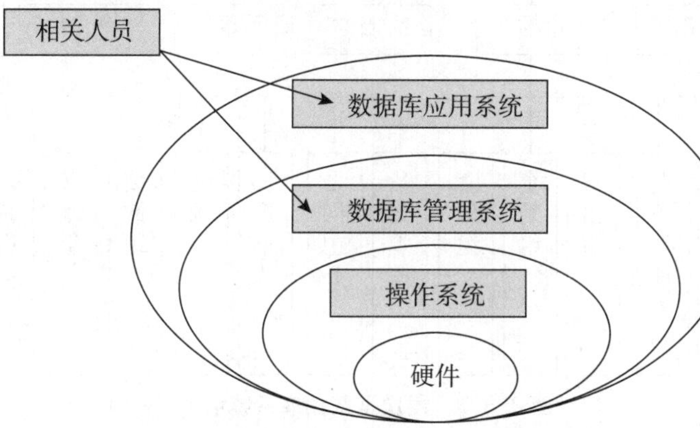

图 2.3.4 数据库系统中各部分之间的关系

（四）数据库管理系统

1. 数据库管理系统的功能

数据库管理系统（Database Management System，DBMS）是数据库系统的一个重要组成部分，它是位于用户与操作系统之间的数据管理软件，是数据库系统中对数据进行管理的软件，主要包括以下几方面的功能。

（1）数据定义功能。DBMS 提供数据定义语言（Data Definition Language，DDL），

通过它可以方便地对数据库中的数据对象进行定义。

（2）数据操纵功能。DBMS 提供数据操纵语言（Data Manipulation Language，DML），用户可以使用 DML 操纵数据以实现对数据库的基本操作，如存取、检索、插入、删除和修改等。

（3）数据库的运行管理功能。数据库在建立、运用和维护时由数据库管理系统统一管理、统一控制，以保证数据的安全性、完整性、多用户对数据的同步使用及发生故障后的系统恢复。

（4）数据库的建立和维护功能。它包括数据库初始数据的输入、转换功能，数据库的转储、恢复功能，数据库的管理重组功能和性能监视分析功能等，这些功能通常由一些实用程序完成。

2. 数据库管理系统的分类

按照所采用的数据模型不同，数据库管理系统可以分为层次型数据库系统、网状数据库系统、关系型数据库系统。

（1）层次型数据库系统。按照层次结构模型建立的数据库管理系统称为层次型数据库系统。层次结构模型，即用一种有根结点的定向有序树（树形结构）来表示数据库中的记录及其联系。其中最基本的关系是层次关系，它代表两个记录型之间一对多的关系，也叫双亲子女关系。层次型数据库系统示例如图 2.3.5 所示。

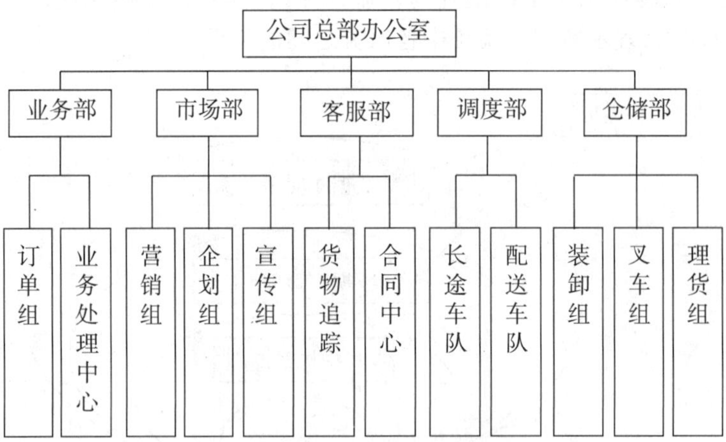

图 2.3.5　层次型数据库系统示例

（2）网状数据库系统。按照网状数据结构建立的数据库管理系统称为网状数据库系统，其主要用网状结构表示实体间的多个从属关系。其典型代表有数据库任务组（Database Task Group，DBTG），集成数据库系统（IDMS）等。网状数据库系统示例如图 2.3.6 所示。

（3）关系型数据库系统。关系型数据结构把一些复杂的数据结构归结为简单的二元关系（即二维表形式）。例如某单位的职工关系就是一个二元关系。由关系型数据结构组成的数据库管理系统被称为关系型数据库系统。在关系型数据库系统中，对数据的操作几乎全部建立在一个或多个关系表格上，通过对这些关系表格的分类、合并、

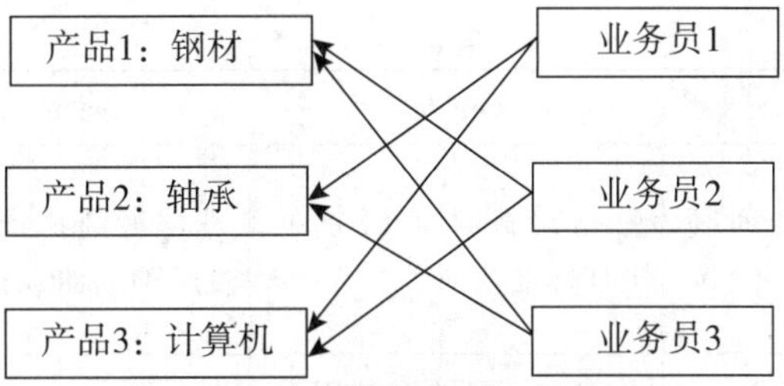

图 2.3.6　网状数据库系统示例

连接或选取等运算来实现数据的管理。由于关系型数据结构比较简单，易于理解且有完备的关系代数作为其理论基础，所以被广泛使用，目前的主流数据库管理系统基本都是关系型数据库系统，有 DB2、Oracle、Postgre SQL、SQL Server、Microsoft Office Access、MySQL、浪潮 K－DB 等。

3. 常用的数据库管理系统

数据库管理系统可分为小型、中型、大型数据库管理系统，如表 2.3.1 所示。常用的数据库管理系统有 SQL Server、Oracle、Sybase 和 DB2，其特性如表 2.3.2 所示。

表 2.3.1　数据库管理系统分类

类型	数据库管理系统	数据组织方式
小型	Microsoft Office Access、Visual Foxpro 和 dBase	关系型数据结构
中型	SQL Server	关系型数据结构
大型	DB2、Informix、Sybase、Oracle 等	关系型数据结构

表 2.3.2　常用数据库管理系统的特性

特性	SQL Server	Oracle	Sybase	DB2
可伸缩性，并行性	并行实施和共存模型并不成熟，很难处理日益增多的用户数和数据卷，伸缩性有限	提供高可用性和高伸缩性簇的解决方案。Oracle 的并行服务器对各种 UNIX 平台的集群机制都有集成	DB SWITCH（一种异构数据库迁移工具）支持其并行服务器，但技术层面只支持版本 12.5 以上的 ASE SERVER（服务器）	具有很好的并行性。DB2 把数据库管理扩充到了并行的、多节点的环境
开放性	只能在 Windows 上运行，没有丝毫的开放性	能在主流平台上运行（包括 Windows）。支持所有的工业标准。采用完全开放策略	能在主流平台上运行（包括 Windows）。但早期的 Sybase 与 OS（操作系统）集成度不高	能在主流平台上运行（含 Windows），最适于海量数据在企业的应用

续 表

特性	SQL Server	Oracle	Sybase	DB2
安全认证	没有获得任何高级别安全证书	获得最高认证级别的ISO标准认证	获得最高认证级别的ISO标准认证	获得最高认证级别的ISO标准认证
性能	多用户时，性能不佳	性能高，保持开放平台下的TPC（事务处理性能委员会）-D和TPC-C的世界纪录	在UNIX平台下的并发性要优于SQL Server	性能较高，适用于数据仓库和在线事务处理
客户端支持及应用模式	C/S结构，只支持Windows客户，可以用ADO、DAO、OLE DB、ODBC连接	多层次网络计算，支持多种工业标准，可以用ODBC、JDBC、OCI等网络客户连接	C/S结构，可以用ODBC、Jconnect、Ct-library等网络客户连接	跨平台，多层结构，支持ODBC、JDBC等客户
使用风险	完全重写的代码，经历了长期的测试，兼容较差	具有长时间的开发经验，能向下兼容。应用广泛。完全没有风险	向下兼容，但是移植有一定风险	在巨型企业得到广泛的应用，向下兼容性好。风险小
操作简便	操作简单，但只有图形界面	较复杂，同时提供图形用户界面（GUI）和命令行，在Windows和UNIX下操作相同	较复杂，同时提供GUI。但GUI较差，常常无法及时更新状态	操作简单，同时提供GUI和命令行，在Windows和UNIX下操作相同
价格	便宜	贵	一般	较贵

二、数据仓库与数据挖掘技术

（一）数据仓库

1. 数据仓库的概念及特点

数据仓库（Data Warehouse，DW）的概念始于20世纪90年代，首次出现在号称“数据仓库之父”比尔·恩门（Bill Inmon）的《建立数据仓库》一书中。随着人们对大型数据系统研究、管理、维护等方面的认识的不断完善，在集中、丰富、总结众多企业信息管理经验之后，对数据仓库给出了更为精确的定义，即“数据仓库是在企业管理和决策中面向主题的、集成的、与时间相关的、不可修改的数据集合”。

根据数据仓库的概念，可以总结出下述四个特点。

(1) 面向主题。数据仓库中的数据是按照一定的主题域进行组织的。主题是一个抽象的概念，是指用户使用数据仓库进行决策时所关心的重点方面，一个主题通常与多个操作型系统相关。

(2) 集成性。数据仓库中的数据是在对原有分散的数据库数据抽取、清理的基础上经过系统加工、汇总和整理得到的，必须消除源数据中的不一致性，以保证数据仓库内的信息是关于整个企业的一致的全局信息。

(3) 相对稳定。数据仓库的数据主要供企业决策分析使用，所涉及的数据操作主要是数据查询，一旦某个数据进入数据仓库，一般情况下将被长期保留，也就是数据仓库中一般有大量的查询操作，但修改和删除操作很少，通常只需要定期加载、刷新。

(4) 反映历史变化。数据仓库中的数据通常包含历史信息，系统记录了企业从过去某一时点（如开始应用数据仓库的时点）到目前的各个阶段的信息。通过这些信息，可以对企业的发展历程和未来趋势做出定量分析和预测。

2. 数据仓库的体系结构

数据仓库的体系结构如图 2.3.7 所示，主要包括数据源、数据仓库与数据集市、联机分析处理（Online Analytical Processing，OLAP）服务器和前端工具。数据源是数据仓库的基础，数据源提供原始数据，原始数据一部分来源于自有的管理系统，另一部分来源于外部数据源，为满足趋势分析的需要，数据源还要能够提供历史数据信息。

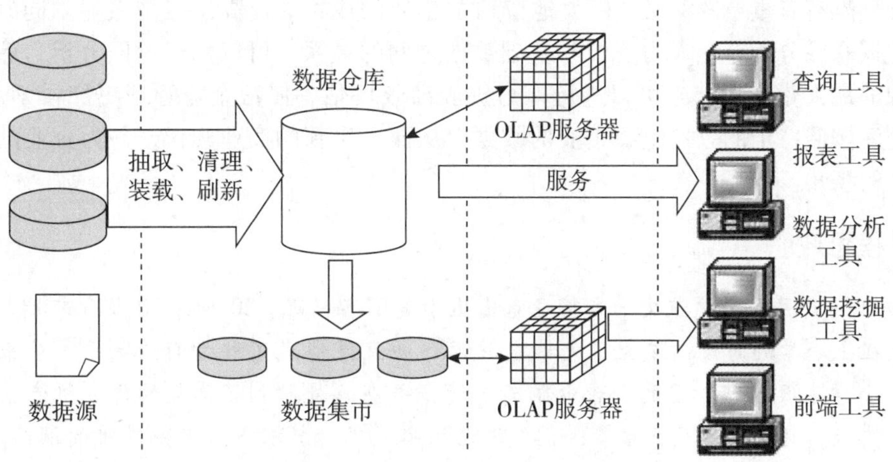

图 2.3.7　数据仓库的体系结构

数据的存储与管理是整个数据仓库的核心。数据仓库的组织管理方式决定了它有别于传统数据库，同时也决定了外部数据的表现形式。数据仓库对现有各业务系统的数据进行抽取、清理，并在不同的范围内，按照主题进行组织、集成。数据仓库按照数据的覆盖范围可以分为企业级数据仓库和部门级数据仓库（通常称为数据集市）。利用元数据（相当于数据仓库的信息目录）可以方便地对各级数据仓库进行管理。

OLAP 服务器的主要功能是对有分析需求的数据进行有效集成，按多维模型方式组织并进行多角度、多层次的分析，最终发现未来趋势。OLAP 用于支持复杂但目的明确的分析操作，其特点是可以应分析人员的要求快速灵活地进行大量数据的复杂查询处理，并可以通过可视化前端服务以一种直观易懂的方式将分析的结果呈现给分析人员。

前端工具主要包括各种查询工具、报表工具、数据分析工具、数据挖掘工具等各种基于数据仓库的应用开发工具。

3. 数据仓库的作用

数据仓库具有两个主要作用：一是从各信息源提取决策需要的数据，加工出来后，存储起来；二是为用户提供查询和决策分析的依据。

每一家公司都有自己的数据，并且许多公司在计算机系统中储存有大量的数据，记录着企业购买、销售、生产过程中的大量信息和客户的信息。通常这些数据都储存在许多不同的地方。使用数据仓库之后，企业将所有收集来的信息存放在一个唯一的地方——数据仓库。其中的数据按照一定的方式组织，从而使得信息容易存取并且有使用价值。目前已经开发出一些专门的软件工具，使数据仓库的建设过程实现半自动化，即帮助企业将数据导入数据仓库，并可使用那些已经存入数据仓库的数据。

数据仓库的建立给企业带来了一些新的工作环节，相关的流程也因此而改变。数据仓库为企业带来了一些“以数据为基础的知识”，它们主要应用于评价市场战略，以及为企业发现新的市场商机，同时，也用来控制库存、检查生产方法和定义客户群。

通过数据仓库，可以建立企业的数据模型，这对于企业的生产与销售、成本控制与收支分配有着重要的意义，极大地节约了企业的成本，提高了经济效益。同时，可以用数据仓库分析企业人力资源与基础数据之间的关系，可以用于返回分析，保障人力资源的最大化利用，亦可以进行人力资源绩效评估，使得企业管理更加科学合理。数据仓库按照特定的方式组织企业的数据，从而产生新的商业知识，并为企业的运作带来新的视角。

课程思政

1963 年 8 月 6 日，凯文·米特尼克出生于美国洛杉矶。20 世纪 70 年代末期，米特尼克还在上小学的时候就迷上了无线电技术，并且很快成了这方面的高手。后来他对社区“小学生俱乐部”里的一台电脑着了迷，并在此处学到了高超的计算机专业知识和操作技能。直到有一天，被老师们发现他用本校的计算机闯入其他学校的网络系统，他因此不得不退学。当时，美国的一些社区提供电脑网络服务，米特尼克所在的社区网络中，家庭电脑不仅和企业、大学相通，而且和政府部门相通，当然这些电脑都有密码。这时，一个异乎寻常的大胆计划在米特尼克脑中形成了。不久，只有 15 岁的米特尼克闯入了“北美空中防护指挥系统”的计算机主机，他和一些朋友翻遍了美国指向苏联及其盟国的所有核弹头的数据资料，然后又悄然无息地溜了出来。

在成功闯入“北美空中防护指挥系统”之后，米特尼克又把目标转向了其他的网站。不久之后，他又进入了美国某公司的通信网络系统。他更改了这家公司的电脑用户资料，包括一些知名人士的电话号码和通信地址。结果，该公司不得不为此进行赔偿。该公司最初以为是电脑出现了故障，经过长时间调查之后，发现电脑本身毫无问题，原因是系统被入侵了。这时的米特尼克已经对该公司没有什么兴趣了，他开始着手攻击联邦调查局的网络系统，不久便成功地进入其中。一次米特尼克发现联邦调查局正在调查一名“黑客”，便翻看相关资料，结果令他大吃一惊——这个“黑客”正是他自己。后来，米特尼克就对他们不屑一顾起来。正因如此，一次意外导致米特尼克被捕了。由于当时网络犯罪很新鲜，法律也没有先例，法院只有将米特尼克关进了少年犯管教所。于是米特尼克成为世界上第一个因网络犯罪而入狱的人。但是没多久，米特尼克就被保释出来了。他当然不可能改掉以前的坏毛病，脆弱的网络系统对他具有巨大的诱惑。他把攻击方向转向大公司，在很短的时间里，他接连进入了美国5家大公司的网络，不断破坏其网络系统，并造成这些公司的巨额损失。

1988年米特尼克因非法入侵他人系统而再次入狱。由于重犯，这次他连保释的机会都没有了。米特尼克被判刑，并且被禁止从事电脑网络的工作。

这个案例告诫大家：我们在学习生活之中，要养成遵纪守法的良好习惯，在将来的职业生涯中要遵守职业道德、职业规范，遵守职业标准和国家法律法规。

（二）数据挖掘技术

1. 数据挖掘的概念

数据挖掘是从大量的、不完全的、有噪声的、模糊的、随机的实际应用数据中，提取隐含在其中的、人们事先不知道的，但又是潜在的有用的信息和知识的过程。

数据挖掘方法与传统型数据分析方法的主要区别在于数据挖掘是在没有明确假设的前提下挖掘信息和发现知识，而传统型数据分析方法一般都是先给定一个假设，然后通过数据验证。总的来说，数据挖掘方法通过大量的搜索工作从数据中自动生成某种模式，所获取的信息具有未知性、有效性和实用性这三个特点。

2. 数据挖掘与数据仓库的关系

数据仓库技术源于数据库技术，它的主要设计思想是将分析决策所需要的大量数据从传统的操作环境中分离出来，把分散的、难以访问的操作数据转换成集中统一的、随时可用的信息，从而建立一种数据库存储环境。

数据仓库完成了数据的收集、集成、存储、管理等工作，因而数据挖掘面对的是经过初步加工的数据，这使得数据挖掘能更专注于知识的发现。数据挖掘技术和数据仓库技术结合起来能够更充分地发挥潜力。

数据挖掘典型案例

谷歌（Google）的工程师们发现：在流感季节，与流感有关的关键词搜索量会明显增多；到了过敏季节，与过敏有关的关键词搜索量会显著上升；而到了夏季，与晒伤有关的关键词搜索量又会大幅增加。

我们知道，没有任何患病症状的人是不会去搜索与疾病相关的关键词的，因此，与疾病相关的关键词搜索量很可能有助于了解疾病的传播和分布情况。2009年，Google分析了5000万条美国人最频繁检索的词汇，将之与美国疾病控制和预防中心发布的 2003—2008 年季节性流感传播时期的数据进行比较，并建立了一个特定的数学模型。最终 Google 成功预测了当年冬季流感的传播甚至可以具体到特定的地区和州。

3. 数据挖掘的任务

数据挖掘的任务主要是数据总结、分类、关联分析、聚类分析、预测、时序模式分析等。

（1）数据总结：是对数据的基本特征进行概括，通过数据概括，不仅能够实现对数据多维度多层次的汇总，还能够得到数据分布特征的精确概括。

（2）分类：是分析数据不同属性之间的联系，得到一种能够正确区分数据所属级别的规律，即找出一个类别的概念描述，它代表了这类数据的整体信息。

（3）关联分析：是通过数据分析，找到事物之间的相互关联规则。例如：超市中客户在购买 A 产品的同时，经常会购买 B 产品。

（4）聚类分析：聚类是对数据分组，把相似的数据分在一个聚类里。聚类和分类的区别是聚类不依赖于预先定义好的类，不需要训练集。例如：一些特定症状的聚类可能预示了一个特定的疾病。

（5）预测：预测是利用历史数据找出变化规律，建立模型，并由此模型对未来数据的种类及特征进行预测。

（6）时序模式分析：时序模式是指通过时间序列搜索出重复发生概率较高的模式。例如：客户在购买 A 产品后，隔一段时间，会购买 B 产品。

4. 数据挖掘技术在物流企业中的应用

随着数据挖掘技术的发展与推广，数据挖掘技术已逐渐应用于物流企业中，主要应用于如下问题的解决。

（1）物流中心（包含流通中心、配送中心，下同）的选址问题。物流中心选址问题属于最小成本问题，即求解运输成本、变动处理成本和固定成本等之和为最小的最小化问题。

物流中心选址，需要考虑中心点数量和中心点如何分布等情况。由于单一中心选址较为简单，我们着重讨论多中心选址的问题。所谓多中心选址是指在一些已知的备选地点中选出一定数目的地点来设置物流中心，使形成的物流网络的总费用最小，其中包括基本的投资费用、可变费用和不变费用。对于这类问题，在实际操作中，当问题规模变得很大，或者要考虑一些市场因素（如顾客需求量）时，数学规划就存在困难，因此，针对这类问题，可以用数据挖掘中的分类树方法来加以解决。

（2）配送问题。配送是现代物流系统中重要的一部分，配送问题包括配送计划的编制、配送路线的设计和优化以及配送过程中的配载（混载）问题，在许多配送体系中，管理人员需要采取有效的配送策略以提高服务水平、降低费用。首先，要考虑的一类问题是配送路线的设计和优化问题即车辆路径问题，车辆路径问题是为一些车辆确定途经一些客户的路径，每一客户只能被访问一次，且每条路径上的客户需求量之和不能超过车辆的承载能力。其次，还需要考虑车辆的利用能力，如果车辆在运输过程中的空载率过高或整车的运力不能完全被利用，无疑会增加企业的运输成本；另外涉及车辆的运输能力，这时就必须考虑货品的规格大小和利润价值的大小。在采取有效的配送策略时这些因素都必须同时考虑，这时如果能够对客户的需求和配送路线进行综合分析，对整个配送策略中车辆的合理选择分派会有着较好的作用。

（3）仓储问题。仓储问题包括储存货品、中转运输、顾客服务三方面的内容，在这三方面的成本计算中，仓储成本无疑在企业总的成本核算中占很大一部分，如何合理安排货品的储存、压缩货品的储存成本成为现代物流管理者不断思考的问题。常见的货品的存放问题包括哪些货品放在一起可以提高拣货效率？哪些货品放在一起却达不到这样的效果呢？在解决这些问题时，可以采用数据挖掘中的关联模式分析。

关联模式分析的目的就是挖掘出隐藏在数据间的相互关系。即通过量化的数字，描述产品 A 的出现对产品 B 的出现有多大影响。关联模式分析就是给定一组情报数据和一个记录集合，通过分析记录集合，推导出情报数据间的相关性。可以用四个属性来描述关联规则：

置信度：在产品 A 出现的前提下，产品 B 出现的概率。

支持度：产品 A、B 同时出现的概率。

期望置信度：产品 B 出现的概率。

作用度：置信度与期望置信度的比值。

目前大多数的关联模式分析都基于“支持度—置信度”的框架，其目的是抽取形如“if A then B（若 A，则 B）”的规则。支持度高表示规则经常被使用，置信度高表示规则比较可靠。通过关联模式分析后可以得到关于产品 A、B 的关联程度，从而来决定这两种产品在货架上的配置了。

课程思政

人类在科学研究的道路上，从经验科学到理论科学，再到计算科学，最终发展到今天的大数据科学。随着信息采集技术的快速发展和普遍应用，交通系统中人、车、路与环境的信息都能够被实时采集，交通大数据来源日益丰富。面对种类繁多、数据量庞大的交通数据，如何提取出真正有用的、利于决策的数据才是关键。尽管面临用户隐私、数据安全、数据采集效率、数据模型有效性等各种问题的挑战，但是利用大数据技术来解决交通问题是必然之路。

2007 年，图灵奖得主吉姆·格雷宣称大数据已经成为科学研究的第四范式。范式的概念和理论是美国著名科学哲学家托马斯·库恩提出并在《科学革命的结构》中被系统阐述的。它指的是一个共同体成员所共享的信仰、价值、技术等的集合，是常规科学赖以运作的理论基础和实践规范，是从事某一学科的研究者群体所共同遵从的世界观和行为方式。

大数据的哲学基础可从三个方面来阐释。

（1）世界是物质的，物质是运动的，运动是有规律的，规律是可以被认识的。大数据是对客观世界进行量化和记录的结果，是客观事物的规律表现出来的现象，通过对大数据的深入分析，就可以发现事物运行和发展的规律，进而利用这些规律。这也是为什么大数据能够运用在几乎任何行业和领域的原因。

（2）我们人类能够感知的空间只有四维（即长、宽、高、时间）空间，但世界是多维的。大数据的一个核心思维——融合思维，就是强调要从多个维度对数据进行交叉分析，来全面地观察事物的变化，进而探索事物的内在规律。

（3）世界上的事物是普遍联系的，要以联系的观点来看问题。普遍联系，是指事物或现象之间以及事物内部各要素之间存在相互联结、相互依赖、相互影响、相互作用、相互制约、相互转化等相互关系。大数据的另一个核心思维——相关性思维，就是基于普遍联系的哲学思维。当你利用数据将影响事物的相关因素找出来时，你就能够透过事物的现象抓住事物的本质和规律，就能把握事物的发展和变化。

任务实施：数据库设计

一、数据库设计概述

（一）数据库设计的含义

数据库设计指的是对于一个给定的应用环境，构造一个最优的数据库模式，并据此建立一个既能反映现实世界信息和信息的联系、满足用户的数据要求和加工要求，又能被某个数据库管理系统所接受的数据库及其应用系统。

（二）数据库设计要求

所设计的数据库，既能有效安全完整地存储大宗数据，又能满足多个用户的信息要求和处理要求。

（三）数据库设计的主要内容

（1）数据库的结构特性设计：结构特性是指数据库的逻辑结构特征，因此，又称为数据库的静态结构模式。

（2）数据库的行为特性设计：确定数据库用户的行为和动作（如数据查询和统计等），并根据其行为特性设计出数据库的子模式。

（3）数据库的物理模式设计：根据数据库结构的动态特性（数据库应用处理要求），在选定数据库管理系统的环境下，把数据库逻辑结构模型加以物理实现，从而得出数据库的存储模式和存取方法。

（四）数据库设计的原则

数据库设计的原则包括不依赖性原则、开放性原则、可扩展性原则和检索管理的高效性原则。

（五）数据库设计人员的素质要求

设计数据库的专业人员需要具备多方面的技术和知识，如计算机科学的基础知识、软件工程的原理和方法、程序设计的方法和技巧、数据库的基本知识、数据库设计方法和应用领域的知识等。

二、数据库设计过程

设计数据库时，首先应该从用户的需求出发，充分了解用户各方面的数据需求，包括现有的及将来可能增加的需求，根据系统提供的各项功能来组织数据及划分数据表。按照规范设计的方法，可以将数据库设计分为四个阶段：需求分析阶段、概念结构设计阶段、逻辑结构设计阶段和物理设计阶段。

（一）需求分析阶段

需求分析的任务是通过详细调查现实世界要处理的对象（组织、部门、企业等）充分了解原系统（手工系统或计算机系统）的工作概况，明确用户的各种需求。用通俗的话来讲，就是分析和了解用户关心什么、用户需要什么样的结果，然后在此基础上分析和设计新系统的数据库。

需求分析的重点是调查、收集和分析用户在数据管理中的信息要求、处理要求、安全性和完整性要求。

信息要求：指用户需要从数据库中获得的信息的内容与性质，根据用户的信息要求可以推导出数据要求，即在数据库中需要存储哪些数据。

处理要求：包括用户要求完成什么处理功能，对处理的响应时间有什么要求，处理方式是批处理还是联机处理。

安全性与完整性要求：一是指用户对系统和数据有什么安全性要求，如不同级别的用户具有什么操作权限和使用哪些数据；二是对数据的输入和存储有什么要求，如数据的长度和范围，数据的有效性、一致性和唯一性等。

确定用户的最终需求其实是一件困难的事，这是因为一方面用户缺少计算机知识，开始时无法确定计算机究竟能为自己做什么、不能做什么，因此无法准确地表达自己的需求，用户提出的需求往往不断地变化；另一方面设计人员缺少关于用户业务的专业知识，不易理解用户的真正需求，甚至误解用户的需求。设计人员必须与用户不断深入地进行沟通和交流，才能逐步确定用户的实际需求。

需求分析的基本步骤如下。

1. 调查与初步分析用户的需求（即系统调研）

（1）了解人工管理的处理流程。

（2）调查各部门的业务活动情况（即日常管理工作有哪些）。

（3）明确系统管理的主要对象。

（4）确定新系统的结构和功能边界，确定哪些功能由计算机完成或将来由计算机完成、哪些活动由人工完成。

（5）数据采集。

（6）确定系统设计目标。

常用的调查方法有：跟班作业、开调查会、请专人介绍、询问、问卷调查、查阅记录等。

2. 生成数据字典

数据字典是描述系统的数据和处理的详细资料，其主要内容包括：①数据项条目。数据项是不可再分的数据单位，它直接反映事物的某一特征。②数据结构条目。数据反映了数据之间的组合关系。③数据流条目。数据流是数据在系统内传输的路径。④数据存储条目。数据存储是数据项停留或保存的地方，也是数据流的来源和去向之一。⑤处理过程条目。

（二）概念结构设计阶段

概念结构设计就是对收集来的信息和数据进行分析整理，确定实体、属性及联系，形成独立于计算机的反映用户观点的概念模型。

概念模型用于信息世界的建模，是现实世界到信息世界的第一层抽象。为了把现实世界中的具体事物抽象、组织为某一数据库管理系统支持的数据模型，人们常常首先将现实世界抽象为信息世界，然后将信息世界转换为机器世界。也就是说，首先把现实世界中的客观对象抽象为某一种信息结构，这种信息结构并不依赖于具体的计算机系统，不是某一个数据库管理系统支持的数据模型，而是概念级的模型，因此被称为概念模型。

概念模型的表示方法很多，其中最为常用的是实体-联系方法，这种方法也称为E-R模型方法，该方法采用E-R图描述概念模型。

1. E-R模型中的对应关系

实体-联系模型反映的是现实世界中的事物及其相互联系，与此相关的概念主要包括以下几个。

（1）实体。现实世界中客观存在并可以相互区别的事物就叫实体。实体可以是人，也可以是物或抽象的概念。例如，一个人、一件物品等都可以是实体。同一类型实体的集合称为实体集，例如全体教师是一个实体集，全班学生是一个实体集。

（2）属性。属性指实体具有的某种特征，实体通常有多个属性。例如，学生实体可以由学号、姓名、年龄、性别等属性来描述。

（3）联系。现实世界中的事物总是存在着这样或那样的联系，这种联系必须要在信息世界中得到反映。在信息世界中，事物之间的联系可以分为两类：一类是实体内部的联系，如组成实体的各属性之间的联系；另一类是实体之间的联系。

E-R图提供了表示实体、属性和联系的方法，它由以下三个组件构成。

（1）实体：用矩形表示，矩形框内写明实体名。

（2）属性：用椭圆形表示，并用无向边将其与相应的实体连接起来。

（3）联系：用菱形表示，菱形框内写明联系名，并用无向边分别与有关实体连接起来，同时在无向边旁标上联系的类型，即一对一联系（1∶1）、一对多联系（1∶n）或多对多联系（m∶n）。

设A、B为两个包含若干实体的总体，其间建立了某种联系，其联系方式可分为以下三类，如图2.3.8所示。

①一对一联系（1∶1）。如果对于A中的每一个实体，B中至多有一个实体与其发生联系，反之，B中的每一个实体至多对应A中的一个实体，则称A与B是一对一联系。例如，一个工厂只有一个厂长，且一个厂长只能在一个工厂任职，则此时工厂和厂长之间的任职关系为一对一的联系（1∶1）。

②一对多联系（1∶n）。如果对于A中的每一个实体，B中有一个以上实体与之发生联系，但B中的每一个实体至多能对应A中的一个实体，则称A与B是一对多联系。例如，一个仓库中有多个产品，而每个产品却只能属于一个仓库，则仓库与产品之间的从属关系为一对多的联系（1∶n）。

③多对多联系（m∶n）。如果A中至少有一个实体对应B中一个以上实体，反之，B中也至少有一个实体对应A中的一个以上实体，则称A与B为多对多联系。例如，一个学生可以学习很多门课程，而每门课程又可以有很多学生来学习，则学生和课程之间的学习关系为多对多的联系（m∶n）。

由图2.3.8所示的举例可以看到实体有属性，联系也可能有属性，如图2.3.8（c）中的联系“学习”也有属性“成绩”，它反映了某个学生学习某课程的成绩。

2. 概念结构设计的过程

概念结构是对现实世界的一种抽象，抽象就是对实际的人、事、物进行加工处理，抽取所关心的共同特性，用各种概念精确地加以描述，组成各种模型。

概念结构就是要从数据对象中找出：系统有哪些实体、每个实体有哪些属性、哪些实体间存在联系、每一种联系有哪些属性，然后就可以做出系统的局部E－R模型和全局E－R模型。因此，概念结构设计的过程主要包括以下内容。

①确定实体及其属性。

②确定实体间的联系并确定其类型（一对一联系，一对多联系或多对多联系）。

③画出局部E－R图（描述实体及其属性）。

④画出全局E－R图（描述系统中的所有实体及它们之间的联系）。举例如图2.3.9所示。

（三）逻辑结构设计阶段

1. 数据模型

数据模型是对客观事物及其联系的数据化描述。在数据库系统中，对现实世界中数据的抽象描述和处理等都是通过数据模型来实现的。数据模型是数据库系统设计中用于提供信息表示和操作手段的形式架构，是数据库系统实现的基础。目前，实际数据库系统支持的数据模型主要有三种，层次模型、网状模型和关系模型。其中关系模

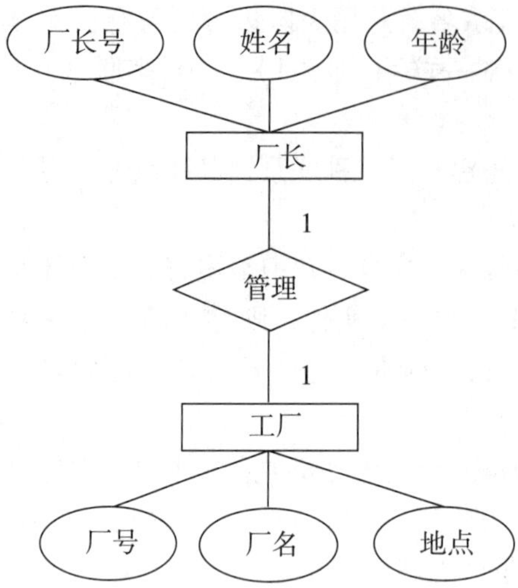

（a）一对一联系

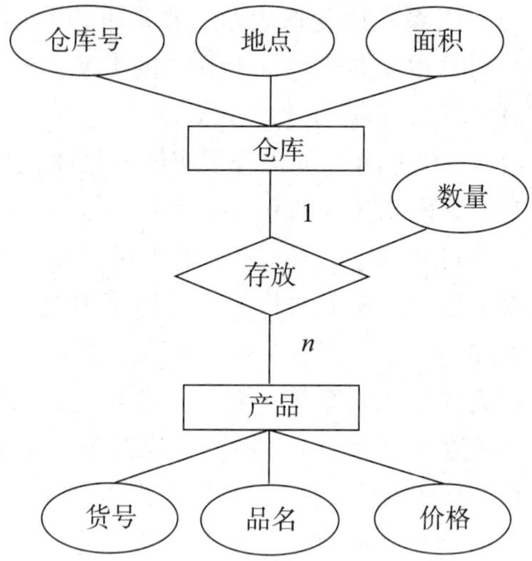

（b）一对多联系

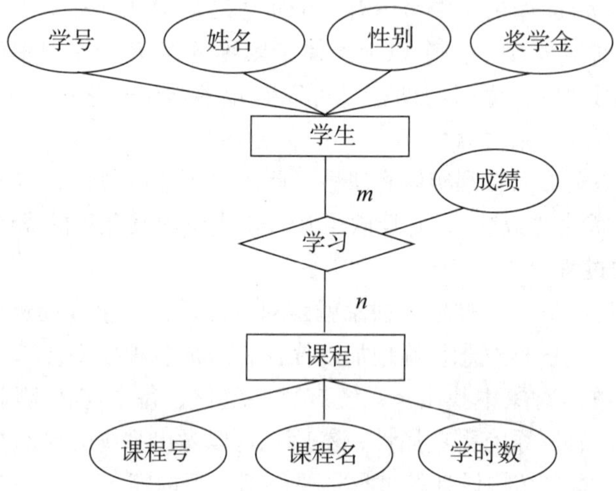

（c）多对多联系

图2.3.8　E－R图表示的三种联系方式举例

型是三种数据模型中最重要的模型。20世纪80年代以来，计算机系统商推出的数据库管理系统几乎都是支持关系模型的，由于关系模型在数据库系统中地位特殊，本书仅介绍关系模型。

关系模型是建立在数据概念的基础上，应用关系代数和关系演算等数学理论处理数据库系统的方法。从用户的角度来看，在关系模型下，数据的逻辑结构是一张二维表，每一个关系为一张二维表，相当于一个文件。实体间的联系均通过关系进行描述。

如表2.3.3所示，学生信息表是一张二维表。

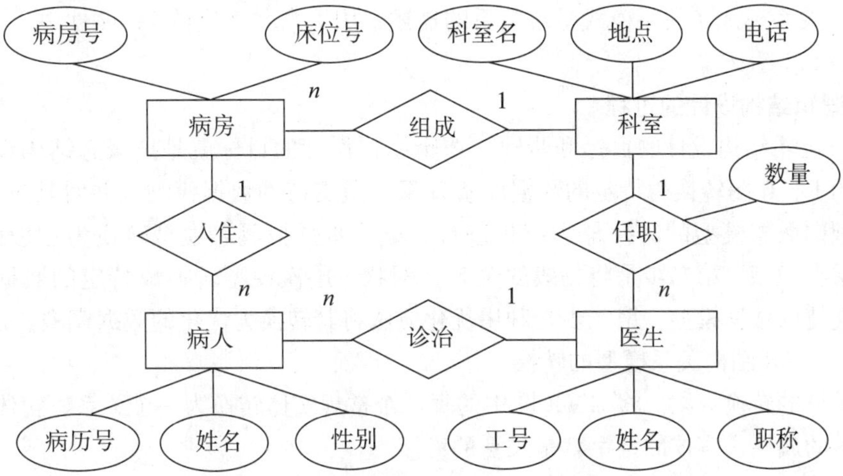

图 2.3.9　全局 E－R 图示例——医院数据库 E－R 图

表 2.3.3　　　学生信息表

学号	姓名	性别	班级	出生日期	民族	是否团员
20190501	李丽	女	物流 1901 班	2001－07－04	汉族	是
20190502	张军	男	物流 1901 班	2001－05－25	土家族	是
20190503	刘红	女	物流 1901 班	2001－04－16	汉族	是
20190504	张军	男	物流 1901 班	2001－02－20	汉族	是

关系模型中的主要术语有以下几个。

（1）关系。一个关系相当于一张二维表，也就是所说的“表”或“文件”。

（2）元组。二维表中的一行称为一个元组，也就是我们常说的记录。例如表 2.3.3 中，第一行（20190501，李丽，女，物流 1901 班，2001－07－04，汉族，是）是一条记录，也被称为一个元组。表 2.3.3 中有 4 条记录，这 4 条记录的集合就称为学生关系。

（3）属性。二维表中的一列称为一个属性，属性的名称称为属性名，属性也被称为字段。例如表 2.3.3 中有 7 个属性名，分别是学号、姓名、性别、班级、出生日期、民族和是否团员。

（4）主键。能唯一标识每个实体的属性或属性组，称为实体的主键，也称为实体的关键字、关键码或码。例如表 2.3.3 中，学生的学号在整个学校的学号中是唯一的，因此，可以选取“学号”属性作为关键字，而不能选取“姓名”属性作为关键字，因为一个学校中可能存在姓名相同的学生。例如表 2.3.3 中就有两个姓名为“张军”的学生。

（5）外部关键字。当某一属性 C 同时存在于两个关系 A 和 B 中时，如果 C 是 A 的关键字，而不是 B 的关键字，则称属性 C 为 B 的外部关键字。

（6）域。域是属性的取值范围。例如表 2.3.3 中，“性别”属性的域是 {男，女}。

（7）关系模式。关系模式是对关系的描述，用关系名（属性1，属性2，……属性n）来表示。

2. 逻辑结构设计的过程

（1）逻辑结构设计的目标和步骤。逻辑结构设计的目标就是把概念结构设计阶段设计好的E－R图转换为特定的数据库管理系统所支持的数据模型，并对其进行优化。概念模型向数据模型的转换分为三步进行。第一步是把概念模型转换为一般的关系、网状、层次模型；第二步是将一般的关系、网状、层次模型转换成特定的数据库管理系统所支持的数据模型；第三步是利用优化方法将其转换为优化的数据模型。

（2）E－R图向关系模型的转换。

①实体的转换规则。将E－R图中的每一个常规实体转换为一个关系，实体的属性就是关系的属性，实体的键字就是关系的键字。

②实体间联系的转换规则。如果两个实体间是一对一的联系，则将其中任意一方实体的关键字纳入另一方实体的关系中，作为它的第一个属性，即为外部关键字，如果联系有属性，则一并纳入其中。如图2.3.8（a）所示“工厂”与“厂长”两实体间的联系，联系本身并无属性，转换时只要在“工厂”的关系中增加“厂长”的关键字作为属性项，或在“厂长”的关系中增加“工厂”的关键字作为属性项，就能实现彼此间一对一的联系。如：厂长（厂长号，厂号，姓名，年龄），工厂（厂号，厂名，地点）或厂长（厂长号，姓名，年龄），工厂（厂号，厂长号，厂名，地点）。

如果两个实体间是一对多（$1:n$）联系，就将1方的关键字纳入n方实体对应的关系中作为外部关键字，同时把联系的属性也一并纳入n方实体的关系中。如图2.3.8（b）所示，“仓库”为1方，“产品”为n方，则E－R图对应的关系模型为：仓库（仓库号，地点，面积），产品（货号，品名，价格，仓库号，数量）。

如果两个实体间是多对多（$m:n$）联系，则需对联系单独建立一个关系，用来联系双方实体，该关系的属性中至少要包括被它所联系的双方实体的关键字，如果联系有属性，也要归纳到这个关系中。图2.3.8（c）表示“学生”与“课程”两实体之间是$m:n$联系，根据上述转变原则，对应的关系模型如下：学生（学号，姓名，性别，奖学金），课程（课程号，课程名，学时数），学习（学号，课程号，成绩）。

（四）物理设计阶段

这一阶段主要是根据特定数据库管理系统提供的多种储存结构和存取方法，为具体的应用任务选定最合适的物理存储结构（包括文件类型、索引结构和数据库的存放次序与逻辑等）、存取方法和存取路径等。这一步设计的结果就是所谓的“物理数据库”。

【同步测试】

一、判断题

1. 数据库是指长期存储在计算机内的、有组织的、可共享的数据集合。（　　）

2. 概念模型是信息世界到现实世界的第一层抽象。（　　）

3. 数据库中的数据冗余度高。(　　)

4. 数据管理技术发展到人工管理阶段，所有数据完全由人工管理。(　　)

5. 数据仓库是一个面向主题的、集成的、非易失的且随时间变化的数据集合，可以用来支持管理人员的决策。(　　)

二、单项选择题

1. 通常用以下的顺序来完成数据库的设计工作(　　)。

A. 概念结构设计、物理设计、逻辑结构设计

B. 逻辑结构设计、概念结构设计、物理设计

C. 概念结构设计、逻辑结构设计、物理设计

D. 物理设计、逻辑结构设计、概念结构设计

2. 在数据库设计中，在概念结构设计阶段可用 E－R 模型方法，其设计出的图称为(　　)。

A. 实物示意图　　B. 实用概念图　　C. 实体表示图　　D. 实体－联系图

3. 在数据库技术的发展过程中，经历了人工管理阶段、文件系统阶段和数据库系统阶段，其中数据独立性最高的是(　　)。

A. 数据库系统阶段　B. 文件系统阶段　　C. 人工管理阶段　　D. 数据项管理阶段

4. 数据挖掘(　　)。

A. 是从大量的、不完全的、有噪声的、模糊的、随机的实际应用数据中，提取隐含在其中的、人们事先不知道的，但又是潜在的、有用的信息和知识的过程

B. 用于企业内部专门的数据存储，专门用于支持分析型数据查询

C. 研究如何组织和存储数据，如何高效地获取和处理数据

D. 负责数据的收集、集成、存储、管理等工作

三、多项选择题

1. 数据库技术经历了(　　)三个阶段。

A. 人工管理　　B. 文本录入　　C. 数据库系统　　D. 文件系统

2. 数据仓库的主要特点有(　　)。

A. 面向主题　　B. 集成性　　C. 相对稳定　　D. 反映历史变化

3. 数据挖掘的任务主要有(　　)。

A. 关联分析　　B. 时序模式分析　　C. 分类分析

D. 聚类分析　　E. 预测

四、简答题

1. 简述数据、数据库、数据库管理系统、数据库系统的概念。

2. 试说明将 E－R 图转换成关系模型的规则。

3. 简述数据仓库与数据挖掘技术在物流中的应用。

【技能训练】 图书借阅管理数据库的 E－R 图绘制

实训目标：熟悉数据库系统的设计步骤，能根据企业实际情况，设计 E－R 图，并

将其转换成关系模型；促进学生对数据库基本概念及数据转换过程的理解，提高学生抽象思维与逻辑思维能力。

环境要求：计算机机房。

实训内容：一个图书借阅管理数据库要求提供下述服务。

可随时查询书库中现有书籍的品种、数量与存放位置。所有书籍均可由书号唯一标识。

可随时查询书籍借还情况。包括借书人单位、姓名、借书证号、借书日期和还书日期。

任何人可借多种书，任何一种书可为多个人所借，借书证号具有唯一性。

当需要时，可通过数据库中保存的出版社的电话、邮编及地址等信息向出版社增购有关书籍。一个出版社可出版多种书籍，同一本书仅为一个出版社出版，出版社名具有唯一性。

根据以上情景，试画出其E－R图，注明属性和联系的类型；将这个E－R图转换为关系模型，并给出各关系中的关键字。

【任务考核】学校选课管理系统的E－R图绘制

学校要开发一个选课管理系统，在此系统中，学生可根据自己的情况选修课程。每名学生可同时选修多门课程，每门课程可由多位教师讲授，每位教师可讲授多门课程。画出对应的E－R图。具体设计要求如下。

1. 根据需求分析，列出选课管理系统中的实体，并分析这些实体相应的属性。
2. 用E－R图表示选课管理系统中各个实体之间的联系，并画出E－R图。
3. 根据数据库概念模型到数据模型的转换原则，设计出数据库的关系模型。
4. 根据设计的数据库的关系模型创建数据库及表。

任务考核评价

以学生个人为单位实行考核。

	E－R图设计			关系模型			建立数据库及表			得分（分）
	自评分	同学评分	教师评分	自评分	同学评分	教师评分	自评分	同学评分	教师评分	
学生1										
学生2										
学生3										
学生4										
学生5										

说明：

1. 每个人的总分为100分。

2. E－R图设计40分，关系模型30分，建立数据库及表30分，每项可根据实施情况按照优、良、中、差各占1/4分值来评价。

3. 采用分层打分制，建议权重为：自评分占0.2，同学评分占0.3，教师评分占0.5，然后加权算出每位同学在本任务的综合成绩。

任务四　EDI 的识读应用

教学目标

【知识目标】

◆ 了解 EDI（电子数据交换）技术的基本概念、分类和发展；
◆ 掌握 EDI 标准；
◆ 掌握 EDI 系统的构成及工作原理。

【技能目标】

◆ 能够在物流管理活动中应用 EDI 技术。

【素质及思政目标】

◆ 培养学生对于学习和事业的执着力、专注力及敬业精神；
◆ 培养学生严谨认真、精益求精、追求完美的工匠精神。

开篇语　全球贸易额的上升带来了各种贸易单证、文件数量的激增。此外，在整个贸易链中，绝大多数的企业既是供货商又是销售商，因此提高商业文件传递速度和处理速度成了所有贸易链成员的共同需求。正是在这样的背景下，以计算机应用、通信网络和数据标准化为基础的 EDI 应运而生并得到了广泛的应用。

任务导入

工作任务单
讨论构成 EDI 系统的三要素，阐述 EDI 实现过程，有条件时发送 EDI 报文。 1. 分组讨论构成 EDI 系统的三要素。 2. 分别阐述 EDI 实现过程。 3. 有条件时发送《出口商品检验申请单》（见图 2. 4. 8）的 EDI 报文。

任务资讯

一、EDI 技术概述

（一）传统 EDI

电子数据交换技术是将商业文件标准化和格式化，并通过计算机网络，在贸易伙伴的计算机系统之间进行数据交换和自动处理的技术。EDI 将数据和信息规范化、标准化，在计算机应用系统间直接以电子方式进行数据交换。EDI是目前较为流行的商务、管理业务信息交换方式，它使业务数据自动传输与处理，从而大大提高工作效率和效益。通俗地讲，EDI就是一类电子邮包，按一定规则进行加密和解密，并以特殊标准和形式进行传输。

电子数据交换是采用标准化的格式，利用计算机网络进行业务数据的传输和处理的技术。又由于使用EDI可以减少甚至消除贸易过程中的纸质文件，因此EDI又被人们通俗地称为“无纸贸易”。其概念模型如图2.4.1所示。

图2.4.1　EDI的概念模型

EDI是信息进行交换和处理的网络化、智能化、自动化系统，是将远程通信、计算机及数据库三者有机结合在一起，实现数据交换、数据资源共享的一种信息系统。这个系统也可以作为管理信息系统和决策支持系统的重要组成部分。

EDI是一种计算机应用技术，商业伙伴根据事先达成的协议，按照一定的标准对经济信息进行处理，并把这些格式化数据通过计算机网络，在计算机系统之间进行交换和自动处理。EDI极大地改变了传统贸易和管理手段，不仅使商业业务的操作方式发生根本改变，也影响了企业的行为和效率。

EDI是一套报文通信工具，它利用计算机的数据处理与通信功能，将交易双方彼此往来的商业文档（如询价单、订货单等）转换成标准格式，并通过通信网络传输给对方。

总之，EDI是按照协议，对具有一定结构特征的标准经济信息，经过电子数据通信网，在商业贸易伙伴的计算机系统之间进行交换和自动处理的全过程。

（二）物流EDI定义

所谓物流EDI是指货主、承运业主以及其他相关的单位之间，通过EDI系统进行物流数据交换，并以此为基础实施物流作业活动的方法。物流EDI参与单位有发送货物业主（如生产厂家、贸易商、批发商、零售商等）、承运业主（如独立的物流承运企业等）、实际运送货物的交通运输企业（铁路企业、水运企业、航空企业、公路运输企业等）、协助单位（政府有关部门、金融企业等）和其他的物流相关单位。

（三）EDI的分类

按照EDI的功能不同，可将其分为四类，如表2.4.1所示。

表 2.4.1　　EDI 的分类

序号	分类	说明
1	订货信息系统	订货信息系统又称为贸易数据互换系统（Trade Data Interchange，TDI），它用电子数据文件传输订单、发货票和各类通知
2	电子金融汇兑系统	电子金融汇兑系统用于在银行和其他组织之间进行电子费用汇兑
3	交互式应答系统	交互式应答系统简称 IQR（Interactive Query Response），它可作为机票预订系统应用在旅行社或航空公司
4	资料自动传输系统	指带有图形资料自动传输功能的 EDI 系统。如美国一个厨房用品制造公司，在计算机上用 CAD（计算机辅助设计）软件设计厨房的平面布置图，再用 EDI 传输设计图纸、订货单证、收据等，大大提高了工作效率

（四）EDI 的发展

EDI 技术于 20 世纪 60 年代末产生于美国，当时的贸易商在使用计算机处理各类商务文件时发现，人工输入计算机中的数据的 70% 来源于另一台计算机输出的文件，由于过多的人为因素，影响了数据的准确性和工作效率的提高，人们开始尝试在贸易伙伴之间进行计算机数据交换。

EDI 技术是随着计算机和网络通信技术的迅速发展应运而生的产物，是商贸和行政管理向现代化、自动化发展的必然结果。从早期运用于同行、同地区的一种电子商务手段（即封闭式 EDI），到现行的适应于全球化任务活动的一种商务体系（即开放式 EDI），EDI 技术大大缩短了企业间的物流时间，然而采用这种 EDI 方式，从发出报文到接收报文存在一定的时滞，现今越来越多的商务活动要求 EDI 应用系统有较高的实时反应水平，因而以开放式 EDI 技术为基础的交互式 EDI 技术成为 EDI 的发展方向。

20 世纪 90 年代开始出现了 Internet EDI（互联网电子数据交换），即用互联网代替昂贵的专用网络进行电子数据交换，使 EDI 从专用网扩大到互联网，降低了实现成本，满足了中小企业对于 EDI 的需求。到 20 世纪 90 年代中期，美国有 3 万多家公司采用 EDI，西欧有 4 万多家 EDI 企业用户，包括化工、电子、汽车、零售业和银行各类企业。近年来由于 Internet EDI 技术、标准的不断出台和完善，一些增值网（Value Added Network，VAN）上的 EDI 用户开始考虑用 Internet 传输 EDI 文件，越来越多的企业分享并采用了 Internet Mail（互联网邮件）和 Web－EDI 等新型 EDI 技术。随着网络技术和计算机技术的不断发展和快速普及，基于互联网各种新技术的 EDI 被越来越多的企业应用，并带给企业更多的益处。

如今 EDI 的应用水平已经成为衡量一个企业在国际和国内市场上竞争能力大小的重要指标。目前，在发达国家已建立起了大量的连接各子公司、同行企业（如银行、航空公司等）及相关合作伙伴（如海关、货运代理、船舶公司、集装箱经营人等）的

EDI 系统；在发展中国家，尤其是在亚洲，EDI 的发展也非常迅速。

国际 EDI 应用的迅猛发展促进了我国 EDI 的发展，目前我国还处于 EDI 应用的初期。行政、商业与运输业用电子资料交换（Electronic Data Interchange For Administration，Commerce and Transport，EDIFACT）概念在 1990 年首次引入我国，立即受到国内有关部门的高度重视，并将其列为我国“八五”计划的关键性应用推广项目。1991 年国务院电子信息系统推广应用办公室牵头成立了中国促进 EDI 应用协调小组，由国家技术监督局（现归入国家市场监督管理总局）、原外经贸部、海关、银行、保险、交通（现更名为交通运输）等部门的主管业务领导组成。同年，我国以中国 EDIFACT 委员会的名义首次参加了亚洲 EDIFACT 理事会，并成为其正式成员国。

中国 EDIFACT 委员会自成立以后，确定了我国 EDI 应用的发展目标，并成立了相应的工作组，组织开展相应领域的 EDI 研究工作。到 1995 年 5 月，中国海关总署的物品 EDI 清关系统完成部分试运行，北京机场海关开始办理 EDI 结关业务。中国远洋运输（集团）总公司设立了其 EDI 的管理中心，并通过中国公用分组交换数据网（China Public Packet Switched Data Network，China PAC）和数字数据网（Digital Data Network，DDN）实现与其他国际网间的 EDI 单证的自动交换和自动管理。在国内 EDI 应用试点工程实施的同时，中国 EDIFACT 委员会下属的技术评估工作组（TAG）还先后将 EDIFACT 基础标准转化为国家标准，如 ISO 9735、ISO 7372 及《电子数据交换术语》（GB/T 14915—1994）等，为国内广泛应用 EDI 奠定了基础。

课程思政

忘我奋斗，他们为物流事业倾注全部热情。

塔里木垦区，酷暑最高温度达 67.2℃。若遇上沙尘暴，白昼瞬间变为黑夜。新疆维吾尔自治区巴音郭楞蒙古自治州烟草专卖局送货驾驶员高强坚守 16 年，创下安全行车 80 余万公里、卷烟配送零差错的纪录，他“思于客户之先、多为客户服务一步”，创造出“高强式”亲情化服务模式。

一面高山，一面悬崖，在湖南湘西大山深处的卷烟送货路上，保靖县烟草专卖局送货员杨金马经历过 4 次险情，却依然无怨无悔地坚守了 10 年。10 年来，杨金马记不清给他的 900 多户客户送了多少次烟，也记不清走了多少路。但有一点他是记得的，客户中有 674 户为精准扶贫建档立卡户，如今这些客户已全部实现脱贫致富。“能为贫困群众做点事，我心里踏实。”他这样说。

4 万条，零差错！这是山东省威海市烟草专卖局卷烟物流配送中心储配部异型烟班组一天的工作成绩。因为分拣量大，作业效率不高，异型烟分拣常被视为苦活累活。在异型烟分拣员岗位上，蔡海英一干就是 12 年，并总结出“四点一找”工作法，将异型烟分拣这一简单重复性工作做到了极致。

64 小时，系统上线！这是重庆市烟草专卖局物流分公司技术设备部副部长潘必胜“跑”出的“攻坚速度”。节前高峰期，异型烟分拣量是平常的 3 倍。分拣线没有系统支撑，完全依靠人工调度。为完成分拣任务潘必胜与时间赛跑，调动 C 语言与数据库技术两大工具，64 小时内，异型烟任务智能调度监控系统成功上线，大幅提高了分拣速度，保障了旺季供应。

“快递物流业发挥着连接千城百业、联系千家万户、连通线上线下的重要作用。特别是在新冠肺炎疫情发生后，快递员递送生活必需品，彰显了使命担当。我们的工作符合国家发展的需要，符合人民群众生产生活的需要，这就是‘幸福’的。”党的二十大代表、圆通速递服务有限公司湖南省长沙市高桥分公司营运部经理马石光说。

“人间万事出艰辛。越是美好的未来，越需要我们付出艰苦努力。”当前，行业高质量发展对物流工作提出了更新、更高的要求。“爱岗敬业、争创一流，艰苦奋斗、勇于创新，淡泊名利、甘于奉献”的劳模精神，就像烛照物流高质量发展之路的一盏明灯，引领全体物流人争做尖兵、争当先锋，在推动行业高质量发展中发挥作用！

二、EDI 的系统构成

数据标准、EDI 软件及硬件和通信网络是构成 EDI 系统的三要素。如图 2.4.2 所示。

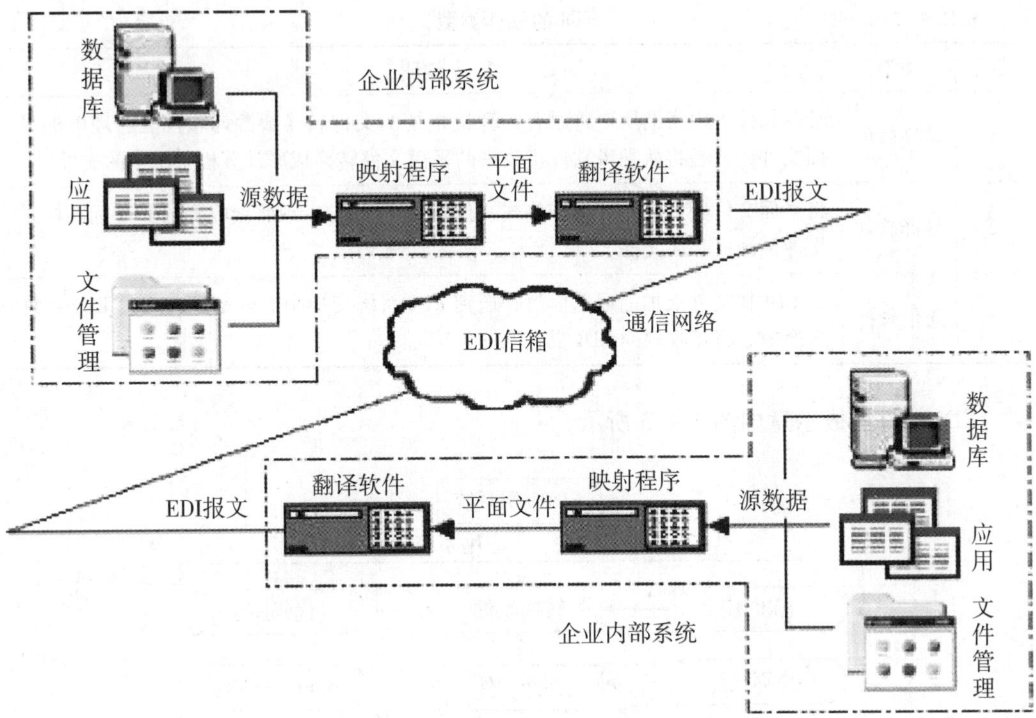

图 2.4.2　EDI 系统的构成

（一）数据标准

EDI 标准是由各企业、各地区代表共同讨论、制订的电子数据交换共同标准，可以使各组织之间的不同文件格式，通过共同的标准，达到彼此之间文件交换的目的。

EDI标准是国际上制定的一种用于在电子函件中书写商务报文的规范和国际标准。制定这个标准的主要目的是消除各国语言、商务规定以及表达与理解上的歧义性，为国际贸易商务操作中的各类单证数据交换搭起一座电子通信的桥梁。

目前，国际上流行的EDI标准是由联合国欧洲经济委员会（United Nations Economic Commission For Europe，UNECE）制定颁布的《行政、商业和运输业电子数据交换应用级语法规则》。

（二）EDI软件及硬件

实现EDI，需要配备相应的EDI软件和硬件。EDI软件具有将用户数据库系统中的信息译成EDI的标准格式，以供传输交换的能力。虽然EDI标准具有足够的灵活性，可以适应不同行业的不同需求，但由于每个公司都有自己所规定的信息格式，因此，当需要发送EDI报文时，必须用某些方法从公司的专有数据库中提取信息，并把它翻译成EDI的标准格式进行传输，这就需要EDI软件的帮助。具体有如表2.4.2所示类型的软件。

表2.4.2　　EDI的软件类型

序号	类型	说明
1	转换软件	转换软件可以帮助用户将原有计算机系统的文件转换成翻译软件能够理解的平面文件，或是将从翻译软件接收来的平面文件转换成原计算机系统中的文件
2	翻译软件	将平面文件翻译成EDI标准格式文件（EDI报文），或将接收到的EDI标准格式文件翻译成平面文件
3	通信软件	将EDI报文外层加上通信信封，送到EDI系统交换中心的邮箱，或由EDI系统交换中心将接收到的EDI报文取回

EDI软件构成示意如图2.4.3所示。

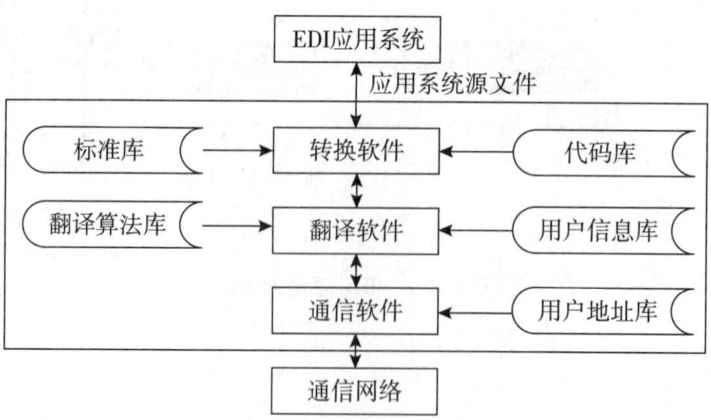

图2.4.3　　EDI软件构成示意

EDI 所需的硬件设备大致有计算机、调制解调器及电话线。目前所使用的计算机，无论是 PC（个人计算机）、工作站、小型机、主机等均可利用。由于使用 EDI 来进行电子数据交换，需通过通信网络，所以采用电话网络进行通信是目前很普遍的方法，因此调制解调器也是硬件设备之一。它的功能与传输速度，应根据实际需求来选择决定。一般最常用的是电话线路，如果传输时效及资料传输量有较高要求，可以考虑租用专线。

（三）通信网络

通信网络是实现 EDI 的手段，EDI 通信方式有多种，总的来说，可以归纳为两大方式，即直接连接和增值网连接。如图 2.4.4 所示。

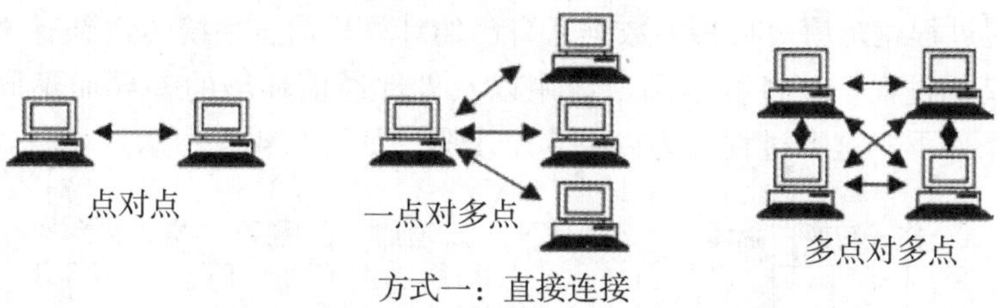

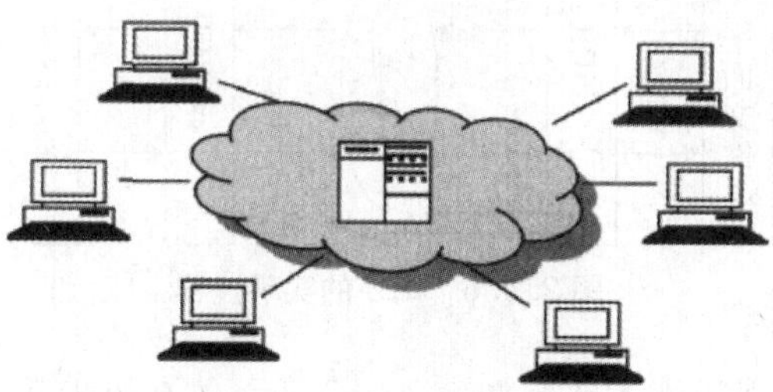

方式二：增值网连接

图 2.4.4　EDI 的通信方式

直接连接方式适用于贸易伙伴数量较少的情况，但随着贸易伙伴数量的增多，当多家企业直接用电脑通信时，会出现由于计算机厂家不同、通信协议相异以及工作时间不易配合等而产生的各种问题，造成相当大的困难。为了克服这些困难，许多应用 EDI 的公司逐渐采用第三方网络与贸易伙伴进行通信，即增值网（VAN）连接方式。它类似于邮局为发送者与接收者维护邮箱，并提供存储转送、记忆保管、通信协议转换、格式转换、安全管制等服务。可见，通过增值网传送 EDI 文件，可以大幅度地降低相互传送资料的复杂度和困难度，进而大大提高 EDI 的效率。

三、EDI 的工作过程

当今世界通用的 EDI 通信网络，是建立在信息处理系统（Message Handling Systems，MHS）数据通信平台上的信箱系统，其通信机制是信箱间信息的存储和转发。具体实现方法是在数据通信网上加挂大容量信息处理计算机，在计算机上建立信箱系统，通信双方需申请各自的信箱，其通信过程就是把文件传到对方的信箱中。文件交换由计算机自动完成，在发送文件时，用户只需进入自己的信箱系统。EDI 的数据交换系统如图 2.4.5 所示。

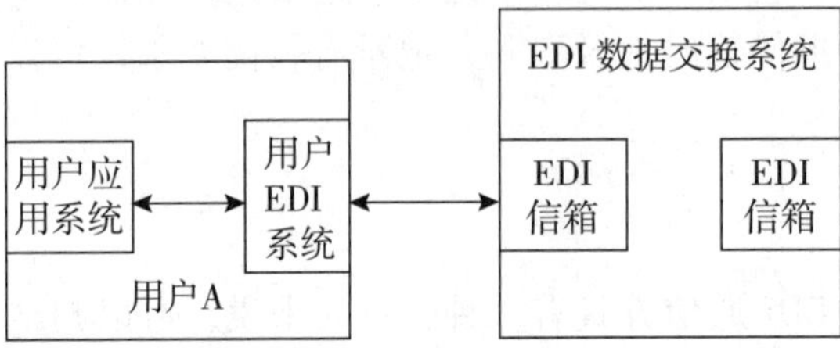

图 2.4.5　EDI 的数据交换系统

EDI 实现过程就是用户将相关数据从自己的计算机信息系统传送到有关交易方的计算机信息系统的过程。该过程因用户应用以及外部通信环境的差异而不同。在有 EDI 增值服务的条件下，这个过程分为以下 6 个步骤，如图 2.4.6 所示。

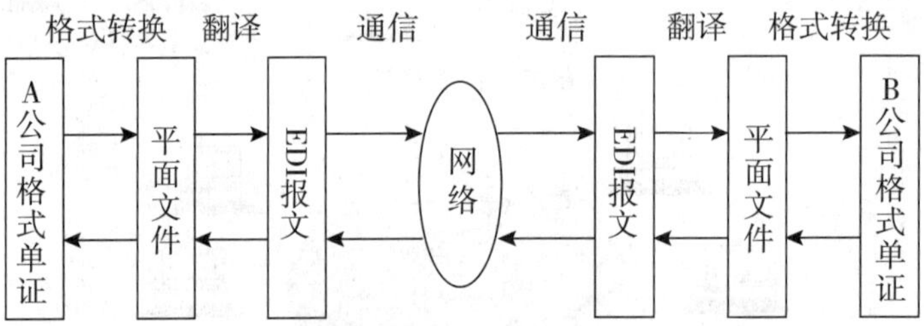

图 2.4.6　EDI 的实现过程

简而言之，EDI 实现过程大致有如表 2.4.3 所示的 6 个步骤。

表 2.4.3　EDI 实现步骤

序号	步骤
1	发送方将要发送的数据从信息系统数据库中提出，转换成平面文件（亦称中间文件）
2	将平面文件翻译成标准的 EDI 报文
3	发送 EDI 信件
4	接收方从 EDI 信箱中收取信件
5	EDI 信件被拆开并翻译成平面文件
6	将平面文件转换成接收方信息系统可识别的数据并送到接收方信息系统中进行处理

由于 EDI 服务方式不同，平面转换和 EDI 翻译可在不同位置（用户端，EDI 增值中心或其他网络服务点）进行，但基本步骤是上述 6 步，其中后 3 步是前 3 步的逆过程。将前半部分的内容进行整合，即可得到 EDI 系统的工作流程图，如图 2.4.7 所示。

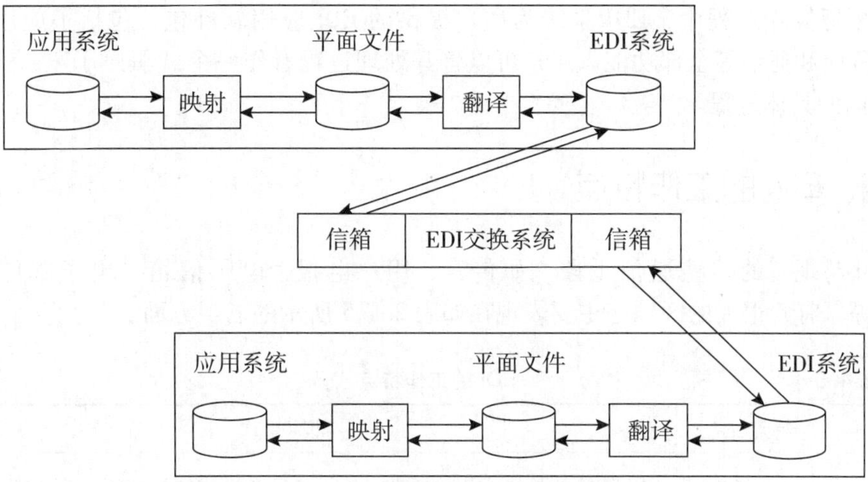

图 2.4.7　EDI 系统工作流程

EDI 系统工作流程主要通过映射、翻译、通信、EDI 文件的接收和处理等模块进行工作。EDI 的主要模块功能如表 2.4.4 所示。

表 2.4.4　EDI 的主要模块功能

序号	模块	功能
1	映射	生成 EDI 平面文件。 EDI 平面文件是通过应用系统将用户的应用文件（如单证、票据）或数据库中的数据，映射成的一种标准的中间文件。 平面文件是用户通过应用系统直接编辑、修改和操作的单证和票据文件，它可直接阅读、显示和打印输出
2	翻译	生成 EDI 标准格式文件。 其功能是将平面文件通过翻译软件生成 EDI 标准格式文件。EDI 标准格式文件，就是所谓的 EDI 电子单证，或称电子票据。它是 EDI 用户之间进行贸易和业务往来的依据。EDI 标准格式文件是一种只有计算机才能阅读的 ASCII 码文件。它是按照 EDI 数据交换标准（即 EDI 标准）的要求，将单证文件（平面文件）中的目录项，加上特定的分割符、控制符和其他信息，生成的一种包括控制符、代码和单证信息在内的 ASCII 码文件
3	通信	这一步由计算机通信软件完成。 用户通过通信网络，接入 EDI 信箱系统，将 EDI 电子单证投递到对方的信箱中。EDI 信箱系统则自动完成投递和转接，并按照 X.400（或 X.435）通信协议的要求，为电子单证加上信封、信头、信尾、投送地址、安全要求及其他辅助信息
4	EDI 文件的接收和处理	接收和处理过程是发送过程的逆过程。 首先需要接收用户通过通信网络接入 EDI 信箱系统，打开自己的信箱，将来信接收到自己的计算机中，并将其经格式校验、翻译、映射还原成应用文件。其次对应用文件进行编辑、处理和回复

在实际操作过程中，EDI系统为用户提供的EDI应用软件包，包括了应用系统、映射、翻译和通信等全部功能。用户可以将其处理过程看作一个“黑匣子”，完全不必关心里面的具体过程。

四、EDI的工作特点

EDI与现有的一些通信手段，如传真、用户电报、电子信箱（电子邮件、E-mail）等，有着很大的区别，主要表现在如表2.4.5所示的七个方面。

表2.4.5 EDI的工作特点

序号	特点	说明
1	格式化标准	EDI传输的是格式化的标准文件，并具有格式校验功能。而传真、用户电报和电子信箱等传送的是自由格式的文件
2	自动处理	EDI实现的是计算机到计算机的自动传输和自动处理，其对象是计算机系统。而传真、用户电报和电子信箱等的对象是人，接收到的报文必须人为干预或人工处理
3	安全保密	EDI对于传送的文件具有跟踪、确认、防篡改、防冒领、电子签名等一系列安全保密功能。而传真、用户电报则不具备这些功能。虽然电子信箱具有一些安全保密功能，但它比EDI的层次低
4	法律效力	EDI文本具有法律效力，而传真、用户电报和电子信箱则没有
5	分组数据通信	传真建立在电话上，用户电报建立在电报网上，而EDI和电子信箱都建立在分组数据通信网上
6	通信平台高	EDI和电子信箱都建立在计算机通信网开放系统互连（OSI）参考模型的第七层上，而且都是建立在报文处理系统通信平台之上，但EDI比电子信箱要求的层次更高
7	非实时通信	EDI和电子信箱都是非实时的，具有存储转发功能。因此，不需要用户双方联机操作，解决了计算机网络同步处理的困难和低效率

五、EDI的应用效益

EDI之所以在世界范围内得到如此迅速的发展和应用，是因为使用EDI有着纸面单证处理系统无法比拟的优势，能给企业用户带来实质性的好处。EDI为企业带来的效益主要体现为表2.4.6所示的4个方面。

表 2.4.6　EDI 为企业带来的效益

序号	效益	说明
1	降低企业的成本	EDI 能够节省企业的成本，包括减少单据处理任务和费用、减少人事的层次和更好地安排人事、减少库存及相关储运费和其他成本。根据联合国组织的一次调查，进行一次进出口贸易，双方约需交换近 200 份文件和表格，其纸张、行文、打印及差错可能引起的总开销大约为货物价格的 7%。据统计，美国通用汽车公司采用 EDI 后，每生产一辆汽车可节约成本 250 美元，按每年生成 500 万辆车计算，可以产生 12.5 亿美元的经济效益
2	减少重复劳动	如果不使用 EDI 系统，即使是高度计算机化的公司，也需要经常将外来的资料重新输入本公司的电脑。而传统的纸张单据流过程复杂容易出现疏漏。EDI 的使用，不仅改善了内部管理和操作，也提高了人员的工作效率。例如，一个采购部经理过去要花 80% 的时间用于纸张单据的操作，而只有 20% 的时间能用于采购业务。使用 EDI 后，他可以将绝大部分时间用于找货源和谈判等真正的采购方面
3	改善贸易双方关系	通过引入 EDI，厂商可以准确地估计日后商品的需求情况，货运代理商可以简化大量的处理文书的工作，商户可以提高存货的效率，大大提高企业的竞争能力，从而改善贸易双方的关系。另外，EDI 简化了订货或存货的过程，使双方能够及时充分地利用各自的人力和物力资源，以更迅速有效的方式进行贸易。美国数字设备公司（Digital Equipment Corporation，DEC）应用了 EDI 后，存货期由 5 天缩短为 3 天，每笔订单费用从 125 美元降到 32 美元。新加坡采用 EDI 贸易网络之后，海关贸易的手续从原来的 3～4 天缩短到 10～15min
4	提高企业的国际市场竞争能力	在美国，EDI 得到了许多行业的欢迎和广泛应用，如汽车制造、石油和天然气、化工、铁路、仓储、海运、医药、零售等行业，普遍希望贸易伙伴采用 EDI 方式，EDI 在某些行业已成为一种必备条件和行业规范。因此，EDI 可以帮助企业适应当今全球市场的需要，有效地提高企业在国际市场上的竞争能力

任务实施：EDI的实施过程与应用

一、EDI 的实施过程

以《出口商品检验申请单》（见图 2.4.8）的转换过程为例，按表 2.4.3 所示的 EDI 实现过程的 6 个步骤进行演示。

出口商品检验申请单

检验日期：1997.11.4　报检单位：上海市食品进出口公司　检验地点：/000000001
联系人：吴继浩
单位地址：四川北路525号　托收协议书：1716　电话：63747380

<table>
<tr><td>发货人</td><td colspan="3">（中文）上海市食品进出口公司</td><td>装运日期</td><td colspan="2">1997-11-15</td></tr>
<tr><td></td><td colspan="3">（译文）</td><td>装运口岸</td><td colspan="2">上海</td></tr>
<tr><td>收货人</td><td colspan="3"></td><td>包装种类</td><td colspan="2">纸箱</td></tr>
<tr><td rowspan="2">商品名称规格</td><td colspan="3">（中文）冻烤鳗</td><td>检验数量</td><td colspan="2">2,803.00箱</td></tr>
<tr><td colspan="3">（译文）Frozen Roasted Eel</td><td rowspan="2">检验重量</td><td colspan="2">毛33,600.00千克</td></tr>
<tr><td>HS编码</td><td>1604 1900</td><td>商品出口总值US $</td><td>568,164.80</td><td colspan="2">净28,030.00千克</td></tr>
<tr><td>预约工作日期</td><td>1997-11-10</td><td>商品收购总值RMB</td><td>4,500,000.00</td><td colspan="2">输往国别或地区</td><td>巴基斯坦</td></tr>
<tr><td>货物存放地点</td><td>慈溪</td><td>卫生注册/许可证</td><td>3300/02202</td><td colspan="2">检验依据</td><td>GB</td></tr>
<tr><td colspan="4">特殊要求：
请在商检证书上注明3300、02202编号，已采取了防止残留措施的同时请注明生产厂名称、地址及收货人、数量和箱数</td><td colspan="3">标记及号码：
N/M</td></tr>
</table>

<table>
<tr><td>随附单据</td><td>检验商品</td></tr>
<tr><td>HS编码</td><td>商品名称　检验件数　单位　检验重量（毛）　检验重量（净）单位</td></tr>
<tr><td>1604 1900</td><td>冻烤鳗　2,803.00　110　33,600.00　28,030.00　035</td></tr>
<tr><td></td><td></td></tr>
<tr><td colspan="2">备注：</td></tr>
</table>

以下内容由商检局填写

检验方式（　）	商检检验（　）	共同检验（　）	认可单位检验（　）	
商检检验项目（　）	品质/规格（　）	数量/重量（　）	安全/卫生（　）	包装（　）

项目	经办人	年	月	日	项目	经办人	年	月	日	项目	经办人	年	月	日
接受检验					复读					校对				
检验处收单					检验处发单					复读				
取样					检务处收单					发证				
检验					制证					计费				

图2.4.8　出口商品检验申请单

步骤一，根据平面文件标准，把通常格式的上述《出口商品检验申请单》转换成平面文件。如图2.4.9所示。

平面文件

EVPHDIBISENDER　　　　　　　　IBIRECEIVER

CIHDR374　　　　　000000001　　　　9　　　　　19971104

SNDER3101915045　　　　上海市食品进出口公司

SNADR 四川北路 525 号

CTACM 吴继浩　　　　　63747380　　　　　1716

RECVR

CZZNA15376221755766　　　　上海市食品进出口公司

CNZNA default　　　　Tomen Corporation

PAYER3101915045　　　　上海市食品进出口公司

DMSIFB　2222

DOCCZALF　　　　　　　GB

SPISP 请在商检证书上注明 3300/02202 编号，已采取了防止残留措施的同时请注明生产厂名称、地址及收货人、数量和箱数

LOCDM127　慈溪　15616219971115

SHMRKN/M

GIDMO2803　　120568164. 8　　4500000　　1997111011033600　　28030 035

MERCHI　冻烤鳗

YWMERFrozen Roasted Eel

HSCOD160419003300/02202　　2803　　110　　0

PRODU33600　　　　28030　　　　　035 慈溪

图 2. 4. 9　EDI 系统转换成的平面文件

步骤二，根据 EDI 报文标准，把平面文件翻译成 EDI 报文。如图 2. 4. 10 所示。

UNB+UNOA:0+IBISENDER+IBIRECEIVER+971104:0816+374++APINCEMUNH+374+APINCE:0:97A:IBMBGM+855::APINCE+000000001+9 'DTM+150:19971104:102 'NAD+MS+3101915045++上海市食品进出口公司+四川北路 525 号 'CTA+MS+：吴继浩 'COM+63747380:TE 'RFF+AEK:1716 'NAD+MR 'NAD+CZ+15376221755766+上海市食品进出口公司 'NAD+ CN+ default Tomen Corporation 'NAD+PL+3101915045+上海市食品进出口公司 'DMS+2222+B 'RFF+ZZZ:ALF 'FTX+ACB+++GB 'FTX+SSR+++请在商检证书上注明 3300/02202 编号，已采取了防止残留措施的同时请注明生产厂名称、地址及收货人、数量和箱数 'LOC+ 36+127 'LOC+14+慈溪:ZZZ 'LOC+9+156162 'DTM+11:19971115:102 'PCI++N/M ' GID++2803:120MMOA+44:568164.8:USDMMOA+44:4500000:CNYMDTM+179:19971110:102 'PAC+++110:ZZZ 'QTY+101:3360 0:035 'QTY+100:28030:035 'UNS+D 'LIN+1 'IMD+++CHN:161::冻烤鳗 'IMD+++ENG:161::Frozen Roasted Eel 'RFF+HS:16041900 'RFF+ZZZ:3300/0 2202 'GID++2803:110 'LOC+48 'PRI+INF:::INV 'QTY+101:33600:035 'QTY+100:28030:035 'LOC+14 慈溪 'DTM+94::102 'RFF+BT 'UNS+S 'UNT+43+374 'UNZ+1+374 '

图 2. 4. 10　EDI 系统翻译成的 EDI 报文

步骤三，发送 EDI 信件。

EDI与传真或E－mail的区别如表2.4.7所示。

表2.4.7　EDI与传真或E－mail的区别

项目	EDI	传真或E－mail
传输内容	格式化的标准文件	自由格式的文件
使用过程	计算机系统自动处理，无须人工干预	需要人工干预
安全保密	安全保密性高	安全保密性低
通信网络	增值网、互联网	电话网、互联网

当前发达的互联网对EDI的信息发送产生了积极的影响。互联网是全球网络结构，可以大大扩大参与交易的范围；互联网可实现在世界范围的连接，但只需很少的费用；互联网为数据交换提供了许多简单且易于实现的方法，用户可以使用页面完成交易；互联网服务提供商（ISP）提供了多种服务方式，节省了传输的费用。

步骤四，接收方从EDI信箱中收取信件。此时信件的格式是标准报文。

步骤五，将EDI信件拆开并翻译成平面文件。同图2.4.9“EDI系统转换成的平面文件”。

步骤六，将平面文件转换并送到接收方信息系统中进行处理。同图2.4.8“出口商品检验申请单”。

二、EDI的工作举例

下面我们以采购业务为例，说明在采用EDI进行商务处理的情况下，买卖双方是如何处理业务的。图2.4.11给出了商品交易EDI系统的工作模型。

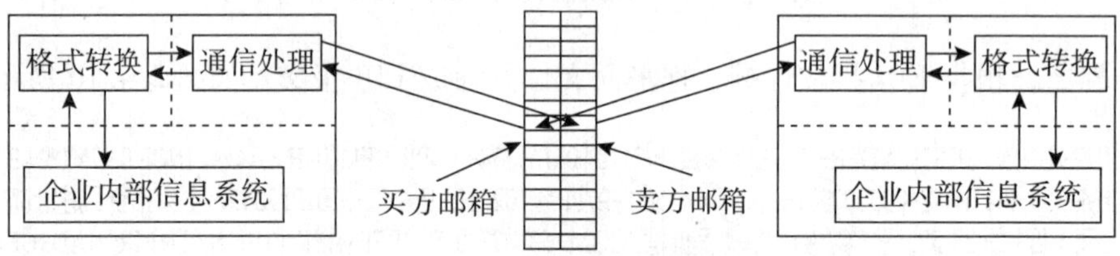

图2.4.11　商品交易EDI系统的工作模型

从图2.4.11可以看出应用EDI进行商品交易信息处理的流程如表2.4.8所示。

表2.4.8　应用EDI的商品交易信息处理流程

序号	流程
1	当买方的库存管理系统提出购买某种物资的数据时，EDI的翻译软件据此编制一份订单EDI报文
2	通信软件将订单通过网络送至网络中心指定的卖方邮箱内。同时，利用公司内部计算机应用程序之间的搭桥软件，将这些数据传送给应付账的部门和收货部门，进行有关的登记

续　表

序号	流程
3	卖方定时经网络到网络中心的邮箱内取回订单，EDI 的翻译软件把这份订单翻译成卖方数据格式
4	卖方如果确认可以售给买方指定的物资，则将供应单经相反方向返回给买方。若只有部分满足买方要求或不能满足要求，则以相同的方向返回相应信息。卖方收到订单时，卖方的搭桥软件把有关的数据传送给仓库或工厂，以及开票部门，并对计算机发票文件的内容进行相应的更新
5	买方收到供应单后，在订单基础上产生一份物资情况询问表，传送给卖方。双方就物资价格等问题进行讨论，直到达成一致
6	达成一致后，卖方的仓库或工厂填制装运单，编制船期通知，并将其传送给买方。同时，通过搭桥软件，将船期通知传送给开票部门，生成电子发票，传送给买方。卖方在开出发票时，有关数据就传送给应收账部门，对应收账的有关数据进行更新
7	买方接到船期通知后，有关数据自动进入收货部门文件系统，产生收货通知。收货部门的收货通知通过搭桥软件传送给应付账部门
8	买方收到电子发票以后，产生一份支付核准书，传送给应付账部门
9	买方应付账部门开具付款单据通知开户银行付款，同时通知卖方付款信息
10	卖方收到汇款通知后，有关数据经过翻译进入应收账户

由此可见，当买方提出购买的要求后，EDI 就可以自动进行转换操作，生成不同用途的数据，送至各相关贸易伙伴，直至该事务处理结束。

课程思政

古代的赵州桥、都江堰、故宫等，现代的鸟巢、港珠澳大桥等都是体现我国无数古今工匠们“工匠精神”的杰作。十九大报告中提出，建设知识型、技能型、创新型劳动者大军，弘扬劳模精神和工匠精神，营造劳动光荣的社会风尚和精益求精的敬业风气。

工匠精神的基本内涵主要包括：爱岗敬业的职业精神、精益求精的品质精神、协作共进的团队精神、追求卓越的创新精神。其中，爱岗敬业的职业精神是根本，精益求精的品质精神是核心，协作共进的团队精神是要义，追求卓越的创新精神是灵魂。

爱岗敬业：所谓“爱岗”，就是干一行，爱一行，热爱本职工作。所谓“敬业”就是要钻一行，精一行，勤勤恳恳，兢兢业业，一丝不苟，认真负责。

精益求精：没有最好，只有更好；没有完成时，只有进行时；永远在路上，要尽善尽美。

协作共进：现在各个专业日益融合、边界模糊。几乎所有重点、重大课题的攻破都是团队精神的产物。不合作、不进入团队，几乎是寸步难行的。比如“复兴号”列车的制造，一列车厢就有37000多道工序。这37000多道工序，一个人是不可能完成的，必须由车间或班组亦即团队协作来完成。

追求卓越就是要有理想，有严格要求，追求完美，追求极致。

在我们身边，匠人无处不在。他们是各行各业的从业者中，“倔强”而“执着”的那一部分人，他们的存在，让这个世界在利益的追逐之外，多了一份单纯的诉求。喧嚣尘世，你能否守一种精神，做一个匠人？

三、EDI在物流管理中的应用

EDI最初由美国企业应用于企业间订货业务活动中，其后EDI的应用范围从订货业务向其他业务扩展，如销售信息传送业务、库存管理业务、发货/送货信息和支付信息的传送业务等。

EDI既准确又迅速，可免去不必要的人工处理，节省人力和时间，同时可减少人工作业可能产生的差错。所以，它已被广泛应用于制造商、批发商、零售商等的物流作业流程中。EDI在物流管理中的应用主要表现为表2.4.9所示的几方面。

表2.4.9　　EDI在物流管理中的应用

序号	应用领域	说明
1	配送中心的EDI应用	配送中心是连接供应商与客户的桥梁，它对调节产品供需、缩短流通渠道、调整不经济的流通规模以及降低流通成本起到了极大的作用。配送中心利用EDI可改善作业流程，如EDI出货单应用可与其拣货系统集成，生成拣货单，这样就可以加快内部作业速度，缩短配货时间；在出货完成后，可将出货结果用EDI通知客户，使客户及时了解出货情况，也可以尽快处理缺货情况
2	运输商的EDI应用	运输商利用EDI进行数据传输，可接收委托人传来的托运单EDI报文，从而可事先得知托运货物的详情，包括箱数、重量等，以便配备车辆。运输商利用EDI可改善托运、收货、送货、回报、对账、收款等作业流程。托运人传来的EDI托运数据可与发送系统集成，自动生成发送明细单；也可与送货的回报系统集成，将送货结果及早回报给托运人，提高客户服务质量。此外，对已完成送货的交易，也可回报运费，供客户提早核对，并可运用EDI催款对账单向客户催款

续 表

序号	应用领域	说明
3	制造商的 EDI 应用	制造商通过 EDI 可以实现与其交易伙伴间的接单、出货、催款及收款作业。其间往来的数据单证包括采购单、出货单、催款对账单及付款、收款凭证等。制造商利用 EDI 进行数据传输，接收客户传来的订单 EDI 报文，将其转换成企业内部的订单形式，从而不需要重新输入订单数据，提高作业效率。制造商利用 EDI 还可以改善作业流程，可以与客户、供应商进行实时的数据共享与处理，并与企业内部的信息系统集成，改善接单、出货、对账、收款等作业流程
4	批发商的 EDI 应用	批发商的相关业务包括向客户提供商品以及向厂商采购商品。批发商应用 EDI，可将采购进货单转换成 EDI 报文传给供应商，从而不需要为配合不同厂商而使用不同的电子订货系统。供应商提早收到订单，可以及时处理，加快送货速度。批发商也可以接收客户的采购进货单 EDI 报文，从而不需要重新输入订单数据，节省人力和时间，同时也可以降低人为错误。EDI 还可以改善批发商的接单、出货、催款、验收、对账、付款等作业流程
5	零售商的 EDI 应用	零售商与其交易伙伴发生的交易行为大致有订货、进货、对账、付款等。其间利用 EDI 进行数据交换的单据有订单、进货单、对账单、付款单等。利用 EDI 技术可以大大提高零售商的交易作业效率，将商品及时运达商店或及时销售给顾客
6	国际贸易中的 EDI 应用	在报关、商检等物流活动中也常常应用 EDI 技术，EDI 还特别适用于国际贸易中的大量文件传输。在商业贸易活动中，每个贸易伙伴每天都要与供应链中的供应商、生产商、批发商、零售商以及其他商业组织交换数据，从而产生大量的文档，如订单、发票、产品目录、销售报告等，这些文档也是商业贸易中重要的信息流。EDI 可有效地使信息在不同职能部门间通畅、可靠地流通，能有效地减少低效工作和非增值业务。同时，通过 EDI 可快速获取信息，使企业合作伙伴之间能更好地进行联系、交流，更好地为用户提供服务。EDI 技术使供应链变得更加集成化，使供应链中的物流、资金流、信息流变得更加畅通与及时

【同步测试】

一、判断题

1. 随着网络技术和计算机技术的不断发展和快速普及，基于互联网的各种技术的 EDI 必将被越来越多的企业应用。(　　)

2. 当需要发送 EDI 报文时，必须用某些方法从公司的专有数据库提取信息，并把

它翻译成 EDI 的标准格式。(　　)

3. EDI 的通信方式，一般是直接连接和通过增值网连接。(　　)

4. EDI 和电子信箱都是实时的，具有存储转发功能。(　　)

5. EDI 既准确又迅速，可免去不必要的人工处理，节省人力和时间，同时减少人工作业可能产生的差错。(　　)

二、单项选择题

1. EDI 将数据和信息规范化、标准化，在计算机应用系统间直接以电子方式进行（　　）。

A. 数据交换　B. 信息整合　C. 信息传输　D. 数据处理

2. EDI 技术于(　　)末产生于美国。

A. 20 世纪 50 年代　B. 20 世纪 60 年代　C. 20 世纪 70 年代　D. 20 世纪 80 年代

3. EDI 标准是由各企业、各地区代表共同讨论、制订的电子数据交换(　　)，可以使各组织之间的不同文件格式，通过共同的标准，达到彼此之间文件交换的目的。

A. 共同目标　B. 共同准则　C. 共同标准　D. 共同目的

4. EDI 软件具有将用户数据库系统中的信息译成 EDI 的(　　)，以供传输交换的能力。

A. 共同标准　B. 共同形式　C. 电文　D. 标准格式

5. 通信网络是实现 EDI 的手段，EDI 通信方式有多种，可以归纳为两大方式，即直接连接和通过（　　）。

A. 间接连接　B. 互相连接　C. 增值网连接　D. 多式连接

三、多项选择题

1. EDI 软件类型有（　　）。

A. 转换软件　B. 翻译软件　C. 通信软件　D. 传输软件

2. EDI 系统工作流程主要通过(　　)EDI 的文件的接收和处理模块进行工作。

A. 传输　B. 映射　C. 翻译　D. 通信

3. （　　）是 EDI 的工作特点。

A. 格式化标准　B. 自动处理　C. 安全保密　D. 法律效力

四、简答题

1. 构成 EDI 系统的三要素是什么？

2. EDI 有哪些工作特点？

【技能训练】 EDI 系统的操作应用

实训目标：了解 EDI 的系统组成，掌握 EDI 的工作流程及操作，熟悉 EDI 的应用。

环境要求：计算机处于互联网环境。

实训内容：

1. 使用 EDI 演示软件，体会 EDI 的转换过程。

2. 通过访问以下 EDI 中心，了解各中心的业务及操作流程。

①上海市 EDI 中心；②宁波港口 EDI 中心；③舟山港航 EDI 中心；④厦门空港 EDI 中心；⑤亿通网。

3. 上网查询国际贸易领域、贸易运输领域的 EDI 应用实例。

任务考核评价

完成任务导入的内容，以学生个人为单位实行考核。

	讨论构成 EDI 系统的三要素			阐述 EDI 实现过程			得　分（分）
	自评分	同学评分	教师评分	自评分	同学评分	教师评分	
学生 1							
学生 2							
学生 3							
学生 4							
学生 5							

说明：

1. 每个人的总分为 100 分。

2. 每项为 50 分制，每项可根据实施情况按照优、良、中、差各占 1/4 分值来评价。

3. 采用分层打分制，建议权重为：自评分占 0.2，同学评分占 0.3，教师评分占 0.5，然后加权算出每位同学在本项目中的综合成绩。

任务五　GIS 的识读应用

教学目标

【知识目标】

◆ 了解地理信息系统（GIS）的概念和分类；

◆ 掌握 GIS 的组成；

◆ 熟悉 GIS 的作用和相关技术。

【技能目标】

◆ 能够阐述 GIS 的工作流程；

◆ 能够列举 GIS 的应用领域；

◆ 能够说明 GIS 在物流中的应用情况。

【素质及思政目标】

◆ 具有求知问学、追求真理的科学精神；

◆ 具有刻苦学习、攻坚克难的奋斗精神。

开篇语 GIS即地理信息系统，是多种学科交叉的产物，是一种特定的十分重要的空间信息系统。它是在计算机硬、软件系统支持下，对整个或部分地球表层（包括大气层）空间中的有关地理分布数据进行采集、储存、管理、运算、分析、显示和描述的技术系统。

【任务导入】

工作任务单
1. 分组讨论构成GIS的要素。
2. 分组阐述GIS的操作流程。
3. 有条件时应用GIS合理安排配送路径。

任务资讯

一、GIS技术概述

由于信息技术的发展，数字时代的来临，理论上来说，GIS可以运用于现阶段任何行业。从技术和应用的角度看，GIS是解决空间问题的工具、方法和技术；从学科的角度看，GIS是在地理学、地图学、测量学和计算机科学等学科基础上发展起来的一门学科，具有独立的学科体系；从功能上看，GIS具有地理空间数据的获取、存储、显示、编辑、处理、分析、输出和应用等功能；从系统学的角度看，GIS具有一定结构和功能，是一个完整的系统。简而言之，GIS是一个基于数据库管理系统（DBMS）的分析和管理空间对象的信息系统，以地理空间数据为操作对象是地理信息系统与其他信息系统的根本区别。

（一）地理信息

地理信息是指地理分布的有关信息，它表示地表物体和环境固有的数量、质量、分布特征、联系和规律的数字、文字、图形、图像等。

地理信息属于空间信息，它与一般信息的区别在于它具有区域性、多维性和动态性。区域性是指地理信息的定位特征，这种定位特征是通过公共的地理基础来体现的。例如，用经纬网或公里网坐标来识别空间位置，并指定特定的区域。多维性是指可在二维空间的基础上实现多个专题的三维结构。比如通过GIS可以在一个地面点获取污染、交通等多种信息。动态性是指地理信息的动态变化特征，即时续特征，从而使地理信息能够以时间为尺度被划分成不同时间段的信息。这就要求及时采集和更新地理信息，并根据多时相数据和信息来寻找时间分布规模，从而对未来做出预测和预报。

（二）地理信息系统

地理信息系统（Geographic Information System，GIS）是指在计算机技术支持下，对整个或部分地球表层（包括大气层）空间中的有关地理分布数据进行采集、储存、管理、运算、分析、显示和描述的系统。GIS 是在 20 世纪 60 年代开始迅速发展起来的地理学研究新成果，是地理学、计算机科学、测绘遥感学、城市科学、环境科学、信息科学、空间科学、管理科学和信息科学融为一体的新兴学科。GIS 是多学科集成并应用于多领域的基础平台，这是对信息的各种加工、处理过程的应用、融合和交叉渗透并实现各种信息的数字化的平台。GIS 具有数据采集、输入、编辑、存储、管理、空间分析、查询、输出和显示功能，为系统用户进行预测、监测、规划管理和决策提供科学依据。

地理信息系统的主要功能是存储、管理、分析与位置有关的信息。因此，可以这样定义：地理信息系统（GIS）是多种学科交叉的产物，它以地理空间数据为基础，采用地理模型方法，实时提供多种空间的和动态的地理信息，是一种为地理研究和地理决策服务的计算机技术系统。

GIS 的主要作用是将表格型数据（无论是数据库表格文件、电子表格文件，还是直接在程序中输入的表格文件）转换为地理图形显示，然后对显示结果进行浏览、操作和分析。其显示范围可以从洲际地图到非常详细的街区地图，显示对象包括人口、销售情况、运输线路以及其他内容。

GIS 之父：罗杰·汤姆林森

20 世纪 60 年代早期，在核武器研究的推动下，计算机硬件的发展导致通用计算机“绘图”应用出现。

1967 年，世界上第一个真正投入应用的地理信息系统是由罗杰·汤姆林森博士开发的加拿大地理信息系统（CGIS），该系统被用于存储、分析和利用收集到的数据，并具有等级分类因素分析功能。

（三）GIS 的特征

综合以上对地理信息系统的定义和理解，GIS 具有表 2.5.1 所示的几方面特征。

表 2.5.1　　GIS 的特征

序号	特征
1	具有采集、管理、分析和输出多种地理信息的能力，具有空间性和动态性

续 表

序号	特征
2	以地理研究和地理决策为目的，以地理模型方法为手段，具有区域空间分析、多要素综合分析和动态预测能力，能产生高质量的地理信息
3	由计算机系统进行地理空间数据管理，且由计算机程序模拟常规或专门的地理分析方法，作用于地理空间数据，产生有用信息，完成人类难以完成的任务

地理信息系统（GIS）作为支持空间定位信息数字化获取、管理和应用的技术体系，随着计算机技术、空间技术和现代信息基础设施的飞速发展，在经济信息化进程中的重要性与日俱增。特别是当今“数字地球”概念的提出，使得人们对 GIS 的重要性有了更深入的了解。进入 21 世纪以来，GIS 在全球得到了空前迅速的发展，广泛应用于各个领域，产生了巨大的经济和社会效益。

课程思政

李明听同学说上川岛风景不错，他想利用暑假时间去游玩。上川岛究竟在哪儿？有多远？怎样以最快捷、最舒适的方式和最低的成本抵达那儿？周边有哪些风景？有哪些特色风味食品？同学推荐他通过查找上川岛 GIS 图片获得这些信息。那么什么是 GIS？它由哪些要素构成？是如何实现这些功能的？

李明感到物流信息管理课程有这么多奥秘，GIS 有这么强大的功能，于是暗下决心：一定要深刻了解 GIS 的知识，掌握好技能，破解奥秘，追求真理。

议一议：如何从学习理解 GIS 概念、构成、原理的角度培养求知问学、追求真理的科学精神？

二、GIS 的系统组成

GIS 的系统由五个主要的元素构成：硬件、软件、数据、人员和方法，具体如表 2.5.2 所示。

表 2.5.2　　GIS 的组成要素

序号	组成要素	说明
1	硬件	硬件就是指操作 GIS 所需的一切计算机资源。GIS 软件可以在很多类型的硬件上运行，从中央计算机服务器到桌面计算机，从单机到网络环境等。一个典型的 GIS 硬件系统除计算机外，还应包括数字化仪、扫描仪、绘图仪等外部设备。根据硬件配置规模的不同可分为简单型、基本型和网络型。如图 2.5.1 所示的就是典型的网络型 GIS 硬件配置

续　表

序号	组成要素	说明
2	软件	GIS 软件是指 GIS 运行所必需的各种程序，主要包括计算机系统软件和地理信息系统软件两部分。地理信息系统软件提供存储、分析和显示地理信息的功能和工具。主要的软件部件有：输入和处理地理信息的工具；数据库管理系统；支持地理查询、分析和视觉化的工具；容易使用这些工具的图形用户界面（GUI）
3	数据	一个 GIS 中最重要的要素就是数据。地理空间数据是 GIS 的操作对象，是现实世界经过模型抽象的实质性内容。一个 GIS 必须建立在准确合理的地理数据基础上。 地理数据和相关的表格数据可以自己采集或者从商业数据提供者处购买。GIS 把地理空间数据和其他数据源的数据集成在一起，而且可以使用那些被大多数公司用来组织和保存数据的数据库管理系统来管理地理空间数据
4	人员	如果没有人来管理 GIS 和制订计划并应用于实际问题，GIS 将没有任何价值。人员是地理信息系统中重要的构成要素。GIS 不同于一幅地图，它是一个动态的地理模型，仅有的系统软硬件和数据还不能构成完整的地理信息系统，需要人员进行系统组织、系统管理、数据维护和更新、系统扩充完善以及应用程序开发，并采用空间分析模型提取多种信息。因此，GIS 应用的关键是掌握并实施 GIS 来解决现实问题的人员素质。GIS 的用户范围包括设计和维护系统的技术专家，以及使用该系统并完成工作的人员。一个 GIS 的运行班子应由项目负责人、信息技术专家、应用专业领域技术专家、若干程序员和操作员组成
5	方法	成功的 GIS 具有良好的设计计划和实施规律，这些本身是规范和方法，而对每一个企业来说则是具体的独特的操作实践。这里的方法主要是指空间信息的综合分析方法，即常说的应用模型。它是在对专业领域的具体对象与过程进行大量研究的基础上总结出来的规律的表示。GIS 应用就是利用这些模型对大量地理空间数据进行综合分析来解决实际问题的。如基于 GIS 的矿产资源评价模型、灾害评价模型等

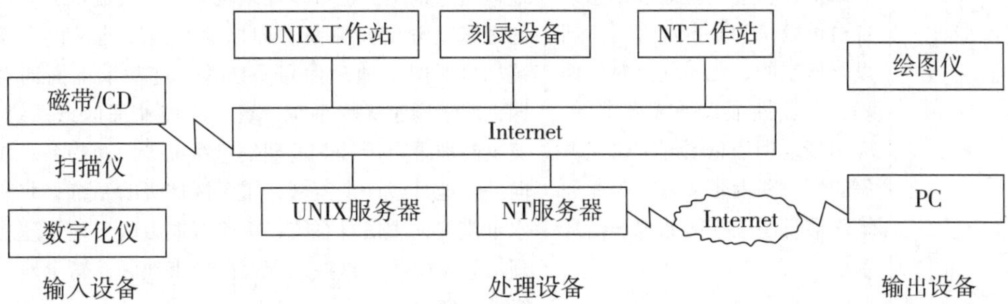

图 2.5.1　典型的网络型 GIS 硬件配置

三、GIS的分类

地理信息系统按照内容、功能和作用可分为工具型地理信息系统和应用型地理信息系统两类，如表2.5.3所示。

表2.5.3　　GIS的分类

<table>
<tr><th>分类</th><th colspan="2">说明</th></tr>
<tr><td>工具型地理信息系统</td><td colspan="2">工具型地理信息系统也称为地理信息系统开发平台或外壳，它是具有地理信息系统基本功能的，供其他系统调用或用户进行二次开发的操作平台。
地理信息系统是一个复杂庞大的空间管理信息系统，用地理信息系统技术解决实际问题时，有大量软件开发任务，如各用户重复开发对人力、财力是很大的浪费。工具型地理信息系统为地理信息系统的使用者提供一种技术支持，使用户能借助地理信息系统工具中的功能直接完成应用任务，或者利用工具型地理信息系统加上专题模型完成应用任务。目前国外已有很多商品化的工具型地理信息系统，如ARC/INFO、GenaMap、MapInfo等。国内近几年正在迅速开发工具型地理信息系统，并取得了很大的成绩，且已开发出MapGis、GeoStar、CityStar等</td></tr>
<tr><td rowspan="2">应用型地理信息系统</td><td rowspan="2">应用型地理信息系统是根据用户的需求和应用目的设计的一种解决一类或多类实际问题的地理信息系统，除了具有地理信息系统基本功能外，还具有总结地理空间实体及空间信息的分布规律、分布特性及相互依赖关系的应用模型和方法。它可以以比较成熟的工具型地理信息系统为基础进行二次开发完成，工具型地理信息系统是建立应用型地理信息系统的一条捷径；应用型地理信息系统也可以是为某专业部门专门设计研制的，此系统针对性明确，专业性强，系统成本低。应用型地理信息系统按研究对象的性质和内容又可分为专题地理信息系统和区域地理信息系统</td><td>专题地理信息系统（Thematic GIS）是具有有限目标和专业特点的地理信息系统，为特定目的服务。如水资源管理信息系统、矿产资源管理信息系统、农作物估产信息系统、水土流失信息系统和地籍管理信息系统、土地利用信息系统、环境保护和监测系统、城市管网系统、通信网络管理系统、配电网管理系统、城市规划系统、供水管网系统等都属于专题地理信息系统</td></tr>
<tr><td>区域地理信息系统（Regional GIS）主要以区域综合研究和全面信息服务为目标。区域地理信息系统可分为不同的规模，如国家级、地区级或省级、市级和县级等，分别是为不同级别行政区服务的区域地理信息系统。也可以是以自然分区或流域为单位的区域地理信息系统，如加拿大国际地理信息系统、日本国土地理信息系统等，这些系统面向全国，属于国家级的系统；黄河流域地理信息系统、黄土高坡重点产沙区地理信息系统等，这些系统面向一个地区或一个流域，属于区域级的系统；北京水土流失地理信息系统、徐州市铜山区土地管理地理信息系统等，这些系统面向城市地区，属于地方级的系统</td></tr>
</table>

四、GIS 的作用

GIS 以地理空间为基础，利用地理模型分析方法及时提供多种空间的、动态的地理信息，从而为有关经济决策服务。GIS 在物流领域的应用，便于企业合理调配和使用各种资源，提高运营效率和经济效益，其作用体现在如表 2. 5. 4 所示的几个方面。

表 2. 5. 4　GIS 的作用

序号	作用	说明
1	直观、便捷地集成各种属性数据	由于地表物体的空间位置具有客观性，而地表物体本身除了具有自然特性以外，还具有社会经济特性。虽然描述这些特性的属性数据数量庞大，但都可以通过具有同一坐标参考系统的空间位置进行统一组织。GIS 为各种数据的集成提供了统一的框架，在此基础上可以直观地表达地表物体及其空间关系
2	高效管理信息资源	GIS 是一个具有结构和功能的系统，能获取和输入地理空间数据，并进行地理空间数据的处理和分析，最终将结果按一定的方式输出。通过这种方式，各个行业的信息资源都可以按各自的要求进行处理，从而提高了信息资源的管理和利用效率。各个行业信息系统的建设就是典型的例子，如地籍管理信息系统、林业资源管理信息系统、自来水设施管理信息系统、矿产资源管理信息系统、污染源管理信息系统、旅游资源管理信息系统、地下水资源管理信息系统等
3	提供辅助决策	采用 GIS 的主要目的是辅助解决空间问题，其核心功能是空间分析，通过空间分析为各类用户提供管理和商业上的辅助决策。如公共卫生、林火等突发事件的监测与预警，设施故障处理，基站选址，企业选址，客户分布管理，房地产管理等
4	制作地图	GIS 技术是在计算机辅助制图基础上发展起来的一门技术，是制作地图的重要工具。采用 GIS 可以制作符号，对数据进行各种渲染，高效、高性能、高度自动化是 GIS 制图的重要特点
5	提供和获得与空间位置相关的服务	通过 GIS 可提供和获得与空间位置相关的服务，如获得一定范围、精度和一定要素的地理空间数据或地图，进行网络地理位置（如地名和路线）查询，还可通过嵌入式设备和无线通信网络进行位置查询、监控和导航等

在具体的应用领域中，GIS 可以解决如表 2. 5. 5 所示的问题。

表2.5.5　　GIS 可以解决的问题

序号	问题类型	具体问题
1	定位	研究的对象位于何处？周围的环境如何？研究对象相互之间的地理位置关系如何？
2	条件	有哪些地方符合某项事务（或业务）发生（或进行）所需的特定经济地理条件？
3	趋势	研究对象或环境从某个时间起发生了什么样的变化？今后演变的趋势是怎样的？
4	模式	研究对象的分布存在哪些空间模式？
5	模拟	当发生假设条件时，研究对象会发生哪些变化？将引起怎样的结果？

GIS 最明显的作用就是能够把数据以地图的方式表现出来，把空间要素和相应的属性信息组合起来就可以制作出各种类型的信息地图。专题地图的制作从原理上讲并没有超出传统的关系数据库的功能范围，但是把空间要素和属性信息联系起来后 GIS 的应用功能就大大增强了，应用范围也扩展了。

各数据区域在传统的关系数据库中是平等的，它们按照关系规范化理论被分别组织起来，而在 GIS 中，空间要素和属性信息是密不可分的有机整体，它们分别描述地理实体的两面，以地理实体为主线被组织起来。

除此之外，空间信息还包括了空间要素之间的几何关系，因而 GIS 能够支持空间查询和空间分析，而传统的关系数据库却不能做到这一点，空间分析往往是制定规划和决策的重要基础。

五、GIS 的相关技术

GIS 技术的综合，主要体现在 GIS 与其他信息技术的结合之上，我们常常所说的“3S”，即 GIS、RS（遥感）和 GPS（全球定位系统）的一体化，就是技术综合的体现。然而，现在的 GIS 已经与 CAD（计算机辅助设计）、多媒体、通信、因特网、办公自动化、虚拟现实等多种技术相结合，形成了综合的信息技术。综合是 GIS 技术开发和应用值得注意的重要方向。

GIS 与几种信息技术结合能够产生新的功能，具体如表 2.5.6 所示。

表 2.5.6　　　　　　　　　　GIS 与几种信息技术的结合

序号	技术结合	说明
1	GIS—地图学（Cartology）	GIS 是以地图数据库（主要来自地图）为基础的，其最终产品之一就是地图。两者都是地理学的信息载体，同样具有存储、分析的功能。GIS 是地图学理论、方法和功能的延伸。地图学强调图形信息传输，而 GIS 则强调地理空间数据处理与分析，地图学与 GIS 之间的联系可以通过地图可视化工具来增强
2	GIS—数据库管理系统（DBMS）	许多 GIS 包含 DBMS，但是 DBMS 中的数据表示不直观，没有空间概念，即使存储了图形，也只是以文件形式管理，图形要素不能被分解查询。而 GIS 具有以某种选定的方式对地理空间数据进行解析和判断的能力，而不是简单的数据管理。因此，GIS 是能对地理空间数据进行分析的 DBMS
3	GIS—计算机地图制图	计算机地图制图是 GIS 的重要组成部分，但计算机地图制图通常只有图形数据，不太注重可视实体具有或不具有的非图形属性，而这种属性却是地理分析中非常有用的数据。GIS 既注重实体的空间分布，又强调显示方法和显示质量，关注的是信息及其操作。GIS 不仅有图形数据库，还有非图形数据库，并且可以综合两者的数据进行深层次的空间分析，提供对规划、管理和决策有用的信息
4	GIS—计算机辅助设计（CAD）	CAD 是一门空间设计技术，它与 GIS 的共同特征是两者都有空间坐标，都能把目标和参考系统联系起来，都能描述图形数据的拓扑结构，也能处理非图形属性数据。它们的主要区别是：CAD 处理的多为规则几何图形及其组合，它的图形功能尤其是三维图形功能很强，属性功能相对较弱，一般采用几何坐标系。而 GIS 采用的多是大地坐标，具有较强的多层次空间叠置分析功能，GIS 的数据量大，数据输入方式多样化。二者结合将为我们提供一个设计和管理地球的工具
5	GIS—遥感（RS）	早期的 GIS 往往与遥感是联系在一起的。广义地讲，遥感是 GIS 的重要组成部分，是 GIS 的一种重要信息源。同时，GIS 的应用也提高了遥感的数据提取和分析能力。随着高精度遥感的发展和遥感动态网络的出现，GIS 与遥感的结合会更加密切
6	GIS—全球定位系统（GPS）	GPS 被认为是 21 世纪影响人类社会十二大技术之一。然而，GPS 离不开 GIS，必须与 GIS 结合。随着 GPS 技术的不断完善，其定位的高精度和高灵活性是遥感和常规测量无法比拟的。由于其接收机价格逐渐降低，GPS 的应用将逐渐广泛，GIS 与 GPS 的结合更趋紧密。特别是智能化汽车和道路系统的建设，将为 GIS 和 GPS 应用开辟新的途径

续 表

序号	技术结合	说明
7	GIS—Internet 技术	基于 Internet 技术的 GIS 即 WebGIS 已经成为 GIS 技术发展的重要方向，利用万维网（WWW）发布空间信息和提供各种应用，是 GIS 进入千家万户的重要途径
8	GIS—多媒体技术	GIS 也是一种重要的媒体。GIS 与多媒体结合已经成为现实，在多媒体系统中嵌入 GIS 功能，或在 GIS 中增加多媒体功能，极大地增强了二者的功能
9	GIS—虚拟现实（VR）技术	GIS 与虚拟现实技术结合，提高了 GIS 图形显示的真实感和对图形的操作性

除了上述方面以外，目前还有许多与 GIS 相关的前沿技术，包括三维 GIS 技术、空间信息的数据挖掘技术和基于 GIS 的计算机支持协同工作技术等，这些技术的进步将有力拓展 GIS 的应用深度和广度。

总之，GIS 的发展离不开信息技术，特别是软件技术的发展，与其他信息系统相比，GIS 结构复杂，数据量大，对空间特性要求比较高，因此，它的设计和实现既要充分借鉴信息技术各个分支的最新成果，又要考虑 GIS 的特殊性，设计出良好的技术路线。

任务实施：GIS的工作流程与应用

一、GIS 的工作流程

（一）GIS 的功能框架

GIS 的功能框架，如图 2.5.2 所示。

从横向来看，其功能主要是在数据库中进行数据的存储与检索，并对这些信息进行编辑、查询、分析等展示与交互处理，最终实现制图。

从纵向来看，其功能主要是通过对现实的文件和地图进行观察，从而获得原始数据，并对这些原始数据进行编辑，使其变成结构化的数据，方便后期的查询和分析，并转化成可视化的数据供用户使用。

（二）GIS 的工作流程

与功能框架对应的，GIS 的工作流程如图 2.5.3 所示。一般来说，需要完成以下五个任务或过程：数据采集与输入、数据编辑与处理、数据存储与管理、空间统计与分析、数据显示与输出。

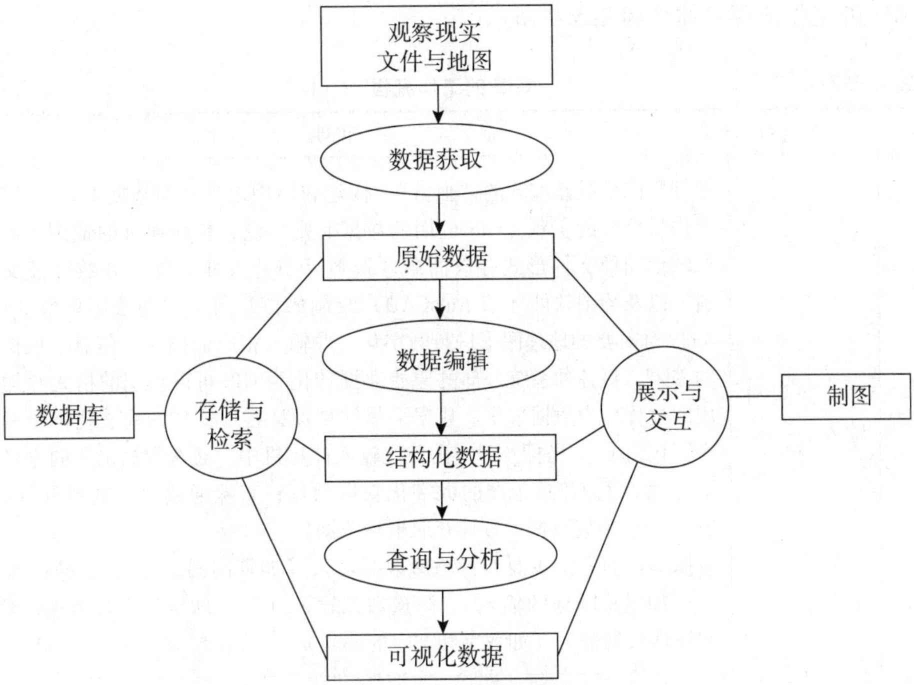

图 2. 5. 2　GIS 的功能框架

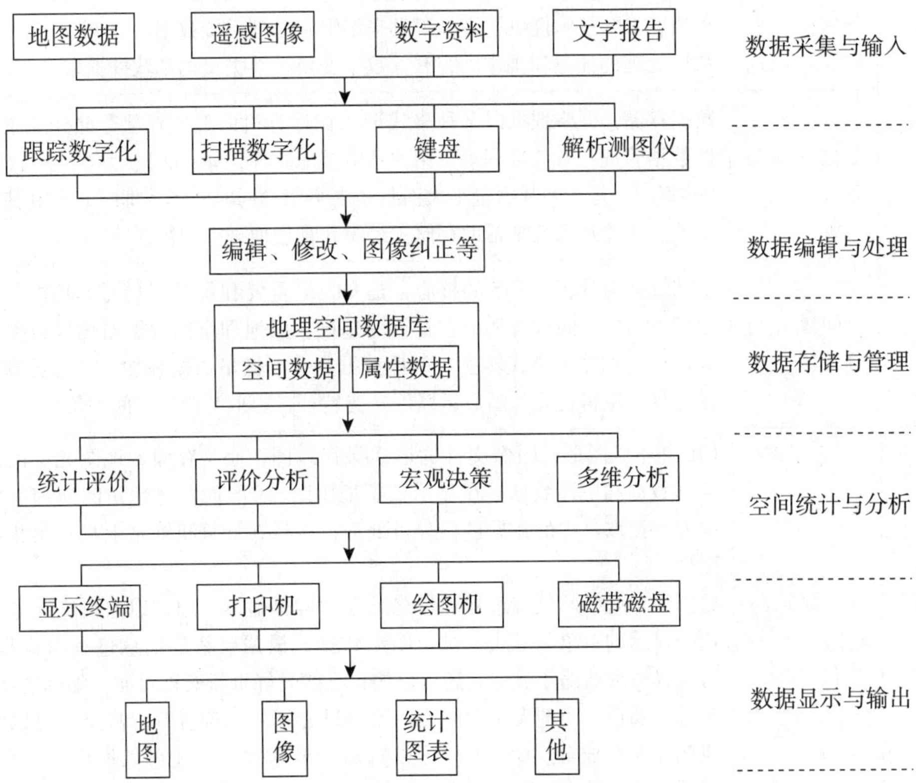

图 2. 5. 3　GIS 工作流程

GIS 的工作流程具体如表 2.5.7 所示。

表 2.5.7　　GIS 的工作流程

序号	工作流程	说明
1	数据采集与输入	地理空间数据是 GIS 的“血液”，构建和维护地理空间数据库是一项复杂、工作量巨大的工程。GIS 可用的数据非常广泛，包括现有的地图、以计算机图形图像文件形式存放的影像资料（卫片及航片等）和数字及文字资料，以及绘图软件（如 AutoCAD）绘制的图形等。利用数字化仪（Digitizer）对需要的地理图形进行数字化，并输入相应的描述性信息。根据任务的需要，将各种系统外部的原始数据转化为 GIS 可以识别的格式并加以利用的过程称为数据采集。数据采集就是保证各层实体的地表物体要素按顺序转化为 x、y 坐标及对应的代码输入计算机中。通常数据采集的方式有以下几种：通过纸质地图的数字化获取数据；直接通过数字数据获取数据；通过 GPS 采集数据；直接获取坐标数据。 数据输入的类型主要有：图形数据输入（如管网图的输入）、栅格数据输入（如遥感图像的输入）、测量数据输入（如全球定位系统数据的输入）和属性数据输入（如数字和文字的输入）
2	数据编辑与处理	由于 GIS 中的数据类型多种多样，同一种类型数据的质量也可能有很大的差异，为了保证系统数据的规范和统一，建立满足用户需求的数据文件，现代的 GIS 技术提供了许多工具来编辑和处理系统数据。 数据处理的任务和操作内容有：数据变换、数据重构和数据抽取
3	数据存储与管理	数据存储，即将数据以某种格式记录在计算机内部或外部存储介质上。属性数据管理一般直接利用商用关系数据库软件，如 Oracle、SQL Sever、FoxPro 等。但是，当数据量很大而且是多个用户同时使用数据时，最好使用一个数据库管理系统来帮助存储、组织和管理地理空间数据
4	空间统计与分析	空间统计与分析是 GIS 的核心，是 GIS 最重要和最具有魅力的功能。其以地理事物的空间位置和形态特征为基础，以地理空间数据与属性数据的综合运算（如数据格式转换、矢量数据叠合、栅格数据叠加、算术运算、关系运算、逻辑运算、函数运算等）为特征，提取与产生空间的信息
5	数据显示与输出	GIS 并不以图形或图像文件的形式保存地图，而是存储着地图元件的地理空间数据和属性数据。在显示数字地图时，GIS 能实时地访问地理空间数据库并读取其中的数据进行分析处理，然后在计算机屏幕上显示出相应的图形。 数据显示是中间处理过程和最终结果的屏幕显示，通常以人机交互方式来选择显示的对象与形式。对于图形数据，根据要素的信息量和密集程度，可选择放大或缩小显示，还可以按自己的爱好重新安排版面，如标题字体、字号、颜色，图例大小、位置，比例尺的样式、位置等，甚至还可以添加或删除某些成分。GIS 不仅可以输出全要素地图，还可以根据用户需要，分层输出各种专题图、各类统计图、数据等。

续　表

序号	工作流程	说明
5	数据显示与输出	地理信息系统的输出产品通常有地图、图像、统计图表等。 地图是空间实体的符号化模型，是地理信息系统输出产品的主要表现形式，常用的地图类型有点位符号图、线状符号图、面状符号图、等值线图、三维立体图和晕渲图等。 图像也是空间实体的一种模型，它不采用符号化的方法，而是采用人的直观视觉变量（如灰度、颜色、模式）表示各空间位置实体的质量特征。它一般将空间范围划分为规则的单元（如正方形），然后在根据几何规则所确定的图像平面的相应位置用直观视觉变量表示该单元的特征。 非空间信息可采用统计图表表示。统计图是将实体的特征和实体间与空间无关的相互关系用图形表示。它将与空间无关的信息传递给使用者，以让使用者对这些信息有全面、直观的了解。统计图常用的形式有柱状图、扇形图、直方图、折线图和散点图等。统计表将数据直接表示在表格中，使读者可直接看到具体数据值

二、GIS 的应用领域

目前正在茁壮成长的 GIS 企业级市场，主要集中在资产管理、物流配送、客户服务以及商业选址等领域，如表 2.5.8 所示。

表 2.5.8　GIS 的应用领域

序号	应用领域	举例说明
1	资产管理	电力、交通、电信、林业、农业、水利等行业的业务涉及了大量的自然和社会资源，都可笼统地归纳到这一范畴，甚至城市管理的模型也可以说是资源管理。而厂区或工作区占地巨大、资源多样且数量多的众多大型企业，就更需要管理资源的 GIS 了。 于 2006 年通车的青藏铁路也使用基于 ArcGIS 软件开发的 GIS。据了解，不仅沿线的基础设备资源被涵盖进了 GIS，青藏铁路上的列车也配有 GPS 定位设备，实现了各类实时业务信息数据和地理空间数据的匹配与融合，实际运营和安全信息都可以在地图上实时反映出来，包括各种数据信息、多媒体信息和视频信息。未来 GIS 将作为全国铁路信息化建设的核心支撑平台之一。 位于长春市的第一汽车制造厂（已更名为中国第一汽车集团公司，以下简称“一汽”）使用 GIS 的案例也是个典型案例，由于厂区众多、面积巨大，一汽内部资源分散，并且其中不乏几十年前的老设备、老厂区，连图纸都找不全。而自从用上 GIS 后，一汽的资产管理与之前相比简直是天壤之别。一汽于 2004 年实施 GIS，依托的平台是国产 SuperMap，部分应用模块开发和厂区测绘由企业自己完成。目前，一汽内部的建筑、管网、设备、道路等资产很方便地由 GIS 来管理

续　表

序号	应用领域	举例说明
1	资产管理	而对于航空行业来说，巨大的机场和复杂的航线更需要通过 GIS 进行管理。通过应用 GIS 通信网络资源管理系统，中国民用航空中南地区管理局实现了资源分布地图化、资源外观可视化、数据分析空间化、资源管理动态化的管理要求
2	物流配送	据中国烟草总公司北京市公司经济信息中心显示，北京现在有 36000 多零售户，实施每周一访式的电话订货。而原来的分散式业务模式是 18 个区（县）公司各自有仓库，自己访销，自己配送。原来的运作方式成本高、效率低、资源浪费严重。烟草行业要从传统商业向现代流通转变，很重要的标志就是要实现统一仓储、集中分拣和分级配送。于是，中国烟草总公司北京市公司投资了 1.8 亿元、历时 1 年，在通州区建立了现代化的北京烟草物流中心。GIS、GPS、GPRS 相结合的卷烟物流配送调度系统，已成为该中心的重要组成部分和信息化建设的亮点之一。 GIS 的应用使现代物流管理跨入智能化管理的领域，有利于缩短配车计划编制时间、提高车辆的利用率、减少闲置及等候时间、合理安排配送区域和路线等
3	客户服务	在国内，一些家电制造企业也开始认识到利用 GIS 优化服务系统的必要性。海尔集团（以下简称“海尔”）就是其中之一。 2006 年，海尔引入了 SuperMap GIS 的空间分析功能，在售后服务系统中增加了地理信息处理能力。应用 GIS 之后，根据售后服务接线员记录的用户报修信息，系统会自动匹配用户地址，计算出距离用户最近的网点，之后自动将维修信息传送到网点，网点维修工程师再上门服务。 整个地址匹配和统计的速度之快远不是手工能比拟的，每次处理的时间缩短到 0.1s 以内，大大提高了客服部门的效率。在 GIS 的支持下，海尔客服部门现在每天可以处理 10 万次左右的服务请求，得以满足全国用户的需求
4	商业选址	在国外，大多数国际企业都享受着 GIS 技术带来的选址分析的便利。在中国，随着市场的不断壮大和 GIS 应用的深入，这些谙熟选址分析的国际企业为了争夺市场份额，纷纷开始把成熟的 GIS 技术引入中国。尤其是在快速消费行业，如沃尔玛、麦当劳、肯德基、可口可乐等企业都开始或酝酿使用其在中国的 GIS 选址分析系统。 GIS 可以说是商业企业进行选址分析的最佳工具，无论是金融机构、购物中心、零售网点、餐饮场所、库房、代理中心还是服务维修站的选址工作，都可以通过 GIS 完成。当市场发生变化时，GIS 还可以制订出最佳的应对措施和资产配置方案。 GIS 可以对客户信息和人口普查数据进行综合分析，在地图上动态地显示市场渗透水平、市场占有率以及销售区域等信息。随着国际竞争对手的 GIS 发挥着越来越明显的作用，我国部分企业也已迅速、直观地意识到 GIS 的价值，并快速跟进。选址分析将成为 GIS 最具增长潜力的领域

课程思政

通过学习，李明认识到：现在的 GIS 已不是单一的技术，它已经与 CAD、多媒体、通信、因特网、办公自动化、虚拟现实等多种技术相结合，形成了综合的信息技术，从而更充分地应用到更加广泛的领域中了。

于是李明与同学习小组同学一起四处查询资料，积极讨论，将所学原理运用于解决实际问题的创意中，想找到 GIS 的新用途。

请小组成员发散思维、攻坚克难，以小组形式进行讨论，创新构造一种 GIS 的具体新用途，并写出实现原理和途径。

三、GIS 在物流中的应用

GIS 的应用遍及金融、电信、交通、国土资源、电力、水利、农林、环境保护、地矿等国民经济各领域。GIS 在物流领域中的应用主要是指利用 GIS 强大的地理数据功能来完善物流分析技术，合理调整物流路线和流量，合理设置仓储设施，科学调配运力，提高物流业的效率，目前已开发出了专门的 GIS 物流分析软件用于物流分析。完整的 GIS 物流分析软件集成了车辆路线模型、网络物流模型、分配集合模型和设施定位模型等。如表 2. 5. 9 所示。

表 2. 5. 9　　GIS 在物流中的应用功能

序号	应用功能	说明
1	车辆路线模型	车辆路线模型用于解决在一个起始点、多个终点的货物运输中，如何降低物流作业费用，并保证服务质量的问题。包括决定使用多少辆车，每辆车的行驶路线等
2	网络物流模型	网络物流模型用于解决寻求最有效的分配货物路径问题，也就是物流网点布局问题，如将货物从 n 个仓库运到 m 个商店，每个商店都有固定的需求量，因此需要确定由哪个仓库提货送给哪个商店，使得运输代价最小
3	分配集合模型	分配集合模型可以根据各个要素的相似点把同一层上所有或部分要素分成几个组，用以解决确定服务范围和销售市场范围等问题，如某一公司要设立 x 个分销店，要求这些分销店要覆盖某一地区，而且要使每个分销店的顾客数目大致相等
4	设施定位模型	设施定位模型用于确定一个或多个设施的位置。在物流系统中，仓库和运输线路共同组成了物流网络，仓库处于网络的节点上，节点决定着线路，如何根据供求的实际需要并结合经济效益的原则，在既定区域内设定仓库数量、位置、规模，以及仓库之间的物流关系等。以上问题运用此模型均能很容易地得到解决

【同步测试】

一、判断题

1. GIS 的系统有五个主要元素构成：硬件、软件、数据、人员和方法。(　　)

2. GIS 是多种学科交叉的产物，它以地理空间数据为基础，采用地理模型方法，实时提供多种空间的和动态的地理信息，是一种为地理研究和地理决策服务的计算机技术系统。(　　)

3. GIS 最明显的作用就是能够把数据以地图的方式表现出来，把空间要素和相应的属性信息组合起来就可以制作出各种类型的信息地图。(　　)

4. 应用型地理信息系统也称为地理信息系统开发平台或外壳，它是具有地理信息系统基本功能，供其他系统调用或用户进行二次开发的操作平台。(　　)

5. GIS 的应用遍及金融、电信、交通、国土资源、电力、水利、农林、环境保护等国民经济各领域。(　　)

二、单项选择题

1. 采用 GIS 的重要目的是辅助解决空间问题，其核心流程是（　　）。

A. 数据采集与输入　　B. 数据编辑与处理

C. 数据存储与管理　　D. 空间统计与分析

2. 一个 GIS 中最重要的要素是（　　）。

A. 硬件　　B. 软件　　C. 数据　　D. 人员

3.（　　）地理信息系统是具有有限目标和专业特点的地理信息系统，为特定目的服务。

A. 工具型　　B. 应用型　　C. 专题　　D. 区域

4. GIS 是(　　)理论、方法和功能的延伸。

A. CAD　　B. DBMS　　C. 地图学　　D. 计算机地图制图

5. 以下（　　）学科与 GIS 相关性较小。

A. 地图学　　B. 地理学　　C. 计算机科学　　D. 生命科学

三、多项选择题

1. 地理信息与一般信息的区别是（　　）。

A. 区域性　　B. 多维性　　C. 动态性　　D. 时效性

2. GIS 可以应用于(　　)。

A. 资产管理　　B. 物流配送　　C. 客户服务　　D. 商业选址

3. 构成 GIS 的要素有(　　)和方法。

A. 硬件　　B. 软件　　C. 数据　　D. 人员

四、简答题

1. 什么是 GIS？

2. GIS 的系统由哪几个要素构成？

3. GIS 的作用表现在哪几个方面？

【技能训练】电子地图及 GIS 软件的使用

实训目标：

1. 了解 GIS 的功能和构成，了解电子地图的使用。
2. 了解 GIS 软件的使用。

环境要求：计算机、GIS 软件、无线局域网。

实训内容：

1. 电子地图的浏览、放大、缩小、漫游等。
2. 电子地图的搜索、公交站点查询、公交线路查询、公交换乘等功能的使用。
3. 某路线优化查询、距离测算等功能的使用。

实训方法：

1. 运用网上电子地图资源，如百度地图、Google 地图等。
2. 安装常用的 GIS 软件，如 ArcGIS、MapInfo、SuperMap、图灵软件等。

实训要求：

掌握 GIS 及电子地图的功能特点，对常用的 GIS 软件进行比较。对学校所在地、家庭等常用地点进行搜索，记录其地理信息，并设置通过方法和规划线路。

任务考核评价

完成任务导入的内容，以学生个人为单位实行考核。

	GIS 要素			GIS 操作流程			得分（分）
	自评分	同学评分	教师评分	自评分	同学评分	教师评分	
学生 1							
学生 2							
学生 3							
学生 4							
学生 5							

说明：

1. 每个人的总分为 100 分。
2. 每项为 50 分制，每项可根据实施情况按照优、良、中、差各占 1/4 分值来评价。
3. 采用分层打分制，建议权重为：自评分占 0.2，同学评分占 0.3，教师评分占 0.5，然后加权算出每位同学在本项目中的综合成绩。

任务六　GPS的识读应用

教学目标

【知识目标】

◆ 了解GPS（全球定位系统）的概念和功能、特点；
◆ 掌握GPS的分类；
◆ 熟悉北斗卫星导航系统的概况。

【技能目标】

◆ 能够阐述GPS的构成；
◆ 能够列举GPS接收机的选型要求；
◆ 能够使用GPS完成导航任务。

【素质及思政目标】

◆ 具有与坚定、踏实、精益求精的工匠精神；
◆ 增强民族自豪感和爱国情怀。

开篇语　全球定位系统又称全球卫星定位系统，是一个中距离圆形轨道卫星导航系统。随着全球一体化的发展，卫星导航系统在航空、汽车导航、通信、测绘、娱乐等各个领域均有应用。目前，全球有四大卫星导航系统，除了中国的北斗卫星导航系统（BDS），还有美国的全球定位系统（GPS）、俄罗斯的格洛纳斯卫星导航系统（GLONASS）、欧盟的伽利略卫星导航系统（GSNS）。

【任务导入】

工作任务单
1. 分组讨论构成GPS的要素。 2. 分别举例说明GPS的主要功能。 3. 有条件时模拟将一车货物由位于武汉市东西湖区的武汉中百集团吴家山物流配送（配销）中心送至位于武汉市武昌区的中百仓储超市梨园店的导航操作。

任务资讯

一、GPS技术概述

全球定位系统（Global Positioning System，GPS）是以人造卫星为基础、24小时提供高精度的全球范围的定位和导航信息的系统。简单地说，GPS是一个由覆盖全球的

24 颗卫星组成的卫星系统。地球上任意一点在任意时刻，都可以同时被这个系统的 4 颗卫星观测到，确保卫星可以采集到该观测点的经纬度和高度，以便实现导航、定位、授时等功能。这项技术可以用来引导飞机、船舶、车辆以及个人安全、准确地沿着选定的路线，准时到达目的地。

定位技术的诞生

定位技术已经成为我们日常生活中必不可少的技术，如果没有这项技术，汽车自驾旅行将会变得非常艰难，现在的很多基于位置的应用也无法实现。可以说，这是一项奠定了现代生活的基础技术之一。但这项技术的诞生实际上有点偶然，过程也非常有趣。

这得回溯到 1957 年 10 月，那个时候，苏联刚刚成功发射了人类第一颗人造卫星。在美国马里兰州有个叫劳雷尔的应用物理实验室，约翰斯霍普金斯大学也是这个实验室的主要参与方，这里有很多才华横溢的物理科学家，他们多是喜欢进行天马行空想象的“书呆子”。在苏联成功发射人造卫星的消息刚传开的时候，这里的人们都非常兴奋，这个消息也成了他们主要的话题。其中两个研究人员——圭尔和维芬巴赫在食堂吃午餐时遇到，毫不意外的他们也谈起了这件事情。聊着聊着，其中一个人说，“嘿，有谁试图监听这个东西吗？你知道，人造卫星在太空显然在广播某种信号。如果我们调对频率，也许可以听到它。”两个人都认为这是一个有趣的想法，但他们想先请教其他的同事，看看他们有没有现成的办法来实现。可是，听过这个想法的人都和他们一样认为很有趣，但不知道怎么去实现它。

恰巧，维芬巴赫是一个微波接收专家，既然没有人知道答案，他就想自己找到办法。说做就做，于是他在办公室架设了一组小天线和信号放大器。靠着简陋的实验设备，圭尔和维芬巴赫就开始试着与卫星连接，这当然是未经授权的——有点像我们现在的网络黑客。折腾了几个小时后，他们居然真的找到了信号。原来，苏联的人造卫星上天后，苏联政府唯恐别人不知道，根本是故意让人造卫星容易被追踪。

他们追踪到苏联人造卫星的信息很快就传开了，本来好奇心就爆棚的实验室的那些“书呆子”们开始没事找事到他们办公室晃荡，当然，都是还没有晃多久就露出他们的“狐狸尾巴”，请求亲自听听他们捕捉到的信号。不久之后，他们意识到自己可能创造了一个小小的历史，自己成了美国听到苏联人造卫星信号的第一批人，这应该被记录下来。于是他们用一个大而笨重的模拟磁带录音机，开始录制这些信号，他们写下每个信号的日期和时间，写着写着，他们便注意到信号频率变化很小，如果能够利用多普勒效应，做一些基本的数学计算，也许可以计算出人造卫星的旅行速度。然后他们还做了别的一些尝试并和有其他专长的同事交流，突然他们想到其实可以用多普勒效应的斜率，算出人造卫星离天线最近和最远的位置。当然，他们在折腾这些的时候并没有意识到这个想法的深远意义，而只是觉得这样做很好玩、很酷。

实验室看到他们对这个事情那么着迷，而且好歹这件事情也在他们的研究范围内，于是就批准他们将这件事作为一个业余项目技术进行研究，但前提是不能耽搁他们的正式工作。这件事也算是有名有分了，因此他们有正当的理由申请使用新的通用自动计算机—— 它非常巨大，占用了几乎整个房间，刚刚被实验室引进，是当时最先进的计算机。他们利用这台大家伙进行了更多的运算，并在三四个星期后，仅凭监听人造卫星信号就绘出了人造卫星的运行轨迹。

几个星期后他们的上司——弗兰克麦克卢尔，把他们拉进了他的办公室，说：“嘿，你们这两个家伙，我有些关于这个项目的东西要问你们。你们已经从地面上的已知位置找到了确切的未知人造卫星的位置。你们能够从反方向去做吗？如果你知道人造卫星的位置，能够找出地面上的一个未知地点吗？”他们想了想说：“嗯，也许可以吧。给我们点时间，让我们算算。”于是他们回去开始研究这个事情。很快，他们回到老板的办公室，说：“其实，它可以更简单些。”弗兰克麦克卢尔很兴奋地说，“哦，太棒了。因为我们刚刚新建了核潜艇，但如果不知道核潜艇在太平洋中的位置的话，真的很难做到让导弹准确击中目标。因此，我们在想，我们可以发射一些卫星，并用它们来跟踪我们的核潜艇并找出它们在海洋中的位置。请问你们能解决这个问题吗?”结局我们现在都知道了，全球定位系统就这样诞生了，最初只用于军事用途。30 年后里根把它公开，并使其成为一个开放式平台，任何人都可以借此进行创造和革新，开发新的技术，这才有了现在的定位业务的全面开花。

GPS 是 20 世纪 70 年代由美国陆海空三军联合研制的空间卫星导航定位系统，其主要目的是为陆、海、空三大领域提供实时、全天候和全球性的导航服务，并为情报收集、核爆监测和应急通信等一些军事事件提供支持。由于 GPS 技术的不断发展，作为先进的测量手段和新的生产力，GPS 已经融入了国民经济建设、国防建设和社会发展的各个应用领域，表现出了更加强大的服务功能，如表 2. 6. 1 所示。

表 2. 6. 1 GPS 的功能

序号	功能	说明
1	实时位置跟踪	可以实时显示车牌号码、车辆所在经纬度、行驶速度、行驶方向、车辆状态（包括报警信息、停车时长等）等
2	手机查询	可用手机快速查出车辆当前状态、位置
3	历史轨迹回放	使车辆在过去某一段时间的运行轨迹在地图中重现
4	地图操作	多种地图自由切换，放大地图，缩小地图，拖动地图，测距离，测面积
5	车辆和驾驶员信息化管理	管理内容涵盖车辆的车牌号码、车型、颜色、发动机号、底盘号码、用途等；驾驶员的驾驶证号、所属车队、准驾证号、身份证号、照片等。系统将对车辆和驾驶员的所有这些信息进行采集、录入，而后向用户提供修改、删除以及查询功能
6	区域报警	设置一个区域，车辆进入（或者驶出）此区域时系统会报警提醒监控中心
7	线路报警	车辆未按预设行车路线行驶，系统将会自动向监控中心报警
8	驾驶导航	可以在设置好的起点与终点之间规划导航
9	发送字幕	向指定的车辆发送天气状况、公司通知、货物信息等，此信息将显示在终端显示屏上
10	拍照功能	在某一时间点抓拍车辆的图像
11	抓图功能	抓取桌面显示区域地图，可以把回放的轨迹或桌面其他信息以图片方式保存起来

续 表

序号	功能	说明
12	车辆信息设置	在车辆列表区选择某辆车，右击即可显示出车辆的信息列表。通过“√”勾选，增加或者减少需要在列表区显示的信息（包括编号、车牌号码、车主名称、车主电话、车机电话、车辆颜色、车辆类型、纬度、经度、速度、方向、服务器时间、GPS 时间、状态、温度等）
13	车机命令设置	在车辆列表区选择某辆车，右击即可显示出车机命令列表。根据需要向此车机发送命令（包括单次回报、连续回报、设置超速值、取消限速、设置温度报警、查询里程、车机拍照、监听车辆、自动监控、解除报警、切断油电、恢复油电等）
14	报警统计	可以统计所有报警（如线路报警、超速报警、断电报警、区域报警等）
15	行车统计	行驶查询、停车查询、点火查询
16	超速统计	超速查询、超速报表
17	里程统计	查询车辆在某一段时间（或某一天）内的行驶里程
18	温度报表	以表格的形式显示出车辆在一天内的温度值，对从事特殊行业运营的车辆（比如冷藏车）温度进行监控
19	油量报表	日油量表、行车/油耗报表、加油报表、漏油报表等
20	位置统计	统计某一天内车辆的 5min 位置、30min 位置、60min 位置、车队位置
21	周期报表	日报表、月报表

GPS 具有定位精度高、全天候作业、功能多、操作简便、应用广等显著特点，如表 2. 6. 2 所示。

表 2. 6. 2　　GPS 的显著特点

序号	特点	说明
1	定位精度高	应用实践已经证明，在 300 ~ 1500m 工程精密定位应用中，1h 以上观测的平面位置误差小于 1mm，与 ME—5000 电磁波测距仪测定的边长比较，其边长较差最大为 0. 5mm，较差中误差为 0. 3mm
2	观测时间短	随着 GPS 的不断完善，软件的不断更新，目前，20km 以内的相对静态定位仅需 15 ~ 20min；快速静态相对定位测量时，当每个流动站与基准站相距 15km 以内时，流动站观测时间只需 1 ~ 2min，然后可随时定位，每站观测只需几秒

续 表

序号	特点	说明
3	测站间无须通视	GPS测量不要求测站之间互相通视，只需测站上空开阔即可，因此可节省大量的费用。由于无须点间通视，点位位置可根据需要设置，使选点工作甚为灵活，也可省去传统的传算点、过渡点的测量工作
4	可提供三维坐标	普通测量针对平面与高程采用不同方法分别施测。GPS可同时精确测定测站的三维坐标。目前GPS水准可满足四等水准测量的精度
5	操作简便	随着GPS接收机的不断改进，其自动化程度越来越高，有的已达“傻瓜化”的程度。
6	全天候作业	目前GPS观测可在一天24h内的任何时间进行，不受阴天黑夜、起雾刮风、下雨下雪等气候的影响
7	功能多、应用广	GPS不仅可用于测量、导航，还可用于测速、测时。测速的精度可达0.1m/s，测时的精度可达几十纳秒，其应用领域不断扩大。当初，设计GPS的主要目的是导航、收集情报等。但是，后来的应用开发表明，GPS不仅能够达到上述目的，而且能够进行厘米级甚至毫米级精度的静态相对定位，米级至亚米级精度的动态定位，亚米级至厘米级精度的速度测量和毫秒、微秒、秒级精度的时间测量。因此，GPS展现了极其广阔的应用前景

二、GPS的分类

GPS主要由空间部分、地面控制部分、用户设备部分三部分组成。GPS卫星发送的导航定位信号，是一种可供无数用户共享的信息资源。对于陆地、海洋和空间的广大用户，只要拥有能够接收、跟踪、变换和测量GPS信号的接收设备，即GPS接收机，就可以在任何时候用GPS信号进行导航、定位、测量。根据使用目的的不同，GPS接收机也各有差异。目前世界上已有多家工厂生产GPS接收机，产品也有几百种。这些产品可以按照用途、载波频率等来分类。

（一）GPS接收机按用途分类

GPS接收机按用途可分为导航型接收机、测地型接收机、授时型接收机，如表2.6.3所示。

表 2.6.3 GPS 接收机按用途分类

序号	名称	特点
1	导航型接收机	此类型接收机主要用于运动载体的导航，可以实时给出载体的位置和速度。这类接收机一般采用 C/A 码（一种伪随机码）进行伪距测量，单点实时定位精度较低，一般为 ±10m，有 SA（即选择可用性，美国采取的限制定位精度的政策）影响时为 ±100m。这类接收机价格便宜，应用广泛。 根据应用领域的不同，此类接收机还可以进一步分为：车载型接收机（用于车辆导航定位）、航海型接收机（用于船舶导航定位）、航空型接收机（用于飞机导航定位）、星载型接收机（用于卫星的导航定位）
2	测地型接收机	测地型接收机主要用于精密大地测量和精密工程测量。这类接收机主要采用载波相位观测值进行相对定位，定位精度高。此类接收机仪器结构复杂，价格较贵
3	授时型接收机	这类接收机主要利用 GPS 卫星提供的高精度时间标准进行授时，常用于天文台及无线电通信中的时间同步

（二）GPS 接收机按载波频率分类

GPS 接收机按载波频率可分为单频接收机、双频接收机，如表 2.6.4 所示。

表 2.6.4 GPS 接收机按载波频率分类

序号	名称	特点
1	单频接收机	单频接收机只能接收 L1 波段载波信号，通过测定载波相位观测值进行定位。由于不能有效消除电离层延迟影响，单频接收机只适用于短基线（小于 15km）的精密定位
2	双频接收机	双频接收机可以同时接收 L1、L2 波段载波信号。利用双频对电离层延迟的不一样，消除电离层对电磁波信号延迟的影响，因此双频接收机可用于长达几千千米的精密定位

（三）GPS 接收机按通道数分类

GPS 接收机能同时接收多颗 GPS 卫星的信号，为了分离接收到的不同卫星的信号，以实现对卫星信号的跟踪、处理和量测，需要安装天线信号通道器件。根据 GPS 接收机所具有的通道种类可分为：多通道接收机、序贯通道接收机、多路多用通道接收机。

（四）GPS 接收机按工作原理分类

GPS 接收机按工作原理可分为码相关型接收机、平方型接收机、混合型接收机、干涉型接收机，如表2.6.5所示。

表2.6.5　GPS接收机按工作原理分类

序号	特点	说明
1	码相关型接收机	利用码相关技术得到伪距观测值
2	平方型接收机	利用载波信号的平方技术去掉调制信号来恢复完整的载波信号，通过相位计测定接收机内产生的载波信号与接收到的载波信号之间的相位差，测定伪距观测值
3	混合型接收机	这种接收机综合上述两种接收机的优点，既可以得到码相位伪距，也可以得到载波相位观测值
4	干涉型接收机	这种接收机是将GPS卫星作为射电源，采用干涉测量方法，测定两个测站间的距离

多年的实践证明，GPS是一个高精度、全天候和全球性的无线电导航、定位和定时的多功能系统。GPS技术已经发展成为多领域、多模式、多用途、多机型的国际性技术。

三、北斗卫星导航系统

课程思政

20世纪90年代，我国制定了北斗卫星导航系统“三步走”发展战略。当时，星载原子钟技术仅为少数西方国家所掌握，在我国属于技术空白。中国科学院武汉物理与数学研究所研究员梅刚华带领的课题组1997年承担国内第一个星载原子钟预研项目的时候，我国的铷原子钟精度比国际水平差了两个数量级，寿命、可靠性和卫星环境适应性则完全没有设计概念，能否实现原子钟技术突破，关系到我国北斗卫星导航系统建设的成败。而星载原子钟机理复杂、技术难度极大，要实现从无到有的突破，其难度可想而知。原子钟的核心部件微波腔只有一个胶卷大小，要在里面特定位置打几个槽，宽度与深度是多少都无法确定，当时没有计算机模拟仿真技术，梅刚华只能一点点地尝试，一个个地摸索。几抽屉的试验品都是他在无数个日日夜夜、反反复复的实验中打磨出来的。梅刚华凭借着不服输的倔强精神，成功研制了开槽管微波腔，用了20多年专注地做好了一件事，为中国的导航卫星做最好的“心脏”，为北斗卫星导航系统装上了“中国心”。

北斗卫星导航系统（BeiDou Navigation Satellite System，BDS）（简称“北斗系统”）是中国自行研制的全球卫星导航系统。是继美国的全球定位系统（GPS）、俄罗斯的格洛纳斯卫星导航系统（GLONASS）之后第三个成熟的卫星导航系统。中国的北斗卫星导航系统（BDS）和美国的全球定位系统（GPS）、俄罗斯的格洛纳斯卫星导航系统（GLONASS）和欧盟的伽利略卫星导航系统（GSNS），是联合国卫星导航委员会已认定的供应商。

北斗卫星导航系统是中国正在实施的自主发展、独立运行的全球卫星导航系统。系统建设目标是：建成独立自主、开放兼容、技术先进、稳定可靠的覆盖全球的北斗卫星导航系统，促进卫星导航产业链形成，形成完善的国家卫星导航应用产业支撑、推广和保障体系，推动卫星导航在国民经济社会各行业的广泛应用。

北斗卫星导航系统由空间段、地面段和用户段三部分组成，空间段包括 5 颗静止轨道卫星和 30 颗非静止轨道卫星，地面段包括主控站、注入站和监测站等若干个地面站，用户段包括北斗用户终端以及与其他卫星导航系统兼容的终端。北斗卫星导航系统可在全球范围内全天候、全天时为各类用户提供高精度、高可靠度的定位、导航、授时服务，并具备短报文通信能力，定位精度 10m，测速精度 0.2 m/s，授时精度 10ns。

近年来北斗导航卫星情况如表 2.6.6 所示。

表 2.6.6　　北斗导航卫星情况

卫星	发射日期	运载火箭	轨道
第 1 颗北斗导航试验卫星	2000.10.31	CZ－3A	GEO（地球静止轨道）
第 2 颗北斗导航试验卫星	2000.12.21	CZ－3A	GEO
第 3 颗北斗导航试验卫星	2003.5.25	CZ－3A	GEO
第 4 颗北斗导航试验卫星	2007.2.3	CZ－3A	GEO
第 1 颗北斗导航卫星	2007.4.14	CZ－3A	MEO（中圆地球轨道）
第 2 颗北斗导航卫星	2009.4.15	CZ－3C	GEO
第 3 颗北斗导航卫星	2010.1.17	CZ－3C	GEO
第 4 颗北斗导航卫星	2010.6.2	CZ－3C	GEO
第 5 颗北斗导航卫星	2010.8.1	CZ－3A	IGSO（倾斜地球同步轨道）
第 6 颗北斗导航卫星	2010.11.1	CZ－3C	GEO
第 7 颗北斗导航卫星	2010.12.18	CZ－3A	IGSO
第 8 颗北斗导航卫星	2011.4.10	CZ－3A	IGSO
第 9 颗北斗导航卫星	2011.7.27	CZ－3A	IGSO
第 10 颗北斗导航卫星	2011.12.2	CZ－3A	IGSO
第 11 颗北斗导航卫星	2012.2.25	CZ－3C	GEO
第 12、13 颗北斗导航卫星	2012.4.30	CZ－3B	MEO
第 14 颗北斗导航卫星	2012.9.19	CZ－3B	MEO
第 15 颗北斗导航卫星	2012.9.19	CZ－3B	MEO

续 表

卫星	发射日期	运载火箭	轨道
第16颗北斗导航卫星	2012. 10. 25	CZ-3C	GEO
第17颗北斗导航卫星	2015. 3. 30	CZ-3C	IGSO
第18、19颗北斗导航卫星	2015. 7. 25	CZ-3B	MEO
第20颗北斗导航卫星	2015. 9. 30	CZ-3B	IGSO
第21颗北斗导航卫星	2016. 2. 1	CZ-3C	MEO
第22颗北斗导航卫星	2016. 3. 30	CZ-3A	IGSO
第23颗北斗导航卫星	2016. 6. 12	CZ-3C	GEO
第24、25颗北斗导航卫星	2017. 11. 5	CZ-3B	MEO
第26、27颗北斗导航卫星	2018. 1. 12	CZ-3B	MEO
第28、29颗北斗导航卫星	2018. 2. 12	CZ-3B	MEO
第30、31颗北斗导航卫星	2018. 3. 30	CZ-3B	MEO
第32颗北斗导航卫星	2018. 7. 10	CZ-3A	IGSO
第33、34颗北斗导航卫星	2018. 7. 29	CZ-3B	MEO
第35、36颗北斗导航卫星	2018. 8. 25	CZ-3B	MEO
第37、38颗北斗导航卫星	2018. 9. 19	CZ-3B	MEO
第39、40颗北斗导航卫星	2018. 10. 15	CZ-3B	MEO
第41颗北斗导航卫星	2018. 11. 1	CZ-3B	GEO
第42、43颗北斗导航卫星	2018. 11. 19	CZ-3B	MEO
第44颗北斗导航卫星	2019. 4. 20	CZ-3B	IGSO
第45颗北斗导航卫星	2019. 5. 17	CZ-3C	GEO
第46颗北斗导航卫星	2019. 6. 25	CZ-3B	IGSO
第47、48颗北斗导航卫星	2019. 9. 23	CZ-3B	MEO
第49颗北斗导航卫星	2019. 11. 5	CZ-3B	IGSO
第50、51颗北斗导航卫星	2019. 11. 23	CZ-3B	MEO
第52、53颗北斗导航卫星	2019. 12. 16	CZ-3B	MEO
第54颗北斗导航卫星	2020. 3. 9	CZ-3B	GEO
第55颗北斗导航卫星	2020. 6. 23	CZ-3B	GEO

GLONASS

"格洛纳斯（GLONASS）"是俄语中"全球卫星导航系统（Global Navigation Satellite System）"的缩写。该系统的作用类似于美国的全球定位系统、欧盟的伽利略卫星导航系统、中国的北斗卫星导航系统。格洛纳斯最早开发于苏联时期，后由俄罗斯继续该计划。俄罗斯1993年开始独自建立本国的全球卫星导航系统。按计划，该系统将于2007年年底之前开始运营，届时只开放俄罗斯境内卫星定位及导航服务。在2009年年底，其服务范围将拓展到全球。该系统主要服务内容包括确定陆地、海上及空中目标的坐标及运动速度信息等。

谈到全球卫星导航系统，人们首先想到的是美国的全球定位系统，而俄罗斯的格洛纳斯却鲜为人知。2010年格洛纳斯即将满员上岗提供全球定位服务的消息才再次吸引了人们的目光。

恐怕很少有人知道，格洛纳斯的正式组网比全球定位系统还早，这也是美国加快全球定位系统建设的重要原因之一。不过苏联的解体让格洛纳斯受到很大影响，正常运行卫星数量大减，甚至无法为俄罗斯本土提供全面导航服务，更不要说和全球定位系统竞争了。到了21世纪初随着俄罗斯经济的好转，格洛纳斯也开始恢复元气，推出了格洛纳斯－M和更现代化的格洛纳斯－K卫星更新星座。

格洛纳斯已经于2011年1月1日在全球正式运行。

伽利略卫星导航系统

伽利略卫星导航系统（Galileo Satellite Navigation System，GSNS），是由欧盟研制和建立的全球卫星导航定位系统，该计划于1999年2月由欧洲委员会公布，欧洲委员会和欧空局共同负责。系统由30颗卫星组成，其中27颗工作星，3颗备份星。卫星轨道高度约2.4万km，位于3个倾角为56°的轨道平面内。截至2016年12月，已经发射了18颗工作卫星，具备了早期操作能力，并于2019年具备完全操作能力。

任务实施：GPS的识读应用

运用GPS技术，要重点掌握GPS的构成，GPS接收机的选型要求，根据不同的类型及设备说明书进行正确使用。

一、GPS构成

GPS包括GPS卫星（空间部分）、地面支撑系统（地面控制部分）、GPS接收机（用户设备部分）三大部分。GPS利用无线电传输特性来定位，和过去地面无线导航系统不同的是，GPS由卫星发射定时信号、卫星位置和健康状况信息，故具有发射信号能覆盖全球和定位精度高的优点。系统中所有卫星构成GPS的空间部分。卫星由地面支撑系统（即地面站）监测和控制，地面站监测卫星的健康状况和空中定位精度，定时向卫星发送控制指令、轨道参数和时间改正数据。

用户装有GPS接收机，用来接收卫星发来的信号。GPS接收机中装有专用芯片，用来根据卫星信号计算出定位数据。用户并不需要给卫星发射任何信号，卫星也不必理会用户的存在，故系统中用户数量没有限制。

（1）GPS的空间部分。GPS卫星如图2.6.1所示、GPS卫星布局如图2.6.2所示。

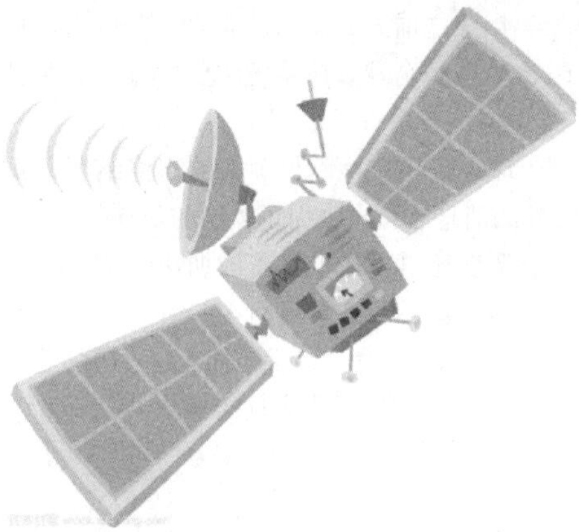

图2.6.1 GPS卫星

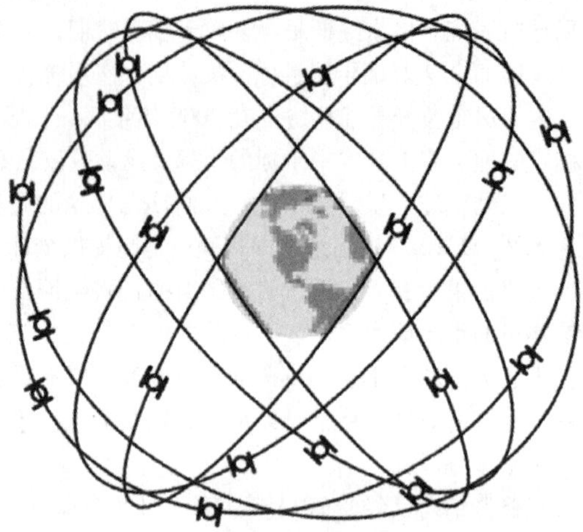

图2.6.2 GPS卫星布局

GPS空间部分包括由24颗卫星组成的星座。卫星高度为20200km，运行周期为12h。卫星分布在6条升交点相隔60°的轨道面上，轨道倾角为55°；每条轨道上分布4颗卫星，相邻两轨道上的卫星相隔40°，使得在地球上任何地方至少同时可看到4颗卫星。具有这样轨道参数的卫星，其发射信号能覆盖地面38%的面积。卫星运行到轨道的任何位置上，它与地面的距离和波束覆盖面积基本不变。同时在波束覆盖区域内，用户接收到的卫星信号强度近似相等。这对提高定位精度十分有利。GPS卫星能在全球任何地方、任何恶劣的气候条件下，为用户提供24h不间断的免费服务。

（2）GPS地面控制部分。地面控制部分包括1个主控站、3个注入站和5个监测站。主控站位于美国科罗拉多斯普林斯（Colorado Springs）的联合空间执行中心，3个注入站分别设在大西洋、印度洋和太平洋的3个美国军事基地内，即大西洋的阿松森（Ascension）岛、印度洋的迪戈·加西亚（Diego Garcia）岛和太平洋的夸贾林环礁（Kwajalein Atoll），5个监测站设在主控站和3个注入站以及夏威夷岛。GPS地面控制示意如图2.6.3所示。

监测站主要是对每颗卫星进行观测，精确测定卫星在空间的位置，向主控站提供观测数据。每个监测站还配有GPS接收机，连续不断地对每颗卫星进行观测，每6s进行一次伪距测量和积分多普勒观测，并采集与气象有关数据。监测站受主控站的控制，定时将观测数据送往主控站。

主控站拥有的大型计算机是实现采集数据、诊断、编辑导航电文等功能的主体设备，主控站的功能如表2.6.7所示。

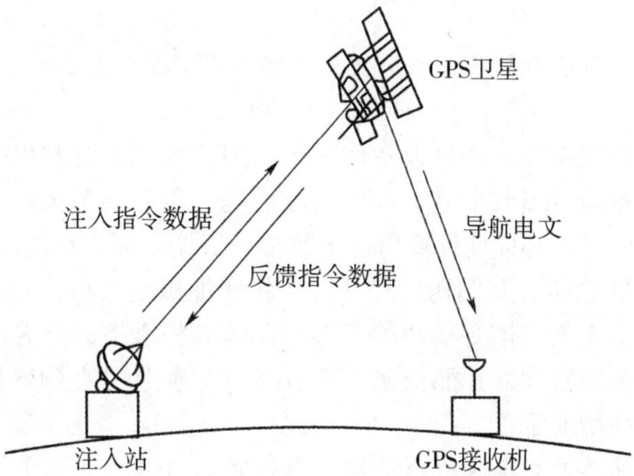

图 2.6.3　GPS 地面控制示意

表 2.6.7　　主控站的主要功能

序号	功能	说明
1	采集数据	主控站采集各个监测站所测得的伪距和积分多普勒观测值、气象要素、卫星时钟和工作状态数据，还有监测站自身的状态数据以及海军水面兵器中心发来的参考星历
2	编辑导航电文	根据采集到的全部数据计算出每颗卫星的星历、时钟改正数、状态数据以及大气改正数，并按一定格式编辑为导航电文，传送到注入站
3	诊断功能	对整个地面控制部分的协调工作进行诊断；对卫星的健康状况进行诊断，并加以编码向用户指示
4	调整卫星	根据所测的卫星轨道参数，及时将卫星调整到预定轨道，使其发挥正常作用，而且还可以进行卫星调度，用备份卫星取代失效的工作卫星

主控站将编辑的卫星电文传送到位于三大洋的 3 个注入站，而注入站通过 S 波段微波链路定时地将有关信息注入各个卫星，然后由 GPS 卫星发送给广大用户。

课程思政

中国的北斗系统发展到现在，导航定位技术确实取得了重大突破。甚至有些性能已经超过了美、俄两国的技术。那么中国的北斗系统这么先进了，手机为什么还用国外的导航定位系统？

目前来说，大多数新出的手机都支持美国 GPS，中国 BDS，俄罗斯 GLONASS 的导航，部分还支持欧盟 GSNS 的导航，通过多个导航系统进行组合导航，可以提高导航精度。我们手机上开启的 GPS，实际上不仅仅是美国的 GPS，更准确地说是全球导航卫星系统，即多个卫星系统。因此这个问题本身对 GPS 和 BDS 是有一定的误解的。简单地说，当我们按下手机开启 GPS 的按钮，实际上中国 BDS、美国 GPS、俄罗斯 GLONASS

都在为我们服务。

议一议：如何从自己做起强化爱国主义情怀和国家安全意识？

(3) GPS用户设备部分。用户设备部分包括用户组织系统和根据要求安装的相应设备，但其中心设备是GPS接收机。GPS接收机是一种特制的无线电接收机，用来接收导航卫星发射的信号，并以此计算出定位数据。根据不同类型的用户和要求的功能，要配置不同的GPS接收机。其结构、尺寸、形状和价格也大相径庭。如航海和航空用的GPS接收机，要具有与存有导航图等资料的存储卡相衔接的能力；测地用的GPS接收机就要求具有很高的精度，并能快速采集数据；军事上用的GPS接收机，要附加密码模块，并要求能高精度定位。

GPS接收机的种类虽然很多，但结构基本一致，可分为天线单元和接收单元两部分。天线单元由天线和前置放大器组成。常用的天线形式有定向天线、偶极子天线、微带天线、线螺旋天线、圆螺旋天线等。前置放大器直接影响接收信号的信噪比，要求噪声系数小、增益高和动态范围大。现在一般都采用FET（场效应晶体管）前置放大器。接收单元包括信号通道、存储、计算与显示控制及电源等部件。信号通道的主要功能是接收来自天线的信号，经过一系列处理，实现对GPS信号的跟踪、锁定、解调。根据需要，可设计成1～12个通道，以能接收多个卫星信号。其他几个部件的作用主要包括根据收到的卫星星历、伪距观测数据，计算出三维坐标和速度；进行人机对话、输入各种指令、控制屏幕显示等。如图2.6.4所示。

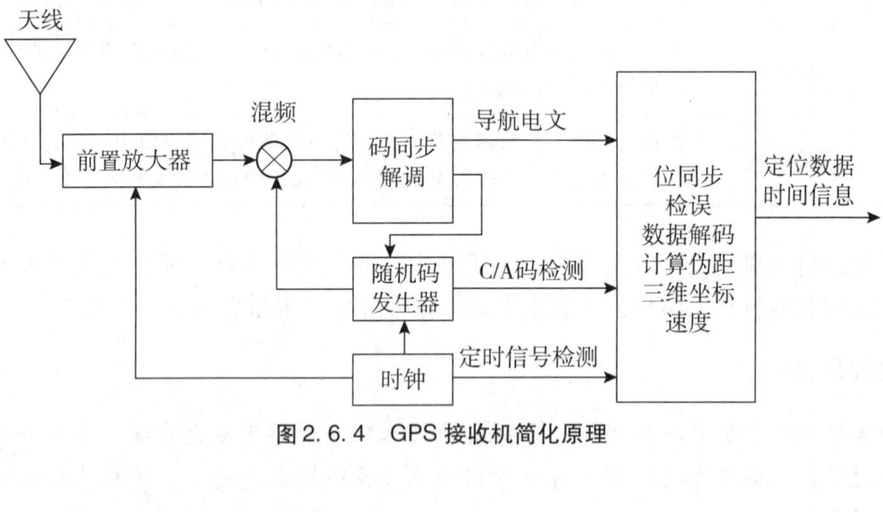

图2.6.4　GPS接收机简化原理

二、GPS接收机选型

最近几年，GPS技术有着快速的发展，GPS接收机（也叫GPS接收设备、GPS导航仪）越来越商用化、民用化，促使中国的GPS导航仪市场快速升温，GPS导航仪市场在短时间内就出现了爆炸式的增长。

选择与评价一台 GPS 导航仪的好坏，要关注的九大因素如表 2.6.7 所示。

表 2.6.8　　GPS 导航仪选型因素

序号	因素	说明
1	收星速度与质量	从 GPS 导航仪的工作原理来看，接收有效的卫星信号是其运行工作的一个重要部分，因此，收星速度与质量就直接决定了一台 GPS 导航仪的性能。收星速度以及信号的强弱直接决定车辆定位的速度和准确度，具有重要意义
2	开机速度与机器的反应速度	开机速度与机器的反应速度也是一个重要因素，开机速度与机器的反应速度主要由处理器决定，采用好的处理器可以提高机器的反应速度，从而提升车辆导航的精确度，同时也可以节约使用者的操作时间，省时更省心
3	产品材料	GPS 导航仪材料，在很大程度上决定了其综合性价比，同时好的材料也是 GPS 导航仪长久使用的有力保障
4	产品便携程度	部分 GPS 导航仪自称便携式导航装置，可见产品的便捷程度成了一个硬性衡量指标，产品的便捷程度、安装的简单程度，都会直接影响用户使用的方便程度
5	电池续航时间	电池拥有的续航时间，即导航仪在断开充电器后能够继续使用的时间，也是评定导航仪好坏的一个标准。续航时间体现了机器的能耗效率，也体现了 GPS 导航仪的综合性能
6	对工作环境的适应性	由于 GPS 导航仪的使用环境是多变的，因此，工作环境的温度与湿度就成了考验 GPS 导航仪性能的因素。一款好的 GPS 导航仪，必须能够适应不同的工作环境要求，才能有效地避免性能故障，让用户在使用中无后顾之忧
7	多媒体的兼容性	随着 GPS 导航仪的功能越来越趋向多元化，娱乐多媒体已经成了 GPS 导航仪必备的功能之一。因此，兼容的多媒体格式的多少，也就成了一个关键选型因素
8	电子导航地图的质量与匹配	电子导航地图是 GPS 导航仪赖以工作的一个重要组件，电子导航地图的正确与否就直接决定了车主能否更快捷、更轻松地到达目的地。在当前的市场上，各品牌所使用的电子导航地图质量参差不齐，而且往往不能及时升级地图信息，给用户带来不便
9	售后服务质量	现今市场上销售的部分品牌的 GPS 导航仪，无法为用户提供完整的售后保修服务，在选购时一定要详细了解该产品的售后维修情况，以免上当

三、GPS 的识读应用

武汉中百集团将一车货物由位于武汉市东西湖区的武汉中百集团吴家山物流配送（配销）中心送至位于武昌区的中百仓储超市梨园店，应用 GPS 导航操作如下。

首先打开 GPS 接收机，出现的界面如图 2.6.5 所示。

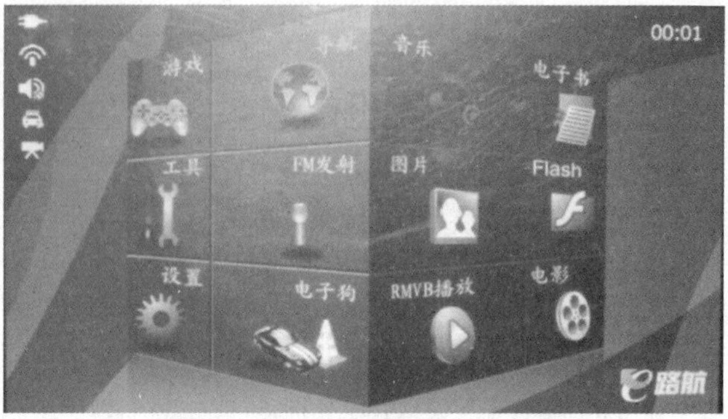

图2.6.5　GPS接收机开机界面

选择“设置”，进行出发地名称查找，如图2.6.6所示。

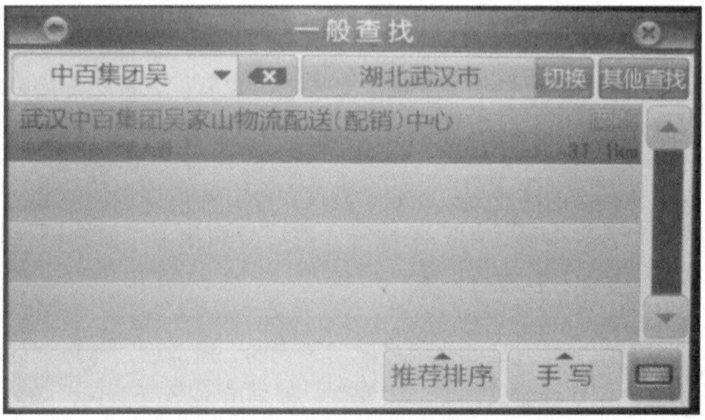

图2.6.6　出发地名称查找界面

设置出发地，如图2.6.7所示。

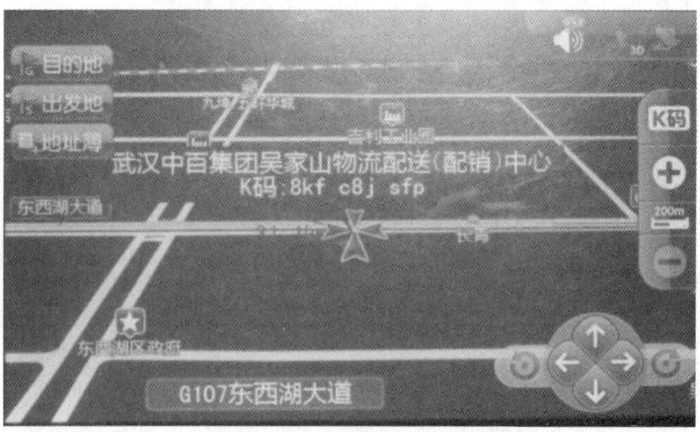

图2.6.7　设置出发地界面

进行目的地名称查找。

设置目的地，如图2.6.8所示。

图 2.6.8　设置目的地界面

路径选择结束后，开始导航。如图 2.6.9 所示。

图 2.6.9　导航操作界面

途经主要地点如图 2.6.10 至图 2.6.16 所示。

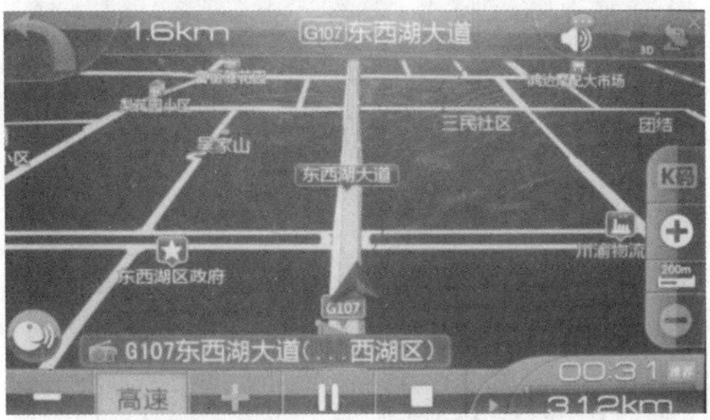

图 2.6.10　途经地界面（1）

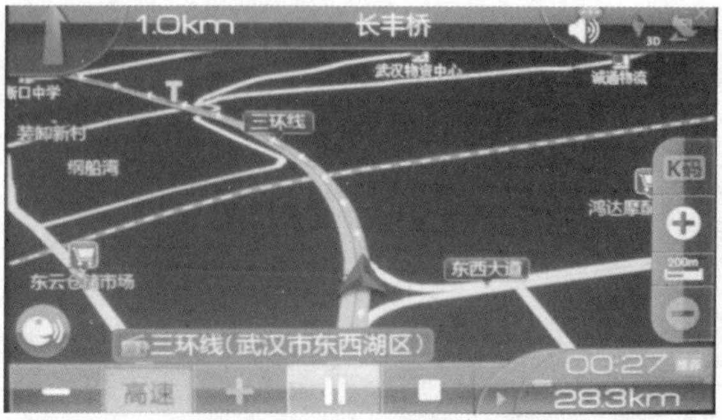

图 2. 6. 11　途经地界面（2）

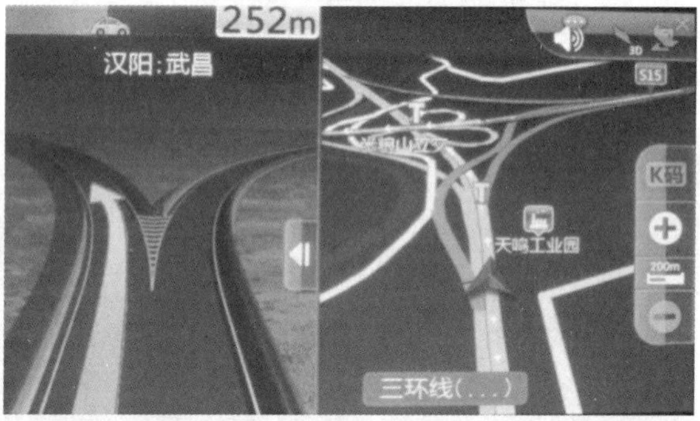

图 2. 6. 12　途经地界面（3）

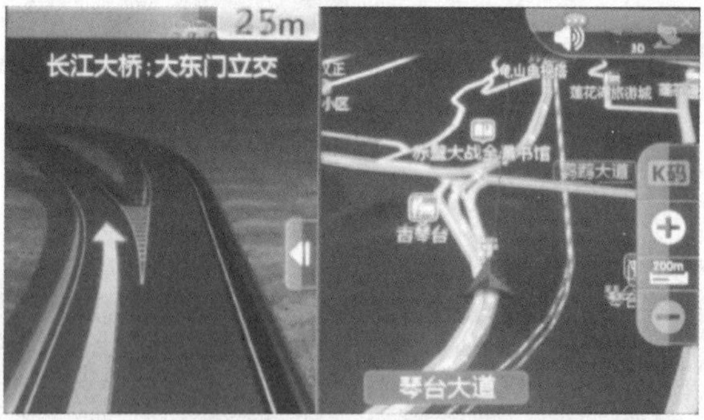

图 2. 6. 13　途经地界面（4）

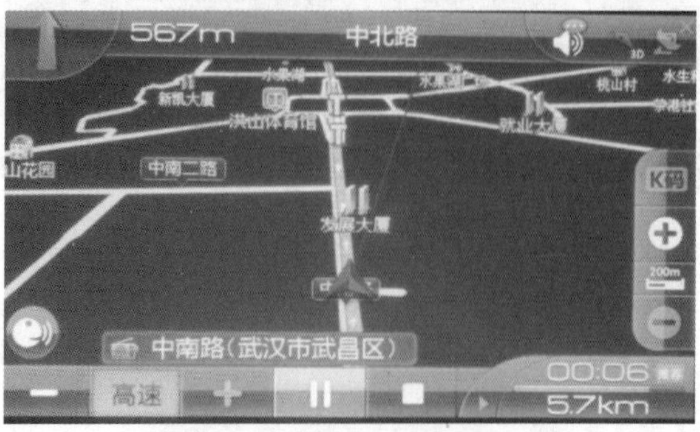

图 2. 6. 14　途经地界面（5）

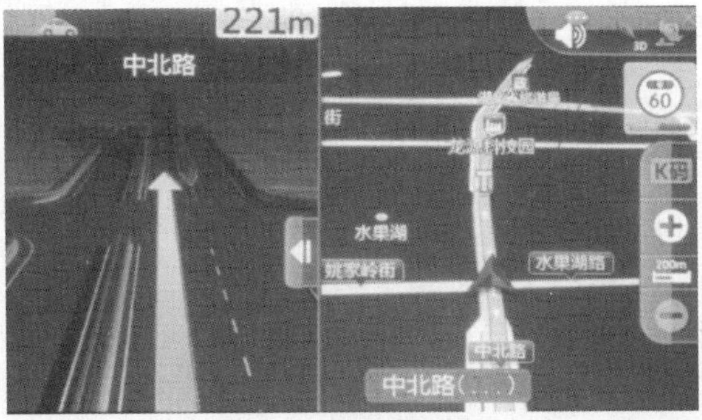

图 2. 6. 15　途经地界面（6）

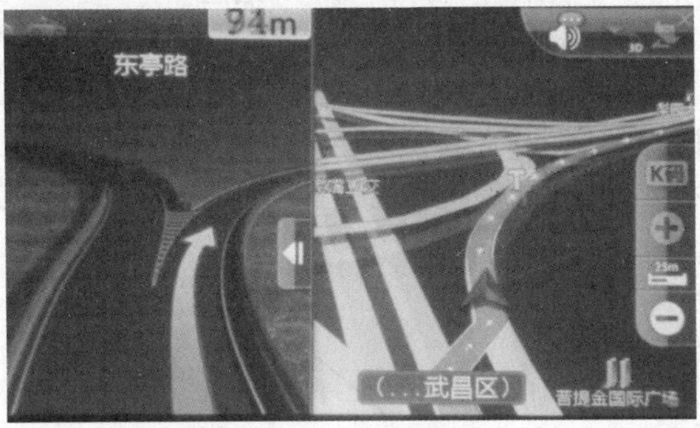

图 2. 6. 16　途经地界面（7）

最终，GPS 导航仪显示，表示本次配送导航结束。

【同步测试】

一、判断题

1. 目前 GPS 观测可在一天 24h 内的任何时间进行，但受阴天黑夜、起雾刮风、下雪下雨等气候的影响。(　　)

2. GPS 接收机按照载波频率可分为单频接收机、双频接收机。(　　)

3. 多年的实践证明，GPS 是一个高精度、全天候和全球性的无线电导航、定位和定时的多功能系统。(　　)

4. GPS 接收机的种类很少，而且结构基本一致，可分为天线单元和接收单元两部分。(　　)

5. 电子导航地图是 GPS 导航仪赖以工作的一个重要组件。(　　)

二、单项选择题

1. GPS 是一个由覆盖全球的（　　）颗卫星组成的卫星系统。

A. 12　　B. 24　　C. 36　　D. 18

2. 据 GPS 定位，至少要接收到（　　）颗卫星的信号才能定位。

A. 2　　B. 3　　C. 4　　D. 5

3. GPS 卫星发送的(　　)信号，是一种可供无数用户共享的信息资源。

A. 导航定位　B. GPS 定位　C. 卫星定位　D. 精准定位

4. GPS 地面控制部分包括 1 个主控站、(　　) 个注入站和 5 个监测站。

A. 1　B. 2　C. 3　D. 4

5. GPS 工作卫星均匀分布在(　　)个轨道上。

A. 4　B. 8　C. 6　D. 2

三、多项选择题

1. GPS 卫星可以采集到地球上任一观测点的经纬度和高度，以便实现（　　）等功能。

A. 导航　B. 定位　C. 绘图　D. 授时

2. GPS 主要由(　　)三部分组成。

A. 空间部分　B. 地面控制部分　C. 信息采集部分　D. 用户设备部分

3. GPS 接收机按照其用途可分为(　　)。

A. 混合型接收机　B. 导航型接收机　C. 测地型接收机　D. 授时型接收机

四、简答题

1. 什么是 GPS?

2. GPS 包括哪几大部分?

3. GPS 主控站主要有哪些功能?

【技能训练】 GPS 技术的模拟与实训

实训目标：

1. 理解 GPS 的构成。

2. 掌握 GPS 导航功能。

环境要求：手机，导航软件。

实训内容：小李准备从学校运送一批货物去火车站，请利用高德地图或百度地图，为其寻找一条合适路线。

实训要求：

1. 要求使用手机的 GPS 功能。

2. 利用模拟导航功能，完成导航过程。

3. 在使用导航软件过程中，要注意导航软件有哪些优、缺点。

4. 找出最优方案，记录过程，完成实训报告。

任务考核评价

完成任务导入的任务，以学生个人为单位实行考核。

	GPS 的构成			GPS 导航			得分（分）
	自评分	同学评分	教师评分	自评分	同学评分	教师评分	
学生 1							
学生 2							
学生 3							
学生 4							
学生 5							

说明：

1. 每个人的总分为 100 分。

2. 每项为 50 分制，每项可根据实施情况按照优、良、中、差各占 1/4 分值来评价。

3. 采用分层打分制，建议权重为：自评分占 0.2，同学评分占 0.3，教师评分占 0.5，然后加权算出每位同学在本项目中的综合成绩。

项目三　数字化智能化系统及其应用

随着信息化、互联网等技术突飞猛进，很多现代物流系统已经具备了信息化、数字化、网络化、集成化、智能化、柔性化、敏捷化、可视化、自动化等先进技术特征。智能化和自动化现代物流系统可实现快速响应、准时配送的优质服务。智能化是物流自动化、信息化的高层次应用，强调物流作业中使用人工智能相关技术满足大量的运筹和决策需求。

物流管理信息系统（Logistics Management Information System）是指通过对物流相关信息的收集、存储、加工、处理以便实现物流的有效控制和管理，并提供决策支持的人机系统。

物流管理信息系统是建立在物流信息的基础上的，只有具备了大量的物流信息，物流信息系统才能发挥作用。在物流管理中，人们要寻找最经济、最有效的方法来克服生产和消费之间的时间距离和空间距离，就必须传递和处理各种与物流相关的情报，这种情报就是物流信息。它与物流过程中的订货、收货、库存管理、发货、配送及回收等职能有机地联系在一起，使整个物流活动顺利进行。

物流管理信息系统按管理决策的层次可分为物流作业管理系统、物流协调控制系统、物流决策支持系统；按系统的应用对象可分为面向制造企业的物流信息管理系统，面向零售商、中间商、供应商的物流信息管理系统，面向物流企业的物流信息管理系统；按系统采用的技术可分为单机系统、内部网络系统、与合作伙伴和客户互联的系统；按照主要实现的物流职能可分为仓储管理信息系统、运输管理信息系统、配送管理信息系统，还有采购管理信息系统、报关报检管理信息系统等。

随着物流和供应链管理的不断发展，各种物流信息日趋复杂化，各企业迫切要求物流信息化，而计算机网络技术的盛行又给物流信息化提供了技术上的支持。因此，物流信息系统就在企业得到广泛应用，为企业带来了更高的效率。

项目描述

学习目标	器材工具	教学建议	课时计划
①了解仓储管理信息系统、运输管理信息系统、配送管理信息系统、自动分拣系统的功能； ②认识并掌握仓储管理信息系统、运输管理信息系统、配送管理信息系统的主要结构和功能模块；	①仓储管理信息系统及相应的信息设备；	①条件允许时，尽量在理论实践一体化教室或实训室和多媒体教室中实施教学；	计划30学时，其中理论教学12学时，实践操作12学时，项目考核6学时

续　表

学习目标	器材工具	教学建议	课时计划
③掌握仓储管理信息系统、运输管理信息系统、配送管理信息系统的业务操作；掌握智能拣选技术及其应用； ④在作业中培养学生的国际视野、创新思维、团队精神、工匠精神等	②运输管理信息系统及相应的信息设备； ③配送管理信息系统及相应的信息设备； ④自动分拣系统	②信息系统和信息设备操作注意事项应参照相关说明书	

项目导学

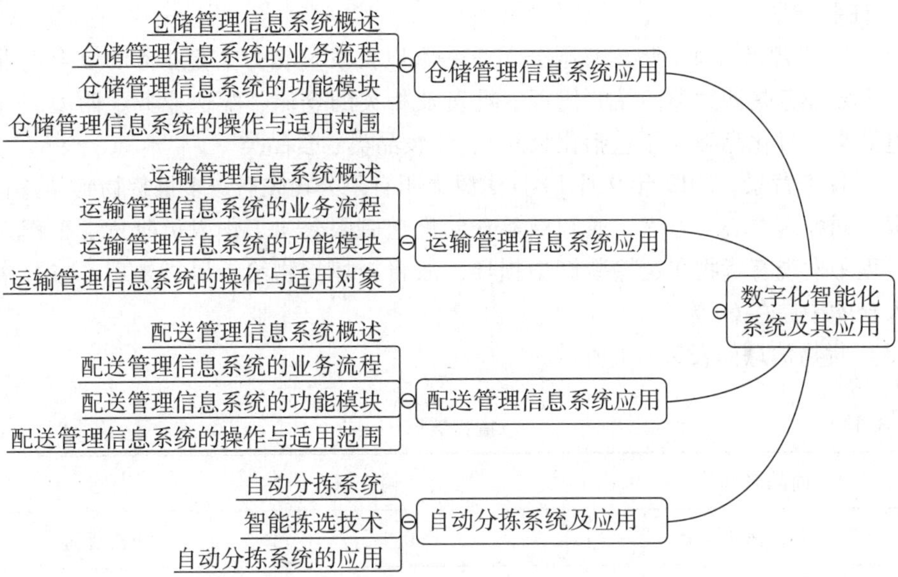

任务一　仓储管理信息系统应用

教学目标

【知识目标】

◆ 了解仓储管理的业务流程；
◆ 掌握仓储信息管理的内容、重要数据、特点；
◆ 熟悉仓储管理信息系统的功能模块。

【技能目标】

◆ 能够厘清仓储管理的作业任务；

◆ 能够使用仓储管理信息系统完成给定的仓储管理作业任务；
◆ 掌握仓储管理信息系统的适用范围。

【素质及思政目标】

◆ 具有讲究原则、遵守流程的规则意识；
◆ 具有尊重技术、求真求实的科学精神。

开篇语 仓储管理就是对仓库及仓库内的物资所进行的管理，仓储管理业务流程主要由入库管理、在库管理和出库管理组成，应用仓储管理信息系统有助于准确、高效、系统、规范地完成仓储管理作业任务。现代仓储管理离不开仓储管理信息系统。

【任务导入】

1. 任务背景

（1）客户背景。华奥集团有限公司是一家以批发贸易为主营业务的综合商业集团公司，主要业务是四大类商品的代理、批发及相关的仓储、配送业务。四大类商品分别是电器类、日化品类（不包括化妆品）、化妆品类、食品类。

（2）任务背景。2019 年 9 月 14 日华奥集团有限公司先后送多批货物到鼎益仓储配送有限公司配送中心 1 号库，通知鼎益仓储配送有限公司工作人员收货。工作人员在验货过程中发现有货物在运输装卸中损坏，故将损坏货物给予退货处理，将合格的货物放入仓库中储存 60 天。

（3）货物信息如表 3.1.1 所示。

表 3.1.1 货物信息

商品名称	数量（箱）	货区
七喜汽水	600	托盘货区
可口可乐（香草口味）	400	托盘货区

送货联系人信息：
联系人：何强
电话：020－84657236　135××××1121
计费单位：元/箱

2. 任务参与角色（见表 3.1.2）

表 3.1.2 任务参与角色

序号	角色名称	对应任务
1	客服文员	缮制收货通知单

续　表

序号	角色名称	对应任务
2	客服经理	审核收货通知单
3	收货员	收货、填写收货单，通知卸货员卸货
4	仓管员	分配货物存放库位（又称货位、储位）、库区，制订货物管理规划
5	仓储经理	主管仓储部全面工作，完成仓储部决策与工作任务分派及考核
6	验货员	货物检验
7	装卸员	装卸货物，运用设备将货物搬运上架到指定位置

3. 具体任务

请根据相关背景资料，模拟完成：

（1）收货通知单缮制；

（2）库位的合理分配；

（3）货物的入库、退货操作；

（4）入库的成本核算。

任务资讯

一、仓储管理信息系统概述

（一）仓储信息管理的具体内容

仓储管理是指对仓库及库存货物进行管理，是充分利用仓储资源，为提供仓储服务进行的计划、组织、控制和协调活动。

仓储管理的内涵随着它在社会经济领域中作用的变化而变化。具体来说，仓储已从单纯存储货物发展成为物流过程的中心环节，仓储具有存储基本功能的同时，往往兼有包装、分拣、整理、简单装配等多种辅助性功能。

仓储信息是仓储活动产生的信息，这些信息伴随着货物入库、在库和出库活动的发生而发生。仓储信息管理的具体内容包括仓储资源信息管理、仓储作业信息管理和仓储业务信息管理等。

1. 仓储资源信息管理

仓储资源指仓库自身所拥有的或可控制的用于仓储活动的各种资源，包括仓储设施、仓储设备和仓储人员。仓储资源信息管理主要包括：仓储设施规划与设备优化配置过程中信息的收集、整理、加工与利用，仓储资源基本信息的记录与维护，仓储资源使用情况的记录与统计。仓储资源信息管理具体内容如表 3. 1. 3 所示。

表3.1.3　　仓储资源信息管理具体内容

序号	内容	说明
1	仓储设施规划与设备优化配置过程中信息的收集、整理、加工与利用	仓储设施规划是从空间上和时间上对仓储设施的新建、改建或扩建进行全面系统的规划。仓储设施规划的合理性将对仓储设施的设计、施工和使用，仓储作业的质量与安全，以及所处地区或企业的物流合理化产生直接且深远的影响。因此，仓储设施规划过程中需要收集、整理大量信息，并应用科学的预测与决策方法，完成信息深层次的加工与利用。 仓储设备优化配置过程中要涉及仓储设备的种类搭配、各种仓储设备的具体选型与数量确定等工作，需要收集大量信息并进行整理，采用一定的优化技术与方法，对整理后的信息进行深度挖掘与利用
2	仓储资源基本信息的记录与维护	仓储资源基本信息的记录与维护主要包括仓储设施基本信息、仓储设备基本信息及仓储人员基本信息的记录与维护。 仓储设施是仓储活动赖以进行的基本条件，主要有各种类型的仓库、堆场、货棚等。仓储设施的基本信息主要包括：设施的地理分布、规模、数量、用途，设施内部的布局，仓库建筑物的结构，设施投入使用的日期、使用年限、建设成本等。 仓储设备是进行仓储作业或辅助作业以及保证仓储作业安全所必需的各种机械设备的总称。仓储设备种类很多，主要有叉车、托盘、货架、堆垛机、输送带、室内搬运车等。仓储设备的基本信息主要包括设备名称、数量、规格、厂家、购买日期、单价等。 仓储人员主要有仓储主管、仓库经理、仓管会计、业务员、入库管理员、保管员、出库管理员、搬运员、理货员、养护员、仓库安全管理员等（不同企业中岗位名称不同）。仓储人员基本信息主要包括姓名、性别、岗位、年龄等
3	仓储资源使用情况的记录与统计	仓储设施使用情况的记录与统计主要包括日常维修记录、利用情况的详细记录与相关的数据统计，如仓库面积利用率、仓容利用率等。仓储人员使用情况的记录与统计主要包括出勤记录，工作过程中的一些特殊事件的记录，批评、处分、处罚或是表扬、嘉奖等信息的记录与统计，工作量统计（如统计全员年工日总数）。仓储设备使用情况的记录与统计主要包括设备利用情况的记录与统计，如统计设备利用率；设备运行过程中出现的问题以及对问题的处理结果等信息的记录与统计；设备报废日期、残值、报废原因等信息的记录与统计

2. 仓储作业信息管理

仓储作业包括入库、在库及出库。仓储作业信息管理包括仓储作业所需信息的收集、仓储作业过程中产生的信息的记录以及对以上信息的加工处理和利用。

（1）入库信息管理。入库信息管理包括入库前准备信息管理、接运信息管理、验收信息管理和入库交接信息管理。入库信息管理具体内容如表3.1.4所示。

表 3.1.4　　入库信息管理具体内容

序号	内容	说明
1	入库前准备信息管理	收集入库货物的信息，如货物的品种、规格、数量、包装状态、单件体积、到库时间、货物存放期、货物的物理化学特性、保管要求等；收集仓储资源相关信息，如仓库的库容、设备、人员等信息。制订仓储计划并将计划传递到相关作业单位、管理部门；编制货位、验收场地的安排表，选择卸车搬运工艺，制作苫垫方案；预填货物入库所需的各种单证、记录簿，如入库记录、理货检验单、料卡、残损单等
2	接运信息管理	收集接运信息，如接运方式、时间、地点，接运货物的名称、型号、数量。收集接运人员、车辆和其他设备的基本信息。制订接运计划及人员、车辆和其他设备的接运安排
3	验收信息管理	收集验收所需凭证，如入库通知单，订货合同副本，供货单位提供的材质证明书、装箱单、磅码单、发货明细表，货物承运单位提供的运输单据等。记录验收所花费的时间，记录验收结果，记录异常情况及其处理意见，统计平均验收时间等
4	入库交接信息管理	收集货物的基本信息、堆码设施的信息、堆码人员的信息，记录堆码过程中的特殊情况、堆码所花时间等。完成货物入库信息的登账、立卡、单证的签署及建档。其中，建档涉及的信息主要有：货物的各种技术资料、合格证、装箱单、质量标准、送货单、发货清单等；货物运输单据、普通记录、货运记录、残损记录等；入库通知单、验收记录、磅码单、技术检验报告等

（2）在库信息管理。在库信息管理包括保养维护信息管理、盘点信息管理、在库检查信息管理。在库信息管理具体内容如表 3.1.5 所示。

表 3.1.5　　在库信息管理具体内容

序号	内容	说明
1	保养维护信息管理	收集可能引起货物在库发生变化的内部因素信息，如货物自身的组成成分、分子结构及货物的物理性质、化学性质和机械性质。记录货物在库保管过程中发生的一系列变化，如物理机械变化、化学变化、生化变化及某些生物活动引起的变化等。记录引起货物发生变化的外部因素，如温度、湿度、有害气体、日光、尘土、杂物、虫鼠雀害、自然灾害等的监测与控制信息。计算货物的储存期。制订仓储活动的操作规范和要求

续 表

序号	内容	说明
2	盘点信息管理	收集与盘点货物有关的信息，如货物的特性、价值、流动速度、重要程度等；收集盘点人员及设备信息。填制盘点单，记录盘点过程中的特殊情况，记录盘点结果，记录造成盘盈或盘亏的原因及处理意见。统计账实相符率、盘盈或盘亏率等
3	在库检查信息管理	记录检查时温度、水分、气味、包装物外观、货垛状况等信息，记录检查过程中发现的异常情况及其处理意见，统计货物损耗率等

（3）出库信息管理。出库信息管理主要包括出库前准备信息管理、核对出库凭证信息管理、备货信息管理、理货信息管理和其他内容。出库信息管理具体内容如表3.1.6所示。

表3.1.6　出库信息管理具体内容

序号	内容	说明
1	出库前准备信息管理	出库前准备信息管理主要包括收集货主提出的出库计划或出库请求；制订货物出库的各项安排，如货位、机械设备、工具和工作人员的安排；编制发往异地的货物的编号，制作包装上的挂签和发运标记等
2	核对出库凭证信息管理	核对出库凭证信息管理主要包括收集提货凭证；检查凭证上的印鉴是否齐全相符，有无涂改；在料账上填写预拨数，并将出库凭证移交给仓库保管员
3	备货信息管理	备货信息管理主要包括完成销卡、批注地区代号和签单
4	理货信息管理	理货信息管理主要包括收集货物场地信息及车辆到库信息，编制货物分堆工作安排，在外包装上标注收货单位简称
5	其他内容	出库信息管理的其他内容主要有登账信息管理、交接信息管理，以及货物出库后的账目注销和料卡与货位上的吊牌信息的调整

3. 仓储业务信息管理

仓储业务信息管理主要包括客户信息管理和业务信息管理。仓储业务信息管理具体内容如表3.1.7所示。

表3.1.7　仓储业务信息管理具体内容

序号	内容	说明
1	客户信息管理	客户信息管理主要包括客户的基本信息以及客户在业务合作方面表现信息的维护。客户的基本信息有客户的名称、地址、联系人、联系电话或传真、开户行、银行账号等。客户在业务合作方面表现信息主要是客户在业务合作方面一些特殊情况的记录信息

续　表

序号	内容	说明
2	业务信息管理	业务信息管理主要包括业务基本信息以及业务履行情况信息的维护。业务基本信息主要指业务合同所记载的信息，如业务合作方的名称、具体业务、客户要求等。业务履行情况信息主要包括正常履行记录，履行过程中特殊情况及其处理意见，以及履行业务的数据统计，如统计业务赔偿费率、缺货率等

海尔的仓储信息管理

海尔将“人单合一”的理念融入企业管理中，在这样的商业模式下，海尔根据市场动态变化来推进企业内部研发、制造和服务等环节，使仓库里的每一件产品都有市场需求，这样最大限度地实现了零库存下的即需即供，从而降低了库存量，降低了仓储成本。

海尔建造了现代化物流中心库，使用先进的计算机管理系统进行仓储管理，使仓储管理与采购订单管理、生产计划调度、资金流管理相连接，推动了企业资源管理系统的实施。

（二）仓储信息管理的重要数据

仓储信息管理的重要数据主要是以下六方面的数据：一是与仓库作业成果数量有关的数据；二是与仓库作业质量有关的数据；三是与仓库作业物化劳动和活劳动消耗有关的数据；四是与仓库作业物化劳动占用有关的数据；五是与仓库作业劳动效率有关的数据；六是与仓库经济效益有关的数据。

1. 与仓库作业成果数量有关的数据

与仓库作业成果数量有关的数据主要有吞吐量、库存量、存货周转率。该类数据具体说明如表 3. 1. 8 所示。

表 3. 1. 8　　与仓库作业成果数量有关的数据

序号	数据	定义	计算公式	说明
1	吞吐量	吞吐量是指仓库中转货物的总量，计量单位通常为“t”	吞吐量 = 入库量 + 出库量 + 直拨量	入库量是指经仓库验收入库的货物数量，不包括到货未验收、不具备验收条件、验收发现问题的货物数量；出库量是指按出库手续已经点交给用户或承运单位的货物数量，不包括备货待发运的货物数量；直拨量是指在车站、码头、机场、供货单位等提货点办理完提货手续后，直接将货物从提货点分拨转运的货物数量

续 表

序号	数据	定义	计算公式	说明
2	库存量	库存量通常用月平均库存量或年平均库存量来表示。该数据是反映仓库平均库存水平和库容利用状况的数据，其计量单位为“t”	月平均库存量 =（月初库存量 + 月末库存量）/2 年平均库存量 = 各月平均库存量之和/12	库存量不包括待处理、待验收的货物数量。月初库存量等于上月月末库存量，月末库存量等于月初库存量加上本月入库量再减去本月出库量
3	存货周转率	库存量反映的是相对静止的库存状态，而存货周转率更能体现仓库空间的利用程度和流动资金的周转速度	存货周转率 = 存货销售成本/存货平均余额 × 100%	存货平均余额为期初存货余额加期末存货余额除以2

2. 与仓库作业质量有关的数据

与仓库作业质量有关的数据主要有收发差错率及收发正确率、业务赔偿费率、货物损耗率、账实相符率、缺货率等。该类数据具体说明如表 3.1.9 所示。

表 3.1.9　与仓库作业质量有关的数据

序号	数据	定义	计算公式	说明
1	收发差错率及收发正确率	收发差错率是收发货发生差错的累计笔数占收发货总笔数的百分比，此项指标反映仓库收发货的准确程度	收发差错率 = 收发货差错累计笔数/收发货总笔数 × 100% 收发正确率 = 1 − 收发差错率	收发差错包括因验收不严、责任心不强造成的错收、错发，不包括丢失、被盗等因素造成的差错。通常情况下，收发差错率应控制在 0.5% 的范围内。而对于一些单价高的货物或具有特别意义的货物，客户可能会要求仓库的收发正确率是 100%，此时一旦发生差错，必须根据合同予以赔偿
2	业务赔偿费率	业务赔偿费率是以仓库发生的业务赔罚款总额占同期业务总收入的百分比来计算的，此项数据反映仓库履行合同的质量	业务赔偿费率 = 业务赔罚款总额/业务总收入 × 100%	业务赔罚款是指在入库、在库、出库阶段，由于管理不严、措施不当造成库存货物损坏或丢失所支付的赔款和罚款，以及因为延误时间等支付的罚款，意外灾害造成的损失不计。业务总收入指入库、在库、出库各阶段提供服务所收取的费用之和

续　表

序号	数据	定义	计算公式	说明
3	货物损耗率	货物损耗率指保管期内货物自然减少的数量占货物入库数量的百分比，此项数据反映仓库保养维护货物的水平	货物损耗率 = 货物损耗量/货物入库数量 × 100%	货物损耗率主要用于易挥发、易流失、易破碎的货物。仓库与货主根据货物的性质在仓储合同中规定一个相应的损耗上限。若实际货物损耗率高于合同中规定的损耗上限，说明仓库保养维护货物的水平不高。超过上限的损耗部分，仓库应给予赔付
4	账实相符率	账实相符率是指货物账面结存数与库存实际数量相符笔数占盘点总笔数的百分比	账实相符率 = 账实相符笔数/盘点总笔数 × 100%	通过对账实相符率的考核，可以衡量仓库货物账面信息的真实程度，反映保管工作的完成质量和管理水平
5	缺货率	缺货率反映仓库保证供应、满足客户需求的程度	缺货率 = 缺货次数/用户要求次数 ×100%	该数据用于评价仓库进行库存分析和及时组织补货的能力

3. 与仓库作业物化劳动和活劳动消耗有关的数据

与仓库作业物化劳动和活劳动消耗有关的数据包括：材料、燃料和动力等物资消耗；平均验收时间、平均发运天数、作业量系数等劳动消耗；单位进出库成本、单位仓储成本等综合反映人力、物力、财力消耗水平的数据。该类数据具体说明如表 3. 1. 10 所示。

表 3. 1. 10　与仓库作业劳动消耗有关的数据

序号	数据	定义	计算公式	说明
1	物资消耗	仓库作业的物资消耗指库存用材料（如防锈油、汽油和机油等）、燃料和动力的消耗定额	物资消耗 = 库存用材料、燃料消耗 + 动力消耗（吨或千克或度）	仓库作业的物资消耗是一种消耗定额
2	平均验收时间	平均验收时间即各批货物的平均验收时间	平均验收时间 = 各批货物验收时间之和/验收总批数（天/批）	每批货物的验收时间是指从货物具备验收条件的第二天起，至验收完毕，单据返回财务部门止的累计天数。当日验收完毕并返回单据的按半天计算。验收批数以一份入库单为一批来计算

续 表

序号	数据	定义	计算公式	说明
3	平均发运天数	仓库发运有整车发运和零担发运不同的发运形式，不同发运形式中平均发运天数的计算公式各不相同	整车平均发运天数＝各车发运天数之和/发运车批数（天/车）	整车发运天数是从出库单到库第二日起，到向承运单位点交完毕止的累计天数。库内专用线。发运天数是从出库单到库第二日起至车辆运走为止的累计天数
			零担平均发运天数＝各批零担发运天数之和/零担发运总批数（天/车）	平均发运天数可以反映仓库组织出库作业的管理水平
4	作业量系数	作业量系数反映仓库实际发生装卸作业与任务之间的关系	作业量系数＝装卸作业总量/进出库货物总量	作业量系数为1是最理想的，表明仓库装卸作业组织合理
5	单位进出库成本和单位仓储成本	单位进出库成本和单位仓储成本综合反映仓库物化劳动和活劳动消耗	单位进出库成本＝进出库总费用/进出库货物总量（元/t） 单位仓储成本＝仓储总费用/各月平均库存量之和（元/t）	单位进出库成本和单位仓储成本越低，反映仓库物化劳动和活劳动消耗越少

4. 与仓库作业物化劳动占用有关的数据

与仓库作业物化劳动占用有关的数据主要有仓库面积利用率、仓容利用率、设备利用率等。该类数据具体说明如表3.1.11所示。

表3.1.11　　与仓库作业物化劳动占用有关的数据

序号	数据	计算公式
1	仓库面积利用率	仓库面积利用率＝库房、货棚、货场占地面积之和/仓库总占地面积×100%
2	仓容利用率	仓容利用率＝仓库平均库存量/最大库容量×100%
3	设备利用率	设备利用率＝设备作业总台时/设备应作业总台时×100%

设备作业总台时指各台设备每次作业时数的总和。设备应作业总台时指各台设备应作业时数的总和。注意，计算设备利用率的设备必须是在用的完好设备。

5. 与仓库作业劳动效率有关的数据

与仓库作业劳动效率有关的数据主要指全员劳动生产率。全员劳动生产率可以用平均每人每天完成的出入库量来表示。计算公式为：

全员劳动生产率 = 全年货物出入库总量/全员年工作日总数 ×100%（t/人·日）

6. 与仓库经济效益有关的数据

与仓库经济效益有关的数据主要有人均利税率等。

（三）仓储信息管理的特点

仓储信息管理的特点主要表现在以下三个方面。

1. 内容更丰富、动态性更强、来源更广泛

由于增值服务的开展以及当前呈现的物流一体化趋势，现代仓储信息管理表现得内容更丰富、动态性更强、来源更广泛。传统仓储业务仅仅提供货物储存保管服务，功能单一，不能适应客户个性化、多样化需求。现代仓储除了储存保管功能外，还根据客户需要提供货物分类、拣选、整理、加工、包装、仓单质押等增值服务。仓储功能的增多，导致仓储信息管理内容更为丰富；仓储增值服务的开展，往往是以客户需求为依据的，当客户需求发生变化时，开展的增值服务必须随之发生改变，与此相关的信息也将随之动态改变；仓储增值服务的开展，如仓单质押服务，必将涉及与银行、保险公司等相关主体之间的信息交流，使得仓储信息管理中信息的来源更广泛。

2. 需要综合应用多种信息技术

现代仓储企业需要与银行、客户或运输企业、配送中心等不同主体频繁地进行大量信息的传递与共享，传统的电话、传真、邮寄等信息传递与共享方式基本不能适应，需要综合应用网络技术、计算机技术、通信技术以及数据交换技术等多种信息技术。

目前，大部分仓储企业采用条码技术进行仓储企业内部信息管理。虽然其智能化程度比以前人工操作时大大提高，但在仓储信息管理中仍需要耗费大量的人力、物力。为有效解决这一问题，需使用将 IC 卡（集成电路卡）、射频技术、条码、仓储管理信息系统等信息技术相结合的信息管理方式。如将条码贴在货物上，IC 卡贴在存有货物的托盘或叉车上，IC 卡存储托盘或叉车上所有货物的信息，固定阅读器则安置在仓库的进出口。每当货物出入库时，固定阅读器自动识别 IC 卡上存储的货物信息，并将信息传递到仓储管理信息系统中。盘点时，采用移动阅读器读取 IC 卡上的货物信息，并传送到主机作为记录存入新数据库，一个区域读取完毕后，主机比较该区域的新旧数据库并记录结果，进入下一个区域重复以上过程；盘点结束后，由仓储管理信息系统生成货物统计报表和盘盈盘亏表。

3. 需要深入应用预测与决策方法

现代仓储是以满足客户需求为目标的，因此，需要深入应用预测与决策方法进行仓储设施的规划与建设以及日常库存控制。在仓储设施的规划与建设方面，仓储设施选址应结合目前客户在空间上的分布（尤其是主要客户的空间位置）以及城市建设的发展方向和功能定位等，有效预测未来客户的空间分布；仓储用地规模既要满足当前的仓储用地需求，又要满足当地未来物流发展对仓储用地的需求，仓储区功能布局要与企业将来的发展相协调。在日常库存控制方面，如确定库存货物种类、规格和数量以及各种货物的安全库存时，需结合客户及市场需求的历史数据、当前数据，采用科学的方法预测客户及市场未来的需求，并采用科学的决策方法完成相应的决策。

二、仓储管理信息系统的业务流程

仓储管理业务流程是指以库内保管活动为中心，从仓库接收货物开始，直到把货物发送出去的全过程。仓储管理业务流程主要由入库管理、在库管理和出库管理组成。如图 3. 1. 1 所示。仓储管理信息系统的业务流程应与之配合。

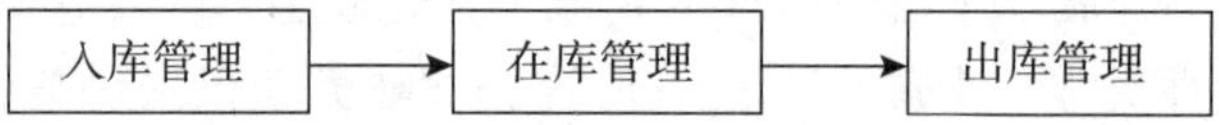

图 3. 1. 1　仓储管理业务流程

（一）入库管理

入库管理是根据入库凭证为完成货物入库所进行的各项业务活动，由入库前准备、接运、验收和入库四个环节构成。其流程如图 3. 1. 2 所示。

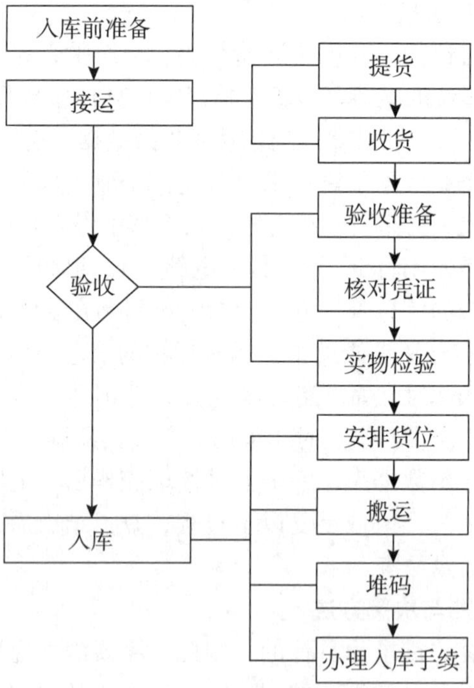

图 3. 1. 2　入库管理流程

入库管理作业内容如表 3. 1. 12 所示。

表 3.1.12　入库管理作业内容

序号	环节	作业内容
1	入库前准备	仓库应根据仓储合同、入库单或入库计划，及时进行入库前准备，以便货物能按时入库，保证入库过程顺利进行。需要由仓库业务部门、仓库管理部门、设备作业部门分工合作，共同做好以下几方面的工作：根据入库货物基本情况及仓库中库场的使用情况，制订仓储计划，安排货位，准备货位、苫垫材料、作业用具及验收工具，设定装卸搬运工艺，准备需要使用的单证
2	接运	仓库入库货物中，除小部分是由供货单位直接送到仓库进行交货外，其余大部分货物需经铁路、公路、航空等运输方式转运。凡经过转运的货物，在入库验收之前，都必须经过接运。接运的主要任务是及时从转运部门提货和收货，为验收入库创造有利条件。接运是入库和保管的前提，接运工作完成的质量直接影响入库和在库保养维护
3	验收	凡需进入仓库储存的货物，都必须经过验收，只有验收合格的货物，方可入库保管。验收包括验收准备、核对凭证和实物检验。验收准备是仓库接到到货通知后，根据货物的性质和批量，提前做好验收的各项准备工作。核对凭证主要是核对入库货物是否具备货主提供的入库通知单和订货合同副本；是否具备供货单位提供的验收凭证，如材质证明书、装箱单、磅码单、发货明细表、说明书、保修卡及合格证等；是否具备承运单位提供的运输单证，如提货通知单和登记货物残损情况的货运记录、普通记录以及公路运输交接单等。实物检验是根据入库单和有关技术资料对实物进行数量、外观质量和包装三方面的检验，即复核货物数量是否正确，货物质量是否符合要求，货物包装能否保证货物在后续储存和运输过程中的安全
4	入库	货物经过验收之后，可以安排相关作业，完成入库。入库包括安排货位、搬运、堆码及办理入库手续四个环节。同时，仓库管理员需要与送货人办理交接手续，并建立仓库台账

（二）在库管理

在库管理主要包括保养维护、盘点和在库检查。在库管理作业内容如表 3.1.13 所示。

表 3.1.13　在库管理作业内容

序号	环节	作业内容
1	保养维护	仓储管理中，保养维护的主要工作是采取相应的组织管理措施和技术管理措施，有效抑制外界因素对库存货物的影响，为库存货物创造适宜的储存保管环境，最大限度地减缓和控制货物发生各种变化的速度和程度，保持库存货物的使用价值。保养维护主要包括苫垫货物，控制仓库温度、湿度，防止货物发生霉腐和锈蚀等

续 表

序号	环节	作业内容
2	盘点	各种仓储作业过程中都有可能产生误差以及部分货物因存放时间太长或保管不当而导致数量或质量发生变化，这些情况往往会造成库存货物的账面与实际不相符。为了对库存货物的实际数量进行有效控制，并查清质量状况，必须定期或不定期地对各储存场所的全部或部分货物进行清点、核查，这一过程称为盘点。盘点经常会出现盘盈或盘亏。因此，通过对导致盘盈或盘亏的原因进行分析，可以查出作业过程和仓储管理中存在的问题。通过解决问题，减少作业中的误差，提高管理水平。 盘点的内容有查数量、查质量、查保管条件和查安全。查数量，即通过数、点查明在库货物的实际数量，核对库存账面数量与实际库存数量是否一致。查质量，即检查在库货物质量有无变化，有无超过有效期或保质期，有无长期积压等现象，必要时还需对其进行技术检验。查保管条件，即检查保管条件是否与各种货物的保管要求相符，如堆码是否合理、稳固，库内温度、湿度是否符合要求，各类计量器具是否准确等。查安全，即检查各种安全措施的执行情况，检查消防设备、器材是否符合安全要求以及建筑物和设备是否处于安全状态
3	在库检查	在库检查主要是为了及时了解和掌握货物在保管过程中的质量变化情况，发现存在的问题，便于及时采取相应措施，对可能发生的变化进行有效防治或对已经发生的变化进行有效处理。如果不能及时发现并采取措施预防和控制变化的发生，往往会造成损失的发生或损失的进一步扩大。因此，应进行定期或不定期的检查在库货物的质量情况，检查时应特别注意货物的温度、水分、气味，以及包装物外观、货垛状况等。在检查时如果发现问题，要进行彻底的调查，深入分析原因，并迅速采取措施，进行有效的防治和处理

（三）出库管理

出库管理是指按照货主的出库凭证或发货凭证（如提货单、调拨单）所注明的货物名称、型号、规格、数量、收货单位、接货方式等，进行的一系列活动。出库管理主要包括出库前准备、核对出库凭证、备货、理货、全面复查核对、登账和交接。其流程如图3.1.3所示。

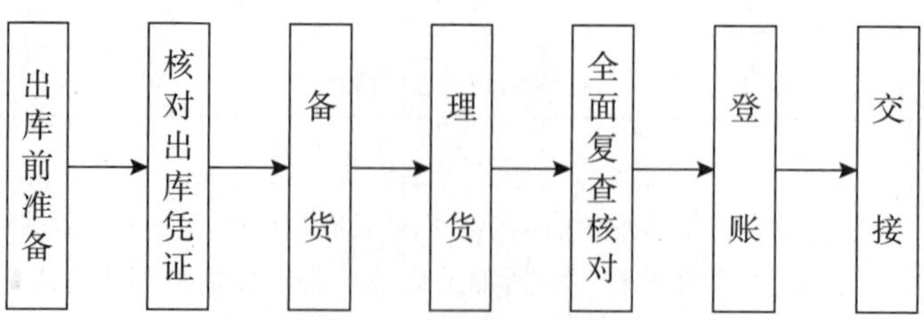

图3.1.3　出库管理流程

出库管理作业内容如表3.1.14所示。

表 3.1.14　　出库管理作业内容

序号	环节	作业内容
1	出库前准备	出库前准备主要有两方面的工作：一是计划，即根据货主提出的出库计划或出库请求，预先做好货物出库的各项安排，包括货位、机械设备、工具和工作人员的安排；二是做好出库货物的包装和标志标记，如发往异地的货物，若需经过长途运输，包装必须符合运输部门的规定；成套机械、器材发往异地时，必须事先做好货物的清理、装箱和编号工作；包装上必须书写编号和发运标记，同时挂签，避免错发或漏发
2	核对出库凭证	仓库接到出库凭证后，由业务部门审核凭证上的印鉴是否齐全相符，有无涂改。审核无误后，将出库凭证上所列的货物名称、型号、规格、数量与仓库料账上记录的资料再做全面核对。核对无误后，在料账上填写预拨数，并将出库凭证移交给保管员。保管员复核料账无误后，即可做货物出库的其他准备工作，包括准备随同货物出库的合格证、使用说明书、质量检验证书等
3	备货	保管员复核出库凭证无误后，按出库凭证所列内容核对相应货位上的货物，核对无误后进行备货
4	理货	理货是针对实行送货制的出库货物的环节。理货指将货物按地区代号搬运到备货区，再进行核对、置唛、复核等
5	全面复查核对	为了防止备货过程中可能出现差错，工作人员应按照出库凭证上所列的内容进行逐项复查核对。复查核对工作可由保管员自行完成，也可由保管员互相交叉完成，还可设置专职出库货物复核员完成或由其他人员完成
6	登账	仓库出库业务中，有先登账后付货和先付货后登账两种做法。先登账后付货的仓库，核单和登账的环节连在一起，由账务员一次连续完成。这种登账方法可以配合后续保管员的付货工作，起到预先把关的作用。先付货后登账的仓库，在保管员付货后，经过复核、放行才能登账
7	交接	出库货物经过全面复查核对无误后，即可办理点清交接手续。出库方式不同，交接过程也不同。若是客户自提方式出库，应将货物和证件向提货人当面点清，办理交接手续；若是代运方式出库，则应办理内部交接手续，即由保管员向运输员或包装员点清交接，由接收人签章，以划清责任；若是专用线装车方式出库，运输员应于装车后检查装车质量，并与车站相关人员办理点清交接手续

课程思政

李明是武铁物流下属的滠口货场的一名仓管员，主要负责铁路货运接车入库、发货管理工作。年关将至，到发货运量大增，而铁路仓库仓容有限，仓容十分走俏。

一天，武铁物流熊总经理给李明打电话说，他的一位朋友的一车货物已到站 2 天，却还没有接车卸货办理入库，要李明将其朋友的这批货物先行办理入库，再补办其他手续。

面对领导的催办与入库作业流程和漫口货场接车入库办理规定，李明左右为难。

议一议：假如你是李明，你将如何处理？你觉得应怎样处理熊总经理的电话通知与办理规定的关系？

三、仓储管理信息系统的功能模块

仓储管理信息系统是利用信息技术对仓储管理业务流程中的各种信息进行实时、集中、统一管理的信息系统，主要用于货物入库、在库及出库过程的信息管理。仓储管理信息系统主要由基本资料管理子系统、作业管理子系统、查询统计子系统以及系统维护子系统组成。如图3.1.4所示。

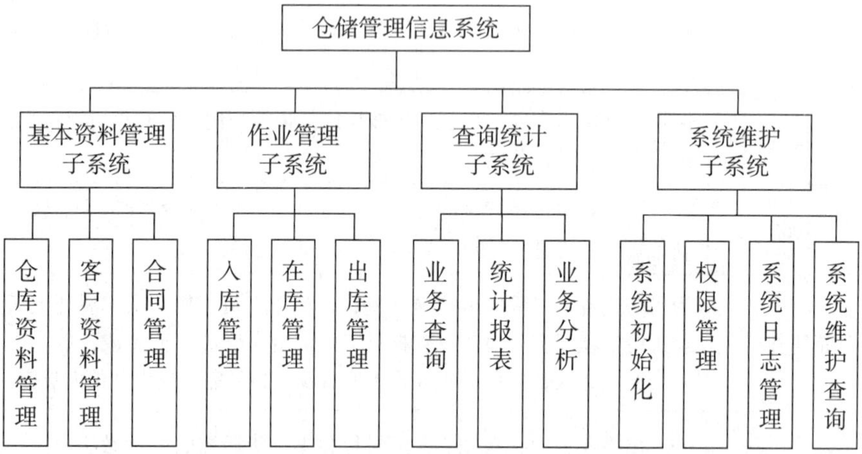

图3.1.4　仓储管理信息系统的功能模块

（一）基本资料管理子系统

基本资料管理子系统包括仓库资料管理模块、客户资料管理模块、合同管理模块。具体功能如表3.1.15所示。

表3.1.15　基本资料管理子系统具体功能

序号	模块	功能
1	仓库资料管理模块	仓库资料管理模块主要包括对各个仓库基本信息进行增加、修改、删除和查询等功能。当需要新增仓库时，可以按照既定的编码原则生成相应的编码，同时分配系统功能使用权限、数据操作权限等
2	客户资料管理模块	客户资料管理模块可以对客户的基础资料、客户货物基本资料、客户送货地址等进行增加、修改、删除和查询操作，可设置总公司、地区级、普通级客户之间的隶属关系，还可以管理客户信用等

续　表

序号	模块	功能
3	合同管理模块	包括合同输入、合同审核、合同延期、合同预警等功能

（二）作业管理子系统

作业管理子系统包括入库管理模块、在库管理模块和出库管理模块。具体功能如表 3. 1. 16 所示。

表 3. 1. 16　　作业管理子系统具体功能

序号	模块	功能
1	入库管理模块	入库管理模块主要包括入库单处理、条码打印及管理、货物装盘及托盘数据录入、货位分配及入库指令发出、货位的重新分配、入库成功确认、入库单打印等功能
2	在库管理模块	在库管理模块主要包括盘点作业管理、货物在库移位过户和不移位过户管理、货物在库并垛与移垛管理等功能
3	出库管理模块	出库管理模块主要包括出库单录入、出库指令发出、空货位重新分配、出库成功确认、出库单打印等功能

（三）查询统计子系统

查询统计子系统包括业务查询模块、统计报表模块、业务分析模块。业务查询模块主要包括到货验收情况查询、出库情况查询、库存情况查询、保质期查询、安全库存查询、发货明细查询、出入库明细查询以及各种单据查询。统计报表模块主要包括吞吐量统计、存货综合情况统计、人员业绩统计、货物损耗率统计、仓库利用率统计。业务分析模块主要包括仓容需求预测、库存预警、数据分析、管理指标统计。具体功能如表 3. 1. 17 所示。

表 3. 1. 17　　查询统计子系统具体功能

序号	模块	功能	
1	业务查询模块	到货验收情况查询	指根据到货情况、验收状态、车号、时间范围等条件查询到货品种、车辆数等信息
		出库情况查询	出库情况查询是指根据发货状态、货物属性、单据号、货位、时间范围等条件查询出库货物的详细情况，并根据货物名称、出库时间、货位、规格等统计选项进行分类汇总
		库存情况查询	库存情况查询是指按库存货物的数量、存货位置、存货时间、货物属性、保养状态、资金占用等选项进行分类查询

续　表

序号	模块	功能	
1	业务查询模块	保质期查询	保质期查询指按货物到货日期、生产日期等条件查询货物的到期、临近到期的情况
		安全库存查询	安全库存查询指对货物的安全库存情况进行查询，并在库存货物低于安全库存时及时报警
		发货明细查询	发货明细查询指查询出库单相对应的发货情况明细，并查询具体发货单据的详细情况，用以跟踪每笔货物的出库情况，便于进行业务检查和问题追溯
		出入库明细查询	出入库明细查询指根据货位以及货物名称、规格型号等情况查询一段时间内特定货物、特定货位的货物出入库情况，便于对账
		各种单据查询	各种单据查询指根据单据的主要属性查询相关单据的详细情况
2	统计报表模块	吞吐量统计	吞吐量统计是指按货物名称或种类对一定期间内货物的入库量、出库量、吞吐量等指标进行统计
		存货综合情况统计	存货综合情况统计是指按品种对库存货物进行库存量统计，以及对其带来的收入进行汇总统计
		人员业绩统计	人员业绩统计是指统计各业务人员完成的工作量情况
		货物损耗率统计	货物损耗率统计是指根据存储过程出现的货物损坏情况，计算货物损耗率
		仓库利用率统计	仓库利用率统计是指根据仓库可利用情况与实际利用情况，计算仓库面积利用率和仓容利用率等
3	业务分析模块	仓容需求预测	仓容需求预测是指根据仓库储存的历史数据以及客户的需求信息对下一阶段的仓容需求进行预测，辅助挖掘潜在客户
		库存预警	库存预警是指根据货物类别、保质期等因素，系统定时自动检查货物的状态，给出预警信息
		数据分析	数据分析是指根据统计数据进行分析，确定重要客户、一般客户等，对决策给予信息支持
		管理指标统计	管理指标统计是指统计相关管理指标，如吞吐量、收发正确率、货物损耗率、缺货率等

（四）系统维护子系统

系统维护子系统包括涉及系统正常运行所需的各项功能，如系统初始化、权限管理、系统日志管理以及系统维护查询等。具体功能如表 3. 1. 18 所示。

表 3. 1. 18　　系统维护子系统具体功能

序号	模块	功能
1	系统初始化	系统初始化是指当新仓库接入该系统时，通过初始化工作实现手工操作与仓储管理信息系统应用的切换
2	权限管理	权限管理是指建立用户分级权限管理体系，将不同权限分配给不同人员。其中，总部系统管理员可以修改任何操作人员的权限，仓库系统管理员只能修改本仓库操作人员的权限
3	系统日志管理	系统日志管理是指详细记录系统运行过程中各模块的操作情况，包括操作时间、操作人员、动作、对象等。系统日志包括菜单操作日志、用户管理日志、用户授权日志、操作日志、存档日志
4	系统维护查询	系统维护查询是指对所有操作人员权限和系统日志进行查询

任务实施：仓储管理信息系统的操作与适用范围

一、仓储管理信息系统的操作

以办理入库作业为例。

1. 作业角色流程

作业角色流程如图 3. 1. 5 所示。

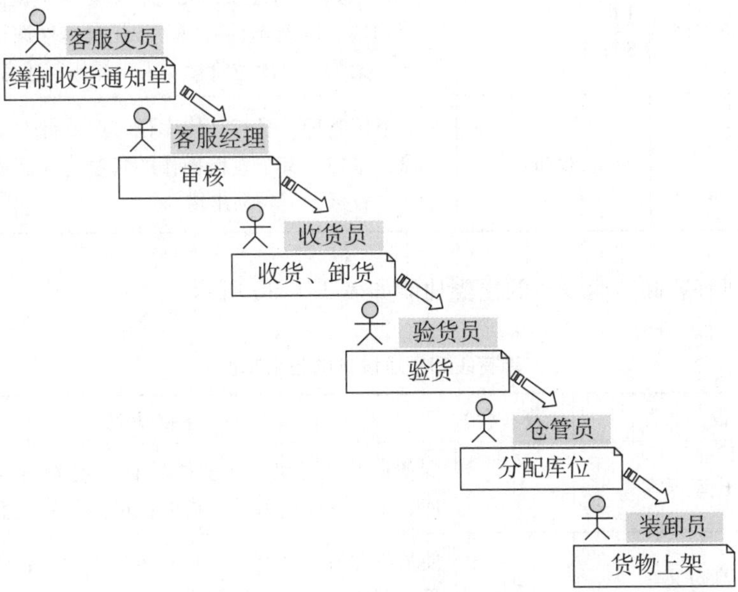

图 3. 1. 5　作业角色流程

2. 入库相关信息列表

系统中现有仓库类型及各仓库货架规格、业务描述如表 3. 1. 19 所示。

表 3. 1. 19 现有仓库类型及各仓库货架规格、业务描述

序号	仓库类型	仓库货架规格	业务描述
1	配送中心—立体仓库区	1. 5m × 1. 5m × 2m 标准库位 12000 个	以标准托盘为作业单位，完全自动化快速完成出入库作业。特点：作业效率高、出错率低，单个作业成本高
2	配送中心—托盘货架区	高 6m，20 组，1. 5m × 1. 5m × 2m 标准库位 480 个	以标准托盘为作业单位，但每托盘货物可以拼放，以动力叉车为装卸工具。特点：作业效率相对较高、容易人为出错，单个作业成本低
3	配送中心—电子标签货架区	1. 5m × 1. 5m × 1m 标准电子标签库位 800 个	以物料箱为作业单位，每个电子标签库位可以存放 3 个物料箱，用电子标签辅助拣货，能快速完成物料品种较多但量相对较小的分拣任务，单个作业成本低
4	配送中心—中型货架区	1. 5m × 1. 5m × 1m 标准库位 800 个	以产品原包装形式直接存入，每库位货物重量不超过 500kg，以笼车、平板车、托盘车作搬运工具，以人工上下架为主。库位管理由人工操作，较易出错
5	配送中心—轻型货架区	1. 5m × 1. 5m × 1m 标准库位 800 个	以产品原包装形式直接存入，每库位货物重量不超过 150kg，以笼车、平板车、托盘车作搬运工具，以人工上下架为主。库位管理由人工操作，较易出错
6	配送中心—阁楼货架区	1. 5m × 1. 5m × 1m 标准库位 800 个	以产品原包装形式直接存入，每库位货物重量不超过 150kg，基本与轻型货架雷同，只是为了提高容积率增加一层阁楼。以笼车、平板车、托盘车作搬运工具，以人工上下架为主。库位管理由人工操作，较易出错
7	平仓	面积 $8000m^2$	只有库区管理，没有具体库位，主要针对品种单一，以托盘为单位，叉车直接操作的货物。仓储成本及库内操作成本较低，但较易出错

系统中现有装卸搬运设备的主要功能如表 3. 1. 20 所示。

表 3. 1. 20 现有装卸搬运设备的主要功能

序号	设备名称	台数（台）	主要功能
1	电动叉车	10	配备宽视野门架，驾驶员具有广宽的视角，适合在仓库、工厂车间内部进行货物装卸、堆垛和短途运输作业
2	高位叉车	3	使货物起升平稳有力，具有体积小、可靠性高、工作平稳、节能、降噪、环保等优点

续　表

序号	设备名称	台数（台）	主要功能
3	手动液压堆垛叉车	10	用于仓库内的货物堆垛及装卸
4	手动液压托盘车	15	水平搬运及装卸货物
5	平板车	20	水平运输货物，自重：11.5kg，最大载重：150kg

成本方面需考虑以下因素。

①不同的车型，工作效率不同，那么需要的叉车数量、司机数量也不同，会导致一系列成本发生变化。

②如果叉车在仓库内作业，不同车型所需的通道宽度不同，提升能力也有差异，由此会带来仓库布局的变化和货物存储量的变化。

③车型及其数量的变化，会对车队管理等诸多方面产生影响。

④不同车型的市场保有量不同，其售后保障能力也不同。

3. 操作流程

（1）缮制收货通知单，审核。收货通知单是收货的一份单据，包含了交货收货双方的相关信息以及货物的具体资料等。

①进入仓储管理信息系统后，登录用户，选择业务仿真系统，来到任务选择界面，在此选择“鼎益仓储配送有限公司”→“实训任务3 入库作业——托盘货架区”，如图3.1.6所示。

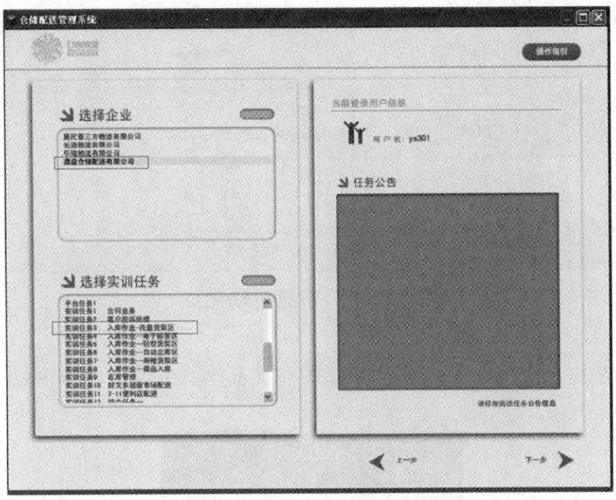

图3.1.6　任务选择界面

②登入“客服部”→“客服文员”角色，点击

回到工作岗位，如图3.1.7所示。

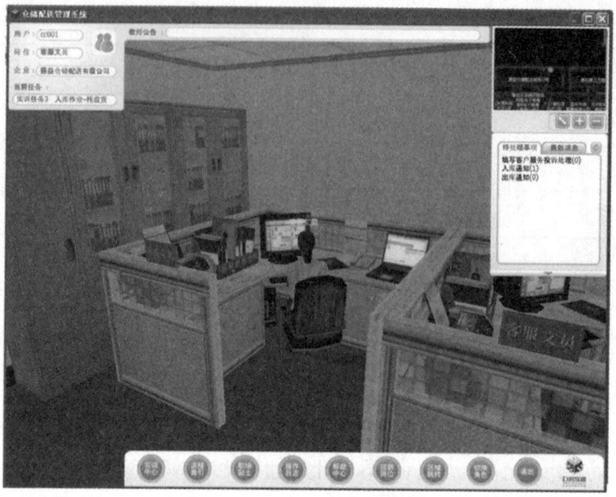

图 3.1.7　登入角色

双击“待处理事项”区域里的 入库通知(1) ，弹出货物收货通知单框。

点击 来源，相应的货物代码和货物名称以及单位等信息会自动生成，如图 3.1.8 所示。

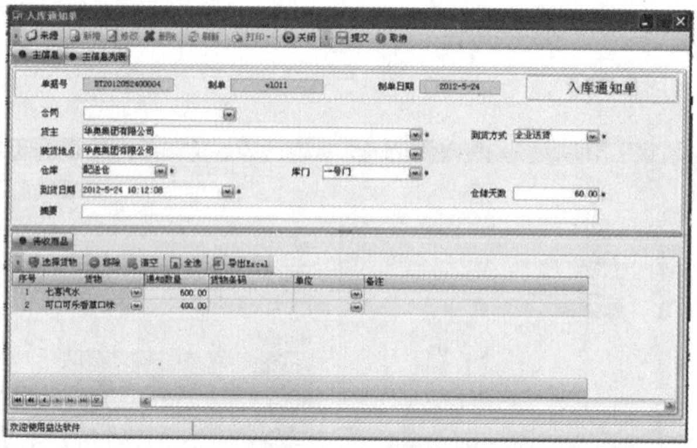

图 3.1.8　信息自动生成

整个表体内容填写完整后，点击 提交，提示如图 3.1.9 所示。

图 3.1.9　提交数据

按“OK”完成了当前单据的填写，如有需要继续做下一张收货通知单。

③登入“客服部”→“客服经理”角色，点击

回到工作岗位。

双击“待处理事项”区域里的

，弹出收货通知单选择框，如图 3.1.10 所示。

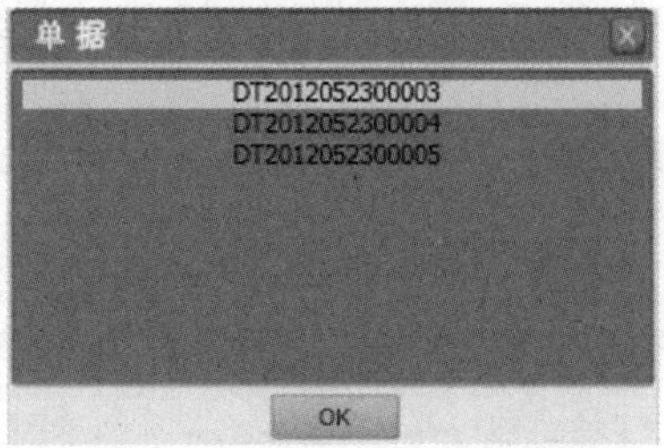

图 3.1.10 收货通知单选择框

④找到刚才签署的那份收货通知单，认真查阅各项后，点击

→点击

。

各项内容填写说明如表 3.1.21 所示。

表 3.1.21 各项内容填写说明

序号	项目	说明
1	货主	选择相应货主
2	到货日期	货物到达的日期
3	到货方式	按实际情况进行选择
4	仓库	货物所储存仓库
5	仓储天数	货物储存的时间
6	装货地址	货物送达的仓储中心所在地址，提供服务方的地址

注意事项：点新增后，相关的单据号、订单号自动生成，不得更改；其他相关内容可根据实际需要在下拉菜单中进行选择。

（2）收货、卸货。该模块主要是记录货物的相关资料，进行收货。收货人提取货物时，应凭单位介绍信或提货通知单、本人身份证或其他有效证件和提货人联提取。收货人提取海关监管和需要检疫等货物时，应办妥有关手续，并携带放行和检疫等证件前来提货。收货人在提取货物时，应逐件清点。其操作流程如下。

①切换角色到“配送中心办公区”→“收货员”。

②双击“待处理事项”区域里的“收货员收货（企业自送）（1）”，如图 3.1.11

所示。

选择单据号，点击“确定”，弹出如图 3. 1. 12 所示的提示信息。

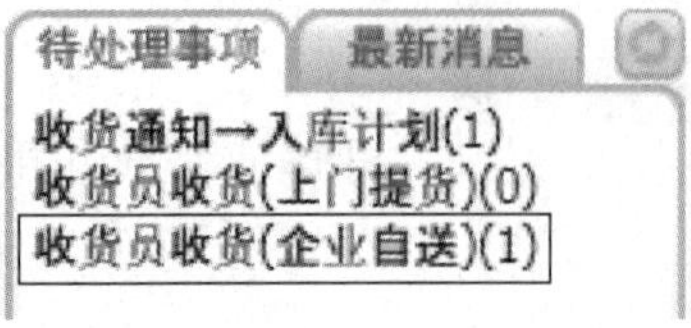

图 3. 1. 11　待处理事项

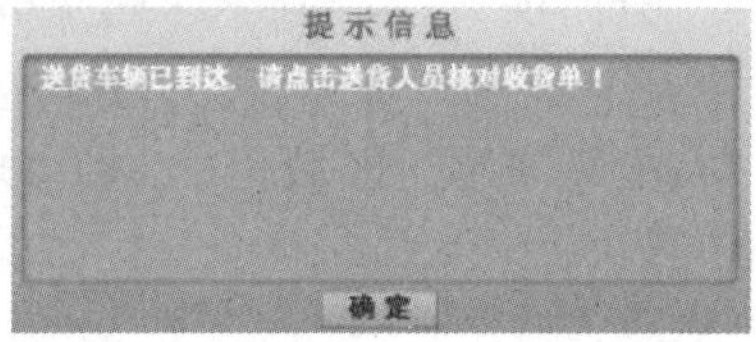

图 3. 1. 12　车辆到达提示信息（1）

双击“待处理事项”区域里的“收货通知→入库计划（1）”，弹出“入库计划”，如图 3. 1. 13 所示。

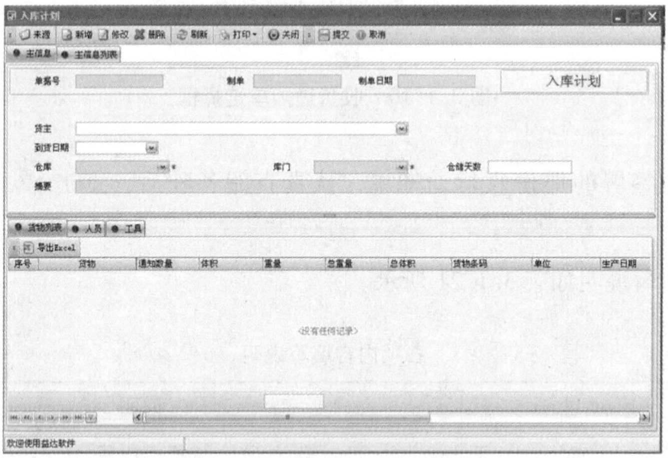

图 3. 1. 13　入库计划界面

点击后选择货源数据，如图 3. 1. 14 所示，点击“确认”后，相应信息自动填写到“入库计划”，如图 3. 1. 15 所示。

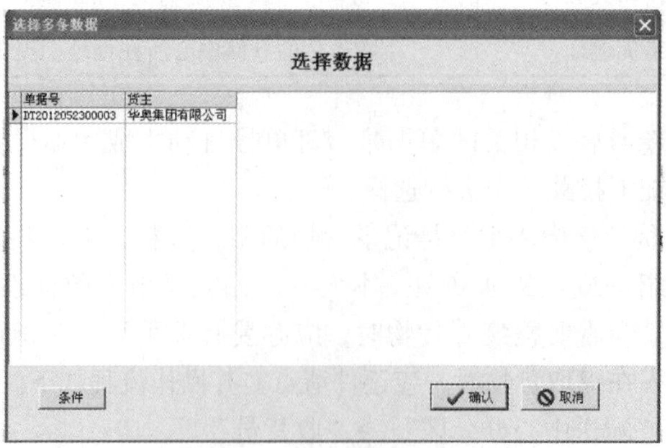

图 3. 1. 14　选择货源数据

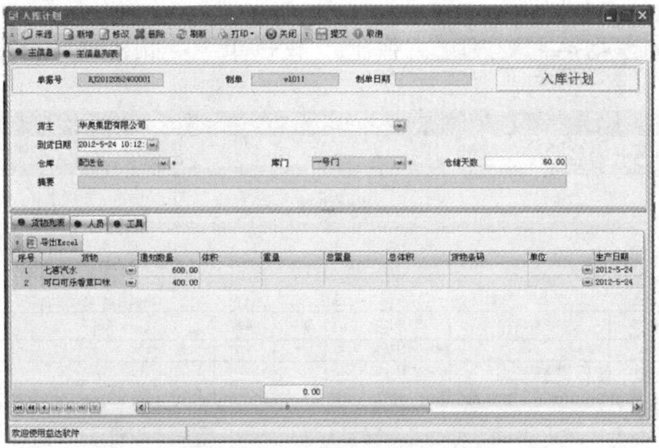

图 3.1.15　填写入库计划

查看收货数据确认无误，然后点击 提交 。

③切换角色到“仓储部”→“仓储经理”，单击 回到岗位 ，双击“待处理事项”区域里的“入库计划审核”，在弹出单据框中选择刚才提交的收货通知单，认真查阅各项后，点击 审核通过 → 点击 提交 。

④切换角色到“配送中心办公区”→“收货员”，双击“待处理事项”区域里的 **收货员收货(企业自送)(1)** ，在弹出单据框中选择刚才审核通过的收货通知单，提示信息如图 3.1.16 所示。

图 3.1.16　车辆到达提示信息（2）

⑤“收货员”“跑”到仓库区，【Ctrl + 鼠标左键】点击“×企业送货员〔NPC（非玩家角色）〕”，弹出操作界面，如图 3.1.17 所示。

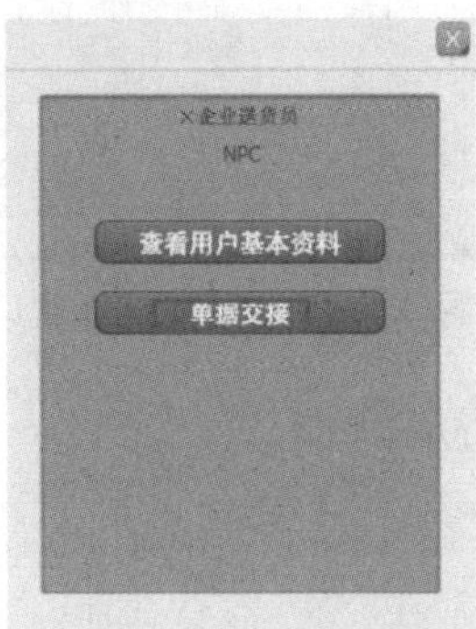

图 3.1.17　×企业送货员操作界面

选择

，弹出“收货单”，如图3.1.18所示。

图3.1.18　收货单

点击“确认”，弹出提示信息，如图3.1.19所示。

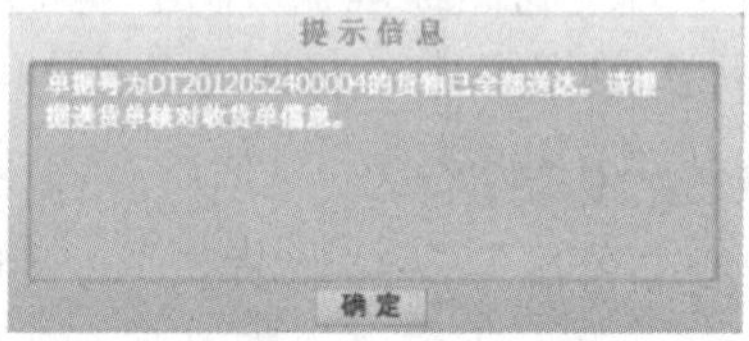

图3.1.19　货物送达提醒

再次点击“确定”，弹出码垛选择窗口，如图3.1.20所示。

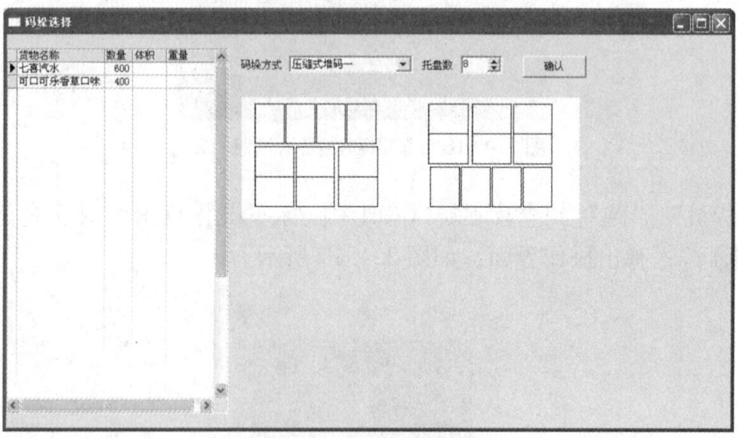

图3.1.20　码垛选择窗口

确认后，提示如图3.1.21所示。

图 3. 1. 21　卸货提醒

⑥【Ctrl + 鼠标左键】点击“堆码员”，弹出菜单，如图 3. 1. 22 所示。

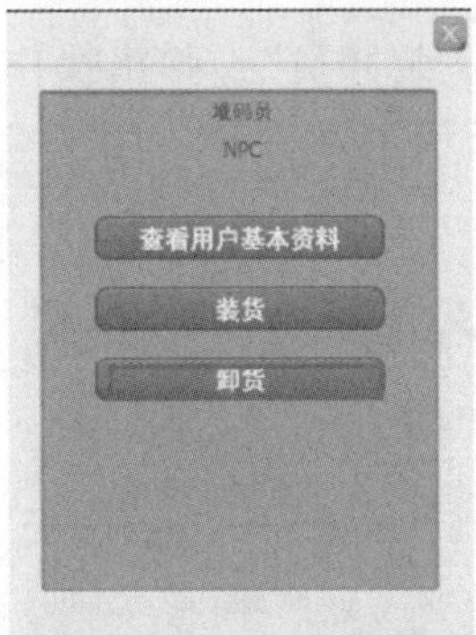

图 3. 1. 22　堆码员菜单

选择，电脑播放卸货动画，如图 3. 1. 23 所示。

图 3. 1. 23　卸货动画截图

卸货完成后，提示如图3.1.24所示。

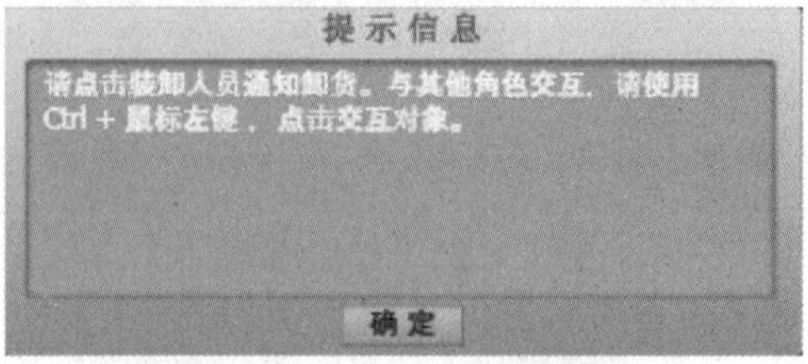

图3.1.24　通知卸货提醒

⑦【Ctrl+鼠标左键】点击“装卸员”，弹出操作菜单，如图3.1.25所示，点击“通知卸货”，提示如图3.1.26所示。

图3.1.25　装卸员操作菜单

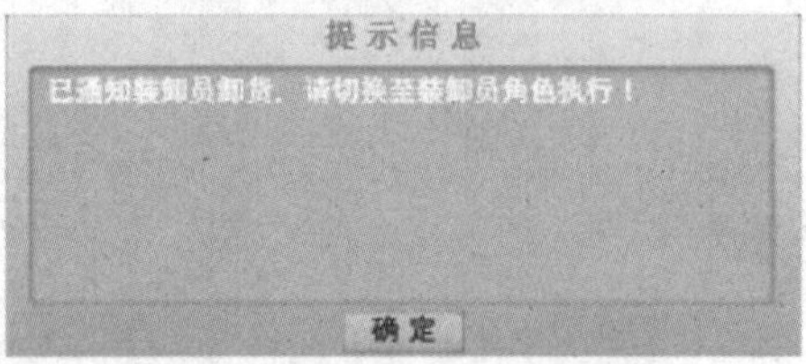

图3.1.26　切换角色提醒

点击“确定”后提示如图3.1.27所示。

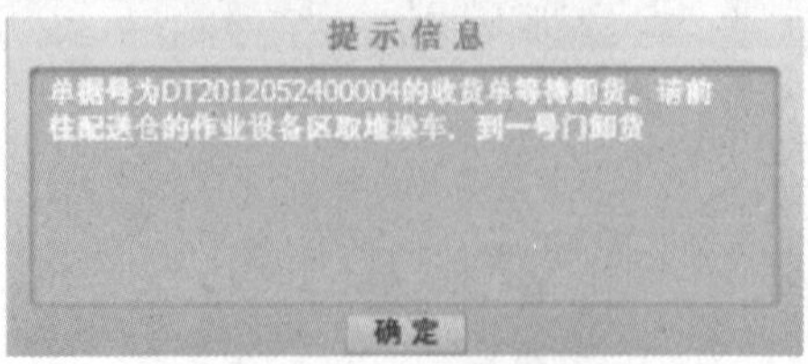

图3.1.27　等待卸货提醒

⑧切换至“装卸员”，来到设备区取堆垛车，【Ctrl + 鼠标左键】点击“电动堆垛车”，选择 堆垛车拿取 ，来到刚才卸下的货物的箭头前，【Ctrl + X】调出堆垛车操作菜单，如图 3. 1. 28 所示。

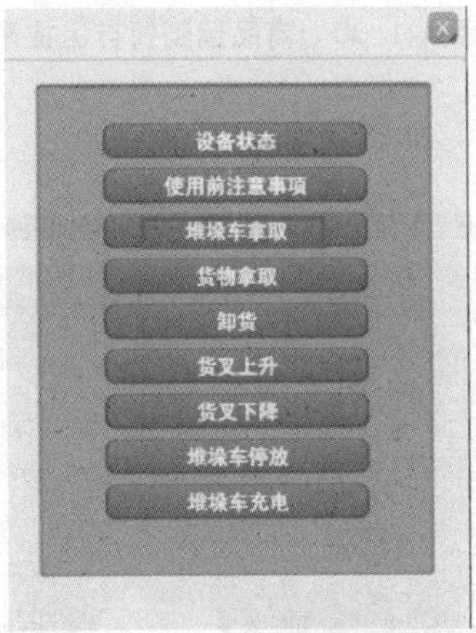

图 3. 1. 28　堆垛车操作菜单

点击“堆垛车拿取”后，弹出另一个操作菜单，如图 3. 1. 29 所示，逐次点击每项（点击完成后，菜单框会自动消失），便可操作堆垛车到相应库门进行取货。

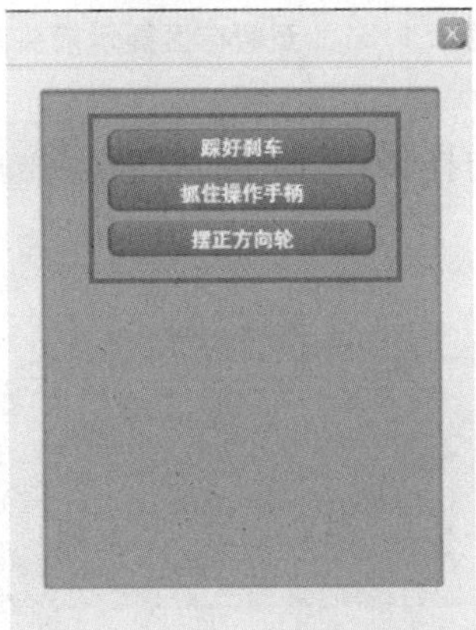

图 3. 1. 29　逐次点击操作菜单每项

⑨在刚才货物堆码的地方，现在有箭头指示，把堆垛车开到相应位置后，【Ctrl + X】调出堆垛车操作菜单，点击 货物拿取 ，成功拿取货物后，出现提示，如图 3. 1. 30 所示。

图3.1.30　商品运到暂存区提醒

来到暂存区的提示箭头前，如图3.1.31所示。

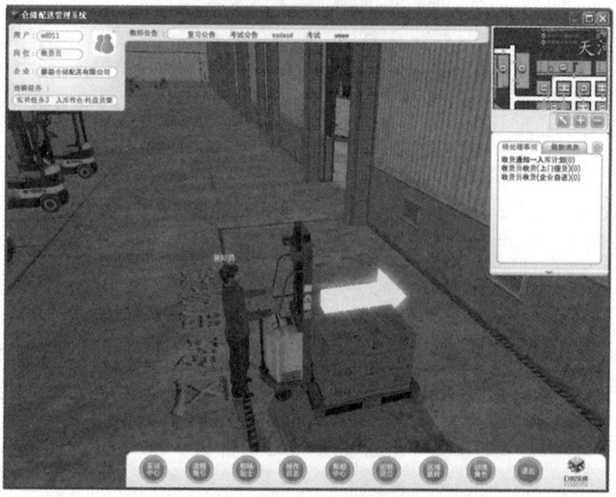

图3.1.31　至暂存区提示箭头前

【Ctrl + X】调出菜单，选择

，出现提示，如图3.1.32所示。

图3.1.32　卸货操作提醒

点击“确定”后，系统会自动装卸剩下货物并出现提示，如图3.1.33所示。

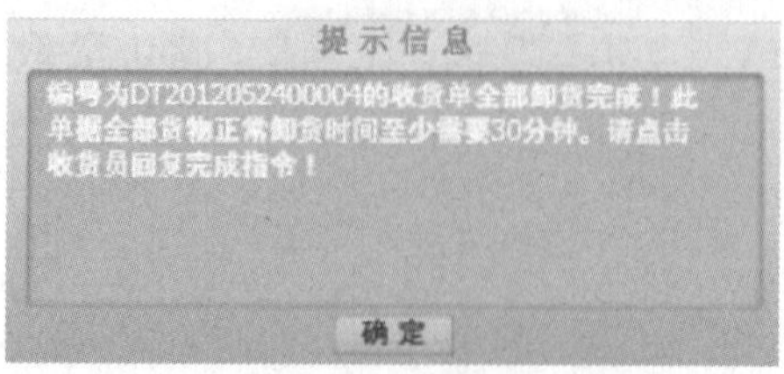

图3.1.33　回复完成指令提示信息

⑩【Ctrl + 鼠标左键】点击“收货员”，在弹出的菜单中选择

，提示如图 3. 1. 34 和图 3. 1. 35 所示。

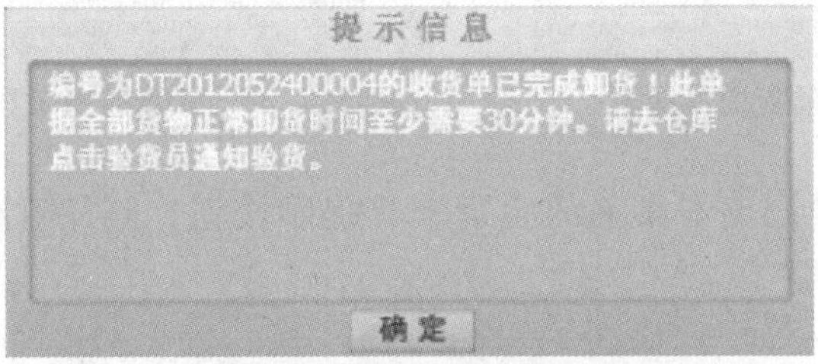

图 3. 1. 34　通知验货提醒

图 3. 1. 35　通知验货员进行验货

【Ctrl + 鼠标左键】点击“验货员”→

，出现提示，如图 3. 1. 36 所示。

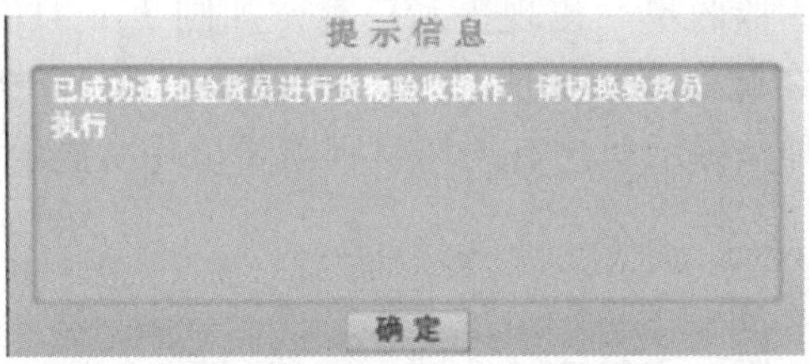

图 3. 1. 36　切换验货员提醒

（3）验货。货物验收作业内容及操作流程如下。

①电脑自动切换到“验货员”，提示如图 3. 1. 37 所示。点击“确定”后出现提示，如图 3. 1. 38 所示。

图3.1.37　验货指令提醒

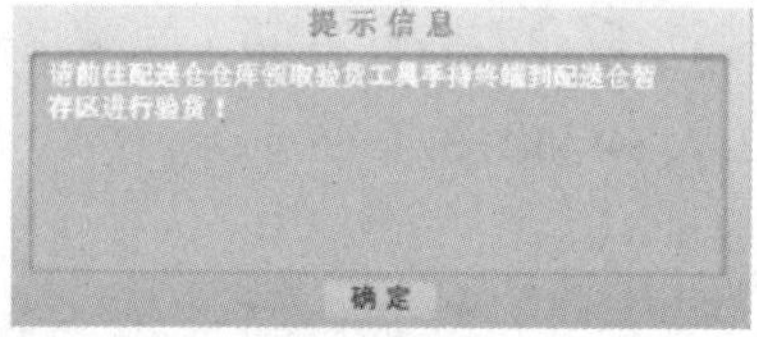

图3.1.38　领取验货工具进行验货提醒

【Ctrl+鼠标左键】点击桌上的验货工具提示按钮，前往暂存区，出现提示，如图3.1.39所示。

图3.1.39　到达验货地点提醒

点击“确定”后，弹出“入库验收单”如图3.1.40所示。

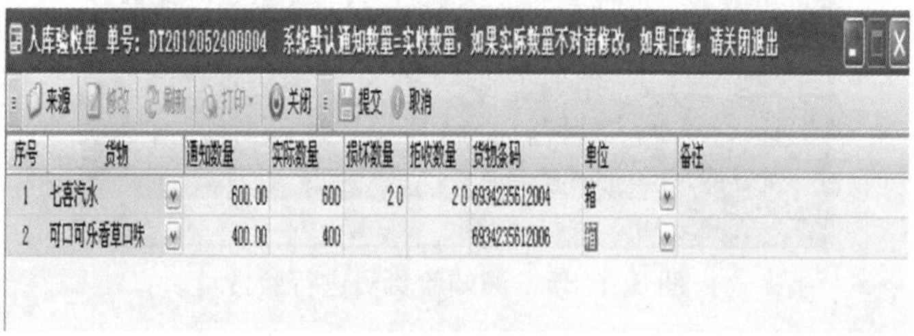

序号	货物	通知数量	实际数量	损坏数量	拒收数量	货物条码	单位	备注
1	七喜汽水	600.00	600	20	20	6934235612004	箱	
2	可口可乐香草口味	400.00	400			6934235612006	箱	

图3.1.40　入库验收单

因有两箱货物出现损坏，故需填写拒收货物的数量，确认无误后，点击 提交。关闭“入库验收单”出现提示信息，如图3.1.41所示，需要通知“收货员”验货完成。（系统在此处有两种情况，一种是提示货物合格，则直接在损坏数量、拒收数量上填0；另一种是提示货物有损坏，则需要填写所提示的数量。）

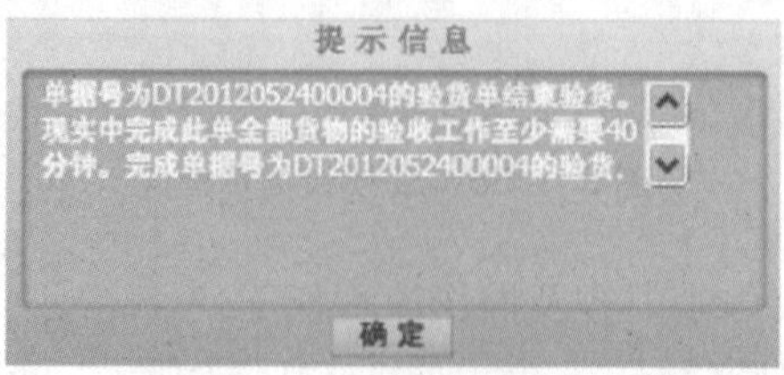

图3.1.41　验货完成提醒

②【Ctrl+鼠标左键】点击“收货员”→ 验收合格，提示如图3.1.42、

图 3.1.43、图 3.1.44 所示。

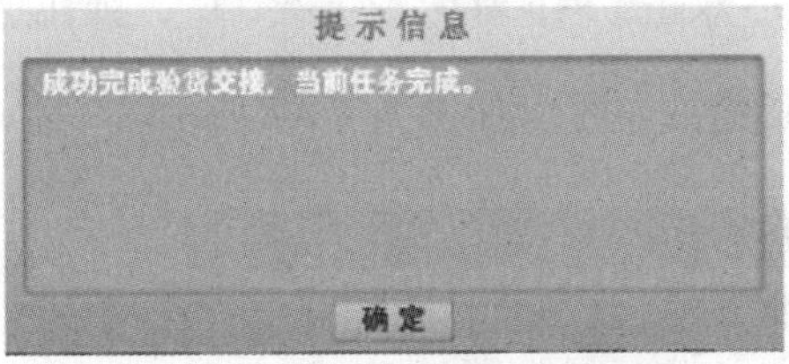

图 3.1.42　验货交换提醒

图 3.1.43　填写收货（确认）单提醒

图 3.1.44　递交收货单提醒

③【Ctrl + 鼠标左键】点击“×企业送货员”→ 单据交接 ，弹出“收货单”，如图 3.1.45 所示。

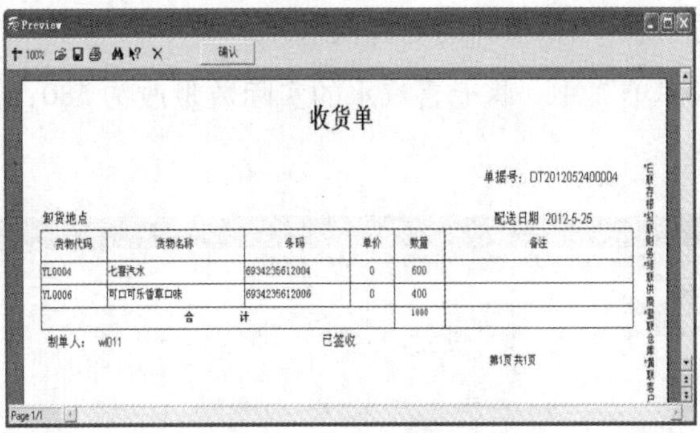

收货单

单据号：DT2012052400004

卸货地点　　配送日期 2012-5-25

货物代码	货物名称	条码	单价	数量	备注
YL0004	七喜汽水	6934235612004	0	600	
YL0006	可口可乐香草口味	6934235612006	0	400	
合　计				1000	

制单人：wl011　　已签收

第1页 共1页

图 3.1.45　收货单

点击“确认”后，提示信息如图 3.1.46 所示。

图 3.1.46　完成收货任务提醒

（4）分配库位。对需要入库的货物进行合理的库位分配。其操作流程如下。

①切换到“仓储部”→“仓管员”角色→双击 收货通知→入库单(1) ，弹出“入库单”，点击 来源，选择刚才已经验收货物的单号，如图3.1.47所示。

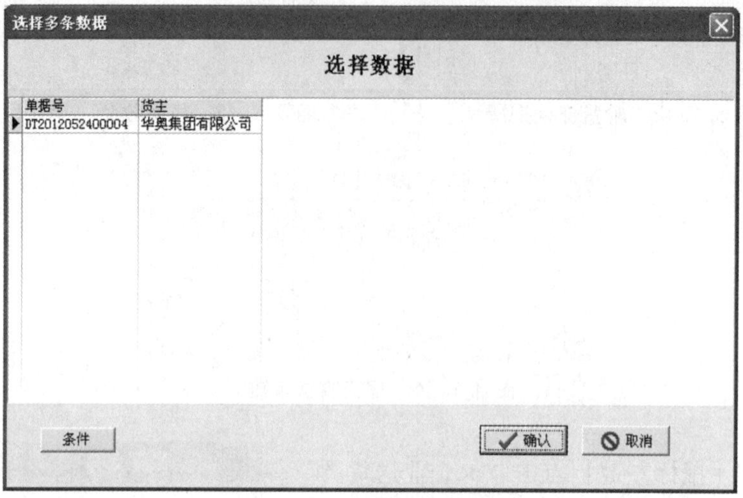

图3.1.47　选择验收货物单号

（注意：验收时拒收了两箱损坏的七喜汽水）

在弹出来的“入库单”中，将七喜汽水的实际数量改为580；点击 提交，如图3.1.48所示。

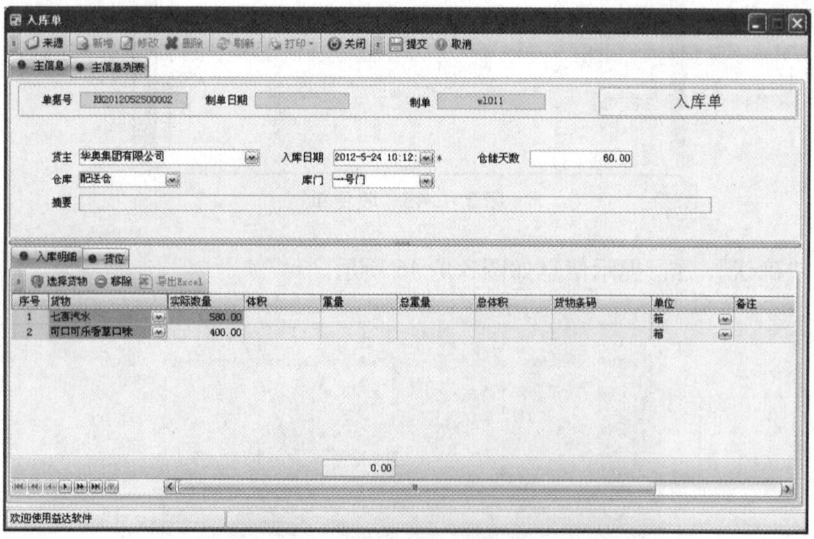

图3.1.48　更改入库单中货物实际数量

②提交后点击“修改”，再点击入库单的 货位 → 货位维护，弹出“货位分配表”，如图 3.1.49 所示。

图 3.1.49　货位分配表

货位类型选择“托盘货架”，选择空白的货架区域，点击，如图 3.1.50 所示。

图 3.1.50　货位类型及货架选择

填写上架数量，点击“确定”，如图 3.1.51 所示。

图 3.1.51　填写上架数量

全部货物分配完毕后，点击“确认”回到入库单界面，如图 3.1.52 所示，检查数据无误后点击 提交。

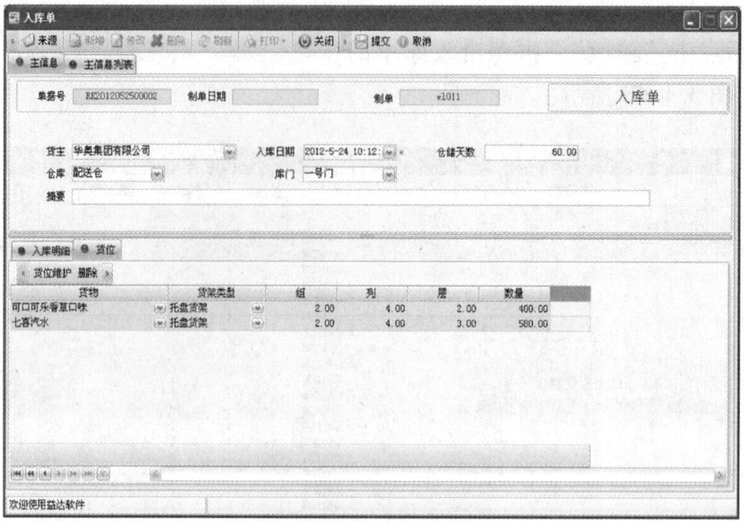

图 3.1.52　检查数据

③切换为“仓储经理”登录→双击 入库单审核(2) ，在弹出单据框中选择刚才提交的入库单。确认无误后，点击 审核通过，单击 提交，出现提示，如图3.1.53所示。

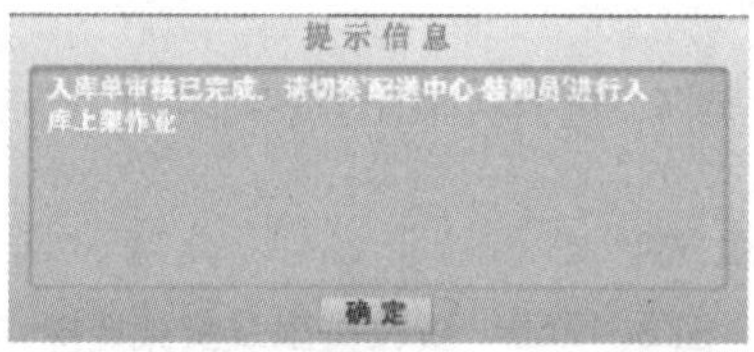

图 3.1.53　进行入库上架作业提醒

（5）货物上架。对已分配好货位的货物进行入库上架作业。其操作流程如下。

①切换到“仓储部”→“装卸员”角色→双击 入库上架作业(1) ，在弹出的单据框中选择刚才审核的入库单，弹出“入库上架单”，如图3.1.54所示。

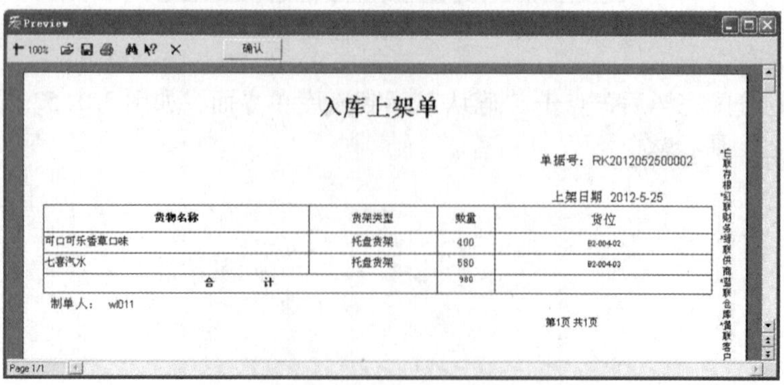

图 3.1.54　入库上架单

点击“确认”，弹出提示信息，如图 3. 1. 55 所示。

图 3. 1. 55　领取工具提醒

②来到设备区，【Ctrl + 鼠标左键】点击“叉车”→选择 上车 ，提示如图 3. 1. 56 所示。

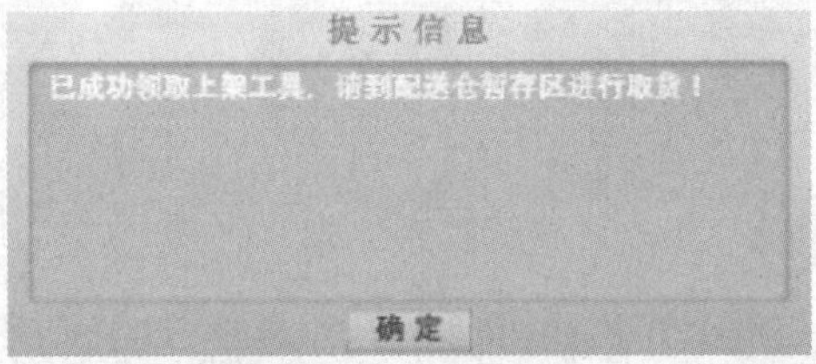

图 3. 1. 56　取货提醒

点击“确定”，【Ctrl + X】调出菜单，选择 启动[A] → 松开手刹 ，将车开出设备区。

③取车后，把车开到系统提示的暂存区，至货物提示箭头处，如图 3. 1. 57 所示。

图 3. 1. 57　至货物提示箭头处

【Ctrl + X】调出菜单，选择 取货[Q] ，取货成功后系统会提示货架的位置，如图 3. 1. 58 所示。

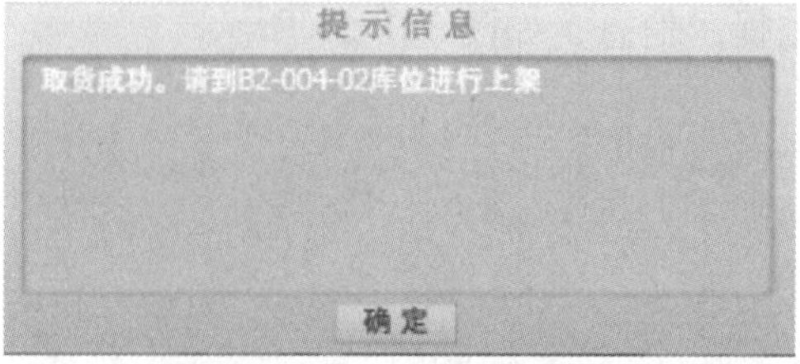

图 3.1.58　货架位置提醒

④来到提示货架前，【Ctrl + X】选择 上升[D] → 卸货[Z]，如图 3.1.59 所示。

图 3.1.59　至提示货架前

按照系统提示把货物放到对应的货架上，直到系统提示上架完成，如图 3.1.60、图 3.1.61 所示，逐次确定提示信息，货物上架操作至此结束。

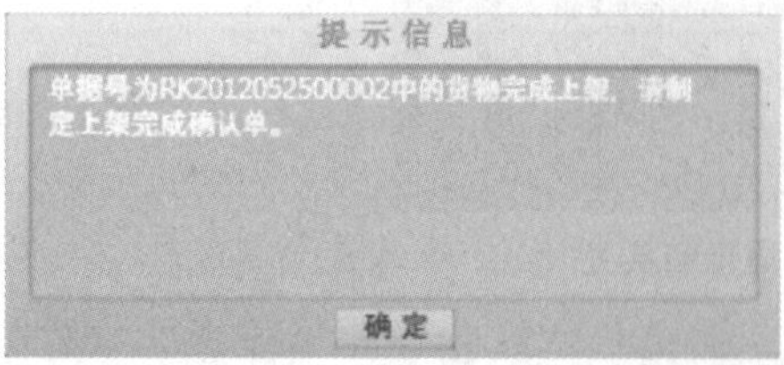

图 3.1.60　制定上架完成确认单提醒

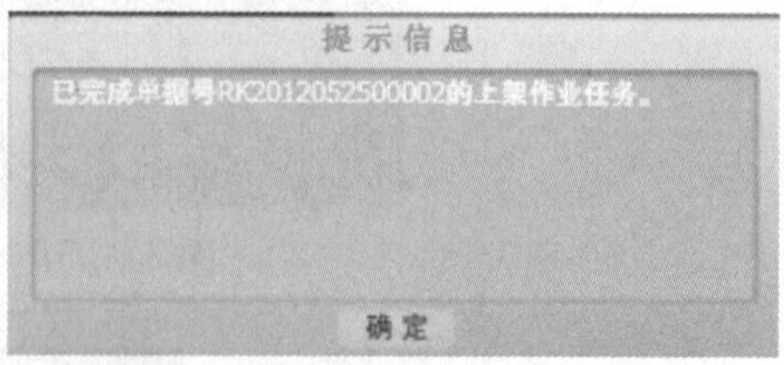

图 3.1.61　完成上架作业任务提醒

［注：在任务操作过程中，会有系统题库（知识库）的问题随机出现在待处理事项框里，学生必须完成全部出现的题目，题目的数量、出现时间间隔、所得分数等均由

老师设定，如图 3.1.62、图 3.1.63、图 3.1.64 所示]

图 3.1.62 知识库

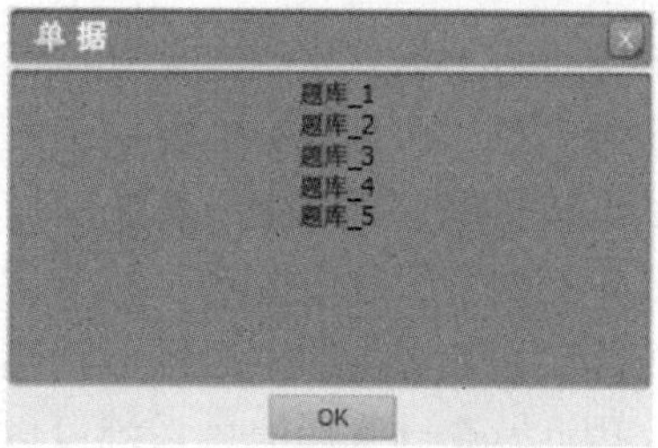

图 3.1.63 题库

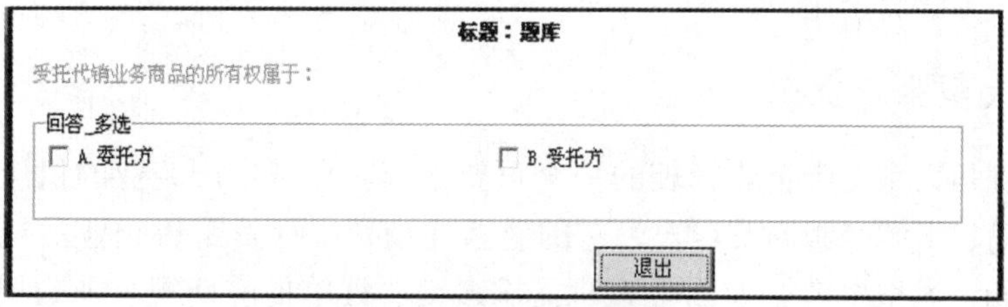

图 3.1.64 题库问题

二、仓储管理信息系统的适用范围

仓储管理信息系统可以实现单个仓库的精细化管理，也可实现异地多个仓库的综合管理；它可以对货物的入库、在库和出库进行动态安排；可以对仓储作业流程的全过程进行电子化操作；可以与客户服务中心建立数据接口，使客户通过互联网实现远程货物管理；还可以与企业的 ERP 系统实现无缝连接。具体来说，仓储管理信息系统适用于仓储企业、第三方物流企业、大型生产企业、大型流通企业。

（一）仓储企业

仓储企业储存来自不同客户的、不同种类规格及数量的货物。不同货物有不同的储存要求，且出入库活动频繁，从而导致仓储内部的作业控制和管理相当复杂。仓储管理及作业水平将较大程度地影响仓储企业自身及其客户的利益。

仓储管理信息系统囊括了仓储企业的所有业务操作，因此，仓储管理信息系统的应用，一方面，能清晰快捷地显示仓储企业各业务的处理情况、货物存放情况、出入库作业及装卸作业的操作状态、货物出入库明细，从而便于仓储管理人员制订或调整作业计划、下达作业指令，加快货物的进出，提高仓储服务水平；另一方面，有利于仓储管理人员对仓储的各种资源做到胸中有数，合理调配，降低仓储成本，提高仓储经济效益。此外，利用该系统的统计报表功能，还可以为仓储决策提供有价值的参考。

（二）第三方物流企业

仓储管理对第三方物流企业来说非常重要，这是因为仓储不但在第三方物流供需中占有重要地位，而且仓储增值服务是第三方物流中增长最快的服务。中国仓储与配送协会的调查显示，我国生产企业和商业企业对第三方物流的需求主要集中在常规需求上，其中仓储需求位于前列。另有关人士对第三方物流提供商的调查结果显示，目前第三方物流企业提供的主要服务仍然是传统的运输和仓储，且仓储增值服务需求增长最快。因此，仓储管理信息系统可以应用于第三方物流企业的仓储信息管理；也可在仓储管理信息系统上补充其他功能模块，如配送管理、运输管理、订单管理等，使其服务于第三方物流企业。

（三）大型生产企业

仓储管理是大型生产企业管理的一个重要内容。大型生产企业的供应链涉及上游原材料供应商、下游经销商及客户，它的链条比商贸、批发零售企业的链条更长，环节更多。因此，大型生产企业面临客户需求多变、订单提前期短、采购周期长、库存控制困难等问题。仓储管理信息系统的建设，有利于大型生产企业进行供应、生产与销售物流一体化整合，构建适应市场变化的物流管理框架体系，有效提升采购、生产与销售的协调能力，提高对客户需求的快速反应能力，降低物流成本，增强企业核心竞争力。

（四）大型流通企业

随着国内经济的高速发展，流通企业的竞争日益激烈。这种竞争不仅是企业规模、管理及营销观念的竞争，更是一场现代信息技术的竞争。如果不能利用计算机等先进的信息技术应对瞬息万变的市场，企业终将在这场竞争中被淘汰出局。因此，实现流通企业的进、销、存信息化，是提高流通企业竞争力的一条有效途径。仓储管理信息系统的建设，能将大型流通企业实际运作中涉及的资源数据，包括下游企业的基础数据、销售及服务所产生的数据、零售商及消费者反馈的数据等，进行收集整理并集中分析；还将帮助大型流通企业充分利用仓储空间和人力，减少各种由于手工进行信息处理所导致的误差，减少库存货物的损坏或损失，从而改善仓储管理。因此，仓储管理信息系统的建设，能够在帮助大型流通企业完成基本的货物出入库、客户订单拣选和包装的同时，降低整体运营成本，提高运营效率及服务水平。

【同步测试】

一、判断题

1. 仓储信息管理的具体内容包括仓储资源信息管理、仓储作业信息管理和仓储业务信息管理等。(　　)

2. 与仓库作业物化劳动和活劳动消耗有关的数据不是仓储信息管理的重要数据

之一。(　　)

3. 库存量不包括待处理、待验收的货物数量。(　　)

4. 存货周转率不能体现仓库空间的利用程度和流动资金的周转速度。(　　)

5. 收发差错率是以收发货发生差错的累计笔数占收发货总笔数的百分比来计算。(　　)

二、单项选择题

1. 仓储作业不包括（　　）作业。

A. 入库　　B. 在库　　C. 出库　　D. 配送

2. 仓储管理信息系统不适用于哪种企业？(　　)

A. 运输企业　　B. 第三方物流企业

C. 大型生产企业　　D. 大型流通企业

3. 在库信息管理不包括（　　）。

A. 保养维护信息管理　　B. 验收信息管理

C. 盘点信息管理　　D. 在库检查信息管理

4. 入库管理作业内容有入库前准备、接运、入库（　　）。

A. 验收　　B. 盘点　　C. 备货　　D. 理货

5. 仓储管理信息系统的基本资料管理子系统不包括（　　）。

A. 仓库资料管理模块　　B. 客户资料管理模块

C. 业务分析模块　　D. 合同管理模块

三、多项选择题

1. 仓储资源基本信息的记录与维护主要包括(　　)的记录与维护。

A. 仓储设施基本信息　　B. 仓储设备基本信息

C. 仓储人员基本信息　　D. 仓储货物基本信息

2. 仓储信息管理的重要数据有(　　)。

A. 与仓库作业质量有关的数据　　B. 与仓库作业成果数量有关的数据

C. 与仓库作业劳动效率有关的数据　　D. 与仓库经济效益有关的数据

3. 仓储管理信息系统主要由(　　)和基本资料管理子系统组成。

A. 车辆调度系统　　B. 作业管理子系统

C. 查询统计子系统　　D. 系统维护子系统组成

四、简答题

1. 什么是仓储管理？

2. 什么是仓储管理信息系统？

3. 仓储信息管理的特点有哪些？

4. 仓储管理信息系统的功能模块有哪些？

5. 仓储管理信息系统适用于哪些企业？

【技能训练】仓储管理信息系统实训

实训目标：

1. 掌握仓储管理信息系统的构成；

2. 熟悉仓储管理的流程。

环境要求：计算机、仓储管理信息系统、无线局域网。

实训内容：

撰写一份实训报告，报告涉及以下三个内容（字数在 1000 字以上）。

1. 仓储信息的输出设备都有哪些？

2. 画出所调研或实训的仓储管理信息系统的整个仓储管理的流程图。

3. 假如你是一个企业的管理者，你认为选择现代仓储管理信息系统来管理企业的货物有什么优越性（与传统物流进行比较）？

任务考核评价

完成任务导入的内容，以学生个人为单位，以电脑中运行出的模拟数据为主要依据进行考核。（注：此任务考核满分为 60 分。）

入库作业评分标准

序号	项目	所占分值（分） （此处分值可更改设定）
1	入库通知录入（录入内容是否符合案例背景）	5（系统默认值）
2	入库计划审核	5（系统默认值）
3	入库单录入（录入内容是否正确，库位分配是否合理）	5（系统默认值）
4	入库单审核	5（系统默认值）
5	收货员收货（企业自送）	10（系统默认值）
6	入库上架作业（是否正确使用工具进行上架作业，作业时间是考核重点）	10（系统默认值）
7	验货员入库验货（验收的正确率，如遇货差、货损是否正确处理）	10（系统默认值）
8	装卸员入库卸货（是否正确使用工具进行装卸作业，作业时间是考核重点）	10（系统默认值）

任务二　运输管理信息系统应用

教学目标

【知识目标】

◆ 了解公路运输管理的业务流程；

◆ 掌握运输信息管理的内容、重要数据、特点；

◆ 熟悉公路运输管理信息系统的功能模块。

【技能目标】

◆ 能够厘清公路运输管理的作业任务；

◆ 能够使用运输管理信息系统完成给定的公路运输管理作业任务；

◆ 掌握运输管理信息系统的适用对象。

【素质及思政目标】

◆ 培养学生的国际视野，创新思维；

◆ 树立和践行社会主义核心价值观。

开篇语　物流运输管理通过高效率、低成本的线路和信息管理以及对紧急要求的快速反应，确保所有货物在恰当的时间、以良好的状态到达目的地，获得内部和外部客户满意度最大化。运输管理信息系统能够利用先进的物流信息技术实现运输的最佳路线选择和动态调配，有效提高运输管理的科学性，达到运输管理的目的。

【任务导入】

1. 任务背景

6 月 9 日，蓝岳集团有限公司有一批货物（普通货物，重 8000kg，体积 $21m^3$）要发到深圳，电话通知捷通快递运输有限公司客服上门提货，收货公司为深圳万国股份有限公司，送货方式为送货上门，要求 36 个小时内到达。捷通快递运输有限公司根据托运单上的承运货物的体积、重量、目的地、类别进行了成本核算，得出的结果是使用干线运输进行承运最划算。托运单如表 3. 2. 1 所示。

表 3. 2. 1　　托运单

托运单号	GX0000001	托运日期	6 月 9 日		
委托方	蓝岳集团有限公司	联系人	吴志强		
地址	广州市黄埔区黄埔东路	联系电话	020 - 8223 × × × ×		
收货方	深圳万国股份有限公司	联系人	李亚文		
地址	深圳市福田区深南中路	联系电话	0755 - 8576 × × × ×		
收货网点	捷通黄埔点	提货方式	上门提货	送货方式	送货上门
保险金额	不买保险	付款方式	现收	要求到达时间	36 个小时内

货物信息

货物名称	包装形式	件数（件）	重量（t）	长（cm）	宽（cm）	高（cm）	体积（m^3）
机械	泡沫	60	5	100	50	50	15
裁剪机	泡沫	20	3	100	50	60	6

费用标准如表3.2.2所示。

表3.2.2　　费用标准

发车网点	目的网点	运输方式	重量单价（元/t）	体积单价（元/m^3）	最低价格（件/元）
广州	深圳	干线运输	60	12	75
广州	上海	干线运输	480	96	600
广州	北京	干线运输	920	184	1150

2. 任务参与角色（见表3.2.3）

表3.2.3　　任务参与角色

步骤	任务类别	执行角色
1	业务接单	客服文员（提货方式为“上门提货”）
2	业务分单审核	调度经理
3	干线车辆申请	调度员
4	干线车辆配载	配载员
5	干线运输	司机
6	收款结算	财务会计

3. 具体任务

请根据任务背景中的托运单资料，模拟完成：

（1）托运单的录入、运输方式的选择及审核；

（2）运输车辆的申请、货物的配载；

（3）货物的送达及运输成本的核算。

任务资讯

一、运输管理信息系统概述

（一）运输信息管理的具体内容

1. 运输信息分类

运输信息是指在运输业务中发生的信息，可分为宏观的运输信息和微观的运输信息。

（1）宏观的运输信息。宏观的运输信息是指运输活动发生的地理环境和人文环境中的特征、规定等，包括各国各地的交通法规和规则、路况信息、地理状况信息（包括陆路、水路和航空）。

（2）微观的运输信息。微观的运输信息分为仓库内运输信息和户外运输信息。仓库内运输信息包含货物入库、出库时的自动配车和人工配车，出库分拣，库内的运输路线设计，按照库位优化等物流管理原则自动分配货位，自动进行运输线路的优化等方面的信息。户外运输信息分类如表 3. 2. 4 所示。

表 3. 2. 4　　户外运输信息分类

序号	分类	说明
1	运输品信息	运输品信息通常包括货源地、目的地、可加工信息、特殊要求等
2	货源信息	货源信息包括货物名称、重量、运费价格、装卸地点等
3	运输载体信息	运输载体信息包括运输工具的专用性信息、空车信息、可用运输工具情况（额定能力、容积、载重）
4	替代性信息	替代性信息包括社会可替代的运力、物品的信息
5	其他信息	如同一路线可混装运输的物品信息、在途物品信息、额外费用信息等

2. 运输信息管理的具体内容

运输信息管理的内容涉及运输工具、运输人员、货物以及运输过程各业务环节的信息，以下主要介绍货物跟踪管理、运输车辆运行管理和运输增值服务。

（1）货物跟踪管理。

货物跟踪管理是指物流企业利用物流条码和 EDI 技术及时获取有关货物运输状态的信息（如货物品种与数量、货物在途情况、交货期限、发货地、达到地、货主、送货车辆、送货负责人等），提高物流运输服务质量的方法。具体步骤为：首先将货物运输状态的基本信息制成物流条码，印制或贴在货物包装或发票上，其次在取货、配送和收货时利用扫描仪读出物流条码中的货物信息，通过公共通信线路、专用通信线路、卫星线路或是互联网把货物的信息传递到总部的中心计算机进行汇总整理并储存。终端顾客可实现对货物运输状态的实时查询，查询时只需输入货物的发票号码，便可以及时、准确地了解货物运输状态。同时，通过货物信息可以确定货物是否将在规定的时间内及时交付，或及时发现在规定时间内未完成交付的情况，便于马上查明原因并及时更正，顾客通过货物信息的分享可预先做好接收和后续工作。货物跟踪管理丰富了供应链的信息分享源，提高了运输货物的准确性和及时性，提升了物流服务水平。

货物跟踪管理首先要有标准化物流条码，其次是配备相关设备，如扫描仪、通信网络等，因而投资较大。货物跟踪系统以前大多被有实力或是特种运输业务的物流运输企业采用，随着通信产品的广泛使用以及互联网的普及，现已在中小企业中广泛应用。物流运输企业和用户只需在互联网上建立各自的网站，便可以对已开展的运输业务进行货物跟踪管理。

（2）运输车辆运行管理。

物流运输作业中的运输车辆处于分散状态，须对在途运输车辆进行管理。通过定位系统，可确定车辆在路网中的位置，及时调配车辆，快速满足用户需求，避免车辆完成运输任务后放空。运输车辆运行管理系统可分为如表3.2.5所示的两种。

表3.2.5　　运输车辆运行管理系统分类

序号	分类	说明
1	应用无线技术的运输车辆运行管理系统	这种系统由无线信号发射及接收控制部门、运输企业的计划调度中心和运输车辆组成。计划调度中心与运输车辆之间通过无线信号进行双向通话。运输企业在接到顾客运输货物的请求后，将货物品种、数量、装运时间、地点、顾客的联系电话等信息输入计算机，同时根据运输车辆的移动通信装置发出的有关车辆位置和状态的信息，通过该系统自动向最靠近顾客的运输车辆发出装货指令，由车辆上装备的接收装置接受装货指令并打印出来。这种系统能提高运输企业的运输效率、服务水平，但由于该系统无线发射频率的限制，只能用于同城市的车辆计划调度管理
2	应用通信卫星、GPS技术、GIS技术的运输车辆运行管理系统	在这种系统中，运输企业的计划调度中心与运输车辆之间的双向通话借助于通信卫星进行。运输企业的计划调度中心发出的装货指令通过公共通信线路或专业通信线路传到卫星控制中心，由卫星控制中心把信号传送给通信卫星，再由通信卫星把信号传送给运输车辆，而运输车辆通过GIS确定车辆所在的位置，找到到达目的地的最佳路线；同时利用车载通信卫星接收天线、GPS天线、通信联络控制装置和输出装置，将车辆所在位置和状况等信息通过通信卫星传回到计划调度中心，以便于计划调度中心把握全局。这种系统的采用，对于实现企业车辆的最佳配置、提高物流运送业务效率和顾客满意度都具有重大意义。不足之处在于投资大、通信费用高

（3）运输增值服务。

无论是货物跟踪管理，还是运输车辆运行管理，仅能提供简单的追踪、查询和调配功能，并不能为顾客提供更多的增值服务。

运输增值服务通过对运输业务中各种信息的采集、存储、传输、分析和处理，实时跟踪货物的在途情况（如货物位置、状态、装卸送达等）和车辆运行情况，提供增值性运输服务，从而满足现代商务对运输的需求。运输增值服务具体功能如表3.2.6所示。

表3.2.6　　运输增值服务具体功能

序号	功能	说明
1	查询功能	顾客使用运输企业提供的查询口令和密码，方便及时地查询货物运输信息，提高企业的服务水平

续 表

序号	功能	说明
2	确认功能	通过货物信息可确认货物能否在规定时间内交付，对未能及时交付的情况（未及时送到客户手中或未送达指定地点）可及时查明原因并纠正，提高货物运送的及时性和准确性
3	规划功能	可使运输企业的作业过程透明化、可视化，通过实时监控货物状态、作业状况，制订合理的运输路线，调配运输车辆；制订装卸车作业计划，提高运输效率，从而使运输企业能以高效的差别化服务提高其核心竞争力，在激烈的竞争中处于优势地位

课程思政

智能交通系统涉及四要素：人、车、路、环境。其中“人”是指包括行人、自行车骑行者、机动车驾驶员、交通管理者以及乘客等在内的所有交通参与者；“车”是指包括道路上的公交车辆、私人小汽车、自行车等在内的所有道路交通运载工具；“路”则是指包括各级道路在内的所有交通流载体；而“环境”不仅是指自然环境，还应包括与交通相关的各种外部条件，诸如法律、政策等。无疑，在这四大因素中，人始终是交通的主体，车和路都是为人服务的，而环境则是调节它们相互关系的一个重要因素。人、车、路、环境有着各自的重点，而统管一切的出发点和归宿只能是人。

在行人、自行车与机动车共同存在的交通环境里，机动车可以借助机械的动力，获得远远超过人类体力的机动能力。这样，机动车在获取通行权上具有极大的优势，而行人则始终处于不利的境地。而且，一旦行人、自行车与机动车发生接触性冲突，行人、自行车骑行者更容易受到伤害，甚至造成严重的后果。因此，从确保人身安全的角度来看，在交通过程中，行人和自行车骑行者是特别需要加以保护的弱势群体。

城市交通系统所涉及和面临的诸多问题中，不仅有大量的技术性、科学性问题，还有大量的社会性、伦理性，甚至政治性问题。要确保城市交通系统运行的公正性，除了遵循以维护公共利益为重的基本价值取向外，还要解决保护城市贫困阶层等弱势群体利益的问题，因为对弱势群体的保护涉及基本的社会公平问题，而能否实现和保持社会公平，直接影响着社会主义和谐社会的构建。

议一议：在“以人为本”的认识基础上，制定交通规划、进行交通设计或制定交通政策、进行交通管理时，应如何考虑以行人和非机动车辆等为代表的交通弱势群体的因素？

（二）运输信息管理的重要数据

运输信息管理的重要数据主要有以下三种：第一种是与运输能力有关的数据；第二种是与运输质量有关的数据；第三种是与运输效益有关的数据。

1. 与运输能力有关的数据

它主要包括货运总量、货运能力总量、货运总里程重量、在途货物总量等。具体如表3.2.7所示。

表3.2.7 与运输能力有关的数据

序号	数据	说明
1	货运总量	货运总量是指在考核期内所有运输工具运载货物总量，计量单位通常为“t”或“件”
2	货运能力总量	货运能力总量是指在考核期内所有运输工具装载能力总量，计量单位通常为“t”或“国际标准箱（TEU）”
3	货运总里程重量	货运总里程重量是指考核期内所有装载货物重量与运输里程乘积之和，计量单位通常为“t·km”
4	在途货物总量	在途货物总量是指考核期内所有运输过程中的货物总量，以“件”或“t”为单位

2. 与运输质量有关的数据

它主要包括与运输作业质量、运输服务质量、搬运装卸质量和运输安全质量等有关的数据。

（1）与运输作业质量有关的数据，如表3.2.8所示。

表3.2.8 与运输作业质量有关的数据

序号	数据	说明	计算公式
1	运力利用率	考核期内实际完成吨公里数与运力往返运输总能力的百分比	运力利用率 = $\frac{\text{实际完成吨公里数}}{\text{运力往返运输总能力（吨公里数）}}\times 100\%$
2	准运率	考核期内完成的准运量与同期运输货物总票（吨）数的百分比	准运率 = $\frac{\text{准运量}}{\text{同期运输货物总票（吨）数}}\times 100\%$
3	货差率	考核期内出现的货差量与同期运输货物总件（吨）数的千分比	货差率 = $\frac{\text{货差量}}{\text{同期运输货物总件（吨）数}}\times 1000‰$
4	货损率	考核期内出现的货损量与同期运输货物总件（吨）数的千分比	货损率 = $\frac{\text{货损量}}{\text{同期运输货物总件（吨）数}}\times 1000‰$
5	货灭率	考核期内造成的货灭量与同期运输货物总件（吨）数的千分比	货灭率 = $\frac{\text{货灭量}}{\text{同期运输货物总件（吨）数}}\times 1000‰$
6	货物缺失率	考核期内发生的货差率、货损率、货灭率的和	货物缺失率 = 货差率 + 货损率 + 货灭率

（2）与运输服务质量有关的数据，如表 3. 2. 9 所示。

表 3. 2. 9　与运输服务质量有关的数据

序号	数据	说明	计算公式
1	客户满意率	考核期内完成的客户满意票数与调查总票数中回复票数的百分比	$客户满意率=\frac{客户满意票数}{回复票数}\times 100\%$
2	客户投诉率	考核期内客户投诉票数与同期运输货物总票数的百分比	$客户投诉率=\frac{客户投诉票数}{同期运输货物总票数}\times 100\%$

（3）与搬运装卸质量有关的数据，如表 3. 2. 10 所示。

表 3. 2. 10　与搬运装卸质量有关的数据

序号	数据	说明	计算公式
1	搬运装卸合格率	考核期内抽样检查符合运输货物搬运装卸工序标准的合格车次数与抽样检查总车次数的百分比	$搬运装卸合格率=\frac{抽样检查合格车次数}{抽样检查总车次数}\times 100\%$
2	满载率	考核期内车辆实际装载量与车辆装载能力的百分比	$满载率=\frac{车辆实际装载量}{车辆装载能力}\times 100\%$

（4）与运输安全质量有关的数据，如表 3. 2. 11 所示。

表 3. 2. 11　与运输安全质量有关的数据

序号	数据	说明	计算公式
1	行车事故率	考核期内货运过程中发生的行车事故次数与货物周转量的百分比	$行车事故率=\frac{行车事故次数}{货物周转量}\times 100\%$
2	行车事故伤人率	考核期内发生的行车事故伤人数量与货物周转量的百分比	$行车事故伤人率=\frac{行车事故伤人数量}{货物周转量}\times 100\%$
3	行车事故死亡率	考核期内发生的行车事故死亡人数量与货物周转量的百分比	$行车事故死亡率=\frac{行车事故死亡人数量}{货物周转量}\times 100\%$

3. 与运输效益有关的数据

它主要包括吨·公里平均成本、吨·公里平均利润、运输方式利润贡献率等。与运输效益有关的数据如表3.2.12所示。

表3.2.12　　与运输效益有关的数据

序号	数据	说明	计算公式
1	吨·公里平均成本	吨·公里平均成本是指考核期内物流公司同类运输工具装载1t货物行驶1km所花费的平均成本，计量单位为元/t·km	吨·公里平均成本 = $\frac{C}{\sum_{i=1}^{n} d_i g_i}$ 式中：n为考核期内（通常为年）的运输次数；d_i为完成每一次运输任务的运输工具累计行程；g_i为完成每一次运输任务时运输工具平均货物载重量；C为完成n次运输所耗费的总成本（下同）
2	吨·公里平均利润	吨·公里平均利润是指考核期内物流公司同类运输工具装载1t货物行驶1km所获平均利润，计量单位为元/t·km	吨·公里平均利润 = $\frac{V}{\sum_{i=1}^{n} d_i g_i}$ 式中：V为考核期内所有运输方式所获总利润（下同）
3	运输方式利润贡献率	运输方式利润贡献率是指考核期内某一运输方式所获利润总额占所有运输方式利润总额的百分比	运输方式利润贡献率 = $\frac{\sum_{i=1}^{m} v_i}{V}$ 式中：m为考核期内（通常为年）某一运输方式的运输次数；v_i为完成每一次运输任务所获的利润

另外，物流公司还可以根据需要监控不同运输形式的相关数据，如零担运输的利润和成本数据等。

（三）运输信息管理的特点

运输信息管理在整个物流信息管理中占据着非常重要的地位，其特点可以归纳为以下几个方面。

1. 运输信息管理具有关联性

运输活动是多环节、多因素、多角色共同参与的活动，目的是实现物资从生产地到消费地的顺利转移。然而，运输任务的完成不仅需要其他物流环节的强力支撑，还需要生产领域、销售领域的密切配合。为了顺利完成运输任务，运输信息管理要超出物流范围，与生产信息、仓储信息、销售信息等无缝衔接，即运输信息管理需要与生产管理、仓储管理、销售管理保持较强的关联性。

2. 运输信息管理具有动态性

运输过程的动态性决定了运输信息管理也必须是动态的。通过对运输工具所反馈的动态信息进行分析和处理，来判断运输过程是否正常。运输信息的及时收集、快速响应以及动态处理已经成为现代物流运输管理成败的关键所在。随着 GPS 和 GIS 在运输信息管理过程中的全面应用，运输信息管理的动态性特点更加突出。

3. 运输信息管理具有复杂性

运输信息管理过程实际上就是对不同来源、不同种类、不同时间的相互关联的运输信息进行深度分析、处理和发布的过程。因而需要借助各种复杂的软、硬件来得到各种复杂的决策信息，以指导复杂的运输过程。随着客户需求的日益提高和物流公司业务范围的不断扩大，运输信息的数量、种类、来源和处理要求都发生了很大的变化，这给运输信息管理带来了更大的挑战性。

4. 运输信息管理具有交互性

在整个运输过程中，运输指挥中心与运输工具之间、运输指挥中心与客户之间、运输指挥中心与各职能部门之间需要不断交互和共享信息，运输信息在运输各参与方之间不断传递以保证运输任务顺利地完成。先进物流设备和技术在运输过程中的广泛使用，大大提高了运输信息的交互程度。

课程思政

①雷达。高端汽车已经装载了雷达，它可以用来跟踪附近的物体。例如梅赛德斯－奔驰的自动巡航控制系统便是一种事故预防系统，汽车的后保险杠上有一个装置，当它在汽车的盲点范围内检测到物体时便会发出警报。

②车道保持辅助系统。在挡风玻璃上装载的摄像头可以通过分析路面和边界线的差别来识别车道标记。如果汽车不小心离开了车道，方向盘会轻微震动来提醒驾驶者。

③激光测距系统。谷歌汽车采用了威力登（Velodyne）公司的车顶激光测距系统。

④红外摄像头。梅赛德斯－奔驰的夜视辅助功能使用两个前灯发送不可见且不可反射的红外光线到前方的路面，挡风玻璃上装载的摄像头可以检测红外标记，并且在仪表盘的显示器上呈现被照亮的图像（其中危险因素会被突出）。

⑤立体视觉。梅赛德斯－奔驰的原型系统在挡风玻璃上装载了两个摄像头以实时生成前方路面的三维图像，检测诸如行人之类的潜在危险因素，并且预测他们的行动。

⑥惯性导航系统。一个驾驶员需要知道自己正在去哪儿。谷歌汽车使用 Applanix 公司的定位系统，以及他们自己的制图和 GPS 技术。

⑦轮载传感器。轮载传感器可以在谷歌汽车穿梭于车流中时测量车轮的速度。

所有关于无人驾驶的技术，都是创新思维的产物和自主创新的结果。自主创新需要有国际视野，要了解国际上同类技术的先进水平，才能使创新成为一种常态。我们将来要肩负创新的重任，因此从现在起就要对各种事物充满好奇，对创新充满浓厚兴趣。

二、运输管理信息系统的业务流程

按照承运部门的运输组织方式，货物运输有零担运输、整车运输、集装箱运输和集装化运输等几种形式，其中前三种运输形式最为常见。

（一）零担运输业务流程

零担运输一般为定线路发运，通常分为公路零担运输、铁路零散快运和批量运输。这里以公路零担运输为例来介绍，其业务流程如图 3. 2. 1 所示。

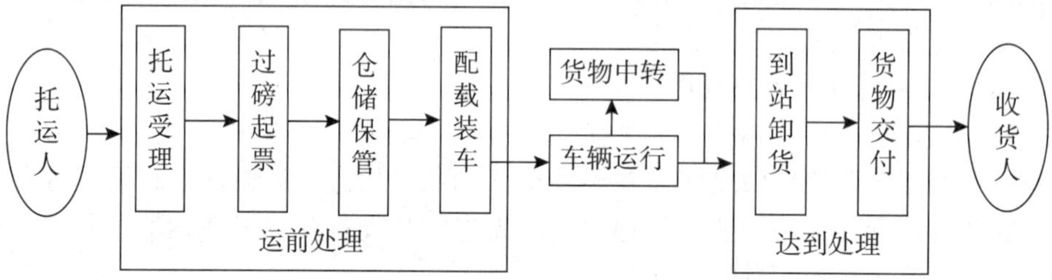

图 3. 2. 1　公路零担运输业务流程

公路零担运输业务如表 3. 2. 13 所示。

表 3. 2. 13　公路零担运输业务

序号	业务	说明
1	托运受理	零担货物承运人根据营运范围内的线路、站点、运距、中转车站的装卸能力、货物的性质及受运限制等业务规则和有关规定接受托运零担货物，办理托运手续。受理托运时，必须由托运人认真填写托运单，承运人审核无误后方可承运
2	过磅起票	零担货物受理人员在收到托运单后，应及时验货过磅，认真点件交接，做好记录，按托运单编号填写标签及有关标志，填写零担运输货票并收取运杂费
3	仓储保管	零担货物在仓库的存放时间较短，维护保养工作较少，主要应控制货物的出入库效率和加强库内存放货位的管理。仓库的货位一般可分为待运货位、急运货位、到达待交货位。货物进出仓库要严格执行照单入库或出库的规定，做到以票对货、票票不漏、货票相符
4	配载装车	按车辆容载量和货物的形状、性质进行合理配载，填制配装单和货物交接单。填单时，应按货物先远后近、先重后轻、先大后小、先方后圆的顺序填写，以便按单顺次装车，对不同到达站和中转的货物要分单填制。将整理后的各种随货单证分附于货物交接单后面。按单核对货物堆放位置，做好装车标记。按货物交接单的顺序和要求点件装车

续　表

序号	业务	说明
5	车辆运行	零担班车必须严格按期发车，按规定线路行驶，在中转站要由值班人员在行车路单上签证
6	货物中转	对于需要中转的货物，要以中转零担班车或沿途零担班车的形式运到规定的中转站进行中转。中转作业主要是将来自各个方向仍需要继续运输的零担货物卸车后重新集结待运，继续运至终点站
7	到站卸货	到站后，由仓库人员检查货物情况。如无异常，应在货物交接单上签字和加盖业务章；如有异常情况发生，则应采取相应处理措施
8	货物交付	货物入库后，通知收货人凭提货单提货，或者按指定地点送货上门，并做好交货记录

（二）整车运输业务流程

整车运输是指一批次货物至少占用一辆货运汽车进行公路运输或占用一节货运车辆进行铁路运输。整车运输有两种形式，如表 3.2.14 所示。

表 3.2.14　　整车运输两种形式

序号	形式	说明
1	整车直达	运输部门按货车载重标准吨数和运输里程数向托运单位收费
2	整车分卸	把起运站和运输方向相同，到达站不同的货物拼凑成整车，依次到站后分别卸货。运输部门按货车载重标准吨数和到达站最远里程数向托运单位收费

运输部门将零担货物拼成整车时，零担运输就变成了整车分卸的形式。现在的物流公司为了降低运输成本，更多地采用整车分卸形式，真正意义上的零担运输已经不多见了。为了区分，通常所述的整车运输仅指整车直达运输。其业务流程与零担运输业务流程相似，不同之处主要在于整车直达运输配载时无须考虑到站顺序和货物中转的情况。

（三）集装箱运输业务流程分析

集装箱运输是指将货物集中装入规格化、标准化的集装箱内进行运输的一种形式。根据装箱形式，可分为整箱运输和拼箱运输两种形式；根据运输方式，可分为公路集装箱运输和水路集装箱运输、铁路集装箱运输等。运输业务流程大体相同，其主要不同体现在抵港和离港业务上，如图 3.2.2 和图 3.2.3 所示。

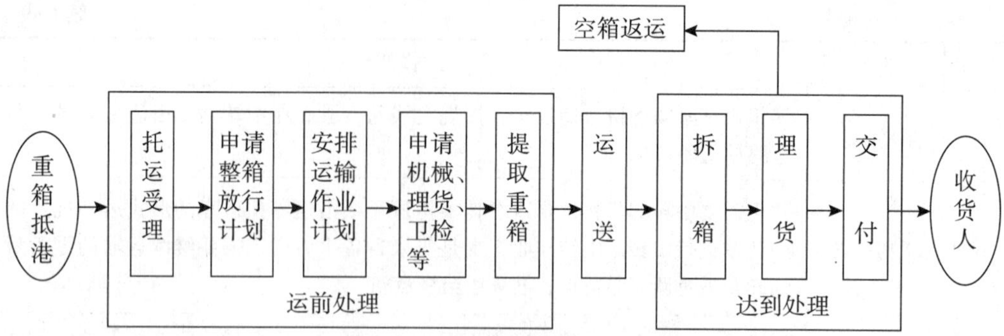

图 3.2.2　抵港集装箱运输业务流程

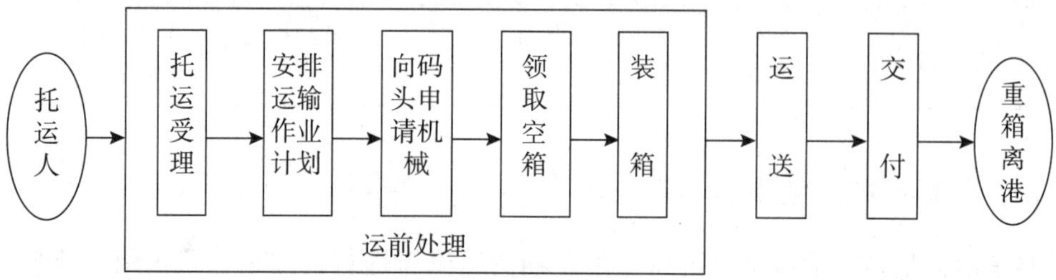

图 3.2.3　离港集装箱运输业务流程

1. 抵港集装箱运输业务

抵港集装箱运输的主要业务如表 3.2.15 所示。

表 3.2.15　抵港集装箱运输的主要业务

序号	业务	说明
1	托运受理	货主或集卡公司提出抵港集装箱陆上运输申请，集卡公司在了解箱内货物和卸货地点情况以后，接受符合条件的托运申请
2	申请整箱放行计划	集卡公司在接受托运之后，应向联合运输营业所申请整箱放行计划，拆箱货应由陆上运输管理处批准
3	安排运输作业计划	集卡公司应根据“先重点、后一般”的原则，合理安排运输计划。如遇超重箱或超标准箱应向有关部门申请超限证，跨省运输则应开具路单等
4	申请机械、理货、卫检等	无论整箱还是拆箱，应及时向港区提出作业申请，由港区根据需要配备机械和人力。集卡公司还应代收货人提出理货、卫检或一些特殊需要的申请
5	提取重箱	集卡公司在取得放行单和设备交接单后，应到指定地点提取重箱，并办理出场集装箱设备交接
6	运送、拆箱、理货、交付	集装箱送至收货人处拆箱时，须由理货公司派员理货。货主接收货物后，在交接单上签收。交接后，集卡运输责任才宣告结束
7	空箱返运	集装箱空箱应按指定时间、地点送回。在交接空箱时，应凭进场集装箱设备交接单办理集装箱交接

2. 离港集装箱运输业务

离港集装箱运输的主要业务如表 3. 2. 16 所示。

表 3. 2. 16　　离港集装箱运输的主要业务

序号	业务	说明
1	托运受理	集卡公司在掌握待装货物和装箱地点情况后，对符合条件的货物予以承运并订立运输契约
2	安排运输作业计划	接受托运后，应及时编制运输作业计划。超重、超限和跨省运输应向有关部门申请办理相关手续
3	向码头申请机械	根据船期计划应在前一天向码头申请机械
4	领取空箱	集卡公司凭货代签发的出场集装箱设备交接单和托运单到指定地点领取空箱
5	装箱、运送、交付	空箱在托运人处装箱，经过理货公司理货，由装箱人提供装箱单，集卡公司将重箱连同装箱单、设备交接单运送到指定港区交付，并办理集装箱设备交接

三、运输管理信息系统的功能模块

运输管理信息系统是物流管理信息系统的重要组成部分。运输管理信息系统对物流公司运输单元的所有资源（车辆、驾驶员、客户）进行实时的调度和跟踪，包括对自有的和协作的以及临时的车辆进行调度管理，并合理地安排驾驶员、车辆、任务三者间的关系，提供对货物的分析、配载的计算，以及最佳运输路线的选择。

中远海运物流有限公司的诞生

中远海运物流有限公司（以下简称“中远海运物流”）隶属于中国远洋海运集团有限公司，由中国远洋物流有限公司、中海集团物流有限公司、中海船务代理有限公司和中国外轮理货总公司重组整合而成，于 2016 年 12 月 21 日正式挂牌运营。

中远海运物流是以航运物流为核心的国际化综合性物流企业，可为海内外客户提供现代化、专业化的全程物流供应链解决方案。在行业内具有良好的口碑和服务能力，是政府、港口、铁路、空港以及大型跨国企业的重要合作伙伴。

中远海运物流在中国境内 30 个省、市、自治区及海外 17 个国家和地区设立了分支机构，在全球范围内拥有 600 多个销售和服务网点，形成了遍及中国、辐射全球的服务网络系统。

运输管理信息系统利用先进的全球定位系统（GPS）和地理信息系统（GIS），实现运输的最佳路线选择和动态调配。利用先进的计算机技术和网络技术，增强双向信息交流与监控机能，实现运输的网络化管理，提高货车配置效率，降低运输成本，实施完整的物流运输解决方案；优化企业内部管理，降低物流运输成本，提高物流服务质量。同时，运输管理信息系统能够与物流环节中的其他相关的信息系统（如货代、仓储、配送等管理信息系统）无缝衔接，保障物流、信息流、资金流的畅通，增强物流企业的竞争力，为客户提供更加完善的物流运输及增值服务。

当前，应用最广泛的运输管理信息系统可以分为船舶运输管理信息系统和陆路运输管理信息系统，而在陆路运输管理信息系统中又以公路运输管理信息系统最为常见。下面以公路运输管理信息系统为例，介绍其主要功能。如图3.2.4所示。

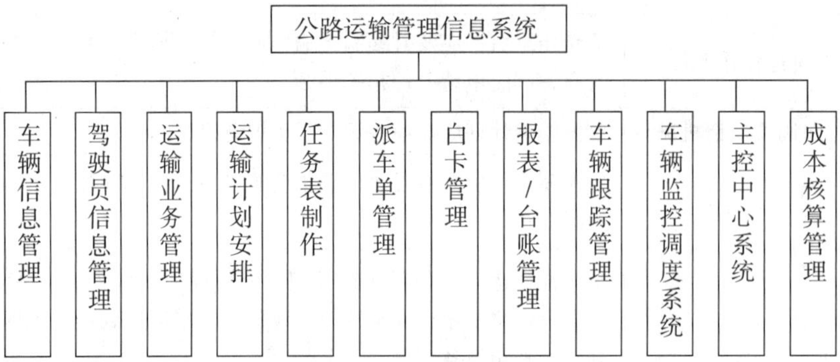

图3.2.4　公路运输信息管理系统

1. 车辆信息管理

对运输车辆信息进行日常的管理维护，随时了解车辆的运行情况，以确保在运输任务下达时，有车辆可供调配。它主要包括车辆的一些基本属性，如载重量大小、运行年限、随车人员的要求以及是否是监管车辆等。

为确保车辆的最佳运行状态，需要定期或不定期地对车辆进行维修和保养，从而保证整个运输业务过程的安全和准时，进一步提高客户服务水平。

2. 驾驶员信息管理

对驾驶员的基本信息进行管理，以随时监控驾驶员的情况，并对驾驶员的学习情况、违章记录、事故情况、准驾证件以及其他证件进行管理。同时可以考核驾驶员的业务素质，以保证驾驶员队伍的稳定和发展。在驾驶员的管理中，还需要对驾驶员的出勤情况进行管理，以便在任务安排时可以自动判断其能够正常出勤，还是有其他情况不能担当此任务。

3. 运输业务管理

登记客户需要进行运输的货物的信息，以便合理地安排运输计划。客户的一个委托为一笔业务，可能有三种情况，一是这笔业务是由其他操作流程转过来的，比如说可能是客户在报关、国际货运代理时需要同时提供运输服务的；二是由物流公司自行承接的业务，即由销售人员直接与客户交流的结果；三是合作伙伴提供的货源信息，如当物流公司把货物运抵目的地后，正好合作伙伴需要将某些货物带回。若信息沟通顺畅，则可以减少车辆的空载率，进一步降低物流成本，更好地吸引客户。

4. 运输计划安排

根据客户的要求安排运输计划，客户的一笔业务可以安排一次运输计划，也可以安排几次运输计划，这就需要根据实际情况做出合理的安排。运输任务的大小、客户时间要求的限制等，都是安排运输计划所要考虑的因素。

5. 任务表制作

根据运输计划，将运输计划分解成一笔一笔的任务，这样在安排车辆时就可以根据地点、时间、车班情况进行优化与组合，同时还可选择最优的运行路线，达到较高的车辆利用率和效益。

当然，可以对已经由计算机自动制作出来的任务表中一些不合理的地方进行修改。根据已经生成的确定的任务表制作派车单，并及时地将派车单交给当班的驾驶员，实施运输计划。

6. 派车单管理

驾驶员把货物送至目的地并驾车回场后，将客户的收货确认带回，输入本次任务执行的一些信息，如行程、油耗、台班数、货物有无损坏和遗失以及是否准点到达等，这些数据将作为数据统计分析的基础。

另外，可以将派车单的内容写入 IC 卡，这样出车的车辆就具有了电子身份证的功能，这是根据不同的地方对营运车辆的管理需要而设计的，它同样可以提高工作效率，减少人为的差错。如在集装箱车辆进入港区后，需要将 IC 卡交付工作人员进行货物确认，否则车辆将不允许进入港区。

7. 白卡管理

白卡是海关对监管车辆进行管理的凭证，不是每辆车都拥有的，只有运输海关监督货物的车辆才有。系统中体现的功能模块有基本资料输入、白卡使用记录、白卡最新流向查询。

8. 报表/台账管理

运输业务涉及的客户比较多，而且往来频繁，对于每个客户及各分包方的管理显得尤为重要。运输业务的特殊性经常导致客户台账的错误及混乱，系统需要具有详细的台账管理功能。

9. 车辆跟踪管理

利用全球移动通信系统（Global System for Mobile Communications，GSM）的短消息功能和数字传输功能将运输工具的具体位置和其他信息传送至主控中心，在主控中心进行地图匹配后显示在 GIS 监控器上。主控中心能够对移动车辆的准确位置、速度和状态等必要的参数进行监控和查询，从而科学地进行车辆调度和管理，实现对车辆的实时动态跟踪，极大地提高了运输工作效率，同时加强了运输成本的控制。

10. 车辆监控调度系统

将 GSM 公用数字移动通信网作为主控中心与移动目标（如车辆）之间的信息传输媒介，利用全球定位系统（GPS）的定位技术、电子技术、计算机技术、网络技术，结合运用电子地图地理信息系统，实现对移动目标的位置、状态监视并利用 Internet 向外发布信息。通过这套系统可以实现表 3. 2. 17 所示的诸多功能。

表 3.2.17　　车辆监控调度系统的功能

序号	功能
1	将主控中心要发送的信息按通信协议处理并向车载设备发送
2	接收车载设备根据通信协议发来的信息，得到有效的车载信息并进行存储记录，可能时（如果工作站在线）将信息发到对应的工作站上
3	自动调节通信信息流量，保证通信畅通
4	初始化并自动监测 GSM 通信机的状态，监视并显示出通信状态
5	分层显示并管理地理信息电子地图图层
6	放大、缩小、平移矢量电子地图
7	矢量电子地图的编辑、修改
8	监控、调度、管理车辆
9	发送短消息
10	显示接收到的短消息
11	接收车载设备的紧急报警信息并发出声光提示
12	远程遥控
13	指定车辆允许的行驶路线。当车辆行驶偏离时，自动报警
14	指定车辆允许的行驶区域。若车辆越界，则自动报警
15	检索历史资料与回放、打印历史轨迹
16	统计打印资料
17	打印地图

11. 主控中心系统

（1）电子地图功能，如表 3.2.18 所示。

表 3.2.18　　电子地图功能

序号	功能
1	分层、多窗口显示地理信息电子地图图层，矢量电子地图可放大、缩小、平移、测距（直线、折线），地理信息的查询
2	复杂地理信息的添加、编辑、删除
3	用不同的颜色、图标显示不同种类的车辆
4	打印地图
5	将车辆的位置信息以图标的形式显示在电子地图上，并可将偏离的轨迹调整到道路居中位置上

（2）车辆监控调度功能，如表 3.2.19 所示。

表 3.2.19　**车辆监控调度功能**

序号	功能
1	主控中心可向一辆或多辆车载设备发送文字信息（如调度指令）、控制指令（立即回报当前位置信息、定时汇报位置信息、立即监听、电话功能的设置、断油断电、开闭车厢锁）和车载设备位置信息
2	主控中心可以直接接收车载设备发回的位置信息、速度信息、车辆运行状态信息、车载设备内预定义的文字信息、报警信息（紧急报警、超速报警、越界/越线报警）
3	接到报警信号后，发出声光提示信息
4	历史轨迹回放
5	设定行驶路线或行驶区域，并指定相应的车辆
6	按需要将车辆编组，短讯可在组内进行广播

（3）通信管理功能，如表 3.2.20 所示。

表 3.2.20　**通信管理功能**

序号	功能
1	初始化时或运行当中，自动监测 GSM 通信机的状态，实施监视并显示系统的通信状态，发现故障发出声光信号，提示值班人员
2	设置 GSM 通信机内 SIM 卡短消息服务中心的号码
3	使主控中心能与 GSM 相连
4	接收车载设备根据通信协议发来的信息，得到有效的车载信息并进行存储记录，将信息发给对应的工作站
5	将主控中心要发送的信息按通信协议处理并向车载设备发送
6	自动调节通信信息流量，保证通信畅通

12. 成本核算管理

分析核算每一笔业务的实际活动成本及实际收益，以便管理人员分析利润来源及下一步的业务方向。同时，能够对相同作业进行对比分析，对于各种可利用资源进行成本控制。

任务实施：运输管理信息系统的操作与适用对象

一、运输管理信息系统的操作

以办理公路干线运输作业为例。

填入：用户名、密码，并选择实训类型为 ◉ 业务仿真系统，登录进入任务选择界面，在此选择“捷通快递运输有限公司”→“实训2 干线运输”。

1. 业务接单

（1）登录“客服部”→“客服文员”角色，点击。

（2）双击中的“电话接单（1）”，弹出“单据”窗口，直接选中“单据”后，点击“OK”。如图3.2.5所示。

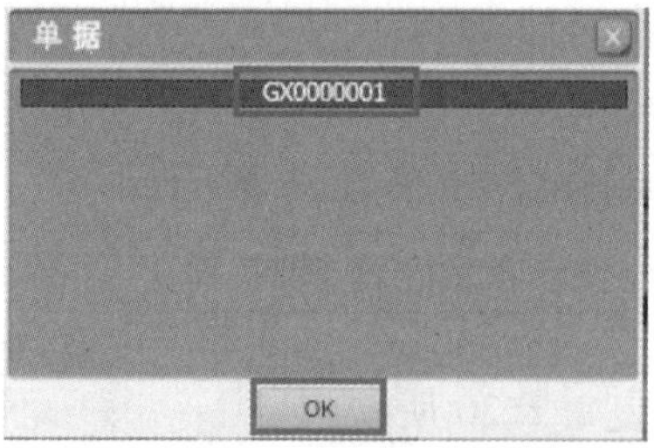

图3.2.5　业务单据选择窗口

弹出窗口，如图3.2.6所示。

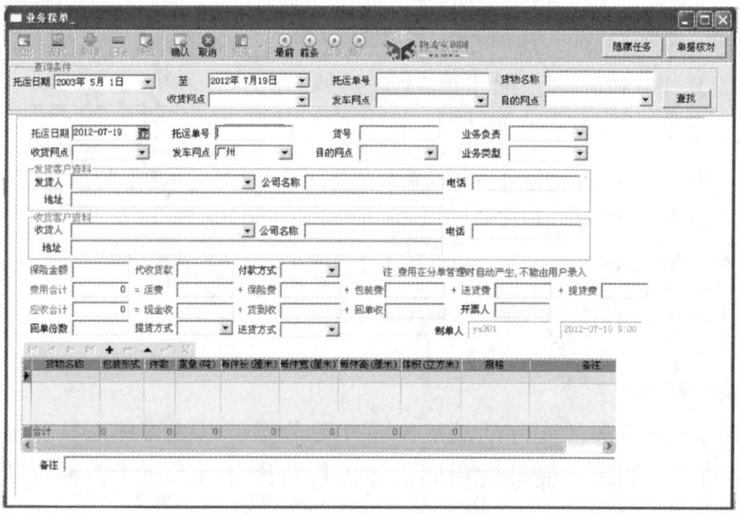

图3.2.6　业务接单窗口

根据同时弹出的“任务中心”（见图3.2.7）窗口，对相应信息（托运单号、货号、收货网点、目的网点等）进行填写（见图3.2.8），填写完成后点击，再点击。

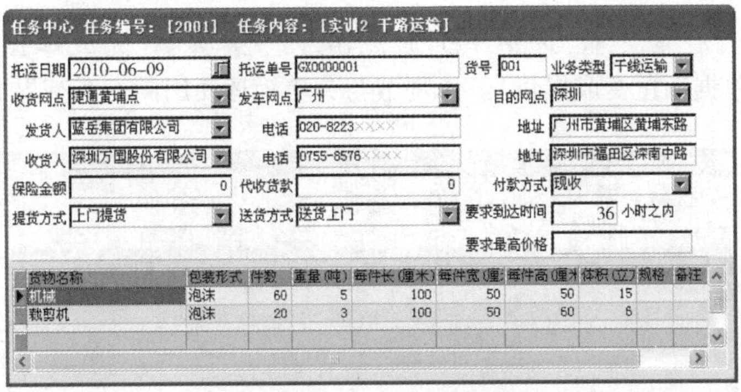

图 3.2.7　任务中心窗口

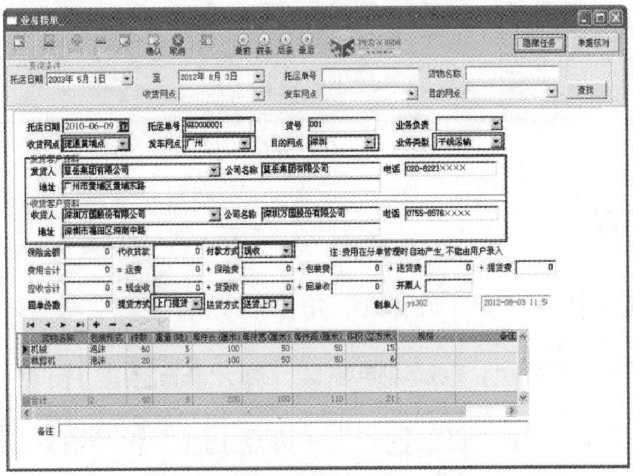

图 3.2.8　业务单据填写窗口

2. 业务分单审核

（1）登录“调度中心”→“调度经理”角色，点击回到岗位。

（2）双击待处理事项中的**分单管理(1)**，弹出**分单管理**窗口如图 3.2.9 所示。

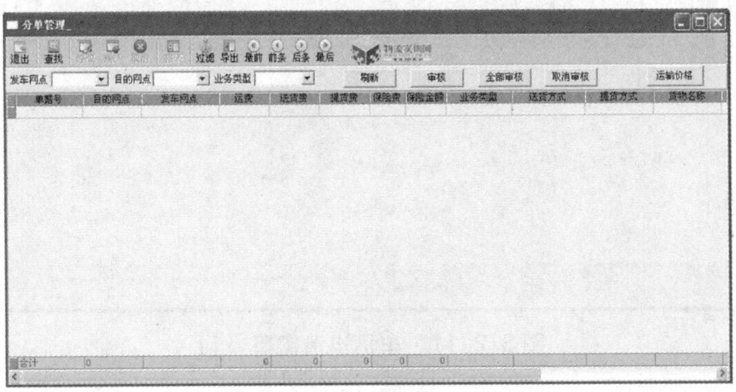

图 3.2.9　分单管理窗口

（3）点击 刷新 ，选中单据后点击 审核 ，完成单据的审核，如图3.2.10所示（单据颜色变成黑色）。该环节与分单管理使用同一系统界面。

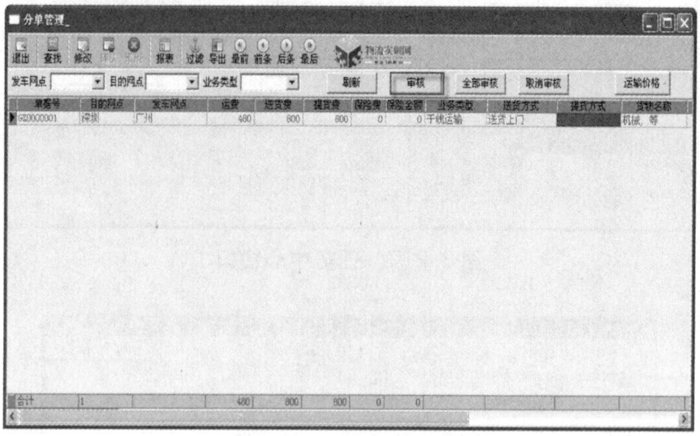

图3.2.10 分单审核

3. 干线车辆申请

（1）登录“调度中心”→“调度员”角色，点击 回到岗位 。

（2）双击 待处理事项 中的 **干线车辆申请(1)**，弹出 **车辆申请** 窗口，点击 新增 ，选择“运输类型”“发车网点”和“目的网点”（可点击 单据状态 → 刷新 查看当前单据信息）后，点击 车辆选择 ，如图3.2.11所示。

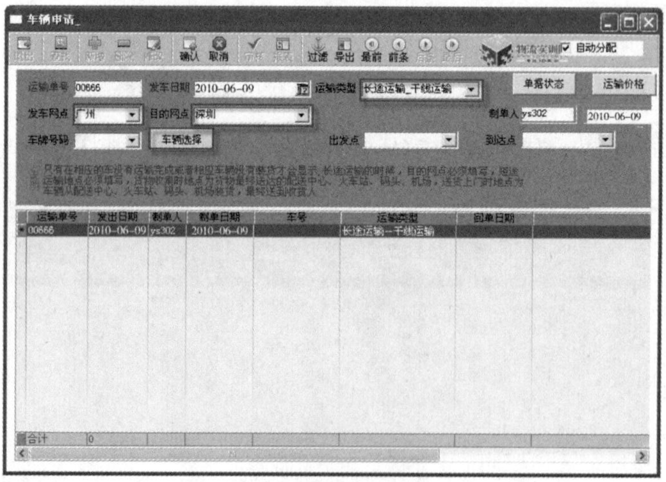

图3.2.11 车辆申请窗口（1）

弹出 **车辆选择** 窗口，如图3.2.12所示，根据运输货物的总体积、重量，选中合适的车辆并双击它（干线运输属于长途运输）。

车辆选择

车号	车辆状态	发车网点	目的网点	车辆类型	载重量(吨)	体积(立方)	车长(米)	车宽(米)	车高(米)
JT0001	空闲			自有短途	0.5	3	2	1.5	1
JT0002	空闲			自有短途	3	14.4	3	2.4	1
JT0003	空闲			自有短途	5	24	5	2.4	2
JT0004	空闲			自有长途	7	33.6	7	2.4	2
JT0005	空闲			自有长途	10	38.4	8	2.4	2

图 3.2.12 车辆选择窗口（1）

回到**车辆申请**窗口，点击 确认 → 退出 完成车辆申请。

此环节中数据说明：

运输单号：系统自动生成，也可以手动输入。

发出日期：即什么时候发车。

运输类型：即选择何种方式运输，与“业务类型”相对应。本例中选择“长途运输—干线运输”。

车辆选择：显示全部车辆所处状态，如图 3.2.13 所示。

车辆选择

车辆状态显示

车号	车辆状态	发车网点	目的网点	车辆位置	车辆类型	载重量	体积			
粤A0001	空闲	广州		广州	自有短途	0.5	3	2	1.5	1
粤A0002	空闲	广州		广州	自有短途	0.5	3	2	1.5	1
粤A0003	空闲			广州	自有短途	3	14.4	3	2.4	2
粤A0004	空闲			广州	自有短途	3	14.4	3	2.4	2
粤A0005	已配载	广州	南京	广州	自有长途	5	24	5	2.4	2
粤A0006	已申请车辆	广州	南京	广州	自有长途	5	24	5	2.4	2
粤A0007	空闲	广州	上海	上海	自有长途	8	33.6	7	2.4	2
粤A0008	空闲	广州	南京	南京	自有长途	8	33.6	7	2.4	2
粤A0009	空闲	广州	上海	上海	自有长途	10	38.4	8	2.4	2
粤A0010	空闲	广州	北京	北京	自有长途	10	38.4	8	2.4	2
粤A0011	在途	广州	北京	广州	自有长途	15	57.6	12	2.4	2
粤A0012	空闲			广州	自有长途	15	57.6	12	2.4	2
京A0001	空闲	北京		北京	自有短途	0.5	3	2	1.5	1
京A0002	空闲			北京	自有短途	0.5	3	2	1.5	1
京A0003	空闲			北京	自有短途	3	14.4	3	2.4	2
京A0004	空闲			北京	自有短途	3	14.4	3	2.4	2
京A0005	空闲	北京	广州	广州	自有长途	5	24	5	2.4	2
京A0006	空闲			北京	自有长途	5	24	5	2.4	2
京A0007	空闲			北京	自有长途	8	33.6	7	2.4	2
京A0008	空闲			北京	自有长途	8	33.6	7	2.4	2
京A0009	空闲			北京	自有长途	10	38.4	8	2.4	2
京A0010	空闲			北京	自有长途	10	38.4	8	2.4	2
京A0011	空闲			北京	自有长途	15	57.6	12	2.4	2
京A0012	空闲			北京	自有长途	15	57.6	12	2.4	2
沪A0001	空闲	上海		上海	自有短途	0.5	3	2	1.5	1
沪A0002	空闲			上海	自有短途	0.5	3	2	1.5	1
沪A0003	空闲			上海	自有短途	3	14.4	3	2.4	2

图 3.2.13 车辆选择窗口（2）

单据状态：可通过 单据状态 按钮点击 干线 查看需要申请车辆的托运单具体情况，如图 3.2.14 所示。

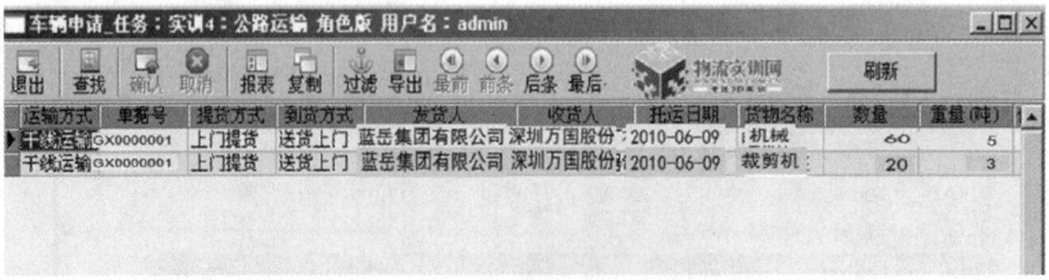

图 3.2.14　车辆申请窗口（2）

4. 干线车辆配载

（1）登录“调度中心”→“配载员”角色，点击回到岗位。

（2）双击待处理事项中的干线车辆配载(1)，弹出“单据”窗口，如图 3.2.15 所示，直接选中“单据”后，点击“OK”。

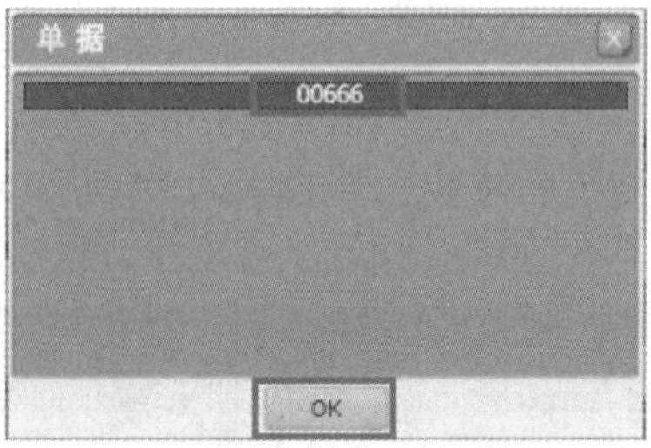

图 3.2.15　业务单据选择窗口

（3）弹出干线配载窗口，如图 3.2.16 所示。

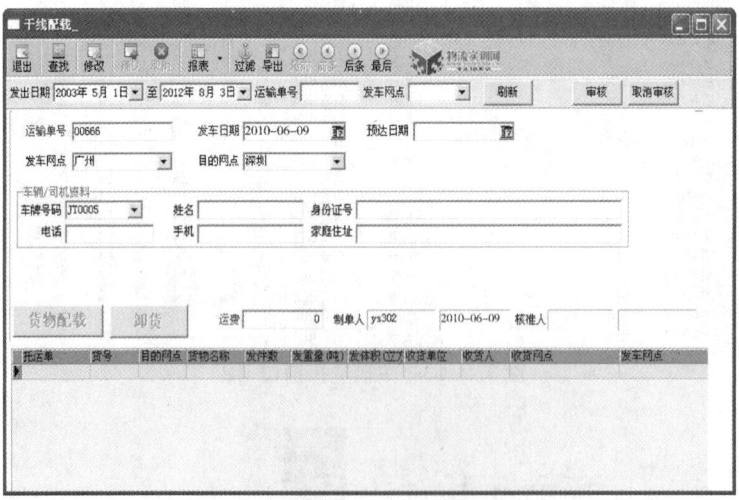

图 3.2.16　干线配载窗口

（4）点击修改→货物配载，弹出货物配载窗口，如图 3.2.17 所示，选中要配载的单据后，根据需要点击不同按键，这里点击单条-->，然后点击退出。

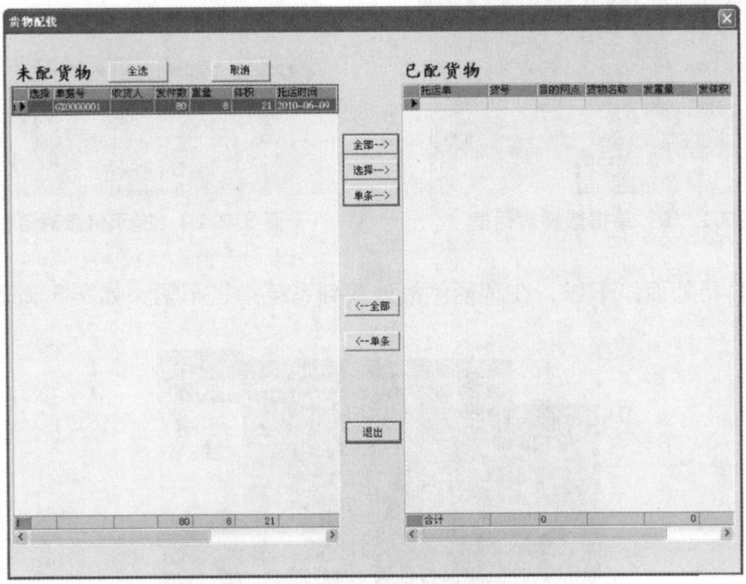

图 3.2.17　货物配载窗口

货物配载到车辆，点击确认→审核完成配载，如图 3.2.18 所示。

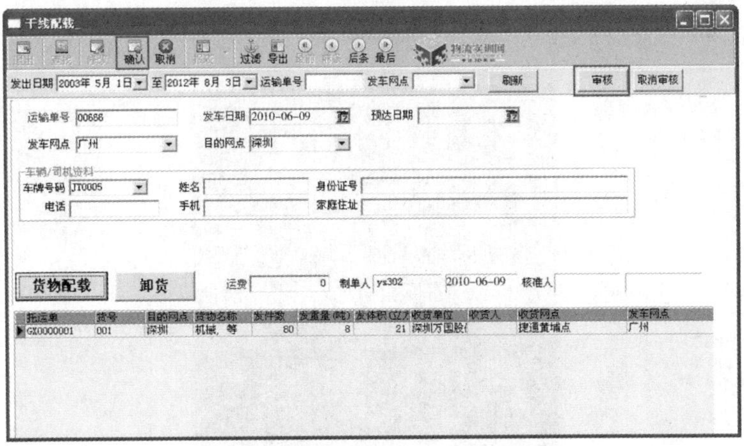

图 3.2.18　干线配载“审核”窗口

5. 干线运输

（1）登录“车队”→“司机”角色。

（2）双击待处理事项中的干线司机运输(1)，弹出“单据”窗口，如图 3.2.19 所示，直接选中“单据”后，点击“OK”。

（3）弹出如图3.2.20所示的提示信息。

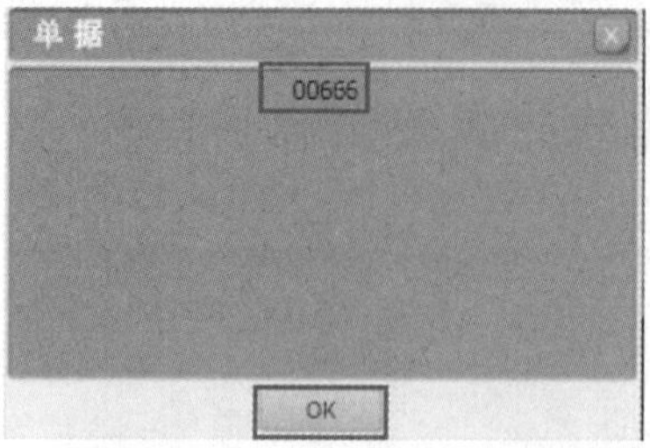

图3.2.19　单据选择对话框

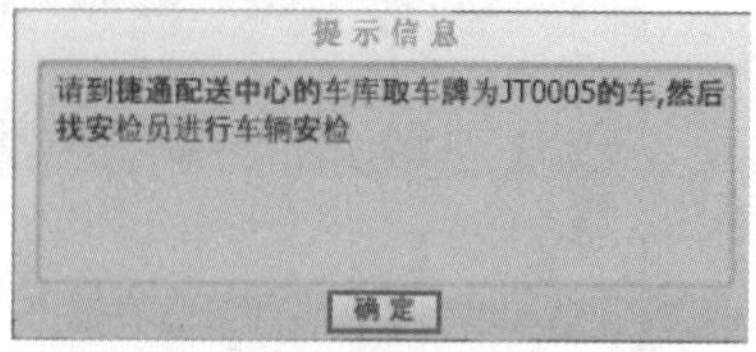

图3.2.20　提示信息对话框

（4）到公司外面停车场，在车辆停放处找到系统指定车辆，如图3.2.21所示。

图3.2.21　根据车牌找到车辆

（5）当靠近车辆系统显示“红色字－五吨车辆”时，请按【Ctrl＋鼠标左键】弹出窗口菜单，如图3.2.22所示，点击。

图3.2.22　车辆各功能选项

（6）上车后，把车开到停车场“安检员”处停好，【Ctrl + 鼠标左键】点击“安检员”弹出菜单，如图 3. 2. 23 所示，点击安检。

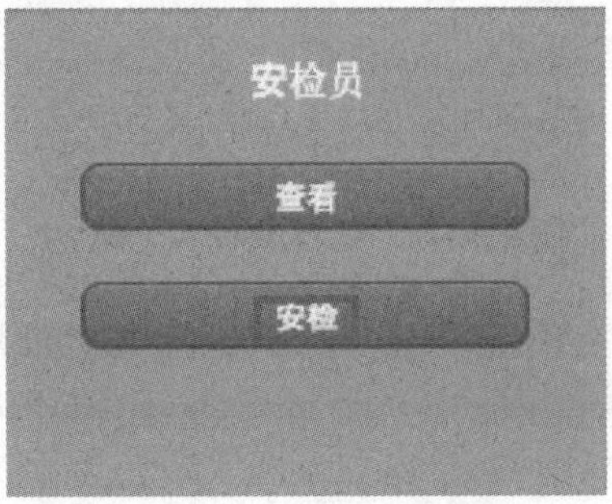

图 3. 2. 23　安检员菜单

（7）弹出车辆安检管理窗口，如图 3. 2. 24 所示，点击修改，选中需要检测的内容，点击确认→退出提交。

图 3. 2. 24　车辆安检管理

（8）弹出如图 3. 2. 25 和图 3. 2. 26 所示的提示信息。

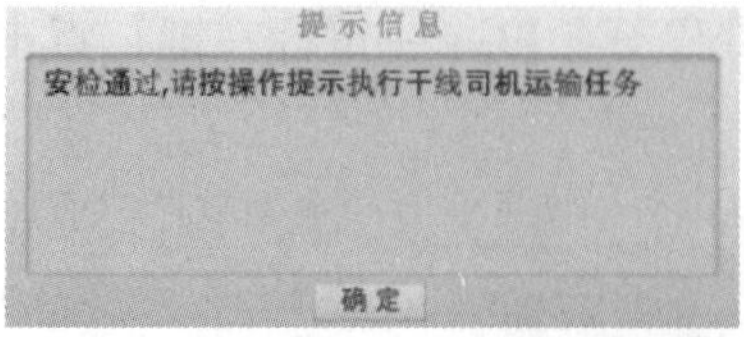

图3.2.25　提示信息对话框（1）

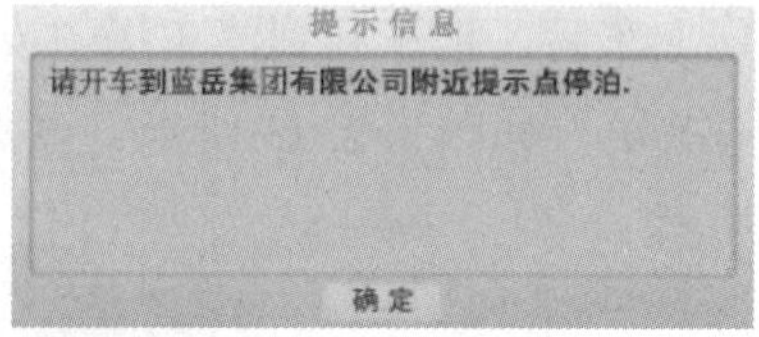

图3.2.26　提示信息对话框（2）

（9）“确定”后，弹出“托运单”，如图3.2.27所示。

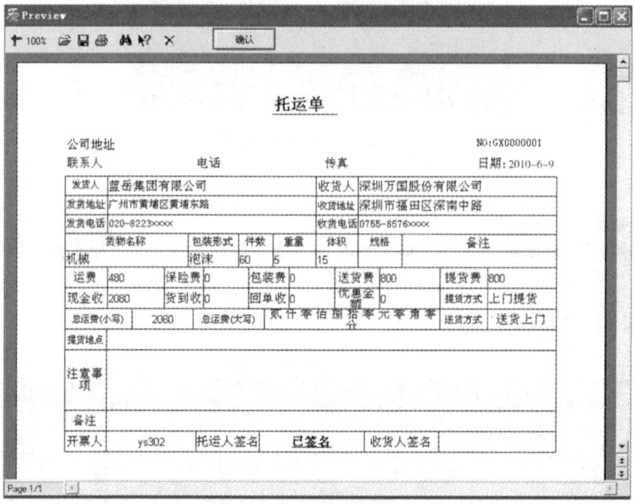

发货人	蓝岳集团有限公司			收货人	深圳万国股份有限公司		
发货地址	广州市黄埔区黄埔东路			收货地址	深圳市福田区深南中路		
发货电话	020-8223xxxx			收货电话	0755-8576xxxx		
货物名称	包装形式	件数	重量	体积	规格	备注	
机械	泡沫	60	5	15			
运费 480	保险费 0	包装费 0	送货费 800	提货费 800			
现金收 2080	货到收 0	回单收 0	优惠金额 0	提货方式 上门提货			
总运费(小写)	2080	总运费(大写)	贰仟零佰捌拾零元零角零分	送货方式	送货上门		
提货地点							
注意事项							
备注							
开票人	ys302	托运人签名	已签名	收货人签名			

图3.2.27　查阅“托运单”

（10）查看内容，然后关闭“托运单”，把车开到门卫处，【Ctrl+鼠标左键】点击“门卫检员”弹出菜单，如图3.2.28所示，点击**递交出入凭证**，弹出“车辆放行条”，看后关闭。

（11）在停车场界面点击“区域跳转”，可搜索要到达的位置，如图3.2.29所示，双击要到达的取货点。

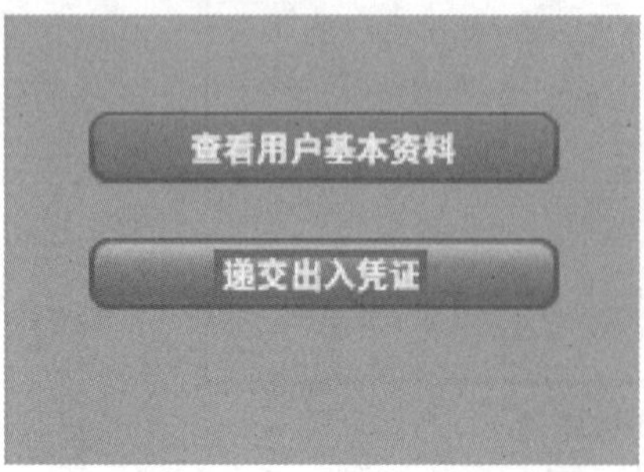

图3.2.28　门卫出入放行对话框

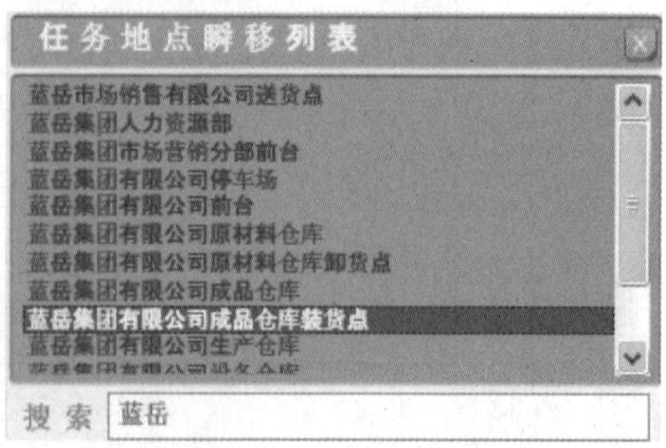

图3.2.29　任务地点瞬移列表

（12）把车开到箭头提示的停放位置，如图3.2.30所示。

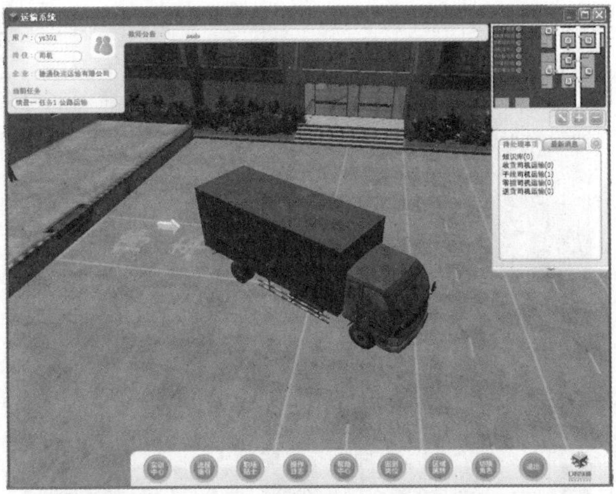

图 3. 2. 30　根据箭头提示停好车辆

（13）车辆停泊后，弹出如图 3. 2. 31 所示的提示信息。

（14）行走到车后门【Ctrl + 鼠标左键】点击“车”弹出菜单，如图 3. 2. 32 所示，点击**开后门**。

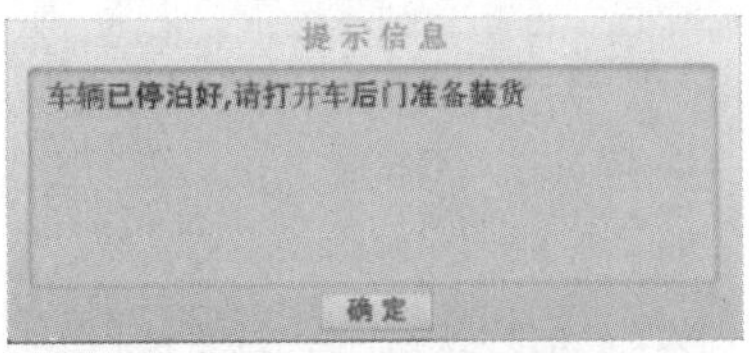

图 3. 2. 31　车辆停泊后提示信息对话框

图 3. 2. 32　车辆各功能选项

（15）车后门打开后，弹出如图 3. 2. 33 所示的提示信息。

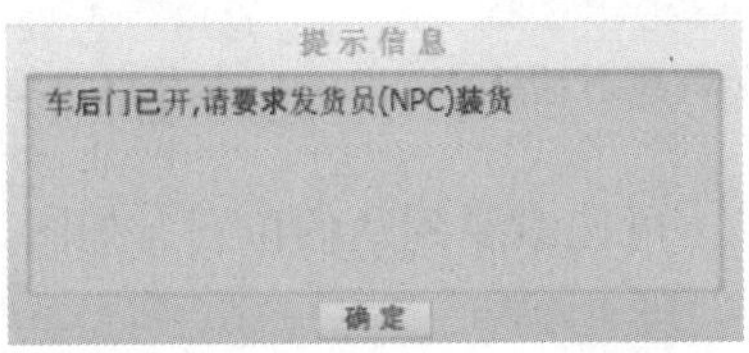

图 3. 2. 33　装货提示信息对话框

（16）司机与发货员交接如图 3. 2. 34 所示。【Ctrl + 鼠标左键】点击“发货员（NPC）”弹出菜单，点击装货，系统自动装货。

图 3. 2. 34　司机与发货员交接

（17）装货完成后，弹出如图 3. 2. 35 所示的提示信息。

（18）确定提示后，【Ctrl + 鼠标左键】点击“车辆”弹出菜单如图 3. 2. 36 所示，点击关后门，然后走到车门旁边【Ctrl + 鼠标左键】调出菜单，点击上车。

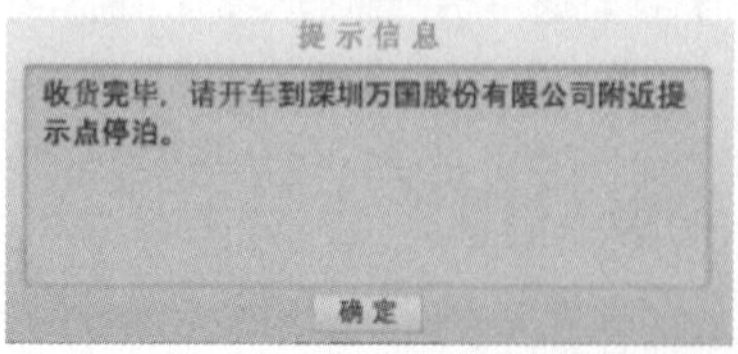

图 3. 2. 35　装货后提示信息对话框

图 3. 2. 36　车辆各功能选项

（19）点击“区域跳转”，可搜索要到达的位置，如图 3. 2. 37 所示，双击要到达的送货点。

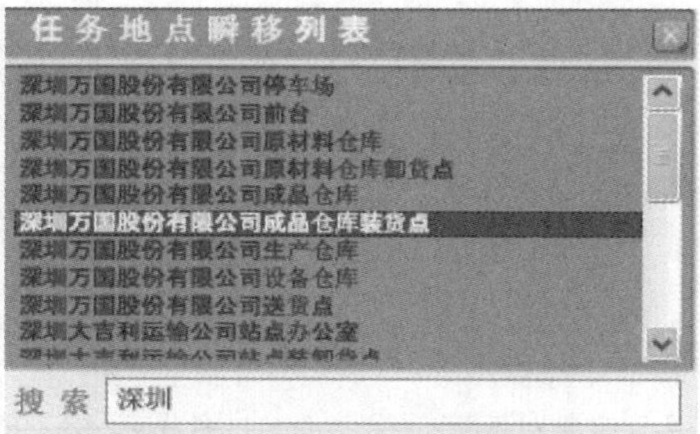

图 3.2.37　任务地点瞬移列表

（20）到达送货点后，把车开到箭头提示的停放位置停放好，弹出如图 3.2.38 所示的提示信息。

（21）行走到车后门，【Ctrl + 鼠标左键】点击“车”弹出菜单，点击开后门，后门打开后，会弹出如图 3.2.39 所示的提示信息。

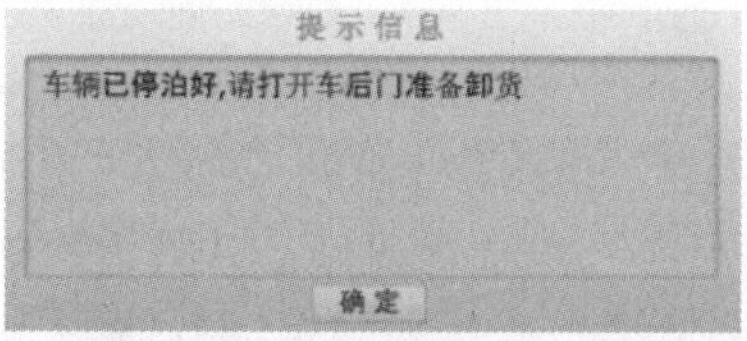

图 3.2.38　车辆停泊后提示信息对话框

图 3.2.39　卸货提示信息对话框

（22）【Ctrl + 鼠标左键】点击“收货员（NPC）”如图 3.2.40 所示，弹出菜单如图 3.2.41 所示，点击卸货。

图 3.2.40　司机与收货员交接

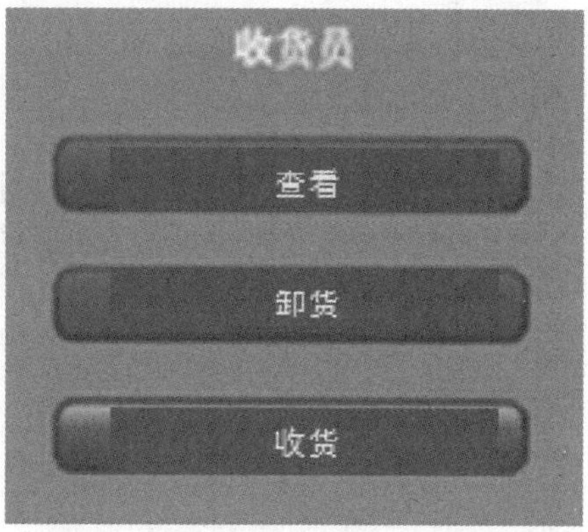

图 3.2.41　收货员选项对话框

（23）卸货完成后弹出如图 3.2.42 所示的提示信息。

（24）确定提示后，【Ctrl + 鼠标左键】点击“车辆”调出菜单，点击关后门，然后走到车门旁边【Ctrl + 鼠标左键】点击“车辆”调出菜单，点击上车。

（25）点击“区域跳转”，可搜索要到达的位置如图 3.2.43 所示，双击任务地点。

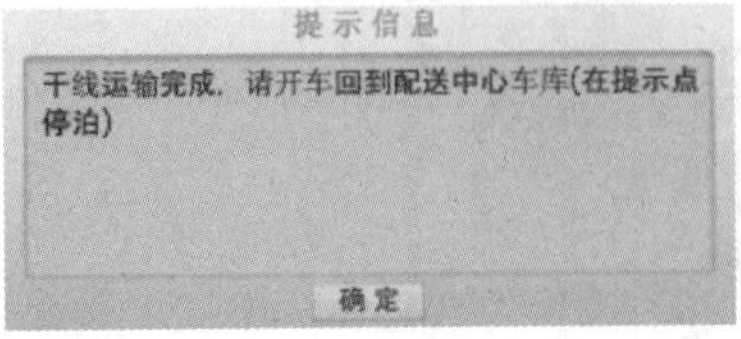

图 3.2.42　卸货后提示信息对话框

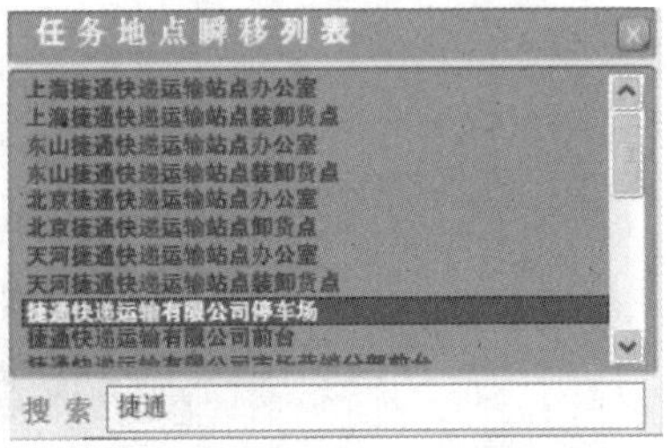

图 3.2.43　任务地点瞬移列表

（26）把车开回指定地点，车停好后，弹出如图 3.2.44 所示的提示信息。

（27）点击“确定”，完成干线运输流程操作。

6. 收款结算

（1）登录“财务部”→“财务会计”角色。

（2）双击 待处理事项 中的**现收结算(1)**，弹出“单据”窗口如图 3.2.45 所示，直接选中相应单据后，点击“OK”。

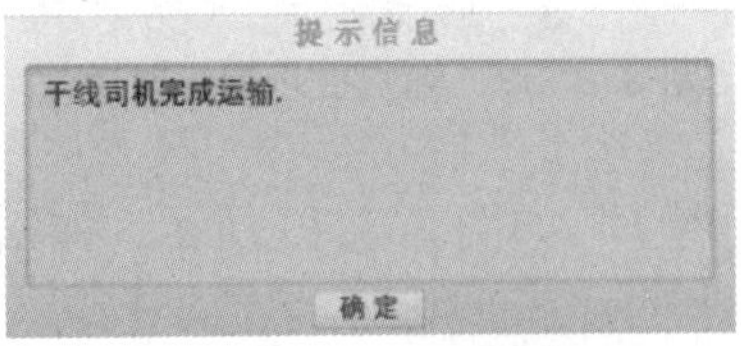

图 3.2.44　车辆停泊后提示信息对话框

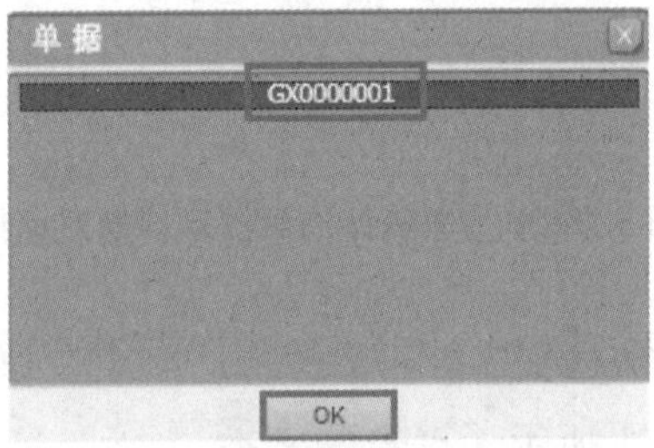

图 3.2.45　单据选择对话框

（3）弹出 客户结算_ 窗口，如图 3.2.46 所示。

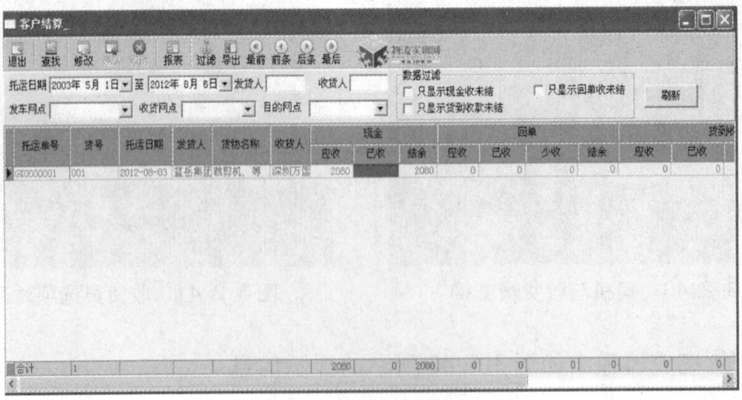

图 3.2.46　客户结算

找到刚才的单据（系统中红色表示未结算，黑色表示已结算），点击“修改”按钮，输入已收金额（此单据为现收），存盘退出，完成客户结算。

二、运输管理信息系统的适用对象

运输管理信息系统的适用对象主要是从事物流运输业务代理的企业，以及自行完成运输业务的各类运输企业、第三方物流企业、向现代物流企业转型的仓储企业、大型生产企业和大型流通企业等。虽然运输管理信息系统的适用范围相当广泛，但是，不同规模、不同行业的企业在应用运输管理信息系统时是有所差别的。

（一）运输企业

单一的运输企业大多存在业务单一、管理落后、信息不畅的问题。运输管理信息系统的应用能够促进运输企业实现业务管理电子化，特别是对运输业务中运输工具、运输线路、运输班次的管理和对运输成本的控制。运输管理信息系统的全面普及，将有利于运输企业与其他企业建立业务合作伙伴关系，共同开拓市场，提高车辆的使用效率，拓展新业务，实现向现代物流企业的转型。

（二）第三方物流企业

第三方物流企业需要在全国范围内建立起自己的物流信息网络，运输管理信息系统的建设和应用，可以帮助其在全国范围内实现对运输工具、运输线路、物流基础设施的全面跟踪和控制。第三方物流企业在运输管理信息系统的全面支撑下，可以实现对运输过程的信息反馈，客户可以借助各种远程终端实时了解运输执行情况，这将大大提高客户的满意度。

（三）向现代物流企业转型的传统仓储企业

传统仓储企业的业务主要是仓储，但随着现代物流业的发展和竞争的激烈，不少传统仓储企业开始扩大其经营范围，其通常采用纵向一体化的发展策略来逐渐开展运输、配送等业务。运输管理信息系统与仓储管理信息系统的无缝对接，在提高传统仓储企业的管理水平和提供实时的物流信息的同时，能够帮助企业有效拓展其物流业务，为客户提供门到门的一条龙服务，有助于实现传统仓储企业向现代物流企业的转变。

（四）大型生产企业

大型生产企业一般在全国各地拥有成品库和零配件库，经常需要运用各类运输工具来完成对成品库和零配件库的补充。随着运输频率的增加和燃油价格的上升，运输成本在整个物流成本中所占的比例越来越大。大型生产企业现行的做法是将企业资源计划（ERP）系统延伸到运输业务中来实现对运输过程、信息、人员的管理，单纯的运输管理信息系统并不多见。但由于ERP系统中的运输管理信息系统的专业化程度不高，因此实施效果并不明显。目前，不少大型生产企业特别是将物流业务外包出去的企业，通常的做法是将自身ERP系统与第三方物流企业的运输管理信息系统集成起来实现对运输业务的高效、低成本的管理。

（五）大型流通企业

大型流通企业通常在一个地区甚至全国范围内都建立了完善的批发和零售网络，对批发和零售站点的快速、低成本配送成为大型流通企业的行业优势所在。在竞争的压力下和利益的驱动下，大部分流通企业将注意力转移到物流环节中，而对整个运输环节的控制又是控制整个物流成本的关键。因此，运输管理信息系统在大型流通企业的应用将会有效优化流通渠道内的资源，有利于维持和提高其行业竞争力。

【同步测试】

一、判断题

1. 无论是货物追踪管理还是运输车辆运行管理，不仅能提供简单的追踪、查询和调配功能，而且能为用户提供更多的增值服务。（　　）

2. 运输信息管理的内容涉及运输工具、运输人员、货物，以及运输过程各业务环节的信息，主要货物跟踪管理、运输车辆运行管理和运输增值服务。（　　）

3. 运输增值服务是通过对运输业务中各种信息的采集、存储、传输、分析和处理，实时跟踪货物的在途情况（如货物位置、状态、装卸送达等）和车辆运行情况，提供增值性运输服务，从而满足现代商务对运输的需求。（　　）

4. 按照承运部门的运输组织方式，货物运输有零担运输、整车运输、集装箱运输和集装化运输等几种形式，其中后三种运输形式最为常见。（　　）

5. 运输管理信息系统能够对物流运输作业中处于分散状态的在途运输车辆进行管理。（　　）

二、单项选择题

1. 运输信息是指在运输业务中所发生的信息，可分为宏观的运输信息和（　　）。

A. 微观的运输信息　B. 运输品信息　C. 运输载体信息　D. 货源信息

2. 运输管理信息系统利用先进的全球定位系统（GPS）和（　　），实现运输的最佳路线选择和动态调配。

A. RFID　B. GIS　C. EDI　D. EOS

3. 与运输安全质量无关的数据是（　　）。

A. 行车事故率　B. 行车事故伤人率　C. 行车距离　D. 行车事故死亡率

4. 与运输效益无关的数据是（　　）。

A. 吨·公里平均成本　B. 吨·公里平均利润

C. 运输方式利润贡献率　D. 运输吨·公里耗油量

5. 微观运输信息分为户外运输信息和（　　）。

A. 户内运输信息　B. 仓库内运输信息　C. 物流运输信息　D. 替代性信息

三、多项选择题

1. 运输信息管理的特点有（　　）。

A. 运输信息管理具有关联性　　　　B. 运输信息管理具有动态性
C. 运输信息管理具有复杂性　　　　D. 运输信息管理具有交互性

2. 运输信息管理的重要数据主要包括与（　　）。
A. 运输能力有关的数据　　　　B. 运输速度有关的数据
C. 运输质量有关的数据　　　　D. 运输效益有关的数据

3. 与运输能力有关的数据有（　　）。
A. 货运总量　　　　B. 货运能力总量
C. 货运总里程重量　　　　C. 在途货物总量

四、简答题

1. 什么是运输信息？
2. 什么是运输管理信息系统？
3. 运输信息管理的特点有哪些？
4. 公路运输管理信息系统有哪些功能？
5. 运输管理信息系统的适用对象有哪些？

【技能训练】运输管理信息系统实训

实训目标：

1. 通过调研企业运输业务的流程，了解企业所选用的运输管理信息系统。
2. 学会根据企业运输业务流程选择对应的运输管理信息系统。

实训组织：

以4～6人为一组，选择一家运输企业进行调研，了解该企业的运输业务流程，以及运输管理信息系统的功能架构。

实训内容及成果要求：

1. 提交该企业主要业务的流程图。
2. 提交该企业使用的运输管理信息系统功能架构。

任务考核评价

完成任务导入中的任务，以电脑运行出的模拟数据为主要依据进行考核。（注：此任务考核满分为60分。）

公路干线运输作业评分标准

序号	项目	所占分值（分）（此处分值可修改设定）
1	业务接单	10（系统默认值）
2	业务分单审核	5（系统默认值）
3	干线车辆申请	5（系统默认值）
4	干线车辆配载	5（系统默认值）

续 表

序号	项目	所占分值（分）（此处分值可修改设定）
5	干线运输	30（系统默认值）
6	收款结算	5（系统默认值）

任务三　配送管理信息系统应用

教学目标

【知识目标】

◆ 了解物流配送管理的业务流程；
◆ 掌握配送信息管理的内容、重要数据、特点；
◆ 熟悉配送管理信息系统的功能模块。

【技能目标】

◆ 能够厘清物流配送管理的作业任务；
◆ 能够使用配送管理信息系统完成给定的物流配送管理作业任务；
◆ 掌握配送管理信息系统的适用范围。

【素质及思政目标】

◆ 激发学生报效祖国的学习动力和激情；
◆ 培养学生的“工匠精神”，激发学生自主学习、刻苦钻研、追求卓越的能动性。

开篇语　配送信息伴随着配送各个环节业务活动的开展而产生，与配送的订单处理、备货、储存、拣货、配货、送货等活动结合为一个有机整体。配送信息管理对保障配送正常进行起着不可或缺的重要作用。

【任务导入】

1. 任务背景

好又多东山分店搞商品促销，华奥集团有限公司于2017年10月5日通知鼎益仓储配送有限公司配送商品，具体如表3.3.1所示。

表3.3.1　需配送商品

编码	商品名称	数量（箱）	货区
YL0007	塞浦路斯芳塔娜西柚汁	80	电子标签货架区
YL0008	塞浦路斯芳塔娜苹果汁	50	电子标签货架区

续　表

编码	商品名称	数量（箱）	货区
YL0009	塞浦路斯芳塔娜橙汁	30	电子标签货架区
YL0001	中粮屯河番茄汁	15	电子标签货架区

收货联系人信息：

联系人：刘炳贵

电话：020－8225××××

计费单位：元/m^3

2. 任务参与角色（见表 3.3.2）

表 3.3.2　　任务参与角色

序号	角色名称	对应任务
1	客服文员	缮制出库通知单
2	客服经理	审核出库通知单
3	发货员	制作拣货作业单
4	仓储经理	主管仓储部全面工作，完成仓储部决策与工作任务分派及审核
5	分拣员	按照分拣操作流程对系统订单进行区域分拣，并对已经完成区域分配的订单负责
6	配载员	负责载重结算，计算运输工具可以装运多少重量的货物以及货物装在什么位置，制定配载计划及车辆安排计划
7	配送经理	负责公司所有配送中心的全面管理工作，包括：运输、仓储、配送、车辆管理等
8	配送员	及时准确地将货物发送到指定地点，确保货物的安全到达，严禁出现损坏、遗失的现象

3. 实训任务

根据相关背景资料，模拟完成以下实训任务。

（1）出库通知单缮制；

（2）货物的出库操作；

（3）分配车辆；

（4）货物配送；

（5）运输线路优化；

（6）成本核算。

任务资讯

一、配送管理信息系统概述

（一）配送信息管理的具体内容

配送信息管理的具体内容主要包括配送资源信息管理、配送作业信息管理和配送业务信息管理。

1. 配送资源信息管理

配送资源指配送主体自身所拥有的或可控制的、用于配送活动的各种资源，主要有配送设施、配送人员和配送设备。配送资源信息管理主要包括配送设施规划信息管理、配送设备优化信息管理、配送资源基本信息的记录与维护，以及配送资源使用情况的记录与统计。配送资源信息管理内容如表3.3.3所示。

表3.3.3 配送资源信息管理内容

序号	内容	说明
1	配送设施规划信息管理	配送的主要设施是仓库。根据功能的不同仓库可划分为不同的作业区：一是完成货物接收和入库前准备工作的收货区；二是分类储存经过验收的货物的储存区；三是完成拣货和配货作业的理货区；四是存放经分拣和配备作业但未能立即发送的货物的配装区；五是将组配好的货物装车外运的发货区；六是对货物进行加工的流通加工区。配送设施规划信息管理类似于仓储设施规划信息管理，只是在对仓库进行内部布局时，需特别考虑各作业区的相对位置及面积大小
2	配送设备优化信息管理	配送设备是指进行配送作业或辅助作业所需的各种机械设备。配送设备很多，主要的设备有：容器设备，如纸箱、托盘、铁箱、塑料箱等；储存设备，如货架等；订单拣取设备，如计算机辅助拣货台车等；搬运设备，如无人搬运车、叉车、输送带、分类输送设备等；流通加工设备，如拆箱设备、印贴条码标签设备、裹包集包设备等；运送设备，如车辆等。配送设备优化配置涉及配送设备的种类搭配、各种配送设备的具体选型与数量的确定等工作，需要收集大量信息并进行整理，同时采用一定的优化技术与方法
3	配送资源基本信息的记录与维护	配送资源基本信息的记录与维护主要包括配送人员基本信息和配送设施设备基本信息的记录与维护。配送人员的基本信息主要包括人员代码、姓名、性别、身份证号、岗位、所属班组等。配送设施的基本资料主要包括设施的地理分布、规模、数量、用途、设施内部的布局图、仓库建筑物的结构、投入使用日期、使用年限、建设成本等。配送设备的基本资料主要包括设备名称、数量、规格、厂家、购买日期、单价等

续　表

序号	内容	说明
4	配送资源使用情况的记录与统计	配送人员工作情况的记录与统计主要包括出勤、工作量（如全体人员全年工作日总数等）、工作过程中的一些特殊事件，如批评、处分、处罚或是表扬、嘉奖等信息的记录与统计。配送设施设备使用情况的记录与统计主要包括：设施设备利用情况的记录与统计，如设备利用率、储区面积比率、储位容积利用率、单位面积保管量等；设施设备使用过程中出现的问题以及对问题的处理结果等信息的记录与统计；设施设备报废日期、残值、报废原因等信息的记录与统计

2. 配送作业信息管理

配送作业信息管理内容如表 3.3.4 所示。

表 3.3.4　　配送作业信息管理内容

序号	内容	说明
1	订单处理信息管理	接收并审核客户订单信息，查询已有客户档案信息或建立新客户档案信息，确认订单信息的有效性。设定订单号，制作订单汇总表。查询库存货物的基本信息，如货物名称、数量、规格等，并依订单分配存货；查询供应商的供应信息，如供应商可供货物的名称、数量、规格、价格，以及订货周期等，制订进货单及订货合同并将其传递给供应商。制订包括配送货物种类、规格、数量和配送的时间等信息的配送计划，并下达给相关部门，如仓储部门或运输部门。记录缺货处理、客户订单变动处理（如客户取消订单或更改订单内容）、订单进度跟踪等信息。统计订单延误率、缺货率，统计客户订货量等数据，据此调整客户档案信息
2	备货信息管理	根据采购计划与实际的进货单据，以及供应商的送货规律与送货方式制订进货作业计划。详细记录进货资料，如进货日期、进货单号、供货商、送货车辆类型、到达时间、卸货时间、容器类型和数量、每个容器装载的货物数量、总重量、储存位置和其他相关资料。分析货物的特征，分析各种包装、容器的数量构成及尺寸分布，分析进货批次的时间分布，分析每一批进货单品数量的分布，统计装卸时间（如每台时处理装卸货量）等。 查询订货合同及订单所规定的验收条件、规格或图解，查询各种产品的国家质量标准，记录入库货物质量、数量及包装验收结果，记录验收过程中异常情况及其处理结果；办理验收合格无误货物入库手续。设定验收合格入库货物的编号。核对有关单据，即核对采购订单。 检查采购进货通知与供应商开具的出仓单、发票、磅码单、发货明细表等单据是否一致。统计进货数量误差率、进货延误率等，记录供应商供应货物的相关信息，如供货方式、供货周期、供货质量等，记录并统计订货合同的履行情况，并完成上述资料的统计。根据上述资料及时更新供应商档案信息

续 表

序号	内容	说明
3	储存信息管理	查询货物的周转率，查询多种货物的相关性、同一性、类似性、互补性、相容性，查询货物尺寸、重量、特性等基本信息，查询目前仓库中货位的使用情况，完成入库货物货位的合理安排。根据货物出入库数量、出入库时间、订购数量及时间等，作出货物订购时间预警。制订盘点计划，定期打印盘点清单，根据盘点清单内容制作盘盈盘亏表并修正库存账目。记录在库检查及盘点过程中发现的例外情况及其处理结果。记录储存过程中发生的赔偿费，所用设备及人员等。统计盘点数量误差率等
4	拣货及配货信息管理	根据拣货时间的统计资料，计算并确定标准拣货时间。根据配送计划，排定出货时间及拣货顺序，制订拣货单及出库单。根据拣货单发出拣货指示信息，确认拣选的货物是否与指示拣货的信息相同。此确认工作可由拣货人员直接比对确认，也可通过电脑比对确认。记录拣货所用设备及人员信息，记录拣货所用时间，记录拣货中的意外事故及其处理结果。收集客户地址信息或配送路线信息。根据客户信息和车次核实拣选货物种类、规格和数量。统计拣货差错率、配货差错率等指标。计算平均拣货时间并据此调整已有的标准拣货时间等
5	送货信息管理	整理配送计划，收集运输车辆、运输人员及道路交通信息。根据配送计划确定的配送货物数量、特性、客户地址、行驶次数等计划内容，制订派车单。根据派车单上的信息，如配送的起始地、终止地等，结合配送道路交通信息，拟订监控计划。根据派车单的要求，在出库单上详细记录货物的装车信息，如实际装货数量等。做出装卸及运送人员调度安排，制订车辆配载方案及配送路线。打印发货明细单并交给送货人员或司机。 记录货物运输过程中的监控信息，如实际到达时间、实际行驶里程、路段费用等。记录运输途中的意外情况，如车祸、雨雪等不可预知的情况及其处理结果。完成送货回单的签收。如果有退货、调货的，则完成有关单证手续。通知财务部门进行费用结算

3. 配送业务信息管理

配送业务信息管理内容如表 3. 3. 5 所示。

表 3.3.5　　配送业务信息管理内容

序号	内容	说明
1	主体信息管理	配送业务的主体指客户、供应商、运输承运商及保险公司等。客户、供应商、运输承运商及保险公司信息管理主要包括基本信息管理和业务合作方面特殊表现的记录管理。基本信息主要有客户、供应商、运输承运商及保险公司的代码、工商注册信息、联系信息和资信情况等。其中，工商注册信息包括地址、登记时间、法人代表、法人身份证号、统一社会信用代码、注册资金、经营范围、主要产品、印鉴等；联系信息包括联系人姓名、身份证号、联系电话、传真号、手机号码、电子邮件地址等；资信情况包括信用等级、欠费情况、结存费用。业务合作方面特殊表现的记录主要是对客户、供应商、运输承运商及保险公司在业务合作方面的一些特殊情况进行记录
2	业务信息管理	业务信息主要包括业务基本信息以及业务履行情况的记录信息。业务基本信息主要指业务合同所记载的信息，如业务合作方的名称、具体业务、客户要求等。业务履行情况的记录信息主要包括正常履行情况，履行过程中的特殊情况及其处理

课程思政

北京时间2018年4月16日，美国商务部公布公告称，美国政府在未来七年内禁止美国企业向中兴通讯股份有限公司（以下简称“中兴”）出售元器件。2018年5月，受拒绝令的影响，中兴的主要经营活动已无法进行，中兴遭遇美国制裁，暴露了中国通信产业“缺芯少魂”的问题。的确，核心技术靠“化缘”是要不来的，也是花钱买不来的，以往那种“轻研发、重应用的拿来主义”虽能获取短期利益，却难以真正掌握核心技术。原因何在？

这其中最重要的原因是，第二次世界大战时期，美国接收了大量世界一流的科学家，促成战后美国科技创新成果密集出现，奠定了相当长时间内美国在全球的领先地位。日本也在学习西方的模式中崛起。

不难看出，围绕核心技术的长久攻关才是走向现代化强国的关键，我们也应该从中兴事件中获得启示：国家要强大就必须不断地自主创新，拥有自己的核心关键技术。这个实例同样启示同学们要发奋学习，为我国拥有自己领先世界的核心关键技术而学习，中华民族的伟大复兴在于青年一代。

（二）配送信息管理的重要数据

配送信息管理的重要数据主要是以下六种：一是与配送作业成果数量有关的数据；二是与配送作业质量有关的数据；三是与配送作业物化劳动和活劳动消耗有关的数据；四是与配送作业物化劳动占用有关的数据；五是与配送作业劳动效率有关的数据；六是与配送经济效益有关的数据。

1. 与配送作业成果数量有关的数据

与配送作业成果数量有关的数据指库存周转率，如表3.3.6所示。

表3.3.6　与配送作业成果数量有关的数据

数据	说明	计算公式
库存周转率	库存周转率是指在一定的经营时期内库存周转的总次数。如果库存周转率高，库存周转期间短，表示用较少的库存完成了同样的工作，减少了资金积压，加快了货物周转	$库存周转率 = \frac{出货量}{平均库存量} \times 100\%$

2. 与配送作业质量有关的数据

与配送作业质量有关的数据如表3.3.7所示。

表3.3.7　与配送作业质量有关的数据

序号	数据	说明	计算公式
1	订单延误率	订单延误率是反映按计划交货情况的数据。 订单延误率较高时，表示没有很好地按计划交货。为此，必须对影响按期交货的原因进行分析，并采取措施加以改进	$订单延误率 = \frac{延期交货订单数}{订单总数} \times 100\%$
2	缺货率	缺货率是反映配送对客户订货需求满足程度的数据。缺货率表示客户订货时因库存缺货无法接单或不能按时发货占所发货物的比例。一旦缺货率太高，会使客户失去信心而流失	$缺货率 = \frac{缺货量}{出货量} \times 100\%$
3	拣误率	拣误率是反映拣货作业质量，拣货人员工作态度和细心程度的数据。拣误率越低越好。为了降低拣误率，应从改善拣货方式、正确操作自动拣货系统和提高拣货人员敬业程度等方面进行改进	$拣误率 = \frac{拣错订单数}{订单总数} \times 100\%$
4	进货数量误差率	进货数量误差率反映了进货作业质量，其数值越低越好	$进货数量误差率 = \frac{进货误差量}{进货量} \times 100\%$

续 表

序号	数据	说明	计算公式
5	进货延误率	进货延误率也反映了进货作业质量，其数值越低越好	$进货延误率 = \frac{延误进货量}{进货量} \times 100\%$
6	盘点数量误差率	盘点数量误差率反映了盘点作业质量，其数值越低越好	$盘点数量误差率 = \frac{盘点误差量}{盘点总量} \times 100\%$
7	空车率	当空车率较高时，表示没有充分做到“回程顺载”，增加了配送成本	$空车率 = \frac{空车行走距离}{配送总距离} \times 100\%$
8	配送延误率	为了提高信誉，要降低配送延误率，确保交货时间。若要降低配送延误率，可以从减少车辆故障、提前根据路况做好路线安排等方面进行改进	$配送延误率 = \frac{配送延误车次}{总配送车次} \times 100\%$

3. 与配送作业物化劳动和活劳动消耗有关的数据

与配送作业物化劳动和活劳动消耗有关的数据如表 3. 3. 8 所示。

表 3. 3. 8　　与配送作业物化劳动和活劳动消耗有关的数据

序号	数据	计算公式
1	每人时处理进/出货量	$每人时处理进/出货量 = \frac{进货量 + 出货量}{进/出货人数 \times 每日进/出货时间 \times 工作天数}$ 每人时处理进/出货量大，表明进/出货人员工作量大，劳动效率高。但该指标不是越大越好，如果超过进/出货人员高效劳动的承受范围，会造成日后劳动效率的下降
2	每台时处理装卸货量	$每台时处理装卸货量 = \frac{进货量 + 出货量}{装卸设备数 \times 每日进/出货时间 \times 工作天数}$
3	每人时平均拣货品项数	$每人时平均拣货品项数 = \frac{订单总数}{拣货人数 \times 每日拣货时间 \times 工作天数}$
4	人均配送量	$人均配送量 = \frac{出货量}{配送人数}$
5	每车吨·公里数	$每车吨 \cdot 公里数 = \frac{配送总距离 \times 配送总吨数}{配送车辆总数}$

4. 与配送作业物化劳动占用有关的数据

与配送作业物化劳动占用有关的数据如表 3. 3. 9 所示。

表 3.3.9　　与配送作业物化劳动占用有关的数据

序号	数据	计算公式
1	储区面积率	$储区面积率=\frac{储区面积}{配送中心面积}\times 100\%$
2	可供保管面积率	$可供保管面积率=\frac{可供保管面积}{储区面积}\times 100\%$
3	储位容积利用率	$储位容积利用率=\frac{存货总体积}{储位总容积}\times 100\%$
4	单位面积保管量	$单位面积保管量=\frac{平均库存量}{可供保管面积}$

5. 与配送作业劳动效率有关的数据

与配送作业劳动效率有关的数据主要是人均生产量，如表 3. 3. 10 所示。

表 3.3.10　　与配送作业劳动效率有关的数据

数据	计算公式
人均生产量	$人均生产量=\frac{出货量}{企业总人数}$

6. 与配送经济效益有关的数据

与配送经济效益有关的数据如表 3. 3. 11 所示。

表 3.3.11　　与配送经济效益有关的数据

序号	数据	计算公式
1	人均生产率	$人均生产率=\frac{营业额}{企业总人数}\times 100\%$ 该数据可衡量企业员工贡献大小和服务价格情况
2	设备投资效益	$设备投资效益=\frac{营业额}{固定资产总额}$ 该数据可衡量企业的投入产出比例和设备发挥作用的大小

（三）配送信息管理的特点

配送信息管理的特点主要表现在以下三个方面。

1. 信息处理过程需要综合应用多种信息技术

配送几乎包括了所有的物流功能要素，是物流的缩影或在某小范围中物流全部活动的体现。一般的配送集装卸搬运、包装、保管、运输于一体，通过这一系列活动将货物送达目的地。部分特殊的配送还包括流通加工功能。此外，相对于传统送货而言，配送的合理化要求更高，涉及货物合理配装和配送路线优化选择等问题。这些问题的解决需要用到的信息包括客户需求信息、配送资源信息、实时的道路交通信息等。因此，配送管理活动的信息数量大、动态性强、来源广泛。加工处理配送信息，需要综合应用多种信息技术。如在订单处理阶段，采用电子订货系统、电子商务系统接受客户订货；在备货阶段，采用 EDI 技术和网络技术向供应商传递采购信息；在储存阶段，采用条码或 RFID 等识别技术完成货物、货位的识别；在拣货阶段，利用自动分拣系统完成货物分拣；在配货及送货阶段，利用配送管理信息系统、GPS 和 GIS 共同完成配载、车辆调度及送货过程的实时跟踪与调度。

2. 备货环节需要深入应用预测技术及库存控制技术

配送中心并不是每收到一个客户的订单信息就立即为其组织采购，而是当库存货物不能满足时，需要等待一段时间，以便汇集多个客户的订单信息，集中进行采购。由于客户每次需要的货物品种、规格、数量往往呈现动态变化性，客户需求信息发出时间呈现一定的随机性。因此，配送中心的每次采购不仅仅是将一段时间内客户订单数据进行简单汇总，而是结合客户未来需求的预测信息，采用合适的库存控制技术对汇总数据进行调整，得出最佳采购数据。如果采购货物数量太多，货物品种、规格或结构不合理，必然会导致货物在配送中心停留时间过长，成本上升；如果采购货物数量太少，往往引起部分客户订单无法满足或为了满足客户订单而进行频繁且少量的采购，导致客户流失或成本上升。因此，在配送的备货环节中，需要深入应用预测技术准确预测客户未来需求，同时应用库存控制技术有效控制配送中心的库存，提高服务水平，降低备货成本。

3. 送货环节需要深入应用智能优化方法

配送是“配”和“送”有机结合的现代送货形式。配送与传统送货的重要区别在于，配送是利用有效的分拣、配货等理货作业，使送货达到一定的规模，以利用规模优势实现较低的送货成本。如果不进行分拣、配货，有一件运一件，需要一点送一点，就会大大增加动力的消耗，使送货并不优于取货。

因此，在传统送货的基础上，配送增加了货物合理配装和配送路线优化选择等新的内容。货物合理配装是以车辆的容积和载重量为限制条件，根据货物的体积、质量、包装外形等资料建立相应的数学模型，通过计算求出最佳配装方案，以实现运输车辆容积、载重量的充分利用，达到降低配送成本的目的。配送路线优化选择是以客户对货物种类、规格、数量的要求，客户对货物到货时间范围的要求，管理部门对运输车辆通行时间（如城市交通拥挤时的限制货车通行时间）的规定，以及车辆载重量和容积等为限制条件，以成本低、吨·公里数小、准时性高、运力充分使用为目标，建立相应的数学模型，运用恰当的智能优化方法找出最优或最满意的配送路线。由于影响优化结果的因素非常多，且相当复杂，直接采用主观判断的方法几乎不可能找到最优或最满意的解决方案，因此智能优化方法的深入应用就成为必然。

课程思政

我国已经成为世界第一制造业大国。尽管我们成了“世界工厂”，贴着“Made in China（中国制造）”的标签的产品在世界随处可见，大到汽车、电器制造，小到制笔、制鞋，国内许多产业的规模居于世界前列，但依然缺少真正中国创造的东西，甚至一些外国人将其等同于“山寨”产品，这严重损害了中国企业和中国品牌的形象。

为实现我国从全球制造大国到制造强国的跨越，2015年5月国务院正式印发《中国制造2025》，提出了中国政府实施制造强国战略的第一个十年行动纲领。中国要迎头赶上世界制造强国，成功实现中国制造2025战略目标，就必须在全社会大力弘扬以“工匠精神”为核心的职业精神。只有“工匠精神”融入生产、设计、经营的每一个环节，实现由“重量”到“重质”的突围，中国制造才能赢得未来。

工匠精神的内涵：敬业，精益，专注，创新。

敬业是从业者基于对职业的敬畏和热爱而产生的一种全身心投入、认认真真、尽职尽责的职业精神状态。中华民族历来有“敬业乐群”“忠于职守”的传统和美德，敬业也是当今社会主义核心价值观的基本要求之一。早在春秋时期，孔子就主张人在一生中始终要“执事敬”“事思敬”“修己以敬”。“执事敬”，是指从事工作要严肃认真不怠慢；“事思敬”，是指做事要专心致志不懈怠；“修己以敬”，是指加强自身修养，保持恭敬谦逊的态度。

精益，就是从业者对每件产品、每道工序都凝神聚力、精益求精、追求极致的职业品质。正所谓没有最好只有更好，如老子所说，“天下大事必作于细”。能基业长青的企业，无一不是精益求精才获得成功的。

专注，就是内心笃定而着眼于细节的耐心、执着、坚持的精神，这是一切“大国工匠”所必须具备的精神特质。从中外实践经验来看，工匠精神都意味着一种执着，即一种几十年如一日的坚持与韧性。“术业有专攻”，一旦选定行业，就一门心思扎根下去，心无旁骛，在一个细分领域不断积累优势，在各自领域成为“领头羊”。

创新，就是追求突破、追求革新。古往今来，热衷于创新和发明的工匠们一直是世界科技进步的重要推动力量。“汉字激光照排系统之父”王选，从事高铁研制生产的铁路工人、电力工人等都是工匠精神的优秀传承者，他们让中国创新重新影响了世界。

在当代中国，需要全面传承和弘扬“工匠精神”。不仅要让匠人在提高产品质量中发挥重要作用，还要以“工匠精神”鼓励实业领域引领世界高标准、打造世界名品牌。如此，才能真正实现质量强国目标。作为学生应该弘扬“工匠精神”，在学习中一丝不苟、刻苦钻研、追求卓越。

二、配送管理信息系统的业务流程

配送业务流程有两种形态：一般业务流程和特殊业务流程。一般业务流程是一般意义上的配送业务流程，即各种配送活动必须且共有的业务流程。相反，特殊业务流程是为适应特殊产品配送需要而设计和实施的业务流程。因此，特殊业务流程不是所有的货物配送都必须经历的业务流程。

（一）一般业务流程

配送的一般业务流程由订单处理、备货、储存、拣货、配货、送货等作业组成。如图 3. 3. 1 所示。

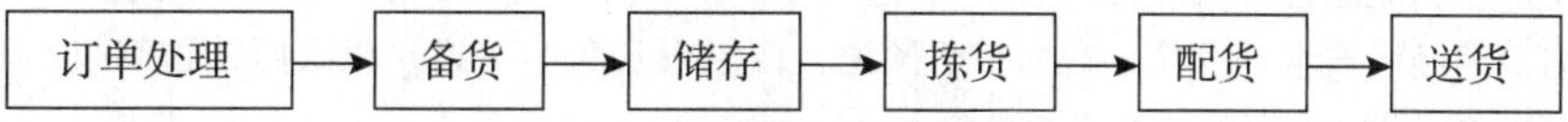

图 3. 3. 1　配送的一般业务流程

配送的一般业务如表 3. 3. 12 所示。

表 3. 3. 12　　配送的一般业务

序号	业务	说明
1	订单处理	配送业务活动是以客户订单为驱动的。在配送活动开始前，配送中心需根据客户订单信息，对客户的地理分布，客户所需货物的名称、规格、数量以及送货频率等资料进行汇总和分析。订单处理是配送的第一个环节，是组织配送活动的前提和依据，是其他各项作业的基础，也是配送质量得以保证的根本。订单处理主要包括接受订货、订单确定、设定订单号码、建立客户档案、存货查询及依订单分配存货等
2	备货	备货是指准备货物的一系列活动。它是配送的基础环节，又是决定配送成功与否、配送规模大小、配送效益高低的关键环节。如备货不及时或不合理、成本高，就会大大降低配送的整体效益。备货作业主要包括制订进货作业计划、货物送达、卸货、货物验收、核对有关单据、处理进货信息等
3	储存	储存是指对入库的货物进行保养维护。储存设施根据货物性质、形状不同而不同。比如，有的货物利用仓库进行储存，有的货物利用露天场地进行储存，有些特殊货物（如液体、气体）则需储存在特制的设备中。目前，为了提高储存的作业效率及实现储存环节合理化，许多国家普遍采用了先进的储存方式、设备和技术。例如，采用“先进先出”的储存方式进行作业，采用贯通式货架储存货物，采用计算机储存系统储存货物
4	拣货	根据订单中记录的货物信息，将种类、规格和数量各不相同的货物取出并集中在一起的活动称为拣货作业。拣货作业主要包括形成拣货资料、选取拣货方法、选择拣货路径等

续 表

序号	业务	说明
5	配货	配货作业是检查拣选的货物，并将其装入容器，做好标志，运到配货准备区等待装车发送的一系列活动。配货作业主要包括分货、配货检查、包装、打捆
6	送货	送货作业是利用配送车辆把客户所需货物送到客户手中的过程。送货通常是一种短距离、小批量、高频率的运输。送货作业主要有配装、运送、送达服务与交割、费用结算等

武汉中百物流配送有限公司吴家山物流配送中心

武汉中百物流配送有限公司吴家山物流配送中心是中百集团下属子公司，位于武汉市东西湖区武汉临空港经济技术开发区，毗邻107国道，西临汉江黄金水道，距汉西铁路编组站和武汉天河国际机场10～20min车程，交通十分便利。

该中心占地面积130亩，总建筑面积3.5万m^2，拥有近100个装卸货口，库存金额可达5000万元，除满足中百集团自身500余家超市门店日常配送外，可面向社会满足6000～8000个品种配销。该中心通过引进高位货架、前移式电瓶叉车、无线网络通信技术、无线手持终端、条码及扫描技术、智能化仓库技术，按客户、商品、批次分别对商品进行精确的分类定位管理，实现“储存立体化，装卸机械化，分拣电子化”，是华中地区单体面积最大的现代化物流配送中心。

（二）特殊业务流程

在实践中，某些具有特殊性质、特殊形状的货物，或具有特殊应用背景的货物，其配送活动呈现许多独特之处。例如，流体状态的货物配送就不存在配货、装配等作业；而金属材料和木材等生产资料的配送常常需增加流通加工作业。有些流通加工属于初级加工，如按客户要求将一些原材料套裁；有些流通加工属于辅助加工，如对产品进行简单组装、给产品贴上标签或套塑料袋等；有些流通加工属于深加工，食品类配送中心的流通加工通常就属于深加工，如将蔬菜洗净、切割、过磅、分成小份并装袋，加工成净菜；或按照不同的风味进行配菜组合，加工成原料菜等配送给超市或零售店。

因此，在配送的一般业务流程基础上，产生了配送的特殊业务流程。如图3.3.2所示。

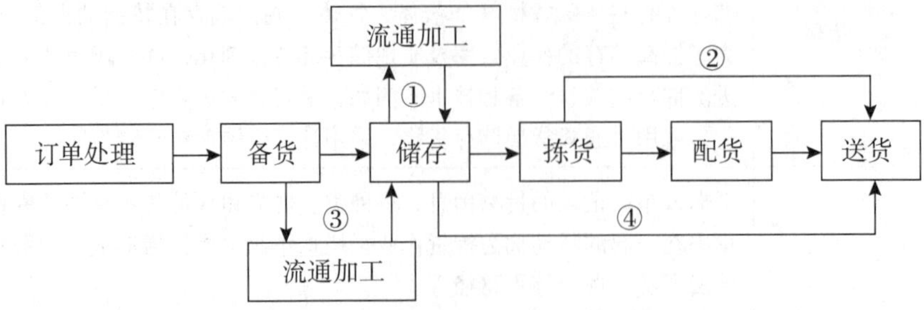

图3.3.2　配送的特殊业务流程

图 3. 3. 2 所示的配送特殊业务流程针对不同的配送货物可细化为不同的配送流程，如表 3. 3. 13 所示。

表 3. 3. 13　　针对不同货物的细化配送流程

序号	货物	配送流程
1	机电产品的散件、配件	订单处理—备货—储存—流通加工—储存—拣货—配货—送货
2	各类食品	订单处理—备货—储存—拣货—送货
3	木材、钢材等原材料	订单处理—备货—流通加工—储存—拣货—配货—送货
4	煤炭等散货	订单处理—备货—储存—送货

三、配送管理信息系统的功能模块

配送管理信息系统是对订单处理、备货、储存、拣货、配货、送货等作业过程中的信息进行分析和处理的管理信息系统。配送管理信息系统由订单管理、采购管理、库存管理、配送管理组成。如图 3. 3. 3 所示。

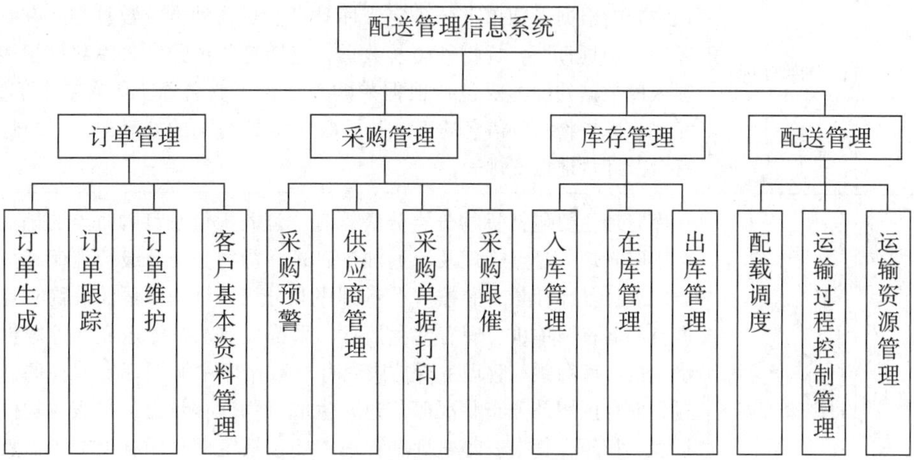

图 3. 3. 3　配送信息管理系统的功能结构

1. 订单管理

订单管理完成订单的接受、确认、跟踪、查询等工作，并且为客户提供周到的服务，尽量满足客户的需要。订单管理主要包括订单生成、订单跟踪、订单维护、客户基本资料管理等功能。

2. 采购管理

采购管理包括采购预警、供应商管理、采购单据打印、采购跟催。如表 3. 3. 14 所示。

表 3. 3. 14　　采购管理具体功能

序号	功能	说明
1	采购预警	采购预警包括货物订货点的设置以及制作建议采购货物报表。其中建议采购货物报表的内容包括建议采购货物名称、规格，建议采购数量，现有库存量，已订购待入库货物数量等数据
2	供应商管理	供应商管理包括供应商基本信息的维护、供应商供应货物信息的维护，以及供应商报价、以往交货情况等信息的记录
3	采购单据打印	采购单据打印包括打印预定入库报表及已订购尚未入库货物报表
4	采购跟催	采购跟催包括根据已订购尚未入库货物报表，制作并打印采购跟催单

3. 库存管理

库存管理包括三个部分：入库管理、在库管理和出库管理。如表 3. 3. 15 所示。

表 3. 3. 15　　库存管理具体功能

序号	功能	说明
1	入库管理	入库管理包括预定入库数据处理和实际入库数据处理。预定入库数据处理主要指根据采购单上的预定入库日期、货物种类及数量，供应商预先通知的到货日期、货物种类及数量，定期打印出预定入库数据报表。实际入库数据处理主要包括根据采购单号、厂商名称、货物基本信息等，完成入库货物验收信息的记录及验收中意外情况的处理记录，制订入库月台及卸货地点安排表
2	在库管理	在库管理主要包括货物分类分级管理、订购批量及订购时点的确定、库存跟踪管理、盘点管理及流通加工管理。货物分类分级管理就是按货物类别统计其库存量，并按库存量排序和分级。订购批量及订购时点是根据货物名称、单价、现有库存信息、采购提前期及配送成本等数据计算确定的。库存跟踪管理主要是从现有的数据库中调用现有库存的储存位置、储存区域及分布状况等信息，生成货物库存量查询报表、货位查询报表、积压存货报表等。盘点管理主要包括定期打印各类货物盘点计划表，输入盘点数据，打印盘盈盘亏报表、库存损失率分析报表等。流通加工管理主要包括根据客户的订购内容及拣货与流通加工资源信息，制订拣货规划、流通加工规划，记录拣货人员或流通加工人员的实际工作情况，制作并打印实际工作报表等
3	出库管理	出库管理主要包括拣货管理及出库数据处理。拣货管理包括安排拣货货位、打印拣货单、打印拣货缺货表、打印拣货路线单等。出库数据处理主要指根据有效订单及拣货单制作并打印出库单

4. 配送管理

配送管理包括配载调度、运输过程控制管理及运输资源管理。如表 3. 3. 16 所示。

表 3.3.16　　　　配送管理具体功能

序号	功能	说明
1	配载调度	配载调度是指根据运力资源的实际情况，对运输作业任务进行调度安排，生成相应的运输作业指令和任务，具体指根据货物的重量、体积、目的地、车辆情况、驾驶员情况及线路情况，制订车辆、货物和路径的最优组合。配载调度模块包括线路选择、装载规划及车辆调度三个功能
2	运输过程控制管理	运输过程控制管理用于记录车辆的载货情况、行车情况等。主要包括行车单打印、在途跟踪、行车单撤销、出车情况分析等功能
3	运输资源管理	运输资源管理主要是对所有运输资源进行管理，包括车辆管理和运输作业人员管理。车辆管理主要包括车辆业绩统计、车辆档案管理、车辆保养、车辆消耗、路线管理、车辆维修管理等。运输作业人员管理主要包括运输作业人员基本信息的维护及考勤记录等

任务实施：配送管理信息系统的操作与适用范围

一、配送管理信息系统的操作

1. 角色业务流程

（1）出库作业业务流程。出库作业业务流程如图 3.3.4 所示。

（2）配送配载业务流程。配送配载业务流程如图 3.3.5 所示。

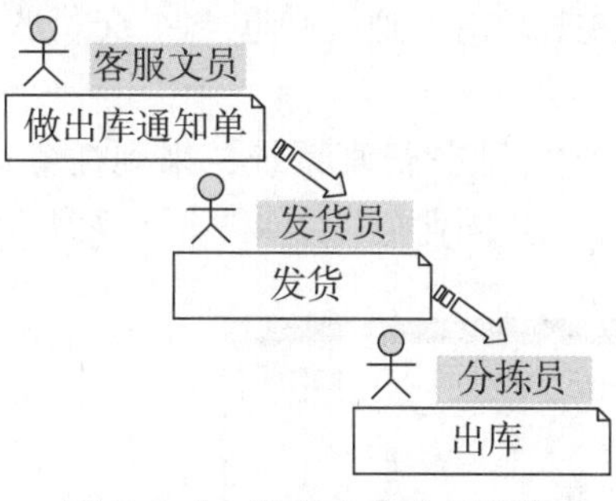

图 3.3.4　出库作业业务流程

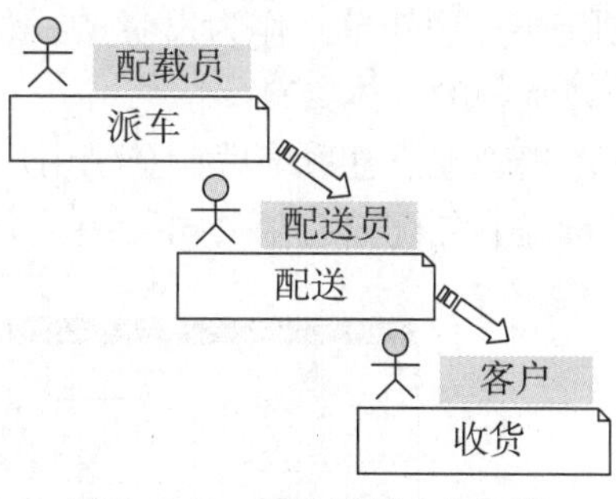

图 3.3.5　配送配载业务流程

2. 出库、配载成本明细

出库、配载成本明细如表 3.3.17 所示。

表 3.3.17　　　　出库、配载成本明细

序号	费用名称	单价（元/m^3）
1	出库费	150
2	配送费	10

续 表

序号	费用名称	单价（元/m^3）
3	3米车起运价	100
4	5米车起运价	150
5	吨·公里费用	20

3. 操作流程

进入配送管理信息系统后，登录用户，选择业务仿真系统，来到任务选择界面，在此选择“鼎益仓储配送有限公司”→“出库配送—电子标签货架区”，如图3.3.6所示。

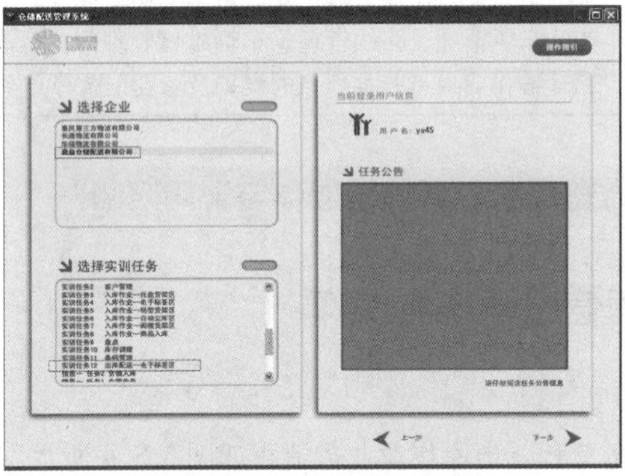

图3.3.6 任务选择界面

（1）制定出库通知单。作为发货的一份单据，出库通知单包含了交货收货双方的相关信息以及货物的具体资料。

①进入配送管理信息系统后，登录用户，选择业务仿真系统，来到任务选择界面，在此选择“鼎益仓储配送有限公司”→“任务1 合同业务”，如图3.3.7所示。

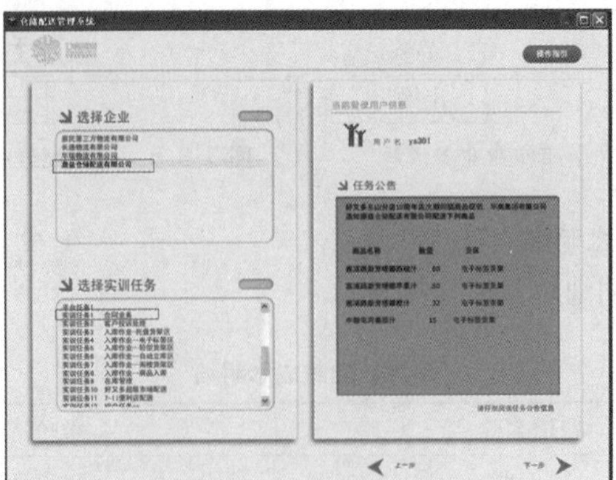

图3.3.7 选择合同业务

②登入“客服部”→“客服文员”角色→双击“待处理事项”→出库通知(1)，弹出“出库通知单”，如图 3. 3. 8 所示。

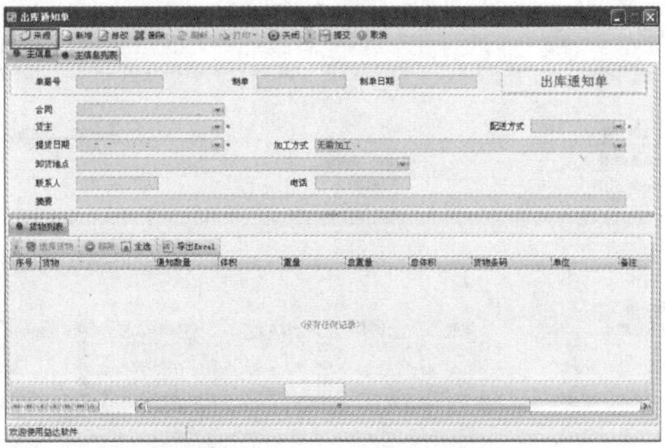

图 3. 3. 8　出库通知单

点击来源后选择货源数据，如图 3. 3. 9 所示，相应信息会自动填进出库通知单，如图 3. 3. 10 所示。

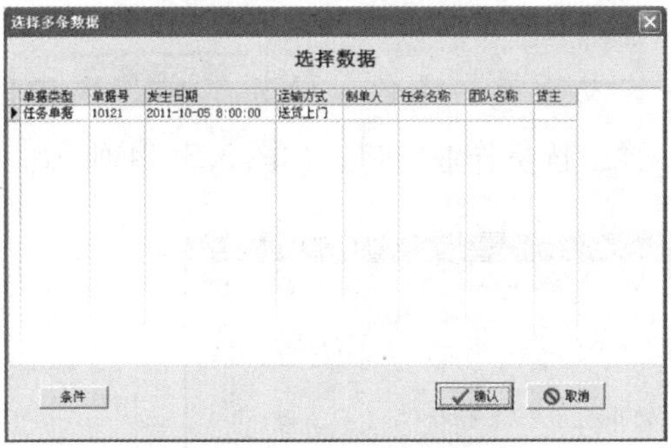

图 3. 3. 9　选择货源数据

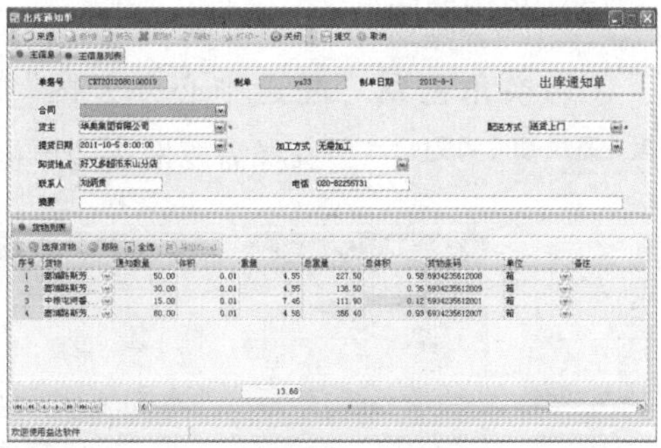

图 3. 3. 10　相应信息自动填进出库通知单

单击提交，提示如图 3. 3. 11 所示。

③登录“客服部”→“客服经理”角色→双击“待处理事项”→发货通知审核(1)，弹出出库通知单单据框，选择刚才所提交的出库通知单单据号，如图 3. 3. 12 所示，点击“OK”。

图 3. 3. 11　成功提交数据（1）

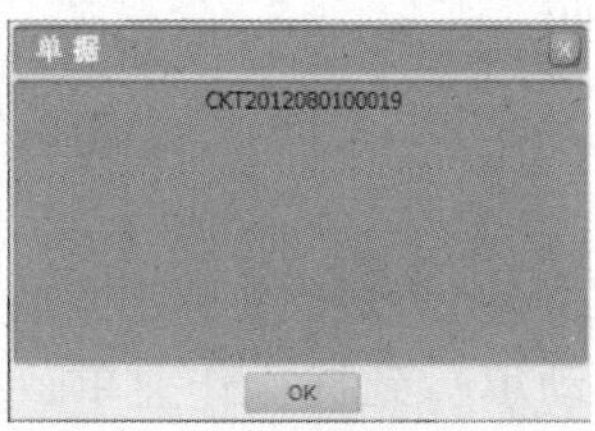

图 3. 3. 12　选择出库通知单单据号

确认出库通知单数据无误后，点击 审核通过，单击 提交，如图 3.3.13 所示。

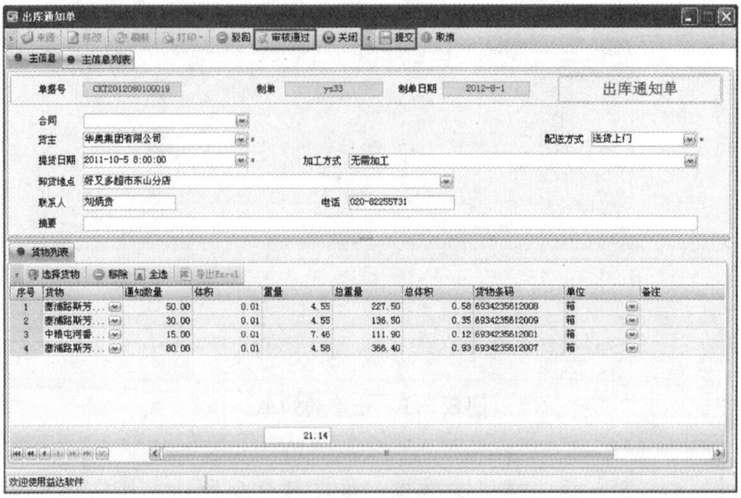

图 3.3.13　提交出库通知单

（2）出库调度。

①切换角色到“配送中心办公区”→“发货员”角色，双击 待处理事项 中的 发货通知-出库调度(1)，选择需要发货的单据，弹出拣货作业窗口，如图 3.3.14 所示。

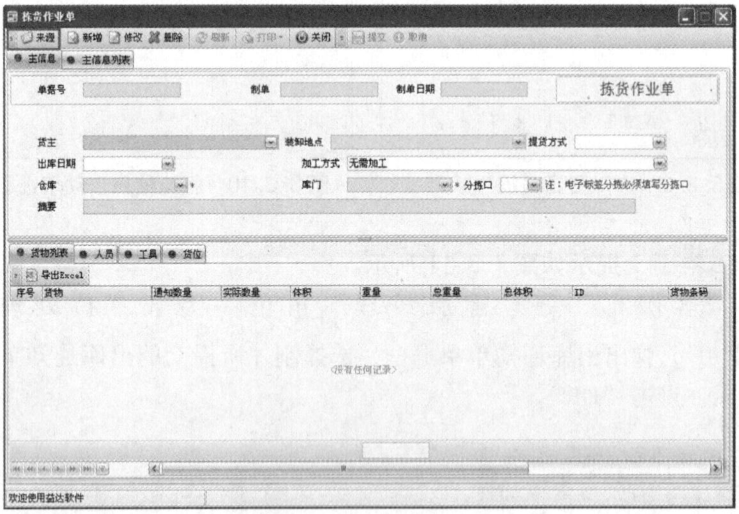

图 3.3.14　拣货作业窗口

②点击 来源，在弹出来的窗口选择货源数据，如图 3.3.15 所示，确认后相应信息自动填写到拣货作业单，如图 3.3.16 所示，选择出库的仓库、库门及分拣口。

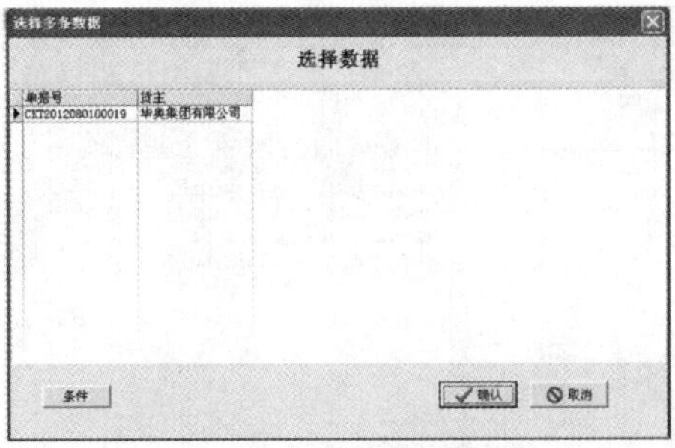

图 3. 3. 15　选择货源数据

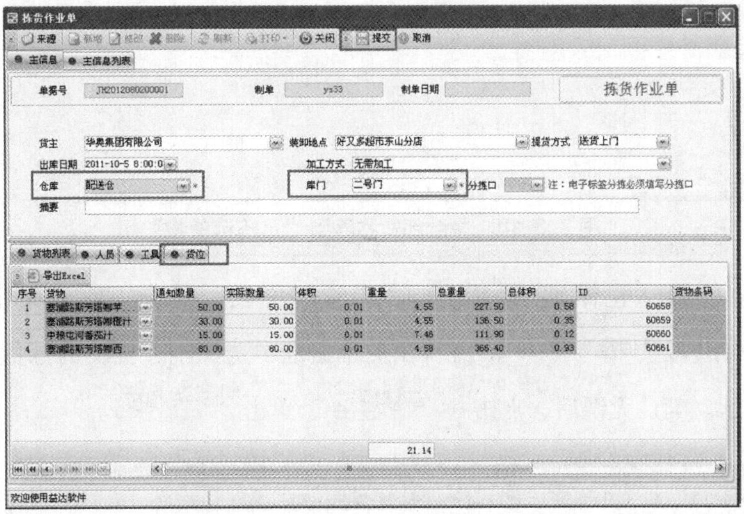

图 3. 3. 16　确定信息并填写拣货作业单

单击 提交，提示如图 3. 3. 17 所示。

图 3. 3. 17　成功提交数据（2）

③点击 货位 → 选择货位...，弹出拣选货物表单，点击“自动拣选货物”拣选出库货品，如图 3. 3. 18 所示，将全部货物移到“已拣选货物”区域后，点击“确认”回到拣货作业单，单击 提交。

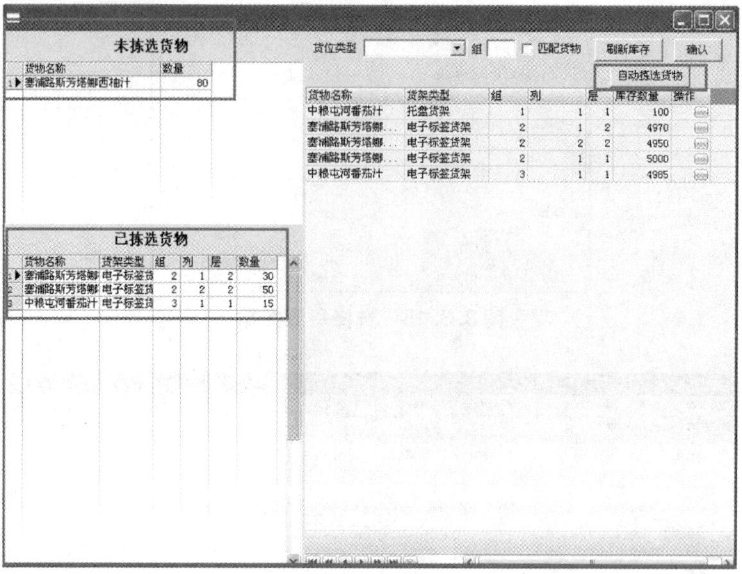

图3.3.18　将全部货物移到“已拣选货物”

④切换角色到“仓储部”→“仓储经理”角色，点击“回到岗位”→双击 待处理事项 中的 出库调度审核(1) ，在弹出的单据框中选择刚才提交的拣货作业单，如图3.3.19所示。确认无误后，点击 审核通过 ，单击 提交 。

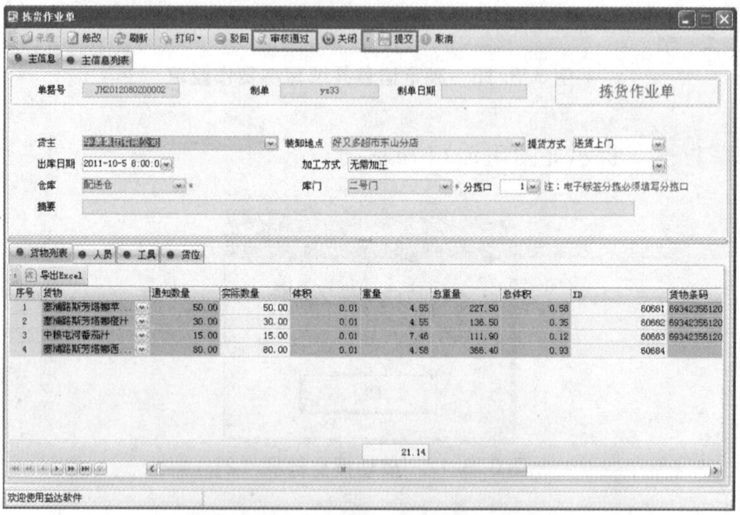

图3.3.19　审核拣货作业单

（3）出库。该模块对各类仓库的出库作业进行管理，如配送仓出库管理、立体仓出库管理等。

①切换角色到“配送中心办公区”→“分拣员”角色，双击 待处理事项 中的

出库分拣作业(1)，在弹出的单据框选择刚才审核的拣货作业单，出现提示信息，如图 3. 3. 20 所示。

②“分拣员”需根据提示来到设备区拿取工具取货，【Ctrl + 鼠标左键】点击手推车，在弹出菜单选择 取车 提示，弹出取货提醒如图 3. 3. 21 所示。

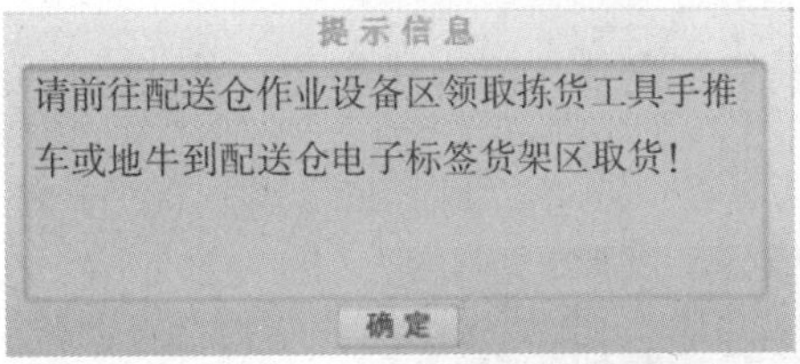

图 3. 3. 20　领取拣货工具提醒

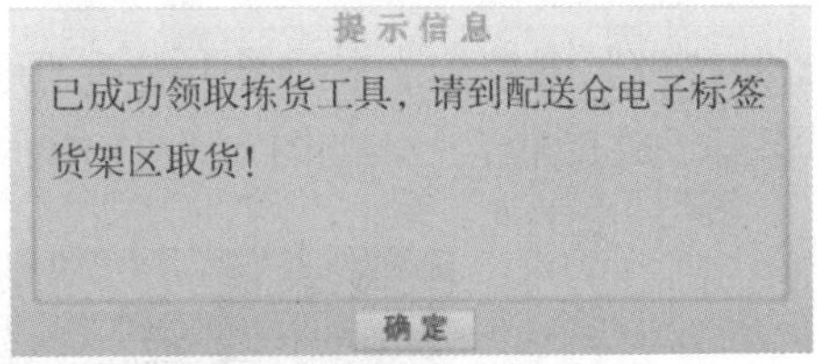

图 3. 3. 21　取货提醒

“分拣员”推车到电子标签货架区，来到 1 号分拣口，【Ctrl + X】调出菜单，选择 放车 ，如图 3. 3. 22 所示。

图 3. 3. 22　放车

然后“分拣员”来到电子标签货架区的入口处拿篮子，如图 3. 3. 23 所示，【Ctrl + 鼠标左键】点击篮子，弹出提示，如图 3. 3. 24 所示。

图 3. 3. 23　拿篮子

图3.3.24　拿起篮子提醒

“分拣员”拿着篮子来到箭头提示的地方取货，先站在流水线旁边，按键盘上的G键，将篮子放在桌子上，如图3.3.25所示。

图3.3.25　放置篮子

再使用【Ctrl + 鼠标左键】点击货物，货物出现在“分拣员”的手上，再点击货架上的箱子（如取货成功，货架上的箱子会消失），取货前如图3.3.26所示，取货后如图3.3.27所示。

图3.3.26　取货前

图 3. 3. 27　取货后

取了全部货物后，“分拣员”来到篮子旁边，如图 3. 3. 28 所示，【Ctrl + 鼠标左键】点击篮子，弹出菜单，如图 3. 3. 29 所示，选择“推入”。

图 3. 3. 28　至篮子旁边

图 3. 3. 29　弹出菜单

货物自动向1号分拣口移动，如图3.3.30所示，“分拣员”到1号分拣口等待货物，如图3.3.31所示。

图3.3.30 货物自动向1号分拣口移动

图3.3.31 至1号分拣口等待货物

【Ctrl+鼠标左键】点击手推车，在弹出的菜单中选择 取车 ，取车成功后，【Ctrl+鼠标左键】点击货物，系统自动播放动画，播放完毕后，弹出提示，如图3.3.32所示。

图3.3.32 商品运至暂存区提醒

将货物移到系统所提示的区域，【Ctrl+X】调出菜单，选择 放货物 ，将货物放下后弹出提示，如图3.3.33、图3.3.34所示。

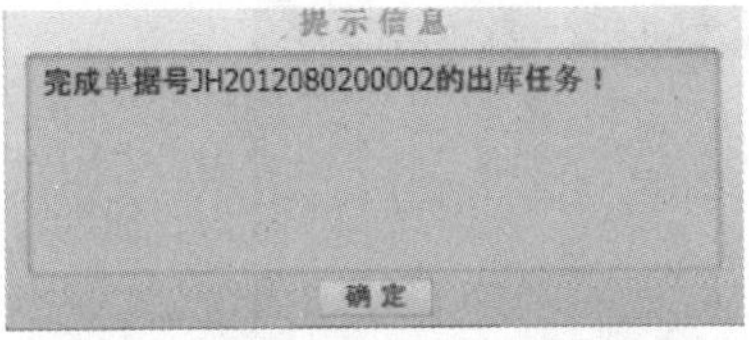

图 3. 3. 33　完成出库任务提醒

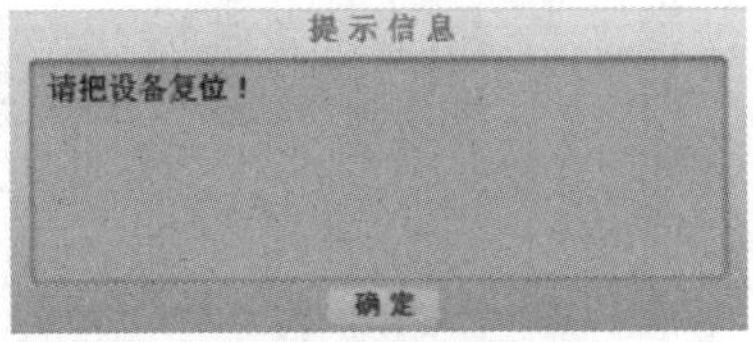

图 3. 3. 34　设备复位提醒

（4）车辆申请。该模块主要是为准备出库的货物申请配送车辆。

①切换角色到“配送部”→“配载员”角色，双击 待处理事项 中的 出库单→送货配送(4) ，弹出“运输调度单”，如图 3. 3. 35 所示，选择“车牌”“运输日期”。

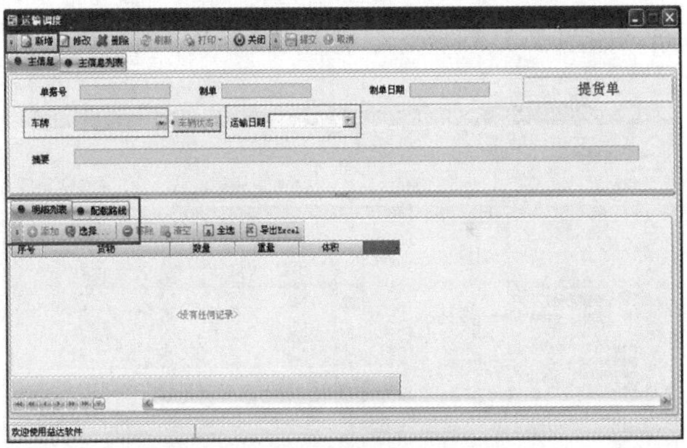

图 3. 3. 35　运输调度单（1）

②点击“新增”→“明细列表”→ 选择... ，在弹出的数据单里选择配送货物，如图 3. 3. 36 所示，点击“确认”，回到运输调度单，点击 车辆状态 。

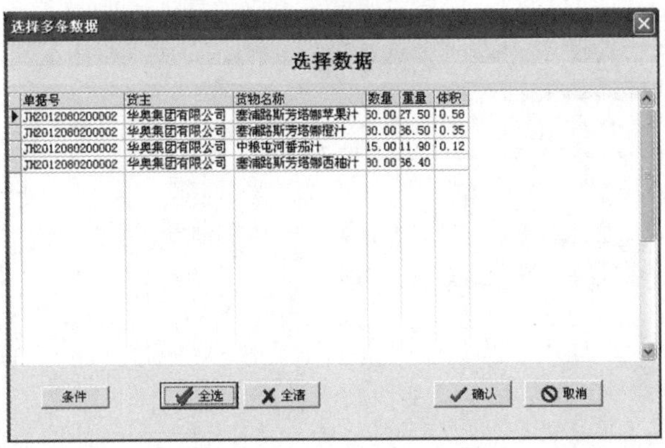

图 3. 3. 36　选择数据单

选择配送的车辆，如图 3. 3. 37 所示。

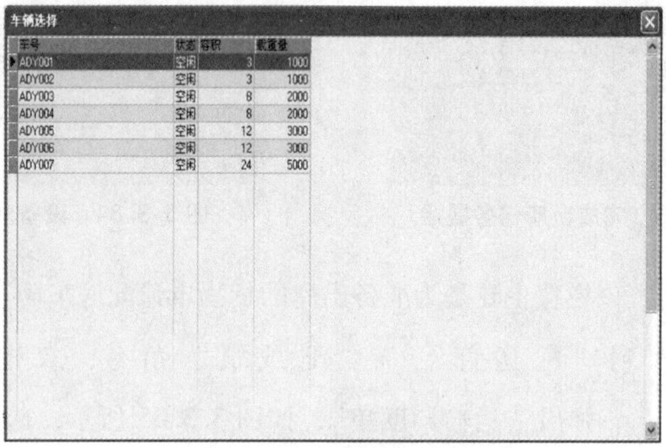

图 3.3.37　选择配送车辆

再填上运输日期，如图 3.3.38 所示，点击提交。

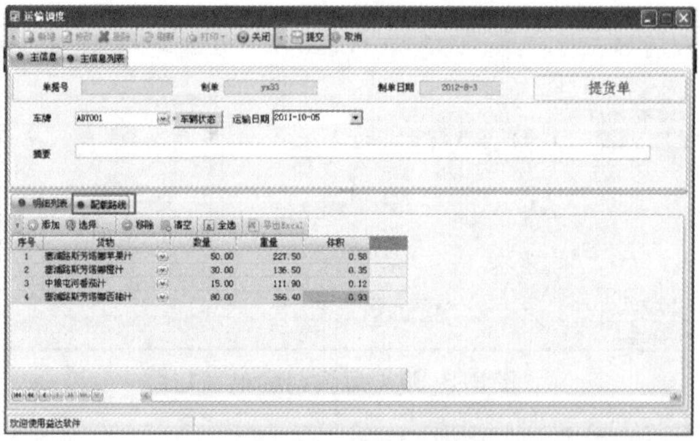

图 3.3.38　填写运输日期

③提交后不要关闭单据，点击“修改”→“配载线路”→“设计运输线路”，如图 3.3.39 所示。

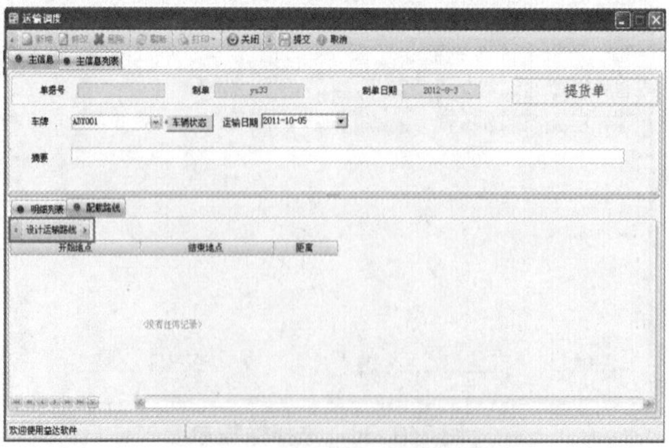

图 3.3.39　设计运输路线

④弹出运输线路界面，■表示起点，✚表示目的点，■表示可以经过的点，设计运输线路的方法是：从起点到目的地，双击需要转弯的所有十字路口点，然后再从目的点返回起点，也需要双击需要转弯的所有十字路口点，如图 3.3.40 所示，完成运输线路设计后，点击提交。

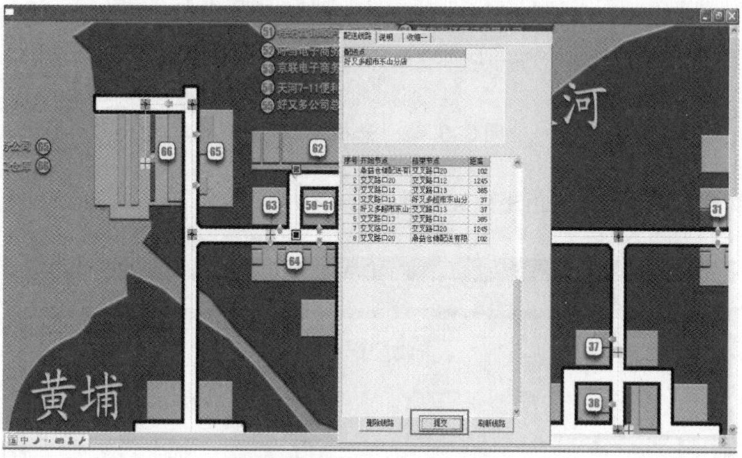

图 3.3.40　选择十字路口点

⑤完成后运输调度单中显示相应信息，如图 3.3.41 所示，点击 提交 完成操作。

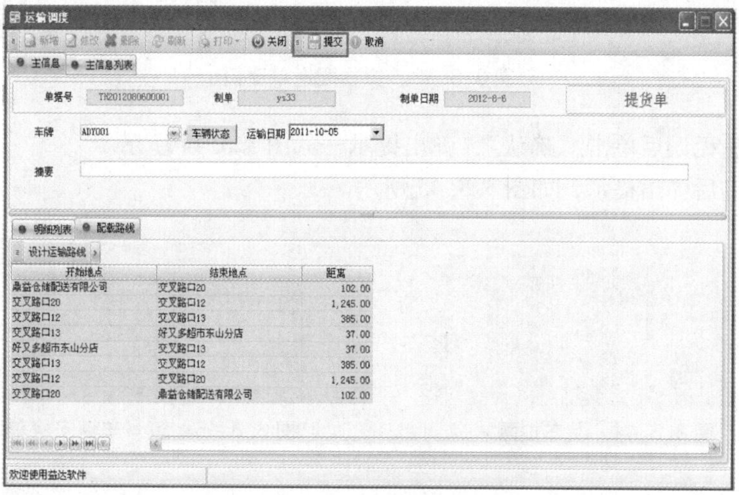

图 3.3.41　运输调度单（2）

⑥“配送经理”登录→双击“待处理事项”→ 送货运输审核(1) ，在弹出的单据框中选择刚才提交的运输调度单。确认无误后，点击 审核通过 ，单击 提交 。

（5）配送。

①切换角色到“配送部”→“配送员”角色，双击 待处理事项 中的 送货上门(1) ，弹

出单据窗口，如图 3. 3. 42 所示，直接选中单据号码后，点击“OK”。

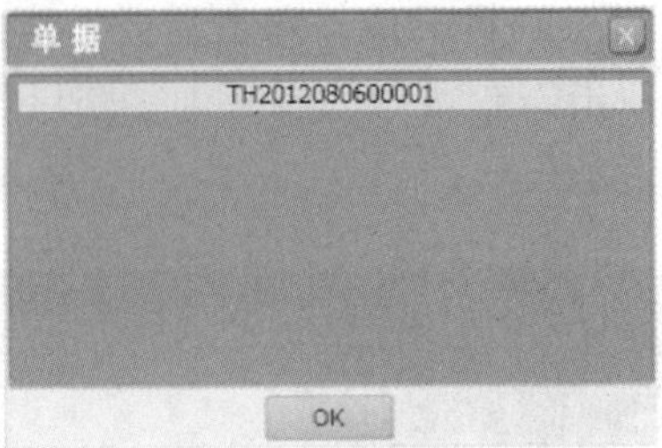

图 3. 3. 42　选择单据号码

弹出货物配送单窗口，如图 3. 3. 43 所示。

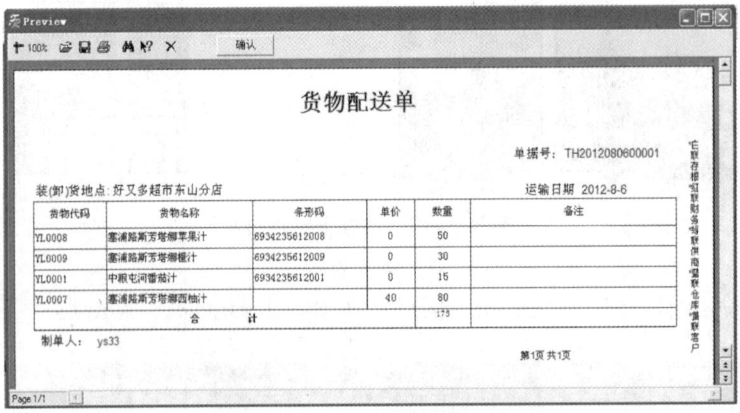

货物配送单

单据号：TH2012080600001

装(卸)货地点：好又多超市东山分店　　运输日期 2012-8-6

货物代码	货物名称	条形码	单价	数量	备注
YL0008	塞浦路斯芳塔娜苹果汁	6934235612008	0	50	
YL0009	塞浦路斯芳塔娜橙汁	6934235612009	0	30	
YL0001	中粮屯河番茄汁	6934235612001	0	15	
YL0007	塞浦路斯芳塔娜西柚汁		40	80	
合　计				175	

制单人：　ys33

第1页 共1页

图 3. 3. 43　货物配送单窗口

查看信息无误后单击“确认”，弹出提示，如图 3. 3. 44 所示。

到停车场后弹出提示，如图 3. 3. 45 所示。

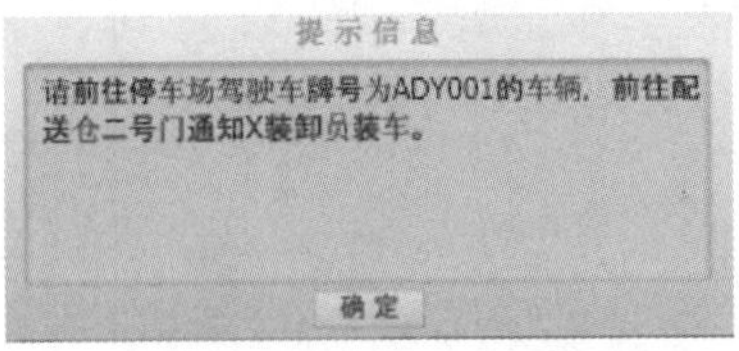

图 3. 3. 44　装车提醒

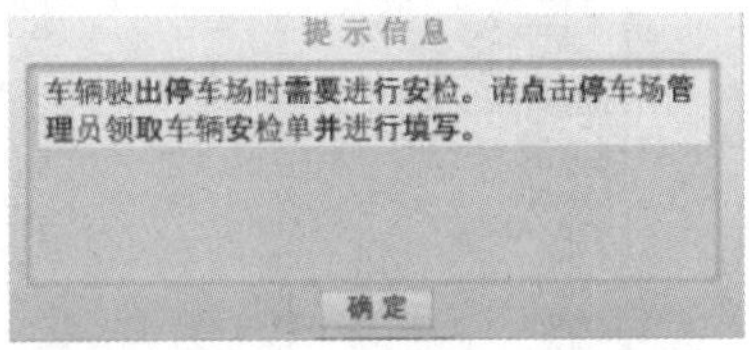

图 3. 3. 45　填写车辆安检单提醒

②【Ctrl + 鼠标左键】点击车辆，弹出车辆操作菜单，点击 上车 ，上车后开车到“停车场管理员”处，如图 3. 3. 46 所示。【Ctrl + 鼠标左键】点击“停车场管理员”，在弹出来的菜单中选择 车辆安检 。

图 3.3.46　车辆安检

弹出提示，如图 3.3.47 所示。

确定后系统自动将当前的“配送员”角色切换到“门卫”角色，如图 3.3.48 所示。

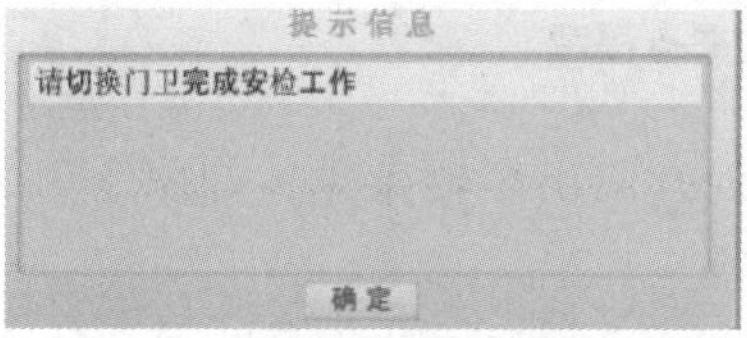

图 3.3.47　安检提醒

图 3.3.48　制作安检单提醒

确定后弹出安检单，点击“修改”后，选择需要检查的项目，点击“确认”→“检测”，如图 3.3.49 所示。

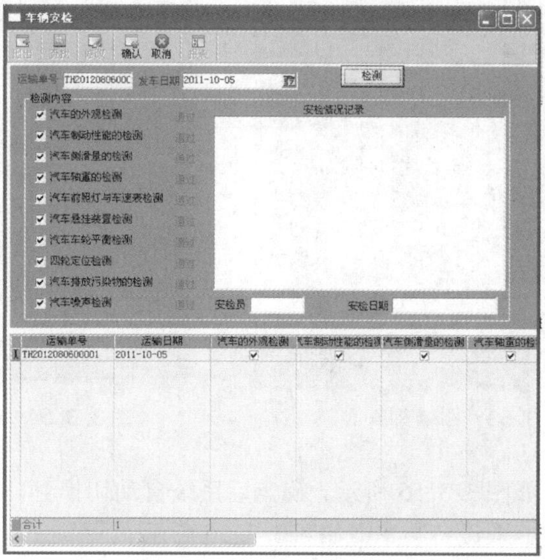

图 3.3.49　选择检查项目

退出后，系统提示如图 3. 3. 50 所示。

系统自动切换回“配送员”角色，提示信息如图 3. 3. 51 所示。

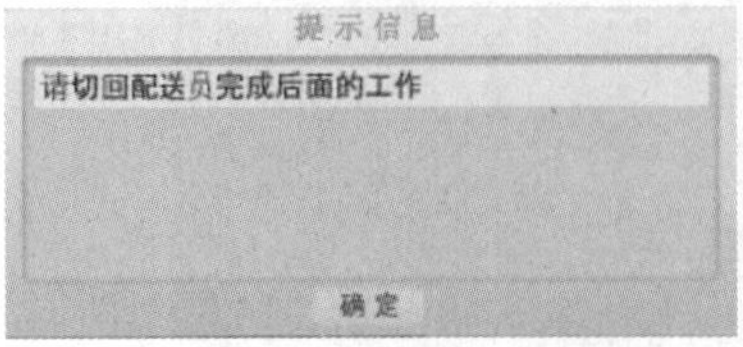

图 3. 3. 50　切换角色提醒

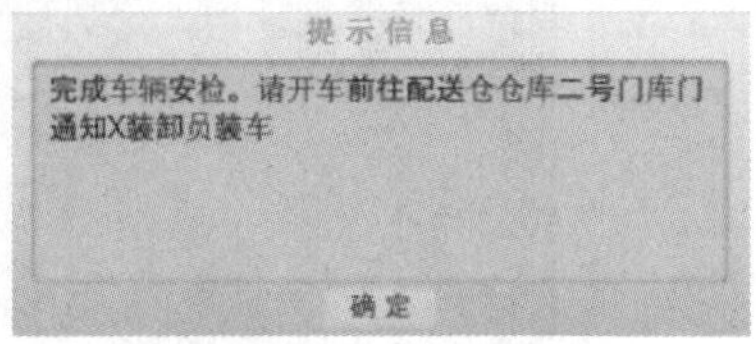

图 3. 3. 51　装车提醒

③“配送员”上车把车开到箭头提示的仓库位置，弹出的提示如图 3. 3. 52 所示。

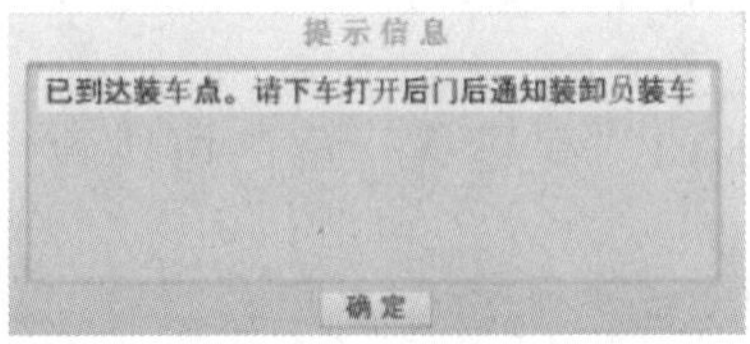

图 3. 3. 52　到达装车点提醒

按 Esc 键下车后，“配送员”跑到车后门处，调出车辆菜单，如图 3. 3. 53 所示，点击 **开后门**。

④开后门后，【Ctrl + 鼠标左键】点击“装卸员”，弹出装卸员菜单，如图 3. 3. 54 所示，点击 **通知装车**。

图 3. 3. 53　车辆菜单

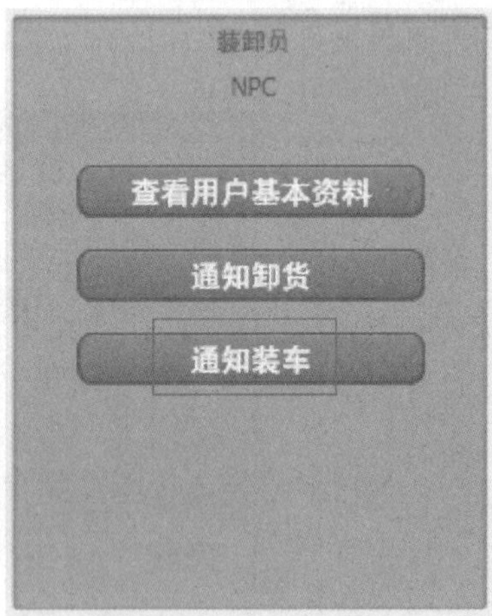

图 3. 3. 54　装卸员菜单

然后弹出的信息如图 3. 3. 55 所示，确定后系统自动切换到“装卸员”角色，按提示信息前往指定区域，取设备装车，如图 3. 3. 56 所示。

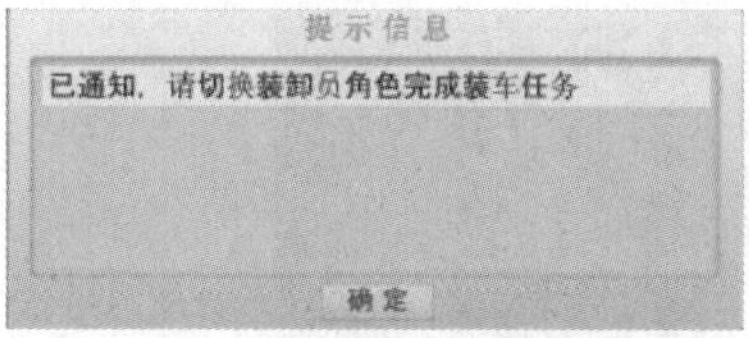

图 3.3.55　完成装车任务提醒

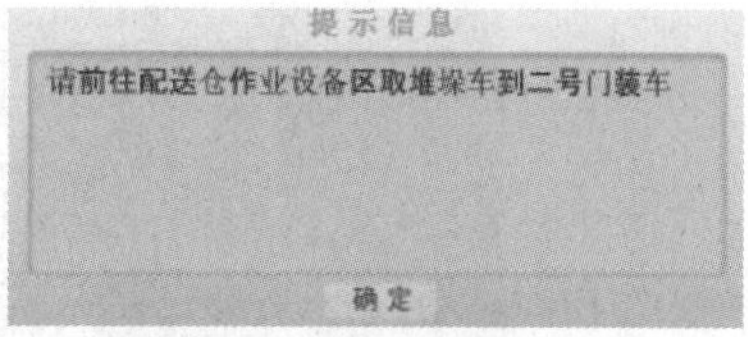

图 3.3.56　取堆垛车提醒

根据提示，“装卸员”到设备区取堆垛车，【Ctrl + 鼠标左键】点击堆垛车，弹出堆垛车操作菜单，如图 3.3.57 所示。

点击“堆垛车拿取”后，弹出另一个操作菜单，如图 3.3.58 所示，逐次点击每项（点击完成后，菜单框会自动消失），便可操作堆垛车取货。

图 3.3.57　堆垛车操作菜单（1）

图 3.3.58　堆垛车操作菜单（2）

⑤在刚才货物堆码的地方，现在有箭头指示，把堆垛车开到相应位置后，【Ctrl + X】弹出堆垛车操作菜单，点击 货物拿取 ，成功拿取货物后，出现的提示如图 3.3.59 所示。

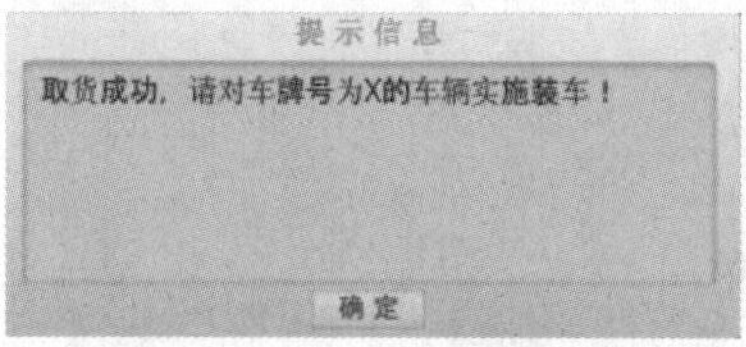

图 3.3.59　装车提醒

把货物运到箭头提示位置，如图 3.3.60 所示。

图3.3.60 将货物运至箭头提示位置

【Ctrl + X】调出堆垛车操作菜单点击 卸货 ，卸货完成后，弹出提示，如图3.3.61所示。

图3.3.61 堆码员装货提醒

⑥与“堆码员”交互，【Ctrl + 鼠标左键】点击“堆码员”，弹出操作菜单，点击 装货 ，系统将播放动画，自动完成装货，如图3.3.62所示。

图3.3.62 堆码员进行装货操作

装车动画播放完毕后，提示如图 3. 3. 63 所示。

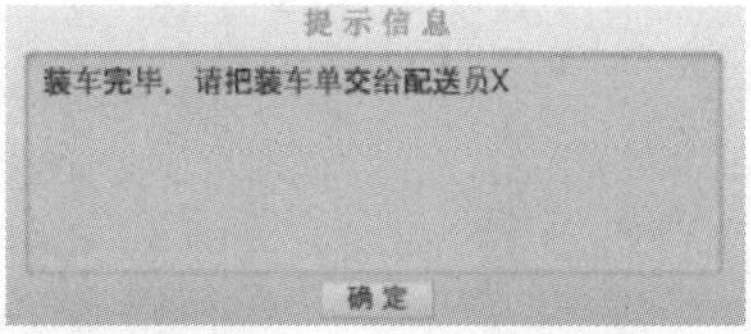

图 3. 3. 63　交接装车单提醒

⑦【Ctrl + 鼠标左键】点击“配送员”，弹出菜单，如图 3. 3. 64 所示，点击“单据交接”。

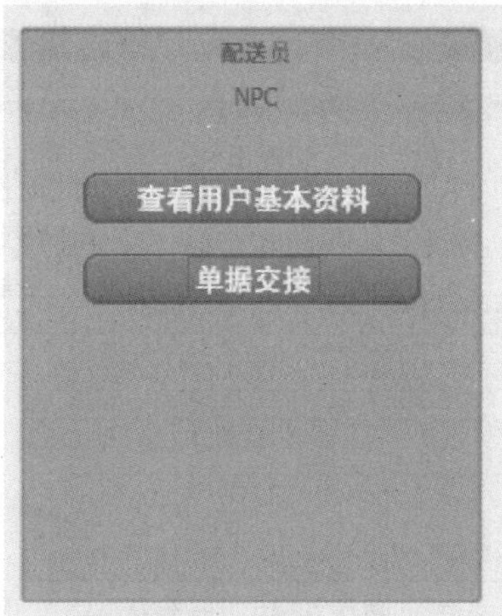

图 3. 3. 64　配送员菜单

弹出“货物配送单”，如图 3. 3. 65 所示，点击“确认”。

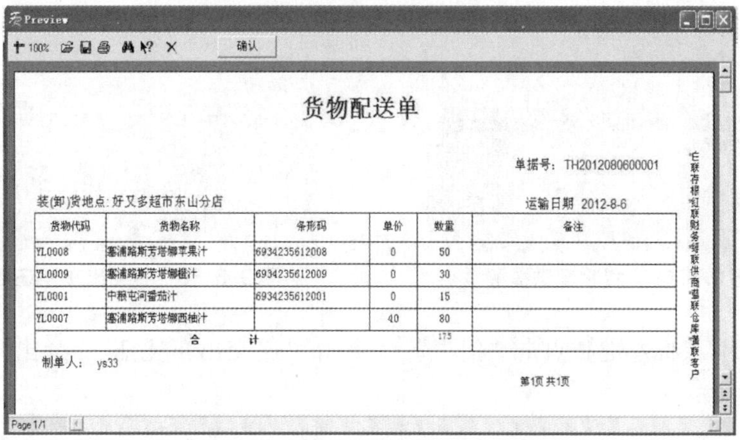

货物配送单

单据号：TH2012080600001

装(卸)货地点：好又多超市东山分店　　运输日期　2012-8-6

货物代码	货物名称	条形码	单价	数量	备注
YL0008	塞浦路斯芳塔娜苹果汁	6934235612008	0	50	
YL0009	塞浦路斯芳塔娜橙汁	6934235612009	0	30	
YL0001	中粮屯河番茄汁	6934235612001	0	15	
YL0007	塞浦路斯芳塔娜西柚汁		40	80	
合　计				175	

制单人：　ys33

第1页 共1页

白联存根 红联财务 绿联供商 蓝联仓库 黄联客户

图 3. 3. 65　货物配送单

点击“确认”后，弹出提示信息，如图 3. 3. 66 所示。

关闭窗口后，弹出提示信息，如图3.3.67所示。

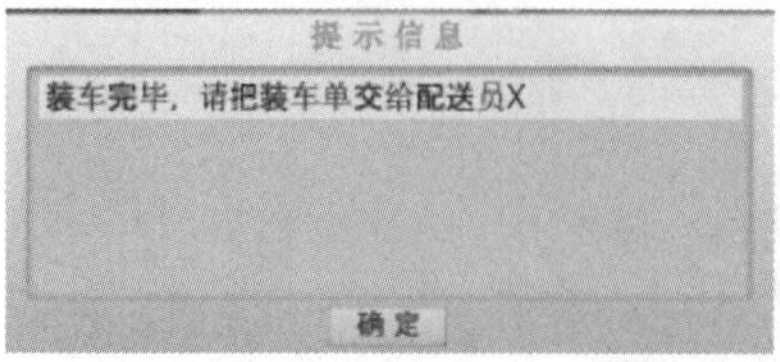

图3.3.66　交接装车单提醒

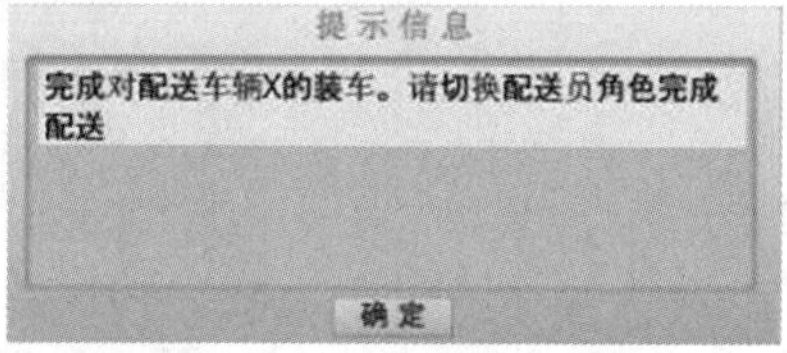

图3.3.67　切换角色提醒

确定后系统自动切换回“配送员”，并弹出单据号为JH2012080200002的发货单，如图3.3.68所示。

发货单

单据号：JH2012080200002

卸货地点　　　　发生日期 2012-8-6

货物代码	货物名称	条形码	单价	数量	备注
YL0008	塞浦路斯芳塔娜苹果汁	6934235612008	0	50	
YL0009	塞浦路斯芳塔娜橙汁	6934235612009	0	30	
YL0001	中粮屯河番茄汁	6934235612001	0	15	
YL0007	塞浦路斯芳塔娜西柚汁		40	80	
合　计				175	

制单人：　ys33

第1页 共1页

图3.3.68　发货单

点击“确认”后，系统弹出提示，如图3.3.69所示。

确定后，点击 关后门 → 上车，把车开到“门卫”处，弹出信息，如图3.3.70所示。

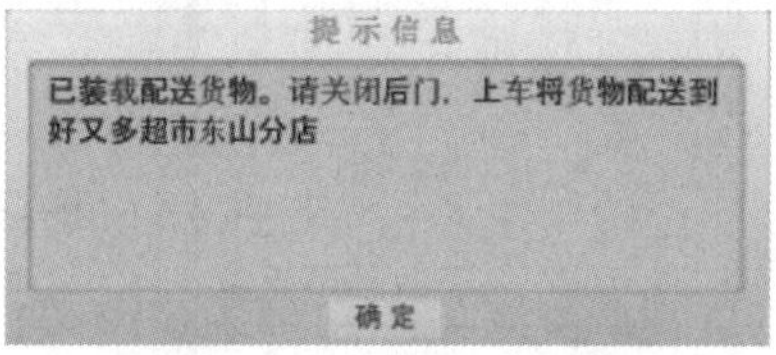

图3.3.69　货物配送提醒

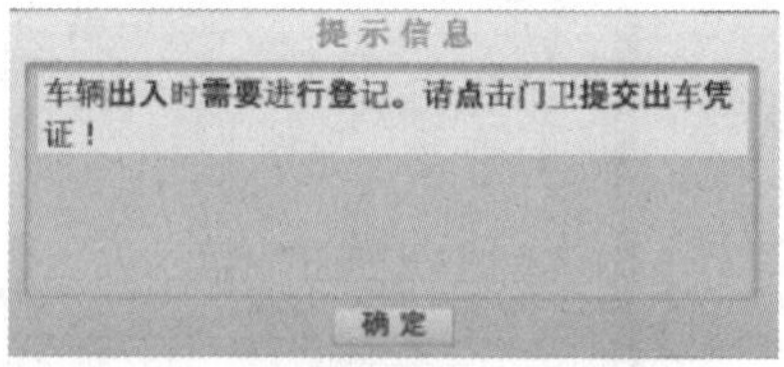

图3.3.70　提交出车凭证提醒

⑧【Ctrl+鼠标左键】点击“门卫”→点击“递交出车凭证”，弹出车辆放行条，如图3.3.71所示。

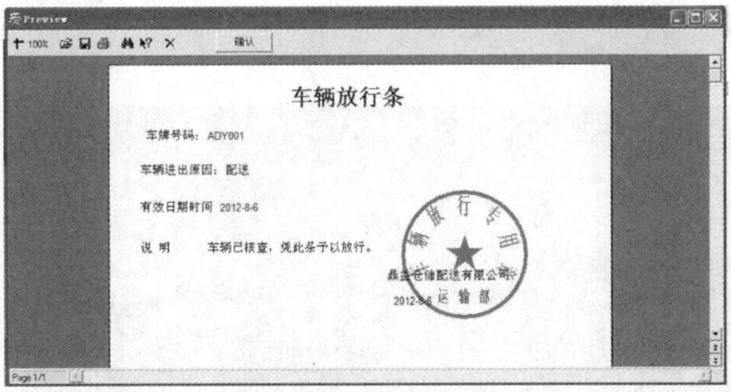

图 3.3.71 车辆放行条

点击“确认”后，提示如图 3.3.72 所示。

点击“确定”，弹出提示信息，如图 3.3.73 所示。

图 3.3.72 递交凭证成功提醒

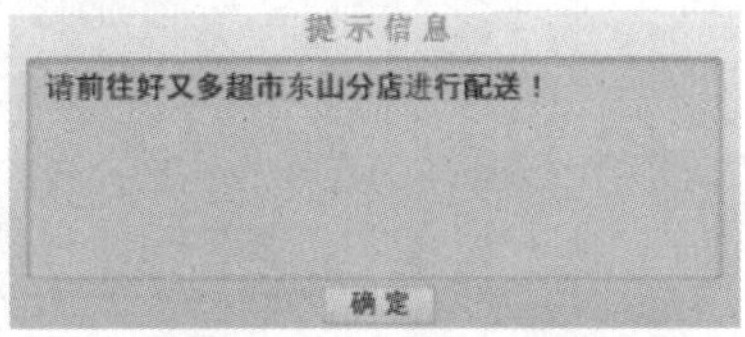

图 3.3.73 配送提醒

将货车开到好又多超市东山分店，货车停靠在停车点后，提示如图 3.3.74 所示。

⑨下车后，【Ctrl + 鼠标左键】点击“收货员”选择**送货单交接**，提示如图 3.3.75所示。

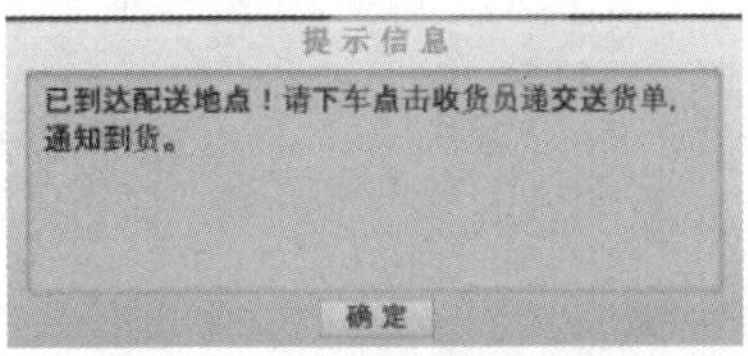

图 3.3.74 到达配送点提醒

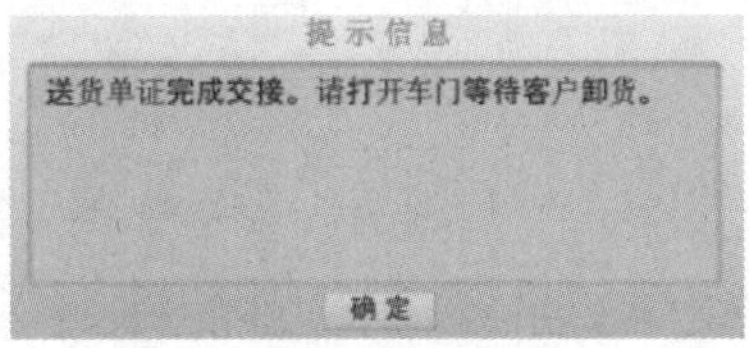

图 3.3.75 等待卸货

⑩【Ctrl + 鼠标左键】点击“货车”，弹出菜单，如图 3.3.76 所示。

图 3.3.76 货车菜单

点击 开后门 → 卸货 ，系统 NPC 自动卸货，如图 3. 3. 77 所示。

图 3. 3. 77　系统 NPC 自动卸货

卸货完成后，提示如图 3. 3. 78 所示。

【Ctrl + 鼠标左键】点击“货车”，选择 关后门 ，然后将车开回配送中心，出库流程到此结束。

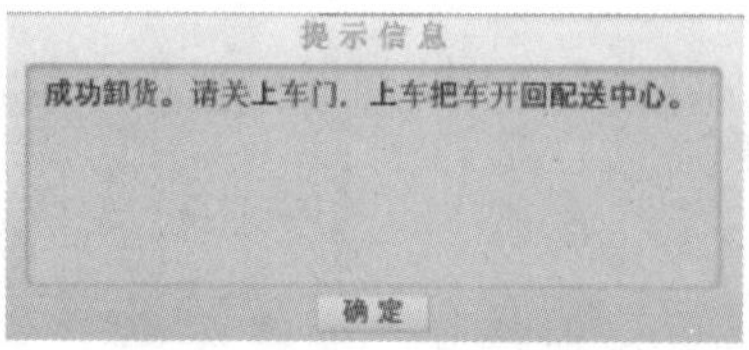

图 3. 3. 78　卸货成功提醒

二、配送管理信息系统的适用范围

配送管理信息系统适用于现代配送和仓储企业、大型生产企业和大型连锁流通企业等。

（一）现代配送和仓储企业

现代配送和仓储是指配送和仓储企业主动为客户提供的库存管理、库存控制，以及流通加工、包装、配送、信息分析等增值服务，其配送和储存的货物在企业端是动态的，与整个物流链紧密连接。基于传统仓储业务的仓储管理信息系统不能适应现代仓储企业业务扩展和管理科学化的需要，因此，在原有信息系统的基础上进行配送管理信息系统的建设，将能辅助现代配送和仓储企业实现将客户服务由被动转为主动，将库存货物的控制状态由静态转为动态，并能根据客户的需要，为客户提供一些个性化的增值服务。

（二）大型生产企业

大型生产企业通常需要将大量品种不同的原材料、零部件及半成品（以下统称“原材料”）从各仓库配送至各生产现场，如生产车间、生产线或生产工位等。为了降低原材料在生产企业内部的库存量（包括仓库、生产车间、生产线、生产工位上的原材料数量），必须加快原材料在生产企业内部的流动速度。这给原材料从仓库到生产现场之间的配送提出了很高的要求，只有在准确的时间将品种、规格及数量都正确的原材料配送到正确的位置，才能在降低库存量的同时，保证生产的正常进行。此外，大型生产企业销售成品时，往往需在全国各地设成品库。如何在降低成品库存量的同时，保证销售的正常进行，这给从生产企业到各成品库之间的成品配送提出了更高的要求，这种配送也因此成为相对复杂的问题。配送管理信息系统的建设，能有效解决生产企业内部原材料从仓库到生产现场及成品从生产企业到各成品库的配送问题，从而有利于大型生产企业将其原材料及成品纳入配送管理信息系统中，借助配送管理信息系统，快速形成覆盖全国的原材料及成品的信息网络，达到实时监控全国库存信息和产品在途信息的目的。这样就能够统筹生产和销售，做出科学合理的生产预测，降低生产、库存和销售成本，提高大型生产企业的经济效益。

（三）大型连锁流通企业

传统流通企业的活动可简单概括为“进”“销”“存”。随着国内经济的高速发展，流通企业的数量与日俱增，流通企业面临日益激烈的竞争。部分流通企业为了提高竞争力，提供一些方便顾客购买的服务，如送货上门等。传统的送货上门，只是简单的有货需要送就送，没有考虑送货车辆的配载及运输路线优化问题，往往导致送货成本过高。此外，实践证明，大型连锁流通企业的经营和发展离不开配送，合理的配送使连锁经营中的统一采购、统一配货、统一价格得以实现。配送水平的高低直接关系连锁经营的规模效益能否充分发挥。因此，配送管理信息系统的建设，为提供送货上门服务的流通企业实现销售产品高效低成本到达顾客手中提供了保障，为大型连锁流通企业的统一配货提供了技术支持，从而提高企业的顾客满意度，增强企业的市场竞争力。

【同步测试】

一、判断题

1. 配送信息管理对保障配送正常进行起着不可或缺的重要作用。（　　）

2. 配送信息伴随着配送各个环节业务活动的开展而产生，与配送的订单处理、备货、储存、配货、送货等活动结合为一个有机整体。（　　）

3. 进货数量误差率反映了进货作业质量，其数值越低越好。(　　)

4. 配送的一般业务中“储存”是指对入库的货物进行保养。(　　)

5. 库存管理包括入库管理和出库管理。(　　)

二、单项选择题

1. 配送的一般业务流程由订单处理、备货、储存、(　　)、配货、(　　) 等作业组成。

A. 运输　　B. 送货　　C. 拣货　　D. 流通加工

2. 与配送作业质量有关的数据有订单延误率、缺货率、拣误率、空车率等，还包括 (　　)。

A. 配送延误率　　B. 库存周转率　　C. 储位容积利用率　　D. 储区面积比率

3. 采购管理包括采购预警、采购单据打印、采购跟催、(　　)。

A. 供应商管理　　B. 配载调度　　C. 出库管理　　D. 运输资源管理

4. 配送作业信息管理有订单处理信息管理、备货信息管理、储存信息管理、拣货及配货信息管理、(　　)。

A. 主体信息管理　　B. 业务信息管理

C. 配送设备优化信息管理　　D. 送货信息管理

5. 配送管理包括运输过程控制管理、运输资源管理、(　　)。

A. 配载调度　　B. 入库管理　　C. 在库管理　　D. 订单管理

三、多项选择题

1. 与配送作业物化劳动和活劳动消耗有关的数据有每台时处理装卸货量、每人时平均拣货品项数、(　　)。

A. 每人时处理进/出货量　　B. 每车吨 · 公里数

C. 平均库存量　　D. 出货量

2. 配送设备的容器设备主要有：纸箱、(　　)。

A. 托盘　　B. 铁箱　　C. 塑料箱　　D. 货架

3. 配送设备的搬运设备主要有：无人搬运车、(　　)。

A. 叉车　　B. 输送带　　C. 分类输送设备　　D. 拆箱设备

四、简答题

1. 什么是配送信息？

2. 什么是配送管理信息系统？

3. 配送信息管理的特点有哪些？

4. 配送管理信息系统有哪些功能模块？

5. 配送管理信息系统适用于哪些范围？

【技能训练】配送管理信息系统实训

实训目标：

1. 通过调研某一配送企业的业务流程，了解企业所选用的配送管理信息系统。

2. 学会根据企业业务流程选择对应的配送管理信息系统。

实训组织：

以 4 ~6 人为一组，选择一家配送企业进行调研，了解该企业的配送业务流程，以及配送管理信息系统的功能架构。

实训内容及成果要求：

1. 提交该企业主要业务的流程图。

2. 提交该企业所使用的配送管理信息系统功能架构图。

任务考核评价

完成任务导入的内容，以学生个人为单位，以电脑运行模拟出的数据为主要依据进行考核。(注：此任务考核满分为 60 分。)

出库配送作业评分标准

序号	项目	所占分值（分）（此处分值可修改设定）
1	出库通知（录入内容是否符合案例背景）	5（系统默认值）
2	发货通知审核	5（系统默认值）
3	出库确认	5（系统默认值）
4	出库拣货作业单确认（是否符合案例背景）	5（系统默认值）
5	出库调度审核	5（系统默认值）
6	货物拣选（是否正确使用工具）	5（系统默认值）
7	配送线路设计得分（配送的成本、时间、效率）	5（系统默认值）
8	装卸员出库装货（是否正确使用工具）	10（系统默认值）
9	送货运输审核	5（系统默认值）
10	送货上门	10（系统默认值）

任务四　自动分拣系统及应用

教学目标

【知识目标】

◆ 了解自动分拣系统的结构组成；

◆ 理解自动分拣系统的工作流程；

◆ 熟悉常见的智能拣选技术。

【技能目标】

◆ 能够根据物流企业的实际情况，选择合适的拣选技术；

◆ 掌握智能拣选技术在行业企业中的应用。

【素质及思政目标】

◆ 培养学生对行业发展的信心；
◆ 引导学生树立创新意识、激发学生创新兴趣。

开篇语 拣选作业是整个仓储作业中劳动密集、作业复杂、运营成本较高且最影响效率的环节。随着企业的订单朝着小批量、多批次、快速响应等趋势发展，商贸流通业、制造业对拣选的精度和效率的要求越来越高，传统的拣选方式已经不能满足业务需求。在市场需求的推动下，各类拣选方式也在不断推陈出新。

【任务导入】

工作任务单

远东电商仓储中心拥有一个5000m^{2}的仓库，品种达10万个SKU（库存量单位），日出货量在10万单以上，每个波次间的订单量波动大。考虑到近年来人工成本的快速上升，公司开始思考建设智能拣选系统，拟达到以下目的：

1. 充分利用仓储空间；
2. 减少工作量不足或不均匀而产生的人员成本浪费；
3. 提升拣选能力。

请根据以上情况，思考该公司该怎么选用智能拣选系统。

任务资讯

一、自动分拣系统

随着经济和生产的发展，流通趋于小批量、多品种和准时制，这使得各种配送中心的货物分拣任务十分艰巨。分拣量的增加、分送点的增多，配货响应时间的缩短和服务质量的提高，要求必须拥有高效的分拣系统才能保证准时完成配送订单。自动分拣系统由于具有分拣速度快、分拣点多、差错率极低、效率高和基本上实现无人化操作等优势，越来越受到人们的重视。世界上物流技术先进的国家，如美国、日本，早在20世纪70年代就开始使用自动分拣机来提高物流中心的效率了。随着计算机技术的飞速发展，自动分拣系统的信息处理能力急剧增强，更提高了系统的分拣规模和能力。

（一）自动分拣系统概述

自动分拣系统（Automatic Sorting System，ASS）是让货物从进入系统一直到被送到指定的分配位置为止，都严格按照指令由自动分拣设备来完成所有分拣行为的系统。该系统由接受分拣指示控制装置、计算机网络、把到达分拣位置的货物送到指定位置的搬运设备、在分拣位置把货物分送的分支装置、在分拣位置储放货物的存储设备等构成。因此，除了用键盘或其他方式向控制装置输入分拣指示信号的作业外，其他活动全部实现了机械自动化作业，所以分拣处理能力强，分拣效率也高。

自动分拣系统的规模和能力已得到了很大的发展，目前大型自动分拣系统大多包括几十个到几百个分拣机，分拣能力达每小时万件以上。国外自动分拣系统规模都很大，主要包括供给台、信号盘、分拣机、信号设备、控制设备和管理计算机等几部分，还有一个配合外围的各种运输和装卸机械组成的庞大而复杂的系统；有的还与立体仓库连接起来，配合无人驾驶小车、拖链小车等其他物流设备，共同完成物流任务。

目前，自动分拣系统除了用于邮政邮包信件分拣和车站的货物分拣外，已经扩展到食品工业、纤维造纸、化学工业、机械制造、商店市场、发行出版等行业，分拣从小到大的各式各样的物品，自动分拣设备如图 3.4.1 所示。日本一位物流专家认为，在多品种、小批量时代，物流的三大技术装备是自动分拣系统、自动化立体仓库和自动搬运车。自动化立体仓库是基本上已经成熟的产品，自动搬运车是发展时期的产品，自动分拣系统是接近成熟的产品。这可以认为是国外专家对于自动分拣系统在物流技术中的地位和现状的充分认可。

图 3.4.1　自动分拣设备

（二）自动分拣系统的主要特点

1. 能连续、大批量地分拣货物

由于采用大生产中使用的流水线自动作业方式，自动分拣系统不受气候、时间、人的体力等的限制，可以连续运行，同时由于自动分拣系统单位时间内的分拣件数多，自动分拣系统的分拣能力是人工分拣系统无法比拟的。它可以连续运行 100 个小时以上，每小时可分拣 7000 件以上的包装商品，而使用人工方式分拣则每小时只能分拣 150 件左右，而且还不能在一定劳动强度下连续工作 8 个小时以上。

2. 分拣误差率低

自动分拣系统的分拣误差率大小主要取决于输入的分拣信息的准确性高低，这又取决于分拣信息的输入机制，如果采用人工键盘或语音识别方式输入，则分拣误差率在3%以上；如果采用条码扫描输入，除非条码印刷本身有差错或者污损，否则不会出错。因此，自动分拣系统主要采用条码技术来输入分拣信息。

3. 分拣作业可以实现无人化

国外建立自动分拣系统的目的之一就是减少人员的使用，减轻员工的劳动强度，提高人员的使用效率，因此自动分拣系统能最大限度地减少人员的使用，基本做到无人化。自动分拣系统的分拣作业本身并不需要使用人员，人员的使用仅局限于以下四个作业场景：送货车辆抵达自动分拣系统的进货端时，由人工接货；由人工控制自动分拣系统的运行；分拣线末端由人工将分拣出来的货物进行集中、装车；自动分拣系统的经营、管理与维护。例如，美国一公司配送中心的面积为10万m^2左右，每天可分拣近40万件商品，仅使用400名左右员工，这其中部分人员都在从事上述第一项和后两项作业，自动分拣系统基本做到了无人化作业。

（三）自动分拣系统的构成

自动分拣系统种类繁多，规格不一，但每个自动分拣系统大体上都由收货输送机、合流装置、喂料输送机、分拣指令设定装置、计算机控制器、分拣传送装置及分拣机构、分拣道口、计算机控制系统等部分组成。

1. 收货输送机

卡车送来的货物放在收货输送机上，经检查验货后，进入自动分拣系统。为了满足配送中心吞吐量大的要求，提高自动分拣系统的分拣量，往往采用多条输送带组成的收货输送机系统，以供几辆乃至百余辆卡车同时卸货。这些输送机多是辊式和带式输送机，辊式输送机具有积放功能，即当前面的货物遇阻时，后端货物下面的辊道会自动停转，使货物得以在辊式输送机上暂存，解阻后自动继续前进。

有些配送中心使用伸缩式输送机，该输送机能深入卡车车厢内，从而大大减轻卡车工人搬运作业的劳动强度。

2. 合流装置

大规模的自动分拣系统因分拣数量大，往往由2~3条输送带输入被拣货物。货物分别经过分拣信号设定装置后汇合到合流装置。合流装置由辊式输送机组成，它能让到达汇合处的货物依次通过。

3. 喂料输送机

货物在被分拣前，要经过喂料输送机。它的作用有两个：一是依靠光电管的作用，使前、后两个货物之间保持一定的间距，均衡地进入分拣输送带；二是使货物逐渐加速到分拣机主输送机的速度。

其中，第一段喂料输送机是间歇运转的，它的作用是保证前后货物在分拣机上能满足货物间的最小间距。由于该段输送机的传送速度一般为0.6m/s左右，而分拣机传送速度的驱动均采用直流电动机无级调速，因此，需要由速度传感器将喂料输送机的实际带速反馈到控制器上进行随机调整，保证货物在第二段喂料输送机上的速度与分拣机完全一致。这是自动分拣的关键之一。

4. 分拣指令设定装置

通常待分拣的货物上贴有到达目的地标记的标签，或者包装箱上写着收货方的代号。在进入分拣机前，先由信号设定装置把分拣信息（如配送目的地、客户名）等输入计算机控制器，待货物进入自动分拣系统后，即由系统根据标签或代号将货物分拣到对应道口。

在自动分拣系统中，分拣信息转变成分拣指令的设定方式有以下几种。

（1）人工键盘输入。操作者一边看着货物包装箱上粘贴的标签或书写的号码，一边在键盘上将号码输入。键盘输入方式操作简单、费用低、限制条件少，但操作员必须注意力集中，劳动强度大，易出差错。人工输入的差错率为1/300，键入速度只能达到1000～1500件/h。

（2）声控方式。首先需将操作人员的声音预先输入计算机控制器中，当货物经过设定装置时，操作员将包装箱上的标签或代号依次读出，计算机接收声音并转为分拣信息，发出指令，传送到分拣系统的各执行机构。声控方式与人工键盘输入相比，速度要快，可达3000～4000件/h，操作人员较省力。但由于需事先存储操作人员的声音，当出现操作人员声音因咳嗽变哑等情况时，可能会发生差错。

（3）利用激光扫描物流条码。当被拣货物包装上贴着的代表物流信息的条码，在输送带上经过激光扫描器时，扫描器自动识别条码上的分拣信息，并输送给计算机控制器。由于激光扫描器的扫描速度极快，达100～120次/s，而且来回对条码扫描，所以能将输送带上高速移动的货物上的条码正确读出。激光扫描条码方式费用较高，货物需要配备物流条码，但输入速度快，可与输送带的速度同步，达5000件/h以上，差错率极小，规模较大的配送中心多采用这种方式。

5. 计算机控制器

根据各客户需要的货物品种和数量，预先编好设计程序，把全部分拣信息一次性输入计算机，计算机控制器即按程序执行。

计算机程序控制是最先进的分拣方式，它需要与条码技术结合使用，而且还须置于整个企业计算机经营管理系统之中。一些大型的现代化配送中心把各个客户要货单一次性输入计算机中，在计算机的集中控制下，把货箱从货架上拣选取出，在输送带上由条码喷印机喷印条码，然后进入分拣系统，全部配货过程实现自动化。

6. 分拣传送装置及分拣机构

它是自动分拣系统的主体，包括两个部分：分拣传送装置和分拣机构。前者的作用是把被拣货物送到设定的分拣道口位置；后者的作用是把被拣货物推入分拣道口。各种类型的自动分拣系统，其主要区别就在于采用不同的传送装置（如钢带输送机、胶带输送机、托盘输送机、辊式输送机等）和不同的分拣机构（如推出器、浮出式导轮转向器等）。

7. 分拣道口

分拣道口是用来接纳由分拣机构送来的被拣货物的装置。它的形式各种各样，主要取决于分拣方式和场地空间。一般采用斜滑道，其上部接口设置动力辊道，把被拣货物“拉”入斜滑道。

斜滑道可看作暂存未被取走货物的场所。当滑道满载时，由光电管控制，阻止分拣货物再进入分拣道口。此时，该分拣道口上的“满载指示灯”会闪烁放光，通知操作人员取走滑道上的货物，排除积压问题。一般自动分拣系统还设有一条专用卸货道口，汇集“无法分拣”和因“满载”无法进入设定分拣道口的货物，以做另行处理。有些自动分拣系统使用的分拣斜滑道在不使用时可以向上吊起，以便充分利用分拣场地。

8. 计算机控制系统

计算机控制系统向自动分拣系统的各个执行机构传递分拣信息，并控制整个自动分拣系统。自动分拣的实施主要靠它把分拣信号传送到相应的分拣道口，并指示启动分拣机构，把被拣货物推入道口。自动分拣系统的控制方式通常是脉冲信号跟踪法。自动分拣系统计算机控制系统，如图3.4.2所示。

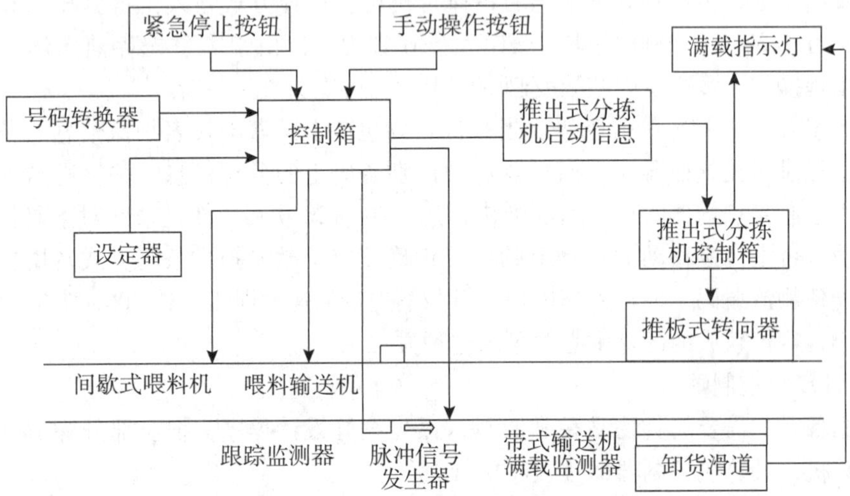

图3.4.2 自动分拣系统计算机控制系统

根据图3.4.2可知，送入自动分拣系统的货物，经过跟踪监测器，并根据计算机存储的信息，计算出到达分拣道口的距离及相应的脉冲数。当被拣货物在喂料输送机上移动时，安装在该输送机轴上的脉冲信号发生器产生脉冲信号并计数。当计数值达到计算值时，立即输出启动信号，使分拣机构动作，货物被迫改变移动方向，滑入相应的分拣道口。

（四）自动分拣系统的工作流程

自动分拣系统后工作流程，大致可分为合流、分拣信号输入、分拣和分流、分运四个阶段。

1. 合流

货物可以通过人工搬运方式或机械化、自动化搬运方式进入自动分拣系统，也可以通过多条输送机进入。合流装置逐步将各条输送机输入的货物合并于一条汇集输送机上，同时对货物在输送机上的方位进行调整，以适应分拣信号输入和分拣的要求。

2. 分拣信号输入

在这一阶段中，货物接受激光扫描器对其条码标签的扫描，或者通过其他自动识别方式，如光学文字读取装置、声音识别输入装置等，将货物分拣信息输入计算机。货物之间保持一个固定值的间距，对分拣速度和精度是至关重要的，即使是高速分拣机，各种货物之间也必须有一个固定值的间距。当前的自动分拣系统已能将这个间距减小到不到20cm。

3. 分拣和分流

货物离开分拣信号输入装置后，在分拣传送装置上移动时，根据不同货物分拣信号确定各自的移动时间，当货物行走在指定的分拣道口时，由该处的分拣机构按照上述的移动时间自行启动，将货物排离主传送装置进入分拣道口。

4. 分运

分拣出的货物离开主传送装置，再经过滑道到达自动分拣系统的终端。分运所经过的滑道一般是无动力的，利用货物的自重从主传送装置上滑行下来。在各个滑道的终端，由操作人员将货物搬入容器或搬上车辆。

自动分拣系统采用程序逻辑控制全部功能，包括合流、分拣信号输入、分拣和分流及分运。然而目前更普遍的是使用计算机，或采用以若干个微处理机为基础的控制方式。

（五）几种常见的自动分拣机

自动分拣机按其分拣的形式可分为很多类型，在流通领域常用的自动分拣机大体上有四种类型，即推出式、浮出式、倾翻式和滑块式。下面介绍几种常见的自动分拣机。

1. 钢带推出式分拣机

钢带推出式分拣机的主体是整条的钢带输送机，带厚为0.8～1.2mm，宽度为750～950mm，由一个大直径的驱动轮驱动，单机长度由分拣进口的数量而定。钢带的一侧或两侧设分拣道口，被拣货物首先通过定位器，被分成左右两行，到设定的道口时，由推出机构将货物推入分拣道口。

钢带推出式分拣机的优点是适用范围广，除易磨损钢带的包装（如带钉和打包铁皮木箱）外，其他包装和无包装（如轮胎）的货物都适用。因此现在运输业的货物集散中心大多采用这种类型的分拣机。该分拣机还可以在上下两层同时分拣，机械的强度较高，耐用性好，维修费用少。缺点是分拣能力较低，分拣道口间距较大，在同一位置只能单侧设置分拣道口，营运费用也较高。

2. 胶带浮出式分拣机

胶带浮出式分拣机的主体是分段的胶带输送机。分拣道口处设置一排可以向两侧转向并可上下浮动的橡胶斜轮。被拣货物经过分拣信号设定装置后，通过鱼骨状辊道的合流输送机，进入主传送带。当货物抵达设定的分拣道口时，斜轮上浮，把货物斜移转弯，送入分拣道口。分拣道口的上口有一段带动力的辊道，引导货物流入分拣道口。

胶带浮出式分拣机的优点是：能向两侧分拣，可布置较多的分拣道口；对货物冲击小，可分拣易碎货物；机身较低（1000mm）；噪声小；营运费用低；便于扩充；分拣能力高。缺点是对包装形状和质量要求高。

3. 翻盘式和翻板式分拣机

翻盘式分拣机的传送装置是一排由链条拖行的翻盘，翻盘到设定的分拣道口，向两侧倾斜，使被拣货物靠重力滑入分拣道口，如图3.4.3所示。

翻盘式分拣机的布置十分灵活，既能水平，也能倾斜，甚至可以隔层布置；平面上可呈直线形、环形或不规则形；还可以架空链挂翻盘。用翻盘式分拣机能组成一个变化多样的空间分拣系统。

翻板式分拣机，与翻盘式分拣机类似，均属于倾翻型。它的传送部分是由并列的窄状翻板组成。在分拣货物时，每一承载单元前后的翻板陆续倾翻，使长件货物能平稳地转向翻入分拣道口。这类分拣机的特点是能分拣长件货物，分拣输送线也能转弯和倾斜运行。

翻盘式和翻板式分拣机的优点有：布置灵活，能从多处送入分拣货物，分拣道口可两侧布置；分拣道口间距要求极小，故可布置较多的分拣道口，提高经济效益；能分拣极小的货物。缺点是：对货物有撞击，噪声大，营运费较高，不适宜分拣较大、较重、较高的货物。

4. 滑块式分拣机

滑块式分拣机的传送装置是一条特殊的板式输送机，其板面用金属板条或管组成。每块板条或管上各有一枚导向滑块能做横向滑动。导向滑块靠在输送机一侧边上，当被分拣货物到达指定分拣道口时，控制器使导向滑块顺序地向分拣道口方向滑动，把货物推入分拣道口，如图3.4.4所示。

这类分拣机在计算机控制下，能自动识别、采集数据，操纵导向滑块，故又被称为“智能型分拣机”。其优点是分拣正确、迅速，分拣能力大。缺点是分拣设施复杂，投资及营运成本较高，还需要一个与之相适应的外部条件（如计算机信息系统、作业环境、配套设施等）。

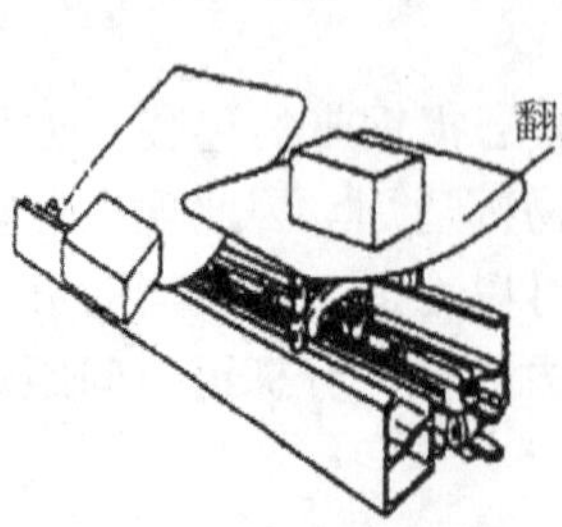

图3.4.3　翻盘式分拣机

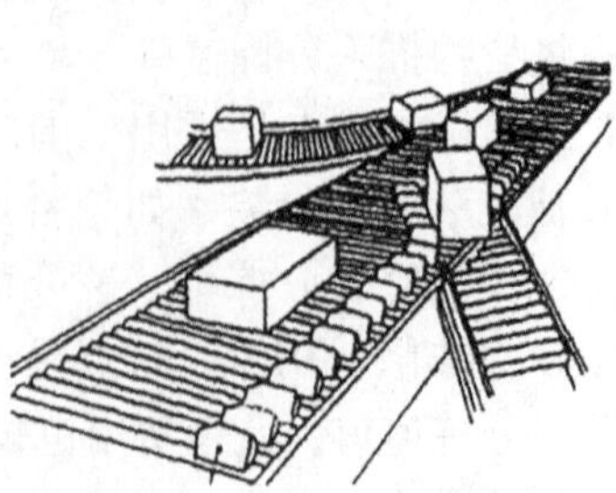

图3.4.4　滑块式分拣机

二、智能拣选技术

拣选作业过程是把货物从货位上拣选出来，按照出货订单归类，并送至出货区的全过程。拣选是整个仓储作业的核心环节，拣选作业效率的高低决定了货物出库效率的高低，良好的拣选作业是保证仓储高效运营的关键。拣选作业一般分为“人到货”和“货到人”两种作业方式。

（一）“人到货”拣选技术

“人到货”拣选，即在物流拣选过程中，拣选人员到货格前，从货格中拣选所需数量的货物出库。“人到货”拣选方式是较为传统的作业方式，技术应用一般只作为该作业方式下人工作业的辅助，主要应用热点包括 PDA 和 RFID 拣选技术、电子标签拣选技术、语音拣选技术、增强现实智能眼镜拣选技术等。

1. PDA 和 RFID 拣选技术

PDA（Personal Digital Assistant，掌上电脑）拣选技术是建立在条码扫描技术和无线通信技术基础上的一种发展相对成熟的拣选技术，作业人员使用无线手持终端扫描拣货单及货位上的条码，可以快速获得货物的种类、数量及货位位置信息，并可以进行正确性验证，快速且准确地完成订单拣货任务。PDA 与 WMS（Warehouse Management System，仓储管理系统）实时通信，实时同步仓储货位的货物信息与系统中的库存信息，并记录所有拣选作业以供追溯，便于拣选作业的分析和管理。

RFID 人工拣选主要有两种形式：一种是把电子标签放在货位上，另一种是把电子标签放到货物上。对高位托盘货架来说，通常会把电子标签放到货位上，对于服装行业等小型货物来说，则直接放到服装上，因为拣选时不需要找条码，拣选速度会更快。

这两种拣选方式比较相似，首先都需要部署网络和设备，数据可实现同步，每次拣选作业在拣选的那一刻，所有的数据即上传到服务器，有利于实现库存的实时盘点，并为将来仓库的精细化管理打好基础，为提升仓库作业效率提供了保障。PDA 拣选技术穿戴式终端如图 3.4.5 所示。

图 3.4.5　PDA 拣选技术穿戴式终端

2. 电子标签拣选技术

电子标签拣选系统的主体部分是一组安装在货位或周转箱上的电子设备。在计算机软件的控制下，设备通过亮灯或信息显示的方式引导拣选人员快速准确地完成拣选工作。电子标签拣选货架，如图3.4.6所示。

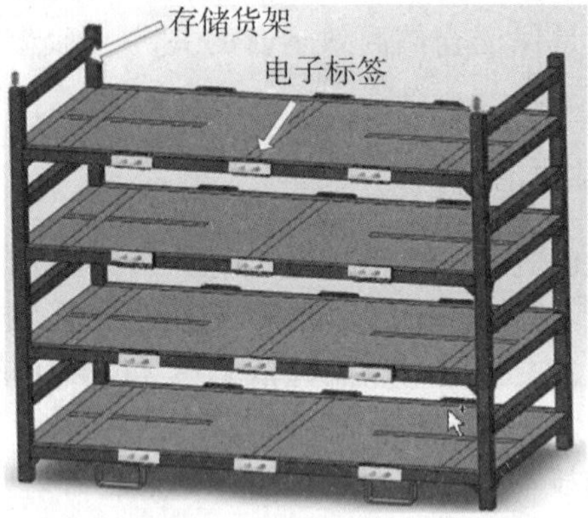

图3.4.6 电子标签拣选货架

电子标签在实际使用中主要有两种方式——摘取式电子标签拣选和播种式电子标签拣选。

摘取式电子标签拣选系统就是利用电子标签实现摘取式拣选出库的系统。首先要在仓库管理中实现货位、品种与电子标签的对应。出库时，出库信息经由系统处理并传到相应货位的电子标签上，显示出该货位存放的货物需出库的数量，同时发出光、声音信号，指示拣选人员完成作业。这种拣选方式使拣选人员无须费时去寻找货位和核对货物，只需要核对拣选数量即可，因此在提高分拣速度、准确率的同时，还降低了人员劳动强度。采用摘取式电子标签拣选系统时可设置多个拣货区，以进一步提高分拣速度。

摘取式电子标签拣选方式一般要求每一品种货物均配置电子标签，但这对很多企业来说，投资较大。因此，可采用两种方式来降低系统投资：一种方式是采用可以多屏显示的电子标签，用一只电子标签实现多个货品的指示；另一种方式是采用摘取式电子标签拣选加人工拣选的方式，对出库频率最高的20% ~30%的货物（占出库量的50% ~80%）采用摘取式电子标签分拣的方式以提高拣选效率；对其他出库频率不高的货物，仍使用纸质拣货单。这两种方式的结合在确保改善拣选效率的同时，有效节省了投资。

播种式电子标签拣选系统是利用电子标签实现播种式拣选出库的系统。该系统中的货位代表每一客户（各个商店、生产线等），每一货位都设置有电子标签。操作员先通过条码扫描把将要分拣的货物的信息输入系统中，订单客户的货位的电子标签就会亮灯、发出蜂鸣，同时显示出该位置所需分货的数量，分拣员可根据这些信息进行快速分拣作业。因为播种式电子标签拣选系统是依据货物和部件的标识号来进行控制的，所以每个货物上的条码是支持播种式电子标签拣选的基本条件。当然，在没有条码的情况下，也可通过手工输入的办法来解决。

电子标签用于物流配送，能有效提高出库效率，并适用于各种苛刻的作业要求，尤其在零散货物配送中具有绝对优势，在连锁配送、药品流通场合以及冷冻品、服饰、音像制品物流中有广阔的应用前景。而摘取式电子标签拣选系统和播种式电子标签拣选系统是电子标签针对不同物流环境的灵活运用。一般来说，摘取式电子标签拣选系统适合多品种、短交货期、高准确率、大业务量的情况；而播种式电子标签拣选系统较适合品种集中、多客户的情况。

3. 语音拣选技术

语音拣选是一种利用语音播报和语音识别技术达到辅助拣选目的的作业方式。使用语音拣选技术，拣选人员需要穿戴语音设备，按照系统语音提示拣货，并读出货位号进行正确性验证。穿戴式语音拣选设备如图 3. 4. 7 所示。

语音拣选可以简单地分为三个步骤：第一步，操作员听到一个巷道号和货位号的语音提示，系统要求其说出货位校验号；第二步，操作员把这个货位校验号读给系统听，当得到确认后，系统会告诉他所需选取的货物和数量；第三步，操作员从货位上拿下货物，然后进入下一个作业环节。

在实际作业中，操作员通过语音密码登录自己的语音终端，系统将其引导至第一个拣选货位，当听到系统语音指示（任务）后，操作员说出货位校验号，若确认无误，则按系统提示的货物及其数量进行拣选，否则重新寻找货位。完成一个拣选任务后操作员再继续获取下一个语音指示。

语音拣选对比传统纸单方式拣选具有很多优势，使用语音技术，操作员不需要左右徘徊，可以连续工作。“释放双眼和双手”的操作特性，使操作人员抛开了纸、笔、标签、扫描器、显示器等的羁绊，连续地、高效地、专心地操作，作业效率大幅提升。

4. 增强现实智能眼镜拣选技术

增强现实（AR）智能眼镜拣选技术是指利用带有增强现实功能的有关设备，自动识别作业环境并根据拣选任务规划拣选路径，快速呈现货物的基本信息，指导作业人员准确获取货物的拣选技术。AR 智能眼镜拣选技术的虚拟视野如图 3. 4. 8 所示。

图 3. 4. 7　穿戴式语音拣选设备

图 3. 4. 8　AR 智能眼镜拣选技术的虚拟视野

这是最新投入应用的一种拣选方式。随着增强现实技术的发展，这一技术已经开始在仓储物流运营中心的拣选作业中应用。员工佩戴的增强现实智能眼镜具有导航功能，直接将员工导航至拣选货位，同时自动扫描货位与货物条码。拣选人员只需要语音确认拣选数量即可。所有的作业信息全部投影在眼镜上。该方式的主要优点有：同语音拣选方式一样，增强现实智能眼镜拣选技术解放了拣选作业人员的双手，同时又具备条码复核能力；保障拣选质量与库存数据同步，并且通过自动扫描条码，提升拣选效率。

（二）“货到人”拣选技术

“货到人”拣选，即在物流拣选过程中，人不动，货物被自动输送到拣选人面前，供人拣选。“货到人”拣选是物流配送中心一种重要的拣选方式，与其对应的拣选方式是“人到货”拣选。“货到人”拣选有超过40年的发展历史。最早的“货到人”拣选是由自动化立体仓库完成的，托盘或料箱被自动输送到拣选工作站，完成拣选后，剩余的部分仍然自动返回自动化立体仓库中储存。这种拣选方法一直沿用到现在，并逐渐显示其重要性。

“货到人”拣选分为存拣一体的“货到人”拣选和存拣分离的“货到人”拣选。存拣一体的“货到人”拣选设备有自动旋转货架，多层穿梭车，堆垛机；存拣分离的“货到人”拣选设备有AGV（自动导引车）。

存拣一体的“货到人”拣选技术都有一个共同特征，即存储能力和拣选能力都受到设备的制约。比如，巷道货位决定了巷道的存储能力，巷道设备的运行速度直接决定了其吞吐能力。

AGV则是另一种形式的拣选方式，它实现了存储和拣选的分离。当仓库需要增加存储量时，只需要增加货架数量即可；当需要提高吞吐能力时，则增加AGV数量，因为AGV和货架是分离的，货架决定了存储能力，AGV决定了吞吐能力。因此，AGV会比多层穿梭车等更加灵活一些。

1. 自动旋转货架

自动旋转货架是机械和电气、强电控制和弱电控制相结合的一种货架产品，具有拣货路线短、拣货效率高的优点。它主要由货物储存、货物存取和传送、货物控制和管理三大系统组成，还有与之配套的供电系统、空调系统、消防报警系统、称重计量系统、信息通信系统等。

货物储存系统由货架的货格（料箱）组成。货物存取和传送系统承担货物存取、出入仓库的功能，它由升降机、出入库输送机、装卸机械等组成。升降机可实现货物的多层保管，将货物提升到高层位置。出入库输送机可根据货物的特点采用传送带输送机、机动辊道、链条传动输送机等，主要负责将货物输送到货架升降出入库位置。装卸机械承担货物出入库装车和卸车的工作。

货物控制和管理系统一般采用计算机控制和管理，视自动旋转货架的不同情况，采取不同的控制方式。有的仓库采取旋转货架、出入库输送机的单台PLC（Programmable Logic Controller，可编程逻辑控制器）控制的方式，机与机无联系；有的仓库对各单台机械进行联网控制。更高级的自动旋转货架的货物控制和管理系统采用集中控制、分离式控制和分布式控制的方式，即由管理计算机、中央控制计算机和旋转货架、出入库输送机等直接控制的可编程逻辑控制器组成货物控制和管理系统。

管理计算机是自动旋转货架的管理中心，承担入库管理、出库管理、盘库管理、查询、打印及显示、仓库经济技术指示计算分析管理功能，它包括在线管理和离线管理。中央控制计算机是自动旋转货架的控制中心，它负责协调管理计算机、旋转货架、出入库输送机等的联系；控制和监视整个自动旋转货架的运行，并根据管理计算机或自动键盘的命令组织流程，以及监视现场设备运行情况和现场设备状态、监视货物流向及收发货显示，与管理计算机、堆垛机等现场设备进行通信联系，还具有检测设备故障及查询显示等功能。

自动旋转货架操作简单，存取作业迅速，适用于制造业当中的电子元件、精密机械等小批量、多品种小物品的储存及管理。自动旋转货架转动的速度很快，可以达到30m/min的速度。自动旋转货架的存取效率很高，因为其通过计算机控制实现自动存取和自动管理，其计算机快速检索功能可以迅速寻找货位，快捷拣货，储存物可以是纸箱、包、小件物品。取料口高度符合人体工程学，适合操作人员长时间作业。由于自动旋转货架可适用于各种空间配置，存取出入口固定，所以空间利用率较高。

自动旋转货架一般有水平旋转和垂直旋转两种形式。水平旋转式货架又分为一台电动机驱动的和多台电动机驱动的两种形式。用一台电动机驱动的方式是把上下各层货物连在一起，实现水平方向旋转的自动旋转货架。另外一种水平方向旋转的自动旋转货架是各层均有一台电动机驱动，可实现各层独立转动。垂直旋转式货架的原理与水平旋转式货架大致相同，只是旋转方向垂直于水平面，充分利用了上部空间。这是一种节省空间的仓储设备，比一般传统式平置轻型货架节省了1/2以上的货架摆放面积。但旋转速度比水平旋转式货架慢，为5～10m/min。垂直旋转式货架可以设计成独立式的，可以根据需要任意组合。

自动旋转货架单位储存成本低，安装容易，是一种自动化的储存设备，适用于小批量、多品种、高效率的存取。自动旋转货架如图3.4.9所示。

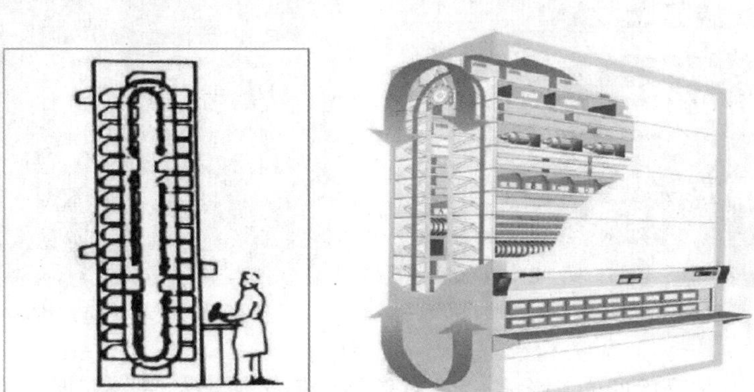

图3.4.9　自动旋转货架

2. 多层穿梭车

多层穿梭车是立体穿梭式货架存储系统中不可缺少的重要传送工具。通过无线电遥控器的控制，穿梭车能在货架的导轨上运行，实现料箱货物的出入库。可将穿梭车放置在不同巷道，多个巷道可以共用一部穿梭车。穿梭车的数量由巷道深度、货物总量、出货频率等综合因素来决定的。密集型货架中的多层穿梭车，如图 3. 4. 10 所示。

多层穿梭车系统结构设计非常紧凑，比一般及传统解决方案的占地面积减少了30% ~50%，可运用于高密度的仓储系统，大大增加了存储货位。相同空间布局系统中，多层穿梭车系统出入库处理能力比传统仓储系统提升了 5 ~10 倍。

目前市场上的多层穿梭车系统尺寸并没有严格规定，比如有高度为 6 ~15m，存储层为 8 ~36 层，长度为 20 ~100m 的多层穿梭车系统；也有高度为 17 ~20m，存储层为 9 ~30 层，长度为 30 ~160m 的多层穿梭车系统。

多层穿梭车在国内外都是一个运用范围很广的技术，它可以在较高密度的存储系统中快速、准确、自动化地完成拣选作业，适合于品种规格较多的仓库，可实现一体化流程，包括从装配、产品组装到订单选拣和配送的各个环节。因此，无论是作为补给工作区的高性能解决方案、缓冲库，还是在生产和安装过程中按序提供物料产品，多层穿梭车都可以高效、精准地帮助企业发挥更大价值。

3. 堆垛机

堆垛机是用货叉或串杆攫取、搬运和堆垛单元货物或从高层货架上存取单元货物的专用起重机。它是一种仓储设备，分为桥式堆垛机和巷道式堆垛机（又称巷道式起重机）两种。堆垛机是整个自动化立体仓库的核心设备，通过手动操作、半自动操作或全自动操作把货物从一处搬运到另一处。它由机架（上横梁、下横梁、立柱）、水平行走机构、提升机构、载货台、货叉及电气控制系统构成。巷道式堆垛机如图 3. 4. 11 所示。

图 3. 4. 10　多层穿梭车

图 3. 4. 11　巷道式堆垛机

堆垛机是立体仓库的专用设备，具有较高的搬运速度和货物存取速度，可在短时间内完成出入库作业，堆垛机的最高运行速度可以达到 500m/min。堆垛机自身尺寸小，可在宽度较小的巷道内运行，同时适合高层货架作业，可提高仓库的利用率。堆垛机可实现远程控制，作业过程无须人工干预，自动化程度高，便于管理。堆垛机具有很高的可靠性，工作时具有良好的稳定性。

使用堆垛机的货架系统要对货架的列、层、行的货位分别编号，以便实现指定货位的自动进出库，也便于利用计算机进行在库管理。实际上，最新的大型自动化立体仓库大多采用计算机进行在库管理。然而，为了节省设备投资，在小型自动化立体仓库中，多数仍采用手动控制和半自动控制。

（1）手动控制。手动控制是司机在堆垛机的司机台上一边查看货位号码，一边操作操纵手柄或按钮完成行走、升降、货叉进出。

（2）半自动控制。司机在堆垛机的司机台上，按动所需货位号的按钮，堆垛机就自动完成行走、升降各种动作，并停止在指定的货位号处。货叉的进出动作由手动操纵杆或用按钮进行控制。返回动作大多是按动返回按钮即可自动返回原位。

（3）全自动控制。这是无人操纵的形式，操纵盘装在堆垛机外，用按钮或穿孔卡等为指令。因此，只要按下启动电钮，就能遥控堆垛机自动进行进出库操作。近来也有采用磁芯存储器等存储装置来存储各货位号的库存量或品种，进行在库管理的方式。

（4）计算机控制。设置与计算机直联的地面控制盘，把进出库指令输入计算机，进行集中控制。计算机发出的进出库指令被存贮在地面控制盘上的前置盒式计算器中，该计算器一边控制堆垛机把目标货物自动地进出库，一边进行进出库货位号、品种、次数等运算，实施在库管理。在大型自动化立体仓库中，往往采用这种管理方式。在现已建成的小型独立货架式仓库中，也有一些采用小型计算机进行在库管理的。

京东启用两大百万级智能分拣中心　效率提升5倍

2019年10月14日，全面备战“双十一”的京东物流亚洲一号智能仓群迎来新升级，位于成都亚洲一号和武汉亚洲一号的两个超大型智能分拣中心正式投用，两大智能分拣中心单日订单处理能力均达到100万件以上。得益于系统性的智能设备应用和订单的集中式、规模化处理，其整体分拣效率比传统作业方式提升5倍。

成都、武汉的超大型智能分拣中心的设计采用了行业领先的大型分拣机和矩阵式作业模式；分拣机和矩阵均放置于设备平台上，单个分拣机能力达到2.4万件/h，矩阵可支持500个分拣格口同时开动。“双十一”期间，武汉、成都智能分拣中心的单日订单处理能力均超过120万件。

这意味着消费者购买的商品，在货架拣出、包装及贴好配送地址面单后，能够以极快的速度分配到对应运输车辆，通过丰富的干支线运输网络，第一时间配送到消费者手中。武汉亚洲一号和成都亚洲一号两个超大型智能分拣中心的启用，也是实现“千县万镇24小时达”时效提速计划的重要一环。

4. 自动导引车

自动导引车，如图3.4.12所示，是一种具有高度柔性化和智能化的物流搬运设备，又被称为移动机器人，AGV的核心技术主要包括传感器技术、导航技术、伺服驱动技术和系统集成技术。国外从20世纪50年代开始在仓储业中使用，日本、德国、美国、瑞典、意大利的AGV产品种类齐全，技术先进，处于领先地位；国内，AGV在汽车、家电、烟草、印钞、新闻报纸、物流配送等行业已有大规模的应用。目前，以亚马逊Kiva机器人为代表的“货到人”解决方案在仓储系统中的应用日益广泛。

AGV较常见的导航技术大致可分为三代：第一代是利用电磁和磁导航，第二代是利用二维条码导航，第三代分为两大类，分别是基于激光与视觉的两种即时定位与地图构建（Simultaneous Localization And Mapping，SLAM）算法导航。

第一代AGV导航技术主要是被动地接受信息，较为传统。如电磁导航，其导航原理是在AGV行驶路径上埋置金属线，然后给金属线加载导航频率，通过AGV上的电磁感应线圈来感应磁场的强弱，进行识别和跟踪。这种导航方式主要的优点是不易破损、污染，成本低，缺点是路径固定，不易改造。

磁导航与电磁导航技术接近，不同之处在于其采用贴在路面的磁条替代埋置在地面下的金属线，通过磁场传感器检测磁条信号控制导航（如图3.4.13所示），在拐弯或特定的位置可以配合RFID技术识别感应，实现精确导航。这种导航方式成本低，线路稳定，缺点是易污染和破损，容易受外界的影响。此技术也是目前运用最广泛、最成熟的导航技术之一。

图3.4.12　自动导引车

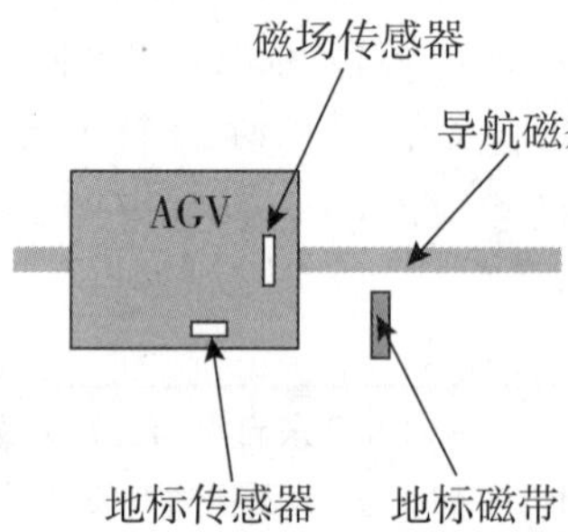

图3.4.13　AGV磁导航

第二代AGV导航技术在第一代的基础上进行了完善，二维条码导航需要AGV识别周围标志信息，利用AGV子系统计算分析其所处位置，以无线通信的方式反馈给中心电脑，进而对AGV进行整体规划和调度。二维条码导航优点是定位精度高，灵活性好，对声光无干扰。缺点是成本高，对陀螺仪的精度要求高。二维条码AGV导航应用如图3.4.14所示。

第三代AGV导航技术即SLAM技术，SLAM技术对于机器人或其他智能体的行动和交互能力至为关键，因为它代表了这种能力的基础：知道自己在哪里，知道周围环境如何，进而知道下一步该如何自主行动。可以说凡是拥有一定行动能力的智能体都拥有某种形式的SLAM系统。

5. 码垛机器人

码垛机器人主要包括直角坐标式机器人、关节式机器人、极坐标式机器人，码垛机器人能适应纸箱、袋装、罐装、瓶装等各种形状的包装物品的码垛和拆垛作业。该类型机器人不仅能搬运重物，而且作业速度和质量远远高于人工作业。每一台码垛机器人都有独立的控制系统，极大地保证了作业精度，通过科学、合理的刚性机械本体设计，机器人可以适应高负重、高频率、高灵活性的码垛作业，码垛机器人如图3.4.15所示。

图3.4.14　二维条码AGV导航

图3.4.15　码垛机器人

码垛机器人结构简单、零部件少；可以设置在狭窄的空间使用，占地面积少；能根据客户产品的尺寸、体积、形状及托盘的外形尺寸进行变化修改，适用性强；通常机械式的码垛机的功率在26kW左右，而码垛机器人的功率为5kW左右，能耗低；只需定位抓起点和摆放点，操作简单。

6. 分拣机器人

分拣机器人具备传感器、物镜、图像识别系统和多功能机械手，可根据图像识别系统“看到”物品形状，用机械手抓取物品，然后放到指定位置，实现货物快速分拣。

分拣机器人的优点：可24小时不间断地工作；体积轻便，效率高，能够节省70%的人员；自动化程度高，具有高速、高效、精准的分拣能力，分拣机器人与集成视觉系统融合后，能够实时同步跟踪，在产品运动过程中实施抓放，抓取效率高。

分拣机器人与工业相机的快速读码及智能分拣系统相结合，可实现包裹称重读码后的快速分拣及记录交互等工作，能够大量减少分拣过程中的人工需求，提升分拣效率和自动化程度，并大幅提升分拣准确率。随着大数据算法的日益完善、快递邮件信息逐步标准化、智能控制系统集成化，分拣机器人已经成了物流行业的主要生产力。

课程思政

第十一届“振兴杯”全国青年职业技能大赛上，栾峰获得了快递业务员项目组冠军。

栾峰是杭州百世网络技术有限公司山东分公司的一名客户服务管理人员。然而让人略感意外的是，她原本学习工作的领域却与物流行业全无关系。大学时期，栾峰学习的是计算机专业。毕业后，和大多数年轻人一样，栾峰也希望能在大企业里找一份稳定的工作。也许是兴趣并不相符，也许是性格使然，在通信企业的工作让栾峰感受不到乐趣与满足。于是在2011年，栾峰选择了快递行业，栾峰说："有人觉得快递行业太辛苦，而且发展空间不大。可在我看来，目前互联网的应用越来越广泛，近几年电子商务发展迅速，快递行业将是一个人才需求量快速增长，发展前景广阔的行业。"

栾峰说，参加"振兴杯"大赛最大的收获就是使她看到了快递行业未来发展的方向。除此之外，印证快递行业蓬勃发展的，还有电子商务的惊人崛起与快速发展。

栾峰告诉记者，自从"双十一""双十二"出现以来，他们的工作也发生了巨大的变化。谈及每年"双十一"期间的工作状态，栾峰坦率直接地表示："就是忙，很忙很忙，而且这种爆发式的工作量每年都在以阶梯式的增长形式逐年递增。"栾峰告诉记者，现在的快递行业本身也在经历着天翻地覆的变化，这种变化迅速且令人欣喜。"现在行业在努力地实现规范化管理，科技产品被应用得越来越广泛。业务员需持证上岗、验视身份证等制度的出台都是规划行业发展所必要的努力与尝试。我相信，不久的将来，快递行业一定会有一个从量变到质变的发展过程。"

基于此，栾峰也鼓励更多高素质的人才加入快递行业。面对很多毕业生认为快递工作辛苦、不够体面等质疑，栾峰遗憾地表示："这实在是太可惜了，他们没有看到这份工作真正的价值与潜力。以我的公司为例，最近有很多新的科技手段来助推行业发展，比如说送快递时的扫描仪等，这对快递人员的综合素质也提出了新的要求。"栾峰说："现在快递行业发展很快，需要年轻人具有活跃的思维，如果真正了解和深入这个行业，你就会发现，这里对大学生来说是一个很好的起步的地方。"

中国快递业务量于2014年首度超过美国，随后连续五年稳居世界第一，对世界增长贡献率超过50%，成为世界邮政业的动力源和稳定器。快递业对消费增长的贡献率超过30%，对经济增长的间接贡献率超过20%，已经成为新经济的代表和经济发展新动能的重要力量。

任务实施：自动分拣系统的应用

一、"人到货"拣选技术的应用

（一）电子标签拣选

电子标签拣选系统经过多年的应用和发展，技术已经非常成熟，目前技术较为先进的电子标签拣选系统为无线电子标签及液晶显示（Liquid Crystal Display，LCD）电子标签，这些电子标签拣选系统功能更加全面，同时安装维护也更为方便。电子标签拣选系统框架如图3.4.16所示。

在电子标签拣选技术已经发展较为成熟的情况下，为了满足客户更高、更加多样化的需求，电子标签拣选系统结合其他自动化设备及系统实现更高效率成为新的趋势。物流企业使用电子标签拣选系统的应用效果包括以下几个方面。

（1）人员调配及管理更加完善：经过简单培训，初学者也能执行被分配的任务；

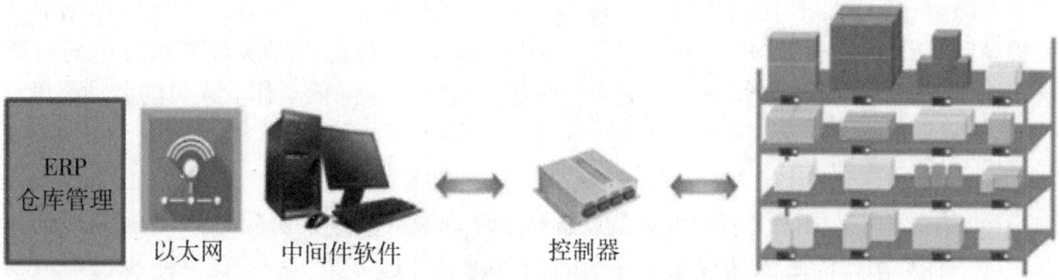

图 3.4.16　电子标签拣选系统框架

淡旺季可差异化调配人员。

（2）工作时间缩短及人员节约：拣选人员数量大幅下降，平均减少一半以上工作时间。

（3）减少差异单、误出货、误配送等操作失误，出库准确性提高，提升库存的正确性。

韩国 KOTECH（恪泰）公司结合用户需求和市场需求特点，对现有电子标签拣选系统进行多次改良创新，开发出 LCD 电子标签、小型电子标签、信号电子标签、方向电子标签、感应电子标签等多种产品，并以此为基础，推出数字拣选系统、数字分类系统、数字分拨系统、自动拣货系统等物流设施集成系统。

（二）语音拣选

目前在国内的汽车、零售、食品饮料、冷链物流等行业，语音拣选系统的使用已经较为常见，其中在汽车行业，上汽大众率先使用了汽车总装零部件语音拣选。

上海安吉速驰物流有限公司是上汽大众的第三方物流服务供应商，上海嘉定区安亭镇的汽车零部件仓库是该企业的一个运作点，面积约为 3000m^2，包含 1377 个流利式货位、600 个高层货位，负责未量产的汽车车型零件配送。该仓库的主要功能为：按需求计划和零件技术状态要求核对零件收货，进行零件的存储管理，按项目进度和台车计划拣选出台车物料并运送至库内。

仓库内部引入由德马泰克公司开发的语音拣选系统，通过语音拣选技术替代传统无线手持终端拣选技术，实现实时、准确交互、信息及时确认等功能，提高拣选效率并降低错误率。语音拣选系统中存储了各个操作人员的语音模板，当操作员登录后，系统会把相应的语音模板下载到语音终端中，从而与操作人员自身的语音进行匹配，克服了因为方言以及区域差异造成语音识别低的问题。

采用语音拣选后，拣选人员在操作时不必低头看手持式计算机的显示屏，也不必在一大堆拣选的标签中费力寻找，只需要聆听即可接受指令。语音终端通过 WiFi（无线保真）与主机或 WMS 进行实时交互，用语音命令提示操作员完成任务，并且因为仓库对于首批零件的批次和用途有特殊要求，故还需要通过指环扫描枪扫描确认，可以大大降低差错率。

采用语音拣选技术后，整个拣选过程都通过系统指令和指环扫描完成，拣选人员的双手被解放出来，相比较无线手持终端拣选，效率提高了15%以上，整体拣选准确率提高到99.99%，同时减少了操作员培训时间。语音拣选可以实现多张订单同时拣选，在优化了行走路线的情况下，大大缩短了行走距离，降低了作业人员的劳动强度。

（三）视觉拣选

Ubimax公司是国际著名的可穿戴设备和增强现实解决方案供应商，xPick是该公司开发的一种利用智能眼镜进行免提拣选的创新视觉拣选方案。一些国际组织已经成功将xPick运用到拣选流程中。实际应用表明整体拣选效率能提高近25%。xPick支持手动订单分拣、进货、出货、货物分类以及库存管理，通过重量检查、条码扫描、定位、语音确认等功能模块，降低错误率。xPick使用3D全息技术构建用户界面应用在导航、特殊自动取放检测和确认方面。该技术的应用可以减少如条码扫描等一些耗时的步骤，同时提高准确性和灵活性。xPick视觉拣选智能眼镜如图3.4.17所示。

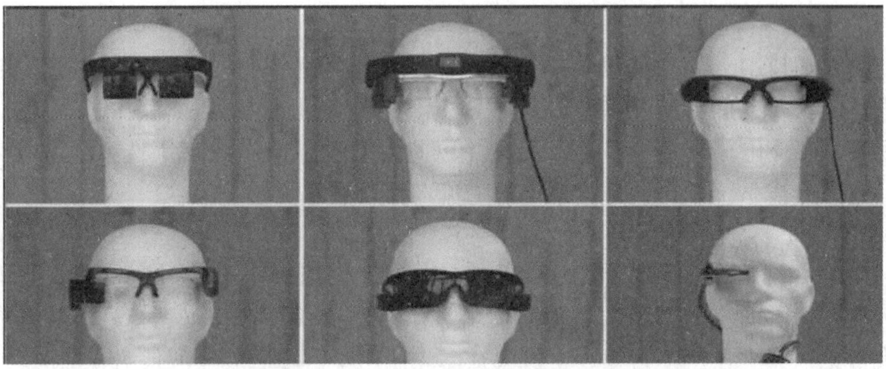

图3.4.17　xPick视觉拣选智能眼镜

韩国三星集团将xPick视觉拣选智能眼镜应用到其在欧洲的供应备件仓库中，利用可穿戴技术实施视觉拣选，优化拣选流程，以实现高速且更精准的免提拣选。拣选人员佩戴智能眼镜，扫描一排标签中的第一个和最后一个条码，智能眼镜会显示产品所在通道、货架和具体货位。

通过使用这套视觉拣选系统，三星集团生产线上缓慢移动和快速移动的物料分别提高了12%和22%的移动速度，同时产品质量有所提升，仓库内错误率降低10%，xPick视觉拣选方案具有以下特点。

1. 手势控制

智能眼镜配合手势控制，突破了扫描和触碰手势的限制，即使不是完全的免提操作，在需戴手套或者物件蒙尘等作业环境下，自动感应的手势仍然提供了备选的输入方式。

2. 语音识别

xPick语音识别能在可穿戴设备离线时运行，也可在用于分析处理更庞大数据的在线后端服务器上运行。同时，xPick语音识别能适应不同的使用脚本，可实现多语种识别。

3. 扫描数据

一维条码和二维条码的数据信息可被智能眼镜内置的照相机或外置扫描器捕捉，用于检索数据和查询系统，同时，用户交互功能可以实现被扫描信息的自动关联和智能显示。

4. 实时定位

xPick 可通过智能眼镜的内置镜头、WiFi 三角定位和 iBeacon（必肯）微定位技术以及其他特殊用途传感器实现拣选人员的实时定位。

5. 集成传感器

可穿戴计算技术的最大输出通常由集成传感器群的解决方案实现。不同传感器通过集成组合，追踪拣选人员的活动路径，并采取相应措施。比如订单拣选流程中使用刻度以确保正确的部分被拣选，并将相应数量的货物放置到正确的订单仓。

6. 图像识别

相机和图像识别算法相结合的图像传感器是识别背景、物件、环境等要素的有力工具，xPick 借助特殊的图像识别工具箱，提高了增强现实的效果和用户界面显示程序的质量与稳定性。

7. 视频流

xPick 视觉拣选方案可以给客户提供包含音轨的视频流。企业能实时监测拣选人员工作时的所见，并且能将图像直接发送到拣选人员的智能眼镜上。视频流功能可被当作远程辅助工具使用，在多客户端的支持下，远程协助变得更加高效。

课程思政

随着我国物流行业的快速发展，国内以顺丰、四通一达快递为代表的民营快递企业发展迅速，为不断加强自身的基础设施建设，我国快递分拣中心所使用的设备也在发生变化。我国快递分拣中心有以下三个技术突破。

（1）自动分拣设备。分拣设备为快递分拣中心内使用范围最广泛、最重要的设备之一。随着人力成本的不断上升，目前各快递公司都在不断探索并且大力推广使用自动分拣设备。如目前备受各大电商平台青睐的自动分拣设备之一：滚珠模组带分拣设备，它是由一条包括多个模块化的模组带和其内部镶嵌的万向滚珠组成。纵向输送时，货物由滚珠组进行输送，保证货物能够实现输送功能；该设备应用到矩阵分拣中，相较于其他类型的分拣设备而言，处理快件类型范围更广、处理能力更高、分拣效率更高，是人工速度的 2.5 倍以上；在无损分拣方面，破损率也极低，货损率不到万分之一；物品识别率高，通过底部摩擦驱动，无冲击，转接点物品磨损更小。

（2）物流输送滑槽。目前主流应用的滑槽是碳钢滑槽，但碳钢滑槽在使用上局限性颇多，而玻璃纤维滑槽的出现则能够很好地解决输送卡货、滑槽表面生锈不顺畅等问题。与传统碳钢滑槽相比，其具有“质轻、顺畅、耐腐蚀”的显著优势，在下滑顺畅度、货物破损率、防冲撞等方面完胜传统滑槽。它有表面光滑、耐磨、货损率低、轻质、耐腐蚀、可定制、偏差小、易组装的优点。

（3）分拣机器人。分拣机器人即AGV，作业人员把需要分拣的货物放置到AGV上，AGV通过条码扫描系统识别包裹目的地，调度控制系统为AGV规划路径，当AGV到达目的地格口时，AGV顶部的翻盘/胶带动作（倾翻或胶带运转）卸载货物，实现货物分拣。

物流自动化、智能化是未来物流行业的发展趋势，自动分拣、自动识别、自动存取等设备及技术，将会推动物流行业向更高效、更高质方向发展。

智慧物流的发展离不开技术创新，创新能力是民族进步的灵魂、经济竞争的核心。这是一个创新的时代，创新是时代发展的主旋律，培养学生的创新能力要遵循如下原则。

个性化原则：激发学生的主动性和独创性，培养其自主意识、独立的人格和批评的精神。

系统性原则：把创新意识、创新精神、创新思维、创新方法等诸要素视为有机整体来培养创新能力，还要寻求社会、政府、企业的合作。

二、“货到人”拣选技术的应用

“货到人”拣选技术离不开自动化和智能化的物流机器人的支持，采用“货到人”可以便捷快速地完成补货、整箱拣货、拆零拣选、退货等物流作业，行业需求不断增加，总体来看，物流机器人产品新应用主要围绕着工业4.0、智能工厂、智慧物流等展开，体现为智能仓库和电商仓库的物流机器人、智能拣选系统等。

（一）极智嘉科技

极智嘉科技（Geek +）被认为是中国版Kiva。目前Geek +的机器人拣选系统已经成功地在天猫超市、唯品会等多家知名电商仓库实现商用。Geek +机器人如图3.4.18所示。

跟Kiva一样，Geek +也是采用“货到人”拣选模式，一台Geek +机器人高28cm，比Kiva等机器人矮10cm左右，因此运送货架时行驶更为稳定，识读二维条码也更快速准确，定位精度更高，机器人自重150kg，能够承受500kg的重量。当接到订单指令后，会通过扫描地面上均匀分布的二维码按照2m/s（最快可达3m/s）的速度自动规划路线前进，行驶到货架底部后，直接将整个货架抬起。运到拣选人员的工作台，节省来回路程和拣选的时间，整体效率是人工的三倍。

（二）安得智联的“AIR – PICK”

“AIR – PICK”（风镐）是美的在物流自动化产品创新上的重大突破，具有智能学习功能，顶升速度在当前同类产品中最快，具有高密度运行能力，是世界上可运行空间密度最高的AGV之一，也是世界上精度控制最高（误差小于6mm）的AGV之一。

安得智联的“AIR - PICK”如图 3. 4. 19 所示。

图 3. 4. 18 Geek + 拣选机器人

图 3. 4. 19 安得智联的“AIR - PICK”

（三）TORU 移动仓库机器人

TORU 移动仓库机器人是德国 Magazino 公司的产品，如图 3. 4. 20 所示。TORU 移动仓库机器人在仓库内能自由行走，在获取订单信息后，能使用激光和摄像头走向货架，并检测它想得到的物品，确定物品在货架上的位置，一旦获得了物品，TORU 移动仓库机器人会将其储存在内部货架上，并递送到指定位置。

在 TORU 移动仓库机器人运行的过程中，它可以通过分析激光返回感应器的时间，识别墙面、货架栏以及人类，同时，分析数据会共享给同仓库的其他正在作业的 TORU 移动仓库机器人。在识物、避障过程中，不需要大型控制臂的辅助，同时也不需要特别的指引灯和反射光指示方向，这是其两大优势。

（四）菜鸟自动拣选车系统和菜鸟 360 度运行拣选机器人

菜鸟自动拣选车系统根据菜鸟公司独立开发的大规模调度算法运行，这套算法需要协调仓内工作的各种资源，包括 AGV、拣选员、拣选车、质检台、停车位、主干道等。目前适用方案包括“货到人”“车到人”“人到车”等。

在仓内有大量的 AGV 的情况下，系统通过优化算法对它们的拣选任务做到智能排班，减少各种等待时间、对 AGV 的任务做最优化指派，减少每个任务完成的时间，优化 AGV 的行走路径、减少互相之间的干扰碰撞等，使得整个系统在机器和机器之间、机器和人工之间无缝衔接工作，最终产生出群体智能。在已经应用的仓库中，AGV 对比人工提升了 100% 的效率。

菜鸟机械臂拣选系统使电商仓库从下单到出库全面自动化。如果一个消费者购买的货品分装在多个周转箱，这些箱子会自动“流”向一个菜鸟 360 度运行拣选机器人。这个大型圆柱体的机器人类似一个蜂巢，单体有 500 个箱位，如图 3. 4. 21 所示。

图 3. 4. 20　TORU 移动仓库机器人

图 3. 4. 21　菜鸟 360 度运行拣选机器人

当消费者购买的货品汇齐后，菜鸟 360 度运行拣选机器人会从 500 个缓存箱位中把周转箱拣选出来并放到流水线上。流水线两边则分布着播种机器人，通过真空吸盘，把周转箱里的货品转移到消费者的快递箱内，快递箱经过流水线后，会进入自动包装区域，在此处完成面单张贴后即可出库发货。

（五）京东无人仓拣选系统

京东通过使用人工智能、深度学习、图像智能识别、大数据等诸多先进技术，为工业机器人赋予了智慧，让它们具备自主的判断和行为，适应不同的应用场景、货物形态，完成各种复杂的任务。拣选机器人、智能搬运机器人、智能叉车等一系列智能物流机器人与技术在京东无人仓中，组成了完整的智慧物流场景。

1. “天狼”货架穿梭车

作为京东无人仓军团之一，“天狼”货架穿梭车能在货架间飞速移动货物，速度快到 6m/s，每小时可以处理 1600 箱，无人仓内京东周转箱出入存储库，就是依靠此类机器自动识别存储货物，如图 3. 4. 22 所示。

2. 智能搬运机器人

京东无人仓内的智能搬运机器人能轻松托举 300kg 的货物。在调度系统指挥下，该智能搬运机器人可以灵活改变路径，自动避障，可通过地上的二维条码进行定位导航。智能搬运机器人如图 3. 4. 23 所示。

图 3. 4. 22　京东“天狼”货架穿梭车

图 3. 4. 23　智能搬运机器人

3. ARB 传送带

京东智能传送分拨系统产自 Intralox 公司，此系统中的 ARB 传送带没有使用导轨或复杂的机械控制，而是用了一种小型、全向的由计算机控制的轮子，可以独立改变物品的输送方向、路线、位置和速度，这给了箱子等物品更加灵活的移动能力。ARB 传送带如图 3. 4. 24 所示，ARB 传送带上新型全向轮如图 3. 4. 25 所示。

图 3. 4. 24 ARB 传送带

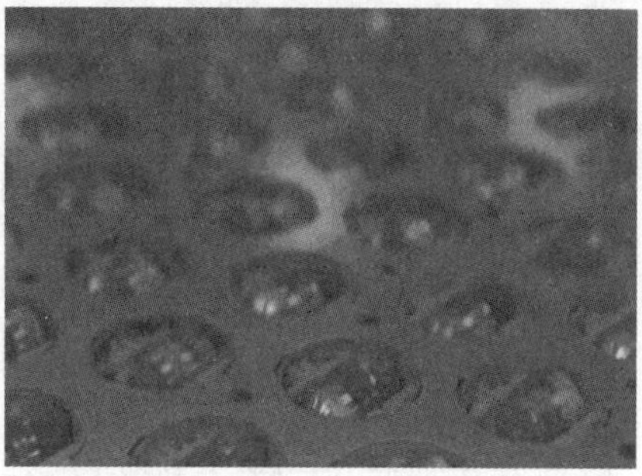

图 3. 4. 25 ARB 传送带上新型全向轮

4. DELTA 型分拣机器人

DELTA 型分拣机器人是京东无人仓内拣选系统的重要成员，它采用 3D 视觉系统，能够实现动态拣选，自动更换拣拾器，具有三轴并联机械结构及适应货物转角偏差辅助轴，具有 3600 次/h 的抓取速度，不管是话梅还是鼠标，都能瞬间识别，同时支持自动换爪。DELTA 型分拣机器人如图 3. 4. 26 所示，其抓手如图 3. 4. 27 所示。

图 3. 4. 26 DELTA 型分拣机器

图 3. 4. 27 DELTA 型分拣机器人抓手

5. 京东六轴机器人

京东六轴机器人由控制、驱动、机械本体等单元组成，负责拆码垛等工作，具有 165kg 大载荷量和 ±0. 05mm 高精度的特点。京东六轴机器人如图 3. 4. 28 所示。

（六）索菲亚智能分拣系统

索菲亚智能分拣系统如图 3. 4. 29 所示，实现了板材从打孔到打包的自动化智能化衔接，能节约生产人员 16 人，该系统包括 3 台机器人、2 套 CCD 检测系统、2 套板材自动清洁系统以及信息化可视化管理系统。CCD 检测系统可检测定制个性类产品的尺寸、孔位和外观缺陷，当接收到系统数据后，装置可以根据板材厚度自动调节高度。信息化可视化管理系统可用来进行品质状况、生产效率、设备运行、库位情况、订单追踪等的管理。索菲亚智能分拣系统实景如图 3. 4. 30 所示。

图 3. 4. 28　京东六轴机器人

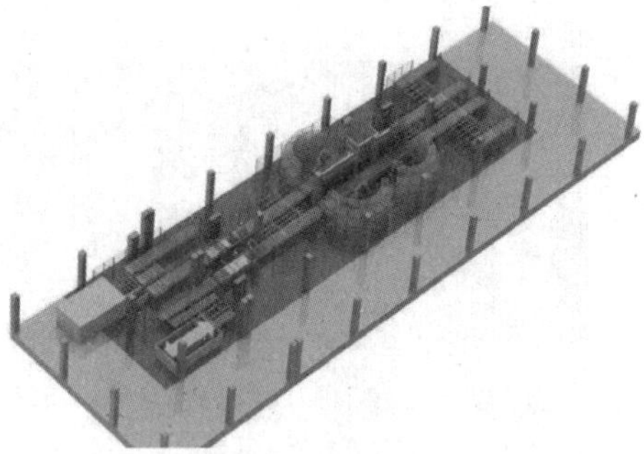

图 3. 4. 29　索菲亚智能分拣系统

图 3. 4. 30　索菲亚智能分拣系统实景

图 3. 4. 31　苏宁“货到人”拣选系统

（七）苏宁“货到人”拣选系统

智能“货到人”拣选系统的效率可以提升十倍以上，电商行业已经采用了不少“货到人”技术，但它们本质上只是用机器代替了人的部分劳动，真正的“货到人”需要以智能化为核心，赋予机器一个“大脑”，让它自己完成复杂的操作，并实现自我管理。

苏宁的“货到人”拣选系统中的类似回转寿司店餐台的旋转货架负责存储、拣选出库和运送，这一过程全部自动化。“货到人”拣选工作站则由作业人员操作，但作业人员的工作很简单，只需按工作站给出的灯光提醒取货即可。苏宁“货到人”拣选系统如图 3. 4. 31 所示。

若系统中提示有订单需要拣选，旋转货架能迅速并且准确地找到含有订单内商品的周转箱，并自动把周转箱送上传送带。当周转箱到达工作站时，工作站的屏幕上会显示每笔订单需要拣选出的商品和数量，作业人员根据指示拿货即可。因此，拣选人员无须步行，在这一模式下，其拣选速度可以达到1200件/h。据计算，这种速度是传统“人找货”拣选方式的10倍以上。周转箱内设有隔间，不同的商品可以存放在一个周转箱中，可以更好地利用空间。工作站的拣选人员的每一步操作都由一个明确的操作指导系统确认、引导和检查，确保不会出错。

苏宁“货到人”拣选系统能够根据数据利用仓库控制系统进行自我管理。旋转货架本身是一个高密度自动存储系统，只要有商品进入周转箱，它们的品名、型号、数量等信息都会被记录在系统里。

如果接到订单，仓库控制系统就会预先进行计算，为商品规划出到拣选工作站的最短路线，在仓库控制系统的指挥下，旋转货架内的升降机会带着周转箱移动，送到拣选工作站，确保周转箱不会“迷路”，也不会相互撞到一起，而是有序运行。

同时，苏宁“货到人”拣选系统还能够实现对商品的自动追踪、监控，并对商品进行排序，具有相同属性的商品，系统会自动排序并集中存储，需要时系统会自动控制这一批商品同时从旋转货架出库。利用这个特性，苏宁物流在发货端可以利用旋转货架缓冲系统进行自动排序、缓存，从而缩短装车前的等待以及简化人工分货工作内容，节省大量的装车时间。该系统还会自动盘点出货记录，给商家提供实用的仓储报告和统计数据，实现补货指令的自动下发。

此外，旋转货架几乎能够处理所有拆零品类的商品，因此更适用于多品种、小批量、多批次的碎片化订单处理。如果一个周转箱里有多种商品，工作人员在拣选工作站取走需要的商品后，周转箱会自动回到旋转货架，实现存取双循环。

从拣选速度上来说，“A字架”比旋转货架还要快，每小时能够拣选1600箱小件商品。“A字架”的拣选区域被分隔成一个个通道，可以设定成每个通道对应某种商品，当有订单产生时，系统会把订单信息转化成指令，当通道上方的传送带上有相应的商品经过对应通道时，相同订单内的商品会掉落在同一个料箱里。下方的传送设备会自动把它们带到包装区进行后续处理。

【同步测试】

一、单项选择题

1. 以下导向方法中，（　　）不是AGV的导向方式。

A. 电磁导向　　B. 项目导向　　C. 激光导向　　D. 视觉导向

2. 以下各部分组成不属于AGV的是（　　）。

A. 控制系统　　B. 驱动装置　　C. 移载机构　　D. EOS系统

3. 关于自动分拣系统的特点，错误的是（　　）。

A. 分拣误差率极低　B. 分拣量大　　C. 无人化　　D. 可以混合分拣

4. 自动分拣系统的控制装置的作用主要是（　　）、接收和处理分拣信号。

A. 识别　　B. 传送　　C. 合流　　D. 自动分拣

二、简答题

1. 简述自动分拣系统的部件组成。

2. 自动分拣系统有哪些特点？
3. 你在哪些企业见过自动分拣系统的应用？

【技能训练】 配送中心分拣效率评估

情景描述：某 B2C 电子商务仓库配送中心的整体布局如下。

一、整体布局

整个配送中心有 40000m²，其中 B2C 配送区为 5600m²，直营与加盟商配送区为 5600m²，另外的 28800m² 区域为高位货架托盘存储区。

在 5600m² 中的 2500m² 采用三层阁楼式货架作为 B2C 电子商务仓库存储区，其余 3100m² 区域作为打包整理区、发货区、检验区与集货区。如图 3.4.32 所示。

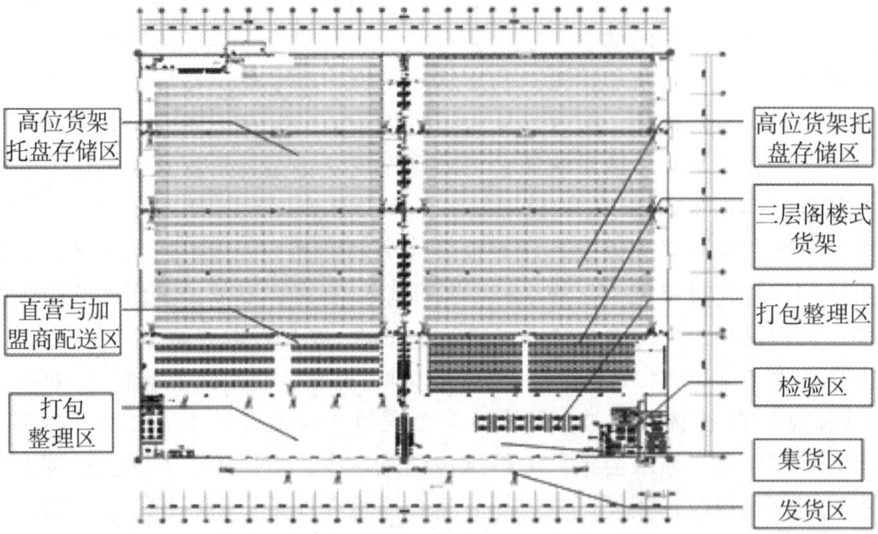

图 3.4.32　配送中心平面布置

二、楼层结构分类

根据服装 B2C 电子商务的物品特点，采用 ABC 分类法对物品类别进行分类，把 A 类物品存放在阁楼的一楼，A 类物品定义为：当前推广促销的物品以及销量较好的物品，及畅销品中退货的无质量问题的服装；B 类物品定义为：次于畅销品；存放在二楼；C 类物品定义为：目前比较滞销的物品及老品，存放阁楼的三楼。特别是对一楼 A 类物品的货格进行了特殊“定义”，货格以冬装尺寸为准进行设计，可以存放 2 个 SKU 的夏装，而且每个货格可以根据需要自由调整，如去除货格隔板。

三、作业流程

当配送中心接收到销售端的客户信息，根据配送订单送货地址、配送时间、快递公司装货时间的相关安排，通过配送中心订单处理中心，合理分配拣选订单批次。若订单拣选区域为不同的楼层，需要每层拣选后，再集合到同一个订单中。这种类型订单需要一个固定的集货地点，对来自不同楼层的拣选的物品进行集货后，再进行包装处理。作业流程如图 3. 4. 33 所示。

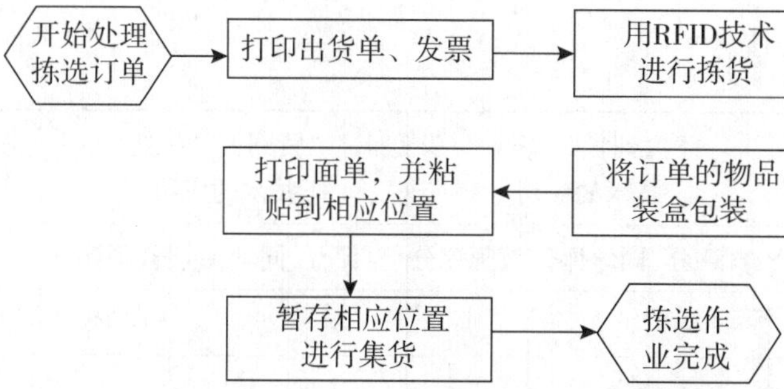

图 3. 4. 33　作业流程

补货：因 B2C 电子商务仓库的隔墙是高位货架托盘存储区，补货是叉车从高位货架托盘存储区直接搬运物品到阁楼的各楼层存放区域，再采用人工平板小车对各楼层进行补货。空托盘集中后，由叉车返回高位货架托盘存储区中。

退货：对 B2C 电子商务退回的物品进行检验鉴定，无质量问题的物品，及时返回 A 类物品区进行优先配送。

四、投入设备

基于低投入的基础设备有：高位叉车（共用存储区叉车）、搬运补货车 20 台、拣选车 50 台套、阁楼式货架系统、多位存放货架多套、包装台、RFID 无线手持终端、出货清单打印机、面单打印机及相关辅助设备等。

五、作业效率及人员配置情况

整个 B2C 电子商务仓库配送中心经过一年的探索、总结、持续改善，目前的能力如表 3. 4. 1、表 3. 4. 2 所示。

表 3. 4. 1　包装出库作业效率及人员配置

名称	包装台人员配置（人/台）	包装效率（min/单）	工作时间（h/天）	包装台数（台）	人员配置（人）
数据	3	0. 8	8	69	207

表 3. 4. 2　分拣作业效率及人员配置

名称	拣选车能力（件/车）	波次订单量（单/人·波次）	完成时间（min/人·波次）	拣选人员配置（人）	工作时间（h/天）	拣选订单量（单）	处理服装的件数（件）
数据	68	40	69. 2	150	8	41641	70790

请根据以上情景描述，对该配送中心的分拣效率进行评估，分析该配送中心流程及设备是否有需要改进之处，形成分析报告。

任务考核评价

以学生个人为单位实行考核。

	自动分拣系统的构成			“人到货”拣选技术的应用			“货到人”拣选技术的应用			得分（分）
	自评分	同学评分	教师评分	自评分	同学评分	教师评分	自评分	同学评分	教师评分	
学生1										
学生2										
学生3										
学生4										
学生5										

说明：

1. 每个人的总分为100分。

2. 了解自动分拣系统的构成20分，了解掌握“人到货”拣选技术的应用40分，了解掌握“货到人”拣选技术的应用40分，每项可根据实施情况按照优、良、中、差各占1/4分值来评价。

3. 采用分层打分制，建议权重为：自评分占0.2，同学评分占0.3，教师评分占0.5，然后加权算出每位同学在本任务的综合成绩。

参考文献

［1］王微怡．物流信息管理［M］．上海：上海交通大学出版社，2009.

［2］丁传奉．物流信息管理实务——技术基础与系统实训［M］．北京：中国水利水电出版社，2012.

［3］谈慧．物流信息管理［M］．大连：大连理工大学出版社，2008.

［4］李於洪，郑立梅．物流信息管理［M］．北京：人民交通出版社，2007.

［5］邹生，何新华．物流信息化与物联网建设［M］．北京：电子工业出版社，2010.

［6］益达（广州）教育科技有限公司．仓储与配送教学子系统案例指导书［M］．武汉：武汉铁路职业技术学院，2013.

［7］益达（广州）教育科技有限公司．运输管理教学子系统案例指导书［M］．武汉：武汉铁路职业技术学院，2013.

［8］邓永胜，秦江华．物流信息技术［M］．北京：电子工业出版社，2013.

［9］王晓平．物流信息技术［M］．2 版．北京：清华大学出版社，2017.

［10］何黎明．中国物流技术发展报告（2017）［M］．北京：中国财富出版社，2017.

［11］都国雄．物流信息管理［M］．2 版．北京：高等教育出版社，2014.

［12］朱海鹏．物流信息技术：新技术应用与实践立体化教程［M］．北京：人民邮电出版社，2017.

［13］杜荣华，刘绍勤．机械类专业“课程思政”案例（第一辑）［M］．长春：东北师范大学出版社，2019.

［14］北京中物联物流采购培训中心．物流管理职业技能等级认证教材（职业基础）［M］．南京：江苏凤凰教育出版社，2019.

［15］北京中物联物流采购培训中心．物流管理职业技能等级认证教材（中级）［M］．南京：江苏凤凰教育出版社，2019.

［16］中国物品编码中心网．http：//www. ancc. org. cn/.

［17］万联网．http：//info. 10000link. com/.

［18］智慧职教 MOOC 学院——物流信息管理［EB/OL］．https：//icve - mooc. icve. com. cn/cms/courseDetails/index. htm？classId = 0e9a39876a404dcbf8a876233bcb7002.

［19］郑大发．什么是新时代的“工匠精神”［N］．人民政协报，2018 - 08 - 30（03）.

参考文献

[1] [illegible]
[2] [illegible]
[3] [illegible]
[4] [illegible]
[5] [illegible]
[6] [illegible]
[7] [illegible]
[8] [illegible]
[9] [illegible]
[10] [illegible]
[11] [illegible]
[12] [illegible]
[13] [illegible]
[14] [illegible]
[15] [illegible]
[16] [illegible]
[17] [illegible]
[18] [illegible]
[19] [illegible]